Conversations avec Nostradamus

Ses prophécies expliquées
(révision avec addenda: 1996)
VOLUME I

Par
Dolores Cannon

Traduction par:
Monique Glibert

Données de catalogage avant publication de la Bibliothèque du Congrès
Cannon, Dolores, 1931-2014
Conversations avec Nostradamus
Communications par Nostradamus par l'intermédiaire de plusieurs médiums grâce à l'hypnose, sous la supervision de Dolores Cannon. En ceci sont inclus les Prophécies de Nostrdamus en moyen français avec sa traduction en anglais. Ceci comprend l'index.
1. Nostradamus, 1503-1566. 2. Les prophécies. 3. L'hypnose. 4. La thérapie de réincarnation. 5. L'astrologie.
I. Cannon, Dolores, 1931 - 2014 II. Nostradamus, 1503-1566, les Prophécies en français, et en anglais. III. Le titre.

Library of Congress Catalog Card Number: 2022943364
ISBN: 978-1-956945-26-3

Première Edition imprimée par American West Publishers, 1989.
Edition révisée publiée, 1992; Nouvelle édition avec addenda, 1997.

Maquette de couverture: Joe Alexander & Travis Garrison.
Améliorations informatiques: Jenelle Johannes.
Impression: Times New Roman
Conception du livre: Nancy Vernon
Traduction par: Monique Glibert
Publié par:

OZARK MOUNTAIN PUBLISHING

PO Box 754, Huntsville, AR 72740
www.ozarkmt.com; Imprimé aux États-Unis d'Amérique

Dédicaces

A Elena, Brenda et John,
qui m'ont aidé à découvrir le portail du temps,
et qui m'ont tirée à travers l'incroyable
dimension
où Nostradamus vit encore.

Dessin de Nostradamus, comme vu par Elena, en transe.

Table des matières

Avant-Propos

Il est possible que pour beaucoup de lecteurs le nom de Dolores Cannon ne soit pas familier. Cependant, elle a travaillé dans le domaine de de la régression sous hypnose pendant un grand nombre d'années. Dolores n'est pas une lettrée, néanmoins elle possède la dévotion d'un érudit pour le détail. la précision, et la vérité. Infatiguable, elle l'est, dans sa poursuite de la connaissance, comme ses lecteurs parviendront à le découvrir, quand ils auront suivi son cheminement implacable à travers le labyrinthe de l'esprit et de l'intellect humain. Il n'y a rien de surprenant à ce qu'elle ait acquis un large suivi parmi les cognoscenti, ses confrères de l'investigation dans le paranormal. Comme vous allez avoir l'opportunité d'observer, il est possible de trouver maints "manoirs" dans la maison de Dolores.

J'ai rencontré Dolores il y a quelques années, et elle m'informa alors sur la teneur du travail qu'elle avait entrepris. Elle ne prétendait en aucune manière une compréhension de la totalité d'importation du matériel qu'elle glanait par ses sujets, lorsqu'ils se trouvaient sous hypnose. Elle ne prétendait pas connaitre toutes les réponses, cependant par une largesse d'ouverture d'esprit assez singulière, elle croyait que ces esprits qui prétendaient lui adresser la parole par la voix de personnes vivantes, pourrait être, en réalité de vrais entités, peut-être en dehors du temps, existant sur un plan de réalité différent du notre.

Étant moi-même familier avec l'hypnose, j'étais surtout interessé d'entendre ce que Madame Cannon avait à me dire. J'avais étudié les techniques de l'hypnose avec un docteur bien connu de Floride. Plus tard, J'avais également eu le privilège de travailler avec un des premiers pionniers de l'hypnose clinique, William S. Kroger, M.D. de Beverly Hills.

J'ai questionné en profondeur Dolores sur sa technique, et me trouvais convaincu qu'elle ne guidait en aucune manière ses sujets lorsqu'ils étaient sous sa direction, ni qu'elle ne fournissait en aucune façon une information qui venait à être découverte sous hypnose. J'ai écouté avec attention plusieures cassettes, en y recherchant tout potentiel mauvais pas, ou une utilisation quelconque de méthodologie questionable. Je trouvais qu'elle prenait un soin extrême à ni guider ses sujets, ni à les inciter dans une direction quelconque. Au contraire, elle était très assidue se positionant en observatrice, et permettant au flot de toute l'information de couler à travers, non contaminé par ses questions. Elle n'a offert aucune réponse, théories, probabilités ou suppositions. Plutôt, elle a laissé le sujet la guider à travers les sessions avec ces autres voix dans d'autres pièces.

Dolores Cannon est une praticienne sérieuse dans l'art de l'hypnose, et est particulièrement habile dans ses techniques de régression. J'avais demandé à lire une partie d'un de ses manuscrits. Elle me l'a envoyé et j'ai été impressionné par le matériel qu'elle avait découvert. Il me semblait qu'elle était un peu étonnée à la fois par tout ce matériel et par la manière de sa mise à jour. Son matériel était pour le moins fascinant et très bien organisé.

Il y avait de bonnes raisons pour elle d'être surprise par ce que ses sujets devais lui dire sous hypnose. Je l'ai interrogée sur eux. Beaucoup étaient des ménagères rurales, issues de familles paysannes, avec très peu d'éducation. C'étaient des gens qui ne seraient en aucune manière considérer comme des intellectuels. Ainsi, le matériel semblait bien plus impressionnant que s'il était sorti de quelqu'un qui était familier avec l'étude du paranormal.

Dolores savait qu'elle était en possession de matériel passionant. C'est une très bonne écrivain. Elle écrit clairement et précisement sur des sujets extraordinaires. Je crois que son travail gagne une encore plus grande stature quand on considère tout ce qu'elle a fait pour vérifier le matériel source non documenté. Contrairement à d'autres hypnotiseurs qui découvrent un fait surprenant ou un corpus de connaissances au cours de séances d'hypnose, elle ne s'est pas précipitée pour imprimer ses découvertes. Elle n'a pas non plus porté des jugements prématurés sur ses même découvertes. Au contraire, elle a vérifié le matériel qu'elle a dragué hors de leur inconscience, en essayant, autant que possible, de justifier des faits vérifiables ainsi obtenus de ses sujets. Elle l'a fait de deux façons.

Quand un "esprit" parlait d'un autre temps, tel que le témoin de l'holocauste à Hiroshima, Dolores a étudié les faits en question par le biais d'autres sources de publications. Cela lui a donné un aperçu précieux pour son évaluation du matériel. Mais, par un coup de géni, elle alla encore plus loin. Elle a commencé à explorer la même période et les expériences (ou connaissances) de la vie passée avec d'autres sujets; aucun d'entre eux ne se connaissait, n'était au courant du matériel de l'autre, et ne vivaient même pas dans la même ville ou la même région que la première source.

Il faut noter que ses sujets viennent de tous les horizons. Certains sont plus instruits que les autres, des étudiants, ainsi que des travailleurs manuels. Certains sont riches et certains vivent en marge du seuil de la pauvreté. je suis d'avis qu'un jour son public voudra en savoir plus sur ces personnes qui présentement restent anonymes, bien sûr, et qui doivent le rester. Dolores, cependant, a entièrement documenté toutes ses séances, pris des notes, préservé ses commentaires privés, et archivé ses bandes magnétiques.

Plus que cela, Dolores a fouillé dans les histoires, s'est penchée sur des cartes, et récupéré le matériel qui semble renforcer les dialogues des personnes ayant vécu il y a de si nombreuses années et nous parlent maintenant à travers des sujets qui n'ont aucune connaissance de ces époques ou des peuples qui vivaient dans ces temps anciens.

Ceci nous ramènera à Nostradamus.

À ma connaissance, Dolores Cannon n'avait jamais lu un seul quatrain de Nostradamus et ne savait pratiquement rien sur l'homme ou ses prophéties avant de le découvrir en faisant la régression d'un sujet dans une de ses vies antérieures. Lorsque le matériel a commencé à filtrer à travers ses sujets, bien que la tentation aurait pu en être très grande, elle n'a fait aucune recherche sur l'homme et ses écrits jusqu'à la fin du projet. Dans ses livres qui traitent des prophéties de cette figure historique fascinante, Dolores prend soin de délimiter les personnages qui sont ressortis de la régression hypnotique de ses sujets et l'étendue de ce qu'elle a appris grâce à ses recherches extérieures.

Nostradamus intrigue les érudits et les curieux depuis des siècles. Ses quatrains, bien qu'ésotériques, semblent inviter à une enquête plus approfondie, car il prétendait être un homme capable de voir l'avenir. Au fil des ans, des érudits ont tenté d'expliquer ses obscurs poèmes prophétiques, écrits en français archaïque, en latin et dans d'autres langues, ainsi que ses allusions à des événements survenus depuis son existence et qui se produiront dans le futur, même au-delà du XXe siècle.

En bref, l'homme que nous appelons Nostradamus était un médecin et un astrologue. Il était français, né à Saint-Rémi, en

Provence, en 1503. Il a étudié à Avignon et à Montpellier et est devenu un médecin assez expérimenté. Son vrai nom était Michel de Notredame, mais au fur et à mesure que son intérêt pour l'astrologie grandissait, il latinisa son nom et devint par la suite connu sous le nom de Nostradamus.

Il est devenu célèbre pour son traitement des victimes de la peste, particulièrement dans le sud de la France. Il travailla inlassablement à Aix et à Lyon en 1545 lorsque la peste atteignit des proportions épidémiques dans ces villes.

C'est à cette époque de grande mortalité que Nostradamus a commencé à attirer l'attention en tant que voyant, un homme qui prétendait pouvoir prédire l'avenir. Dix ans plus tard, en 1555, il publia un recueil. Il appella son livres, "Les prophécies".

Son talent d'astrologue était largement reconnu et recherché par les classes supérieures. C'est en personne que la reine de France, Catherine de Médicis, l'invita à sa cour. Il y présenta les horoscopes de ses fils.

Lorsque Charles IX accéda au trône, il nomma Nostradamus médecin à la cour. L'homme connu sous le nom de Nostradamus est décédé en 1566, à l'âge de 63 ans. D'une manière remarquable, il a vécu plus longtemps que beaucoup de ses compatriotes et il a atteint une sorte d'immortalité grâce à la publication de ses quatrains prophétiques. C'était un homme mystérieux à son époque et le reste encore aujourd'hui.

Dolores Cannon, cependant, a beaucoup su mettre la lumière sur l'homme et ses prophéties à travers son travail et les livres en cours de publication à la suite de ce travail.

Nous ne comprenons pas le temps. Le temps est l'un des grands mystères de cet univers. Einstein a déclaré que le temps était courbé et que l'univers lui-même était courbe. Pourtant, l'univers est aussi infini, sans début ni fin. Comment cela se peut-il? Peut-être, comme le révèlent les découvertes de Dolores, Nostradamus n'est pas mort, mais, comme il semble l'être, bien vivant dans son propre temps linéaire. Parti peut-être de notre époque, mais existant encore, éternellement, dans cette rivière sans fin, toujours la même que nous appelons le temps. Si vous entrez dans cette rivière, elle continue à couler et à se déverser même plus bas de la montagne, elle devient une autre rivière et est différente, cependant identique. L'eau change, mais c'est toujours de l'eau, et l'eau dans laquelle nous sommes entrés existe toujours dans une dimension qui dépasse notre vision.

Peut-être, Nostradamus a-t-il pu pénétrer le tissu immuable et insondable du temps et de l'univers. Peut-être a-t-il pu voir à travers les fissures dans la chaîne de l'éternité et prédire l'avenir.

Les révélations de Dolores sont étonnantes. À l'époque de Nostradamus, il lui dit à travers un intermédiaire en transe, qu'il devait voiler ses quatrains dans une allusion obscure à cause de ramifications politiques. Autrement dit, il craignait pour sa vie s'il écrivait trop clairement sur les événements qu'il "avait vus". Comme le racontent les livres de Dolores, il semble avoir pu voir clairement ces empires en ruine, ces défaites au combat, ces holocaustes, ces invasions, ces révolutions, ces maladies et autres horreurs qui seraient infligés à l'homme des siècles durant. Cela a du être une croix terrible pour un homme si sensible. Maintenant, il semblerait qu'il y ait une urgence encore plus grande pour une meilleure compréhension de ses prophéties. Nous sommes confrontés à la terrible perspective d'un hiver nucléaire, et le virus de l'immunodéficience humaine, le SIDA, qui a relevé sa tête hideuse, tout comme les plaies que Nostradamus a combattues si honorablement et courageusement en son temps.

C'est avec un grand plaisir que je vous présente les travaux de Dolores Cannon.
Que vous croyiez en ses découvertes ou non, vous serez impressionné par sa capacité à rassembler des documents complexes provenant de nombreux sujets ordinaires et à les présenter avec une clarté lumineuse.

Je crois que nous devons continuer à aller de l'avant dans nos enquêtes sur l'homme et son univers si nous voulons survivre, si notre planète doit survivre. Dolores Cannon pourrait bien être l'une des clés importantes de notre compréhension en ces domaines. La science est trop craintive pour être explorée, du moins à l'air libre.

Elle ne prétend pas avoir de capacités spéciales. Je crois toutefois qu'elle en possède. Dolores Cannon, elle, a un esprit curieux et des compétences considérables en tant qu'hypnothérapeute. Au-delà de cela, elle est sincère et compatissante, consciente du droit de ses sujets à la confidentialité et à la sensibilité.

J'espère que les travaux de Dolores Cannon amèneront à terme vers des recherches scientifiques plus approfondies sur des phénomènes apparemment inexplicables tels qu'elle les découvre et les révèle dans ses livres. Nous savons qu'il y a plus à la vie que ce que nous pouvons voir de nos yeux de mortels. Nous savons que non seulement l'univers est plus compliqué que nous ne l'imaginons, mais il est plus profond et complexe que nous n'ayons la possibilité de nous l'imaginer.

Même s'il n'est rien d'autre, Dolores Cannon a ouvert encore une autre porte à
cet univers vaste et mystérieux. Allez droit au but. Je pense que vous allez apprendre quelque chose qui pourrait être important pour vous aussi. Dans sa maison, il y a effectivement beaucoup de manoirs.

Jory Sherman, écrivain
Cedarcreek, Missouri
1989

Préface

NOSTRADAMUS a su rompre au travers des barrières du temps et de l'espace et nous a parlé, nous vivant dans notre présent. Ce livre et ses suites contiennent deux histoires remarquables. La première est l'aventure de ce contact avec ce grand psychique. La seconde est l'héritage qu'il a voulu révéler à notre monde. Rétrospectivement, tout semble impossible. Mais comme cela s'est produit et ne peut pas être nié, nous nous devons alors d'essayer d'analyser ce que l'on nous a montré et d'essayer d'en tirer des leçons. Au fil du temps, l'homme immortel a été curieux de son avenir. Dans toutes les histoires du monde, il y a toujours eu des oracles, des magiciens, des chamans et des voyants, utilisant d'innombrables méthodes pour avertir les diverses civilisations des événements à venir. Pourquoi l'homme a-t-il une telle préoccupation de connaître l'avenir? Lorsqu'une prédiction est faite, l'acceptons-nous avec un sentiment résigné de malheur et de tristesse, pensant qu'elle est définitive et donc non modifiable? Ce serait une raison très morbide de vouloir connaître notre destin. Ou bien, voulons-nous le savoir dans l'espoir que cette connaissance nous permettra de changer ce qui nous est prédit? Sans espoir et sans volonté, l'homme n'est plus qu'une marionnette, sans aucun contrôle sur sa vie. Nostradamus a cru, comme moi, à la théorie des avenirs probables, de la connexion sur la ligne du temps avec de nombreux parcours possibles dans toutes les directions. Il croyait que si l'homme en avait connaissance, il pourrait voir vers quelle ligne de temps son avenir était dirigé et l'inverser avant qu'il ne soit trop tard. Il croyait que sans cette connaissance, l'homme n'était rien de plus qu'un morceau de bois flottant ballotté au gré des vagues. De nombreuses prophéties que Nostradamus nous a révélées sont remplies d'horreurs déprimantes et brossent un tableau très sombre de notre avenir. Feriez-vous quelque chose pour le changer? "Ces livres sont destinés à ceux qui ont l'esprit ouvert, qui peuvent réfléchir aux événements à venir et qui ont une façon différente de les regarder. Pour être en mesure de voir que le temps est malléable, l'avenir ne s'en trouve pas défini, que les chemins sont nombreux et que nous choisissons celui sur lequel nous faisons choix de voyager.

Je ne crois pas que Nostradamus voulait que ses prophéties se réalisent. Il n'avait pas un ego le poussant à vouloir avoir raison. Il voulait que nous annulions l'horreur qu'il voyait et que nous lui prouvions le contraire. Ne serait-ce pas la plus grande récompense que puisse avoir un médium, que la non réalisation de désastreuses prophéties.

~Dolores Cannon

Première Section

Le Contact

Chapitre 1

Message d'un guide

NOSTRADAMUS. Même son nom porte en lui une aura de mystère. Qui était-il vraiment? Le plus grand prophète qui ait jamais vécu ou le plus grand charlatan? Pourrait-il vraiment prévoir l'avenir ou a-t-il simplement écrit sous une forme incompréhensible afin de semer la confusion et de laisser l'homme deviner? Peut-être était-il tout cela, mais une chose reste certaine, il était le plus grand auteur d'énigmatiques puzzles à ce jour. Maintenir l'intérêt de l'humanité et tenter de résoudre ses énigmes pendant plus de quatre cents ans n'a pas été une tâche facile. Mais peut-être que s'il n'avait pas écrit en énigmes, son travail n'aurait pas survécu. S'il avait écrit ses prophéties dans un langage simple et sans équivoque, il aurait pu être déclaré fou en alliance avec le diable, et brûlé sur le bûcher et son œuvre avec lui. S'il était vraiment un grand prophète, il a délibérément obscurci son travail pour que la nature curieuse de l'homme continue d'essayer d'en déchiffrer les significations jusqu'à ce que l'événement se produise. Le recul est merveilleux. Les traducteurs de son travail peuvent généralement voir ce qu'il essayait de prédire après que l'événement ne se soit produit.

Nostradamus a vécu en France au 16ème siècle. Il a écrit ses prophéties en quatrains, qui sont des poèmes à quatre lignes. Il y a presque mille ans. Chaque quatrain était supposé appartenir à un événement spécifique, mais cela était rendu difficile par son insertion de mots latins et autres mots obscurs dans le vieux français de son époque. Il aimait aussi utiliser le symbolisme, les anagrammes et les jeux de mots. Une anagramme est un mot qui devient un autre mot en changeant l'ordre des lettres et même en ajoutant ou en omettant certaines lettres. C'est assez populaire parmi les fans de casse-tête et il est généralement admis que Nostradamus a utilisé les anagrammes de manière libérale dans ses prédictions, en particulier lors de références à des noms propres.

Il existe également des experts qui affirment que beaucoup de ses quatrains sont absurdes et impossibles à résoudre. Ils disent que toute ressemblance avec des événements survenus n'étaient que des coïncidences. Ils prétendent que l'individu a simplement joué un canular gigantesque qui a continué à rendre l'homme perplexe pendant toutes ces années et que Nostradamus doit bien rire de savoir qu'il a réussi à duper les gens pendant si longtemps. Prophète ou charlatan, il a continué de susciter de l'intérêt et continuera de le faire tant que l'homme aimera les défis et les mystères.

Lorsque mon aventure a commencé, je ne connaissais probablement pas plus sur cet homme que tout autre personne. Parce que je suis intéressée par le phénomène psychique depuis de nombreuses années, j'ai lu sur lui et j'ai vu l'émission spéciale télévisée "The Man who Saw Tomorrow" ("l'homme qui voyait demain", film de 1981 par Robert Guenette), narrée par Orson Wells. Nostradamus était avant tout un médecin et était une énigme à son époque en raison de sa capacité à livrer des traitements que les autres médecins ne parvenaient pas à dispenser. Je n'avais jamais étudié ses quatrains. Qui le voudrait? Ils sont bien trop compliqués. Vu le peu que je connaissais de lui, j'étais enclin à penser qu'il était en avance sur son temps et pouvait probablement prévoir des événements futurs. Je crois qu'il ne pouvait pas comprendre ce qu'il voyait et utilisait donc le symbolisme, tel qu'il est utilisé dans la Bible (en particulier dans la vision prophétique de l'Apocalypse) pour décrire ses visions.

Bien que j'aie toujours admiré cet homme, je n'aurais jamais imaginé, dans mes rêves les plus fous, de formuler l'idée de le rencontrer ou de travailler comme un instrument dans la traduction de ses mystérieuses prophéties. En tant que régresseuse, j'ai vécu des aventures passionnantes dans le temps et dans l'espace grâce à la régression en revivant l'histoire à travers les vies passées de mes sujets. Mais l'idée de travailler avec Nostradamus ou même de trouver quelque chose à son sujet ne m'était jamais venue à l'esprit.

L'aventure a commencé avec une innocence trompeuse et en toute simplicité. J'assiste régulièrement à des réunions avec des personnes intéressées par les phénomènes psychiques et les sujets métaphysiques. J'y vais plusieurs fois par mois et j'ai le sentiment que le fait de côtoyer des personnes partageant un même esprit me permet de recharger mes batteries. Il est toujours bon d'être avec d'autres personnes ayant les mêmes intérêts. La liberté de parler de sujets aussi étranges sans crainte de récrimination est magnifique.

C'était au cours d'une de ces réunions en 1985 que j'ai rencontré Elena, une très jolie femme aux cheveux noirs d'une quarantaine d'années. Je me souviens encore de la première soirée où sa fille et elle sont entrées dans la pièce, ressemblant à deux âmes perdues. Ce groupe était engagé dans l'étude du matériel de Seth ("Seth parle" par Jane Roberts) qui peut devenir assez compliqué. Elena s'était assise silencieusement, les yeux écarquillés, écoutant tout ce qui se disait et ne comprenant évidemment rien. Elle a dit plus tard qu'elle était venue uniquement par curiosité et qu'elle avait l'impression de sortir de la maternelle pour entrer directement à l'université. Elle ne pouvait même pas comprendre les termes métaphysiques les plus simples que nous utilisions. Mais au lieu de se décourager, elle a continué à y assister. Elle appréciait la gentillesse et l'ouverture des autres et souhaitait en apprendre davantage sur ces choses.

À l'époque, tout ce que je savais d'elle, c'est qu'elle participait à la gestion d'un restaurant dans la station balnéaire voisine et qu'elle était portraitiste à ses heures perdues. J'appris plus tard qu'elle était la mère de dix enfants, dont la plupart étaient adultes et seuls. Elle s'était mariée si tôt qu'elle n'avait pas pu terminer ses études secondaires. Une de ses filles était sourde et Elena avait appris la langue des signes pour communiquer avec elle. Elena a été élevée en tant que catholique, mais au cours des dernières années, elle n'avait pas eu le sentiment que la religion contenait les réponses qu'elle cherchait. À ce moment-là, elle a commencé à se mettre à l'étude des dogmes de différentes sectes protestantes à la recherche d'une qui lui soit confortable. Elle disait que ce que la religion mormone présentait le plus proche de ce qu'elle pouvait croire qu'il arriverait à une personne après sa mort. Ayant voyagé beaucoup et ayant vécu dans de nombreux endroits, sa famille et elle venaient de s'installer récemment dans notre région venant de l'Alaska. Elle possédait une personnalité délicieusement chaleureuse et aimante. Elena travaillait beaucoup voire intensément dans un restaurant et s'occupait de sa famille. Elle semblait souvent très fatiguée lorsqu'elle assistait aux réunions. Je croyais que son intérêt devait être sincère sinon elle serait rentrée directement à la maison pour se reposer. Elle avait également une grande curiosité et n'éprouvait aucune timidité alors qu'elle posait de nombreuses questions pour tenter de comprendre ce nouvel intérêt, le phénomène psychique. Le groupe l'avait encouragée et voulait l'aider à apprendre.

Avec le temps, nous avons appris que, même si Elena n'était pas familiarisée avec les détails techniques du phénomène psychique, elle n'y était pas vraiment étrangère. À la fin des années soixante, elle avait fait l'expérience d'une NDE (expérience de mort imminente). Elle a eu une grossesse extra-utérine qui a éclaté, remplissant son abdomen de saignements internes.

Elle a décrit l'expérience: "Je me souviens d'être allée en salle d'opération et je pensais:" Oh, mon Dieu, je suis encore éveillée! " J'entendais les voix des médecins et des infirmières de chaque côté de moi, puis j'ai ressenti une douleur intense et je me suis élevée au-dessus des voix. J'ai entendu tout ce qui se passait, mais je ne me sentais plus mal. À une certaine distance, j'ai vu cette lumière blanche et j'ai commencé à aller vers elle. À ce moment-là, c'était comme si une énorme main s'étendait et me ramenait dans mon corps. Et plus de douleur à mesure que je me rapprochais du corps."

Quand elle était éveillée et capable de communiquer, elle a surpris le médecin en lui disant: "Vous savez, l'infirmière avait dit une chose terrible:" Je ne pense pas qu'elle va arriver à survivre ", et j'étais éveillé.

Le médecin confus lui a demandé comment le savait- elle. Est-ce que quelqu'un lui avait dit ce que l'infirmière avait dit? Elena a répondu avec insistance qu'elle avait entendu l'infirmière le dire dans la salle d'opération. Le médecin secoua la tête et dit, "En aucune façon vous auriez pu l'entendre, vous étiez complètement endormie. Vous n'étiez même pas consciente lorsque nous vous avons amené aux urgences."

Elle était vraiment très proche de la mort parce que son mari lui avait relaté que le médecin lui avait dit qu'il ne pensait pas qu'elle s'en sortirait. Cette expérience a dû bouleverser le système de croyances du médecin, car il était agacé et avait essayé pendant bien des jours de réfuter l'histoire d'Elena. Il a même fait venir l'infirmière et l'a confrontée. Il a essayé de la convaincre qu'il lui était impossible d'entendre ce qu'elle prétendait. Mais Elena ne se laissa pas influencer. Elle ne comprit pas ce qui s'était passé mais personne ne put la convaincre que cela n'était pas arrivé.

Le personnel médical a été surpris par la rapidité de son rétablissement, mais ils avaient pensé qu'elle ne pourrait jamais avoir d'autre enfant. De telles nouvelles n'ont pas découragé Elena. Elle et son mari ont demandé à adopter un autre enfant sourd et à l'élever avec leur propre fille handicapée. Avant que les papiers ne puissent être remplis, elle découvrit que son propre miracle privé s'était produit. Elle était enceinte de son dixième et dernier enfant.

Les NDEs (expérience de mort imminente). ne sont pas devenues connues du grand public avant les années 1970 lorsque les Drs Elisabeth Kubler-Ross et Raymond Moody ont mené leurs recherches sur ce phénomène et ont écrit le livre "Life After Life" (La vie après la vie: Ils sont revenus de l'au-delà). Au cours de cette période, Elena a lu dans un quotidien des articles sur certains de ces cas. Elle était ravie de constater que ce qui lui était arrivé n'était pas une expérience unique. Elle se souvenait d'avoir agité le journal et d'avoir crié à sa famille: "Regardez, c'est arrivé à quelqu'un d'autre." Elle n'avait pas eu besoin d'aucune autre vérification pendant toutes ces années, mais le fait que d'autres aient vécu des événements similairement étranges ouvrait la porte à la possibilité d'un phénomène psychique.

A cette époque, plusieurs personnes du groupe voulaient expérimenter une régression hypnotique de vies antérieures et j'ai pris plusieurs rendez-vous. J'ai toujours pensé qu'un bon sujet pourrait venir de ce groupe mais jusque-là, ils n'avaient connu que des états de transe normaux et de nature moyenne. L'intérêt de ce groupe pour la métaphysique n'a pas augmenté les chances ni changé les tendances que j'ai observées si souvent dans le passé.

Je ne sais jamais ce que je cherche jusqu'à ce que je le trouve. Je travaillais alors avec plusieurs bons sujets et recevais beaucoup d'informations mais je suis toujours à la recherche d'un autre somnambule. C'est le type de sujet le plus utile pour mes travaux de recherche en raison de leur capacité à entrer dans une transe si profonde qu'ils se transforment complètement en une autre personnalité. C'est difficile à trouver, mais je crois que mes chances sont plus grandes parce que je travaille avec une plus grande quantité de gens. Je ne savais pas que celle qui émergerait du groupe et me plongerait dans cette nouvelle aventure serait Elena, mûre, calme et curieuse.

Je sais que ce que je vais raconter concernant l'histoire de mon association avec Nostradamus, et cela semblera si incroyable que de nombreux sceptiques diront que la fraude en est la seule explication. Mais je sais qu'avec toutes les contraintes imposées par son emploi du temps occupée comme femme, mère et salariée, Elena n'avait aucune envie d'essayer d'inventer un canular élaboré. La rencontre avec le groupe était devenue l'un des rares divertissements dans son emploi du temps très chargé, mais sa famille semblait toujours passer en premier.

Quand elle a vu que les autres prenaient des rendez-vous pour des séances de régression avec moi, elle a demandé si elle pouvait également l'essayer. Son motif était purement poussé par la curiosité; elle voulait juste voir à quoi cela ressemblerait d'être hypnotisée. Jusqu'à ce qu'elle rejoigne le groupe, sa lecture était entièrement composée de livres d'horreur, de fiction, livres du type Stephen King. Elle était maintenant impatiente d'apprendre sur le phénomène psychique, mais en savait très peu sur la réincarnation. Elle dit que cela ne lui était certainement jamais venu à l'idée d'avoir vécu auparavant.

À sa première séance, j'ai été surprise de la facilité avec laquelle elle est entrée dans une profonde transe somnambulique. Elle a complètement dissipé la théorie selon laquelle les sujets joueraient la sécurité et ne raconteraient qu'une vie dans un domaine qu'ils connaissent bien. Elle est entrée dans une scène avec un environnement si étrange que je ne savais même pas où elle était. Je peux généralement identifier le lieu en interrogeant sur les bâtiments, les vêtements, les conditions de vie et les environs, mais les bâtiments étaient d'un type dont je n'avais jamais entendu parler. Elle a décrit la vie d'un marchand dans une terre inconnue où les corps de moines morts ont tapissé les murs du temple bouddhiste. L'homme est décédé lorsqu'un pont de corde suspendu s'est effondré dans un ravin. Plus tard, quand elle se réveilla, elle dessina une esquisse des bâtiments car cette première vue était la seule chose dont elle se souvenait de toute la régression. Ils semblaient orientaux mais ne suggéraient ni le Japon, ni la Chine.

Lors de cette première séance, Elena a prouvé qu'elle était un excellent sujet somnambule. Je l'ai donc conditionnée avec un mot-clé pour éliminer l'induction fastidieuse si nous devions un jour à nouveau travailler ensemble. Les mots clés ont fonctionné avec succès, même un an après leur publication. Le subconscient les accepte aussi facilement que si on leur en avait donné hier.

Jusqu'à cette première session, Elena n'avait eu aucune expérience d'aucune sorte d'état altéré et elle était très enthousiasmée par les résultats de la régression.

Étant donné que je suis toujours à la recherche d'effectifs somnambules, je souhaitais continuer à travailler avec elle, en plus des autres par lesquels j'obtenais déjà des informations. Elle était d'accord pour s'y prêter si elle pouvait organiser cela dans son emploi du temps déjà chargé. Dans les mois qui ont suivi, cela s'est avéré être le plus gros problème. Parce que sa famille était très importante pour elle, elle annulait souvent des séances à la dernière minute à cause de circonstances dans sa vie personnelle. Cela soulignait le fait que le groupe métaphysique et les régressions hypnotiques n'étaient pas une partie compulsive et consommatrice de sa vie. Au contraire, ils étaient presque accessoires. Elle pensait avoir trouvé un nouveau système de croyances important, mais celui-ci n'était pas prioritaire dans sa vie. Sa famille et son travail occupaient la majeure partie de son temps.

Le jour de notre deuxième rendez-vous, je suis arrivée au restaurant vers l'heure de la fermeture. Comme elle ne conduisait pas, j'avais l'intention de l'emmener chez elle après le travail pour une séance avant que son mari et ses enfants ne rentrent et requièrent son attention. Le restaurant était encore plein de monde. Elle a expliqué qu'un afflux soudain de touristes signifiait qu'ils devraient rester ouverts environ une heure de plus et qu'il serait alors trop tard pour une séance. Comme je ne suis jamais incapable de trouver des gens à régresser, j'avais pris la décision de partir et d'appeler d'autres personnes qui étaient sur la liste d'attente.

Mais elle me saisit fermement par le bras et me conduisit vers une cabine. "S'il te plaît, reste un moment de plus", me supplia-t-elle. "Quelque chose de très étrange est arrivé. Je vais t'en parler. Attends que certaines de ces personnes soient servies." L'expression de son visage et le ton de sa voix semblaient si sérieux que j'ai accepté. Pendant environ une demi-heure, je me suis assise en sirotant un coca et en la regardant alors qu'elle s'activait dans la cuisine, me lançant de temps en temps un sourire pour m'assurer que c'était important.

Finalement, il y eut une accalmie et elle s'essuya les mains vivement sur le tablier et s'assit en face de moi. Saisissant ma main dans les deux mains, elle me dit avec enthousiasme: "Je suis heureuse que tu ais attendu. Je ne peux plus m'en tenir à ça. J'ai eu une expérience également très étrange. Rien de tel ne m'est jamais arrivé avant dans ma vie. "

Elle a expliqué que l'incident s'était produit quelques nuits auparavant alors qu'elle s'endormait. Elle savait qu'elle était encore éveillée lorsqu'elle a pris conscience de la silhouette d'un homme se tenant près de son lit. Une situation qui normalement causerait de la peur, mais au lieu de cela, elle ressentit un calme serein. La figure s'est identifiée comme étant Andy, son guide.

"Tu dois comprendre", dit-elle, "que rien de tel ne m'était jamais arrivé avant. Je ne sais même pas ce qu'est un guide et je ne connais personne qui s'appelle Andy. "

J'ai patiemment expliqué que mon travail m'avait révélé que tout le monde avait un guide personnel et parfois plus d'un qui leur était assigné avant leur naissance. Ceux-ci sont parfois appelés "anges gardiens" et leur but est de nous aider dans notre cheminement au cours de notre vie. Elle pouvait accepter cela parce que c'était une explication raisonnable, d'autant plus qu'elle s'harmonisait avec son éducation catholique. Mais ce qui la troublait encore plus était ce qu'il lui avait dit.

"Il a dit que le plus important était de continuer à travailler avec toi. Ensuite, il m'a envoyé un message pour toi." Pour moi? C'était certainement une surprise. "Cela n'a aucun sens pour moi, mais il a dit que tu comprendrais. Il a dit que tes livres doivent être publiés, que tu ne dois pas abandonner. Il a dit qu'il y avait aussi d'autres personnes de ce côté qui craignaient que tu ne perdes espoir et que tu te décourages. Ils veulent que tu saches que les livres sont extrêmement importants. "

Ce fut une expérience étrange car je ne connaissais pas très bien Elena à cette époque-là et je n'avais aucunement discuté de mon écriture avec elle. Elle ne savait rien de mes livres, de leur nature ni des problèmes que j'avais rencontré pour les mettre entre les mains des éditeurs. Elle ne connaissait pas non plus un ensemble récent de développements décourageants qui me faisaient désespérer de ne jamais les voir un jour publiés. Je savais que je n'abandonnerais pas, mais à ce stade, je me sentais si seule et espérais au moins un petit signe d'encouragement pour que mon travail ne soit pas vain. Peut-être que c'était là ce signe. Cela devait être valable parce qu'Elena ne faisait que transmettre un message qu'elle ne comprenait même pas. C'est ce qui l'a confondue, car elle ne connaissait pas vraiment le sens du message mais se sentait obligée de me le transmettre. Si cela avait été pour quelqu'un d'autre, elle aurait hésité à le leur dire par peur du ridicule.

Elle soupira de soulagement quand je lui dis que je comprenais. "Je me rends compte que les livres sont importants et je veux qu'ils soient publiés, mais je ne suis pas le problème. Le problème est de trouver un éditeur et je semble avoir atteint une impasse à cet égard."

Elle n'avait pas de réponse à cela car la solution ne faisait pas partie du message. Ce n'était pour moi qu'un espoir et un encouragement. Ce fut ma première expérience avec quelque chose de ce genre. Peut-être que la première session hypnotique avait ouvert sa conscience psychique plus que nous ne le pensions. Elle a dit qu'elle voulait sérieusement élargir ses capacités psychiques et qu'elle avait commencé à pratiquer la méditation, ce qu'elle n'avait jamais fait auparavant. Peut-être avait-elle une réceptivité naturelle qui commençait à apparaître. Quelle que soit la cause de l'étrange expérience, j'étais heureuse que cela ne l'ait pas effrayée. Si cela était arrivé, elle aurait peut-être immédiatement cessé toute excursion dans l'inconnu et notre aventure ne se serait certainement jamais concrétisée.

IL SE PASSA PLUSIEURS semaines avant qu'Elena ne puisse enfin trouver un moment dans son emploi du temps chargé pour une nouvelle régression. La séance s'est déroulée chez elle en présence d'une de ses filles adolescentes. J'ai utilisé le mot clé et je l'ai vue entrer rapidement et sans effort dans une transe profonde. Ensuite, je lui ai demandé d'aller dans une vie qui était importante pour elle. Je fais souvent cela lorsque le sujet n'a aucun désir spécifique de connaître la source de ses phobies, problèmes ou relations karmiques avec autrui dans leur vie. Au lieu d'attendre que quelque chose ne se passe au hasard, je leur ordonne d'ouvrir le dossier sur une vie qui a une certaine importance par rapport à la vie qu'ils vivent actuellement. Certaines découvertes étonnantes sont souvent découvertes de cette façon.

Quand j'ai fini de compter à rebours Elena s'est retrouvée comme un homme regardant le grand mur de pierres naturelles qui entourait une grande ville. Elle marchait alors dans une rue de cette ville. D'après ses expressions faciales, je pouvais dire qu'elle était dérangée par quelque chose. J'ai demandé si quelque chose l'ennuyait et elle a répondu: "Je dois aller voir le maître!" Quand je lui ai demandé plus d'informations, elle est devenue encore plus perturbée et a hésité à en parler. Une bataille silencieuse semblait faire rage en elle. Sachant que c'était quelque chose dont elle ne pouvait pas parler, elle voulait cependant la partager avec moi. Il y avait de longues pauses. Ses réponses furent courtes et semées d'un soupçon de malaise, comme si elle était incertaine, comme si elle ne devait même pas en parler du tout.

J'ai essayé de la rassurer. J'ai déjà eu à faire face à ce genre de situation. Cela arrive généralement quand il y a une implication d'une sorte de secret. Soit la personne appartient à une organisation secrète ou mystérieuse, ou elle est impliquée dans quelque chose d'ésotérique ou encore il s'agit de quelque chose dont elle ne peut tout simplement pas parler. Assez souvent, comme dans mon travail avec l'enseignant Essénien de mon livre "Jésus et les Esséniens" et dans mon travail avec d'anciens druides; ils ont juré de garder le secret et ne peuvent révéler ces choses à quiconque, souvent sous peine de mort. Peu importe à quel point ils veulent répondre à mes questions, dans un cas comme celui-ci, c'est de leur demander d'aller à l'encontre de leur structure morale fondamentale dans cette vie-là. Souvent, je peux contourner cela en posant des questions avec tact ou en essayant d'inspirer confiance. Mais il y a eu des moments où rien ne pouvait pénétrer dans ce type de carapace. Je soupçonnais qu'il en était ainsi par les mouvements oculaires, les expressions faciales et les réponses hésitantes d'Elena.

Quand j'ai posé des questions sur cet enseignant, tout ce qu'elle en a dit était qu'il était un homme très érudit qui devait enseigner en secret. Le ton de sa voix me dit qu'elle considérait que même de révéler cela était une trahison. J'ai essayé de la rassurer en lui expliquant que je comprenais les raisons pour lesquelles elle faisait attention, et ce faisant, essayer de continuer à obtenir plus d'informations. Il y a eu une longue pause quand j'ai demandé s'il serait en danger si elle parlait de lui. Elle pondérait s'il fallait me répondre ou non. Cette procédure était très fastidieuse pour moi. Même si elle était définitivement somnambule, ses réponses arrivaient très lentement avec une prudence soigneusement mesurée. Sa voix était très douce et détendue. Cela a rendu ce qui s'est passé ensuite encore plus inattendu.

Il y eut une pause après ma dernière question, puis une conversation confiante et florissante. La voix éclata brusquement en m'adressant par mon nom. "Dolores! C'est Andy. Je suis le guide d'Elena. Elle n'est pas encore prête pour ça!" J'étais tellement surprise que j'ai failli en laisser tomber mon micro.

Dire que j'ai été surprise, c'est rendre ceci très léger. Je suis habituée à l'inattendu quand je travaille, mais cela m'a complètement prise au dépourvu. Je me souvenais qu'Elena avait dit que l'apparition qui s'était manifestée près de son lit pour me transmettre le message s'était appelée Andy. Que je traite ici avec son vrai guide, son gardien ou avec son subconscient, le ton de la voix était si autoritaire que je pensais qu'il était préférable de ne pas discuter. Cette personnalité parlait à un rythme normal et était très confiante. Même si c'était son subconscient, il avait évidemment son bien-être à cœur, donc j'étais sûr qu'aucun danger ne serait encouru en discutant avec "ça". Je lui ai assuré que si Elena n'était pas encore prête, nous pourrions reculer assez facilement, même si je n'avais rien vu dans ce dont nous discutions, que j'aurais pu considérer comme étant un problème.

Il continua, "Elle est confuse. Et alors comme cette vie avec Nostradamus s'est présentée à elle, elle n'est pas encore prête à la regarder. "

Nostradamus? Que voulait-il dire? Elena avait-elle connu une vie avec le grand médium?

Un coup d'œil sur sa fille m'avait montré qu'elle était encore plus confuse que je ne me trouvais moi-même à entendre des choses aussi étranges sortir de sa mère. Tout ce que je pouvais faire était de hausser les épaules. Après tout, je devais rester en control de la session même si je n'avais aucune idée de ce qui s'y passait. J'utilise toujours la lumière blanche de protection, mais je voulais m'assurer que cette entité ne faisait que l'aider.

D: Je veux que vous réalisiez que son bien-être est ma principale préoccupation. Il est très important pour moi qu'elle soit protégée et j'y fais très attention.

E: Oh oui! Je le sais. Nous sommes très heureux de la façon dont tu traites tes sujets. C'est pourquoi nous aimons travailler avec toi, tu es si protectrice. J'ai essayé de le faire avant. Elle est têtue, mais elle est ... elle va être plus gentille. (La voix ressemblait à une mère réprimandant un enfant.)

D: Peut-être que plus tard, quand elle sera prête, nous pourrons examiner cette vie dans laquelle elle s'était lancée.

Il n'y a plus eu aucun moment pour réfléchir à tout cela, car on me demandait de l'emmener ailleurs en cet instant. C'était la première fois que quelque chose comme cela m'arrivait lors d'une régression. Mais quand j'ai accepté, l'entité était ravie de ma coopération.

D: Voulez-vous l'amener voir quelque chose qu'elle peut regarder confortablement?

E: Oui, je préférerais bien mieux que tu fasses ça. Je pense que l'une de ses vies passées plus récentes va la mettre plus à l'aise. (Pause) Le 16ème siècle.

Je me préparais à lui demander d'aller à cette vie en particulier, mais la voix m'en a empêché. Apparemment, il n'avait pas encore fini de me parler. Encore une fois j'étais surprise. Aucune de ces procédures n'était courante pour les régressions.

E: Elle t'a raconté quel était mon sentiment? Que je désire que tu continues avec ce que tu fais? Nous le voulons tous.

D: Oui, mais vous êtes probablement au courant des difficultés que j'ai rencontrées.

E: Oui, oui, mais tout cela va passer. On vous teste.

D: Parfois, j'ai le sentiment que l'on me teste un peu trop.

E: Ne le prenez pas comme ça et que cela ne vous décourage pas. Ce que tu fais est très important. Tu sais, nous regardons tous et certains d'entre nous sont très frustrés parce que nous ne sommes pas capables de te parler.

D: Connais-tu mon guide?

E: Non. Aucun d'entre nous n'est informé les uns sur les autres, individuellement ou personnellement, car nous sommes tous à des niveaux différents. Et certains autres sont à des niveaux bien plus élevés que moi. Mais nous sommes ... tu dois me pardonner, j'utilise les mots qu'elle connaît. Nous sommes au courant de quelque chose. C'est comme si tu reconnaissais l'atmosphère ambiant mais que tu ne le voyais pas. Un terrain d'entente pour nous sera trouvé. Même un guide peut avoir hâte que le chemin soit emprunté dans le bon sens. Vous serez tous sur le bon chemin, c'est juste que certains aspects deviennent un peu plus sinueux que d'autres. Accrochez-vous ça va être très positif pour les gens qui auront la chance de lire vos livres. Il existe également des forces négatives qui vont à l'encontre de cela. C'est ... oh, le moyen le plus simple de l'expliquer, je les appelle "des petits enfants". Ils ne veulent pas voir une progression qui peut être faite parmi les gens sans avoir à traverser autant de vies différentes. Et nous sommes arrivés à un moment où une illumination de tous peut se produire. Et cela devrait être combattu ou réprimé, devrais-je dire. Bien sûr, il arrive que la répression se produise chez les personnes mal informées, mais à présent, cela se produit également à différents niveaux. La réaction du public sera favorable. Vous allez sensibiliser ce public sur le fait que c'est la vérité, et il y aura également ce petit groupe qui la défiera et sera contre tout ceci. Mais ce que vous faites est très important. Vous ne devez pas être distraite. Je peux sentir, ainsi que d'autres, que vous devenez très découragée. C'est pourquoi il est important de vous faire savoir que vous devez tenir bon.

L'entité a ensuite commencé à me donner des conseils sur l'endroit où envoyer les manuscrits et sur les éléments temporels en jeu, qui se sont tous étonnamment résolus depuis ce jour. Il a également fortement déconseillé de permettre à quiconque de découper du matériel de Jésus, inconnu d'Elena, suggéré par deux éditeurs. Il a ensuite donné un message à Elena pour lui dire comment méditer et être plus réceptive lorsqu'il tentait de communiquer avec elle et de la conseiller. Il a dit que la vie qu'elle avait entrevue au début de cette session était importante et que nous aurions le droit de la voir plus tard. Il m'a de nouveau demandé de l'emmener au 19éme siècle où elle trouverait un compteur de durée de vie qu'elle pourrait gérer plus facilement.

Après avoir fait ses adieux à cette incroyable entité, je lui ai ordonné de se rendre à la période qu'il avait spécifiée. Elle entra immédiatement dans une vie banale impliquant une femme mariée à un cultivateur de blé travaillant dur dans le Kansas, au 19ème siècle. Après la direction inattendue que cette régression venait de prendre, il était très ennuyeux d'écouter son souvenir de cette vie. Les détails en sont sans importance, mais cela montre la période d'adaptation que son subconscient a du traverser.

Que ce soit vraiment son guide ou son subconscient qui était venu parler et la guider, cela ne faisait que renforcer ma conviction que normalement, au début de mon travail avec de nouveaux sujets, ils ne se verront pas offrir une vie qu'ils ne peuvent pas gérer. C'est la raison pour laquelle ils évoquent généralement un sujet banal et ordinaire. C'est toujours le modèle que j'ai trouvé. Ce qui rend cette session si inhabituelle, c'est que je n'avais jamais eu d'intervention directe de quoi que ce soit, encore moins de quelque chose qui s'identifie comme une personnalité distincte. C'était une expérience très inhabituelle, mais je dois toujours me rappeler que dans ce domaine, il faut s'attendre à l'inhabituel. Sa fille était aussi surprise que moi par l'intrusion soudaine du guide d'Elena. D'autant plus quand je lui ai dit que c'était la première fois que cela se produisait.

Au réveil, Elena était ravie de la régression de la paysanne, même si je trouvais cela très ennuyeux. Elle a été surprise quand je lui ai dit qu'Andy avait interrompu la séance. Elle n'en avait aucun souvenir. Mais elle s'est souvenue d'être mal à l'aise au début de la séance.

"Je ne me souviens pas beaucoup de ce qui s'est passé, mais je me sentais mal à l'aise, comme si j'avais en quelque sorte envahi une confiance étant non-invitée. Je pense vraiment que c'est une vie qui s'est vraiment déroulée. Il s'agissait d'un enseignant et ses enseignements étaient très privés à son époque. Je me sentais très mal à l'aise même d'en parler. Je devenais vraiment émotive à l'intérieur, comme si je violais une sorte de règle ou quelque chose comme ça. Est-ce que tu comprends ce que je veux dire?"

Je lui ai demandé si elle savait quelque chose à propos du psychique du 16ème siècle, Nostradamus. Elle n'avait jamais entendu parler de lui et ne pouvait même pas prononcer son nom.

Peut-être était-ce la raison pour laquelle son guide était intervenu; il pouvait sentir les remous en elle. Tout ce que j'avais pu voir, c'est que cela l'avait été dérangée. Normalement, le sujet peut devenir objectif ou sauter d'une scène à autre chose si quelque chose le dérange. Ils peuvent également se réveiller si l'expérience devient trop répréhensible. Apparemment, Elena avait besoin de l'intervention de son guide. Qui sait? Je ne savais pas quoi penser de tout cela. J'ai été la dernière à savoir ce qui s'était réellement passé ou pourquoi. Tout cela troubla Elena aussi, et je sus qu'elle se trouvait alors dans une transe suffisamment profonde pour qu'elle n'ait aucun contrôle conscient de ce qui s'y était passé. Son guide a également parlé de choses dont Elena n'avait aucune connaissance. Quoi qu'il se passe, je me sentais à l'aise avec tout cela. Ma curiosité était éveillée et je pensais que sa vie méritait d'être poursuivie si Andy nous le permettrait.

Chapître 2

Je rencontre Dyonisos

DEUX MOIS S'ÉTAIENT passés avant qu'Elena et moi ne puissions nous retrouver pour une autre session. La saison touristique battait son plein dans cette station balnéaire et le restaurant avait été inondé. Elena était également occupée avec les portraits pour lesquels elle avait été commanditée. Elle avait essayé de réserver un peu de temps chaque jour pour pratiquer la méditation car elle sentait que cela calmait son esprit et l'aidait à se détendre. Quelques fois, elle était convaincue que son guide, Andy, était venu la voir et l'avait encouragée et conseillée au sujet de certains problèmes. J'avais eu plusieurs autres sujets sur divers autres projets et je ne l'avais revue qu'aux réunions de groupe. Enfin, nous avons pu nous rejoindre toutes les deux pour une séance le jour de son congé hebdomadaire.

Après lui avoir donné le mot-clé, elle est tombée dans une transe profonde et j'ai commencé la séance en lui demandant de revenir à une époque importante pour elle-même. J'espérais que nous pourrions puiser encore dans la vie de l'enseignant, mais cela dépendrait de son subconscient protecteur. Je ne savais vraiment pas où nous allions nous retrouver, mais je savais que si c'était le cas, ce serait important pour Elena, sinon pour moi.

Quand elle est entrée sur les lieux, elle était redevenue un homme marchant sur une route menant vers le domicile de son professeur qui avait une maison sur la périphérie de cette ville. Il semblerait que nous ayons de nouveau contacté cette même vie. Cependant, cette fois, ses réponses étaient beaucoup plus spontanées. Elle ne semblait pas dérangée, même si parfois elle hésitait à répondre. Je l'ai rassurée pour essayer de contourner le secret qui avait été présent lors de la session précédente. Bien qu'elle se sente plus à l'aise pour me parler, elle était toujours prudente. Elle a dit qu'elle était l'un des six étudiants qui étudiaient avec cet enseignant. Ils le rencontraient parfois en groupe, mais il leur donnait également des cours particuliers. "Il m'apprend l'étude de la vie. Comment guérir le corps. Comment guérir l'esprit. Comment voir l'avenir. Il en sait plus que tout autre homme sur la terre."

D: Pour moi, ce sont des choses merveilleuses. Pourquoi faudrait-il garder tout cela secret?

E: Parce que les gens sont superstitieux. Les gens de l'église ... De l'église catholique.

D: Cet homme doit-il se cacher à cause de ses croyances?

E: Non, il est un bon médecin. Mais il est aussi un médecin en toutes choses. Certaines des choses en lesquelles il croit, il en garde le secret.

J'essayais de savoir qui était cet enseignant sans lui faire aucune suggestion. Elle ne pouvait pas penser au nom de la ville, ni à l'année où nous nous trouvions, mais ceci n'est pas un fait rare. Des études scientifiques ont démontré que, dans mon travail, le sujet utilise principalement le côté droit du cerveau, où se trouvent l'imagerie et la visualisation. J'ai également découvert que les noms et les dates se situent dans la moitié gauche du cerveau ou dans la partie analytique et logique. Les experts disent également que le subconscient ne comprend pas les chiffres ou le temps. Après avoir travaillé avec un sujet sur une vie spécifique sur une longue période de temps, tous les détails de cette vie deviennent à la fin plus facilement disponibles. Mais au début, c'est comme si nous ne faisions qu'en effleurer la surface, et les erreurs de noms et de dates sont courantes et peuvent être négligées. L'histoire et les émotions sont la chose la plus importante, et je peux généralement déterminer où nous en sommes en posant des questions. Comme un détective à la recherche d'indices, ces réponses peuvent être utilisées pour identifier les paramètres régionaux et la période. Elle a décrit ce qu'elle portait. "J'ai des jambières. Des chaussures. Une chemise avec des pantalons. Mon manteau a une capuche." C'était un homme d'âge moyen nommé Dyonisos. Comme c'était si étrange, un nom à consonance étrangère, je savais que j'aurais du mal à le prononcer.

J'ai décidé de la faire avancer jusqu'au moment où il était chez le professeur et qu'il étudiait avec lui. Elle y est allée immédiatement et a commencé à me décrire la scène.

E: La salle est grande. Je vois la table, des livres. Les marches menant à l'entrée de la maison, la partie principale de la maison.

D: Alors, tu es dans la partie inférieure?

E: Oui. La cheminée est contre le mur. Il y a un foyer surélevé devant nous et nous sommes assis sur des coussins qui font face au feu. Le maître dit que c'est grace à cela que nous pouvons vider notre esprit.

D: Y a-t-il quelqu'un d'autre à côté de vous et du maître?

E: Il y en a deux autres.

D: hommes ou femmes?

E: Ce sont des hommes. Pas de femmes!

D: Y a-t-il une raison pour laquelle aucune femme n'est autorisée?

E: C'est la culture de notre époque. Seuls les hommes sont autorisés à apprendre. Je comprends la nécessité pour les femmes d'apprendre. Mais la société n'a pas permis cela avec les classifications sociales actuelles.

D: Voulez-vous dire que vous avez différentes classes dans votre société?

E: Il y a les riches et la classe ouvrière qui comprendraient des médecins, des marchands, des gens de confréries de métier et les pauvres qui travaillent pour la plupart à des tâches subalternes. Les hommes qui ont une famille dans un métier en particulier apprendraient à lire et à écrire, ainsi que les choses nécessaires pour pouvoir exercer correctement ce métier. J'ai eu beaucoup de chance car ma famille avait assez d'argent pour continuer à me permettre d'apprendre au-delà de ce qui était nécessaire pour le commerce de ma famille.

Dyonisus avait environ 30 ans à l'époque et ne s'était jamais marié.

D: Alors ton seul désir est d'étudier avec ton maître?

E: Oui, il semble qu'il y ait tellement de choses à apprendre.

D: Te faudra-t-il encore bien longtemps pour que tu ailles à l'université pour devenir médecin?

E: Le temps que j'ai passé est suffisant, mais pour en savoir plus, je pense qu'il est nécessaire de continuer. Je préfère travailler avec Nostradamus car j'estime qu'il dispose des informations dont j'ai besoin, non seulement pour aider les gens en tant que médecin, mais aussi pour m'aider à l'intérieur de moi-même.

Quand il a mentionné Nostradamus, j'étais ravie. J'avais soupçonné qu'il était cet enseignant à cause de ce qu'avait dit Andy, le guide. Mais maintenant je me demandais quelles questions poser à son sujet. J'essayais de me souvenir de ce que j'avais lu à propos de cet homme et je me demandais à quel point un de ses élèves le saurait vraiment.

D: *As-tu une idée du temps que tu vas passer à étudier avec lui?*

E: J'espère cela ne cesse jamais.

D: *Ce serait bien si tu peux faire les deux, pratiquer ta médecine et continuer à travailler avec lui. Tous les autres étudiants qui étudient avec lui ont-ils le même niveau d'apprentissage?*

E: Non, il y en a trois qui lui sont parvenues à peu près à la même période et deux qui ont commencé plus tard. J'ai commencé avec les trois autres.

D: *Est-ce qu'il vous enseigne tous ensemble ou a-t-il des cours séparés?*

E: En ce qui concerne la guérison du corps, nous travaillons ensemble. En ce qui concerne les enseignements de l'esprit, nous travaillons séparément.

J'ai demandé une description de Nostradamus. Il a dit qu'il avait de longs cheveux bruns, une barbe et de grands yeux. Il n'était pas vieux à ce moment-là et était médecin depuis environ dix ans. Dyonisos a dit qu'il travaillait avec lui tous les jours comme un apprenti, en l'aidant et en apprenant de lui.

D: *Qu'est-ce qu'il vous a appris, qu'est-ce qui a été particulièrement utile?*

E: À voir. Comment ouvrir l'esprit. Entendre.

D: *Oui, tout ceci est très important. Nostradamus n'a-t-il pas écrit?*

E: Oui. Il dit qu'il y aura des gens qui vont apprendre grâce à lui dans les nombreuses années à venir.

D: *J'ai aussi entendu dire qu'il écrit en comptine, sous forme de mystère ou d'énigmes qui sont difficiles à comprendre. Est-ce vrai?*

E: Oui, Il fait ça. Pour ceux qui comprendront, il n'y aura pas de difficulté. Ceux qui ne sont pas capables ou prêts à comprendre ne comprendront pas.

D: Ne serait-il pas plus facile d'écrire les choses en langage normal?

E: Pour ceux qui ne sont pas prêts, ce serait effrayant. Ils ne comprennent pas ou n'en ont pas l'entendement.

D: T'a-t-il jamais dit comment il recevait cette information au sujet duquel il écrit? (Il répondit avec un oui catégorique!)Peux-tu la partager? Avec moi?

E: Il y a tellement de choses à dire.

D: Nous devons bien commencer quelque part.

Il semblait ne pas savoir par où commencer ni comment l'expliquer. Trébuchant, il a commencé.

E: Le feu ...il ouvre la voie.

D: Veux-tu dire en regardant le feu?

E: (catégoriquement) oui! L'oeil de l'esprit voit le feu. Les voix viennent à vous, pour vous aider et vous guider. Vous entrez à l'intérieur ... à l'intérieur de vous-même. Il faut être préparé. L'apaisement de votre corps, de votre esprit. L'utilisation des éléments pour vous guider. Les quatre éléments.

D: Est-ce qu'il t'a donné un exercice ou quelque chose qui aide à mieux créer ce calme?

E: Vos voix vous disent quels exercices vous conviennent le mieux. Notre professeur vous aide à les utiliser dans leur totalité. Regarder dans le feu vous aide à contrôler l'errance de l'esprit.

Cela sonnait comme une méditation de base. Pour être efficace, il convient de se concentrer sur quelque chose. Parfois, un objet peut être utilisé comme un foyer au lieu d'un feu.

D: Faut-il que ce soit le feu, ou que ce soit quelque chose d'autre?

E: Le feu est un symbole de la lumière Il l'utilise de nombreuses manières. Le feu est l'un des moyens avec lequel il enseigne à ses étudiants.

Je voulais en savoir plus sur les autres méthodes, mais elle est à nouveau devenue confuse et perturbée.

E: J'entends ... j'entends beaucoup de voix en ce moment.

Je lui ai demandé si elle pouvait me dire ce qu'elles disaient, toutes, mais elles semblaient être comme une grande confusion et elle avait peur de perdre ma voix parmi les autres. Je lui ai immédiatement suggéré qu'elle soit toujours capable de m'entendre clairement et distinctement et que mon rôle l'emporte sur celui des autres, mais elle était toujours confuse.

E: Elles ne sont pas... elles font partie des voix... Elles essaient de me dire des choses que je ne comprends pas.

Il était évidemment dans un état méditatif et se concentrait sur quelque chose en plus de ma voix. Il serait inutile d'essayer de l'interroger dans de telles circonstances aussi distrayantes. Je l'ai donc fait sortir de cette scène. Je lui ai demandé d'aller où il vivait, où il mangeait, dormait et continuait sa vie quotidienne. Quand j'ai eu fini de compter, les distractions avaient disparu. Il a déclaré qu'il ne vivait pas avec sa famille mais qu'il partageait cet endroit avec un autre étudiant de Nostradamus, nommé Tellvini (phonétiquement). J'ai demandé une description de la maison. Il a dit : "Elle est très bien, mais je n'ai pas besoin de beaucoup de choses matérielles."

Les deux étudiants avaient une femme de ménage qui vivait avec eux et faisait la cuisine. Dyonisos aimait manger du poisson et les pains que la femme préparait. La cuisine était faite dans une zone proche du mur extérieur où il y avait des tables et une cheminée pour cuisiner. Je me suis demandée comment pouvait-il se permettre de telles choses et il m'a répondu que l'argent venait de sa famille. C'était évidemment pourquoi il n'avait pas à travailler.

Pendant que je lui parlais, il était assis à une table en train de lire. Cela n'aurait pas été si inhabituel si ce n'est qu'il a dit qu'il lisait "Les livres perdus ... du livre de Dieu". Apparemment, il voulait dire la Bible.

D: Oui, j'ai entendu dire que certains livres ont été perdus. Personne ne sait ce qui s'y trouve.

E: Il y a ceux au sein de l'église qui essayent de les retirer et d'en enlever des parties.

Le livre était écrit en français, mais il connaissait également le latin, il était donc apparemment très instruit.

D: Comment avez-vous trouvé ces livres?
E: Par mon maître. Il a dit qu'il était important de tout savoir.
D: Je suis d'accord. Quelle partie des livres perdus lis-tu?
E: L'enfance du Christ.

Cela m'intéressait naturellement car, à l'époque, j'étais impliquée dans la réécriture de mon livre, "Jésus et les Esséniens", qui traitait de la vie du Christ. C'était tellement important dans mon esprit qu'il m'était difficile de travailler avec d'autres sujets, sur d'autres projets. J'ai eu du mal à penser à des questions portant sur une autre période. C'est en partie la raison pour laquelle j'ai eu du mal à formuler des questions sur Nostradamus. Je savais que ce serait une formidable opportunité de connaître le fameux psychique, mais je ne pouvais pas oublier le projet Jésus. Ainsi, quand Dyonisos a mentionné qu'il lisait des livres égarés de la Bible au sujet de l'enfance de Jésus, j'ai sauté dessus pour tenter d'obtenir plus d'informations à ajouter à l'autre livre. Je lui ai demandé de partager avec moi ce qu'il lisait.

E: Quand il était très jeune, il avait les pouvoirs qu'il avait en tant qu'homme. Mais il n'avait pas la compassion qu'il avait en tant qu'adulte et utilisait parfois ses dons de manière volontaire et malicieuse. Qu'il a eu un camarade de jeu qui est tombé mort parce qu'il était en colère contre lui. Et il le ramena à la vie parce qu'il était désolé pour lui. Ce sont les choses qu'ils enlèvent. Les gens ne veulent savoir que sur le bien.
D: Je suppose qu'ils ne veulent pas que les gens sachent qu'il était capable d'émotions humaines. Est-ce que la partie que vous lisez a un nom ou est-ce que tout est dans un même livre?
E: Il y a beaucoup de moments différents ... de passages, mais c'est dans un seul livre.
D: Je pensais que le livre pourrait avoir des sections ou quelque chose qui avait le nom de quelqu'un qui les ait écrites. (Semblable à notre Bible actuelle.)
E: (Pause) Je n'ai pas cette information.
D: Que dit-il d'autre sur la vie du Christ qu'ils ont fait omettre?

E: La famille qu'il avait. Frères. Sœurs. La folie. Il était un enfant normal en grandissant. Et ils ne croient pas qu'il aurait dû l'être.

Il a dit que le livre n'indiquait pas la taille de sa famille. Il vient de raconter certains des événements de sa vie tels que l'incident avec le compagnon de jeu.

E: Il semble y avoir des extraits de différentes choses, comme si des parties du premier livre avaient déjà été supprimées.

D: Y a-t-il quelque chose dans les premiers temps, comme lors de sa naissance, qui ait été retiré et mis dans ce livre?

E: Oui, mais je ne m'en souviens pas.

Je pensais à tenter une expérience. Vous ne savez jamais ce qui apportera des résultats dans un travail comme celui-ci. C'est tout comme de frapper et de rater; il n'y a pas de directives. J'ai demandé s'il pouvait regarder cette partie du livre et s'il pouvait me la lire. Il était parfaitement disposé à le faire. Il a dit que le livre était rangé dans l'ordre chronologique afin que tout soit facile à trouver. Puis une autre chose déroutante s'est produite. Il a apparemment trouvé la partie et la lisait en silence, mais pour une raison quelconque, il ne pouvait pas me la répéter.

E: Je suis désolée, je ne peux pas. Je ne sais pas pourquoi. (Elle semblait mal à l'aise.) Je, j'ai l'impression d'avoir un poids sur ma poitrine.

Je n'ai pas compris ce qu'elle voulait dire mais je ne voulais pas qu'elle soit mal à l'aise. J'ai supposé que son subconscient se sentait toujours lié par un code de secret et n'était pas totalement prêt à tout laisser être révélé.

D: Est-ce quelque chose dont vous ne devriez pas parler?

E: On dirait que ça n'a pas encore été ... connu.

D: Mais vous êtes autorisé à le lire, n'est-ce pas?

E: je sais. Mais les voix me disent ... (surprise) Ce n'est pas pour être transmis à travers moi! Tu vas le recevoir d'une autre source.

Je ne pouvais pas imaginer ce qu'elle voulait dire, mais je devais l'accepter. "Je pensais peut-être qu'ils ne me faisaient pas confiance."

E: (Emphatique) Non! Ce n'est pas ça.

Un silence de pierre répondait à toutes les autres questions sur les livres perdus. Je savais donc que je devais changer de sujet. Je me demandais si Nostradamus habitait près de lui.

E: Il a plus d'une maison. Parfois, il reste avec les autres. Parfois, il reste avec sa famille.

D: Tu as dit que Nostradamus était un médecin. At-il un hôpital, ou ne connais-tu pas ce mot?

E: Il traite les gens à domicile.

D: Est-ce qu'il a étudié longtemps pour faire ça?

E: Être médecin? Il n'a pas étudié très longtemps. Il était capable de tout comprendre dès la première fois.

D: Qu'en est-il de son autre entraînement, celui avec le mental, l'a-t-il étudié quelque part?

E: Grace à plusieurs différents hommes de grande sagesse qui le lui ont appris.

D: A-t-il enseigné ces choses en même temps qu'il apprenait la médecine?

E: C'était en partie à ce moment-là, mais aussi plus tard.

D: Tu as dit qu'il avait d'autres méthodes de guérison que les méthodes conventionnelles qu'il t'a enseignées. Peux-tu en parler?

E: (Elle fit une pause et sembla confuse à nouveau.) Pas cette fois. (La voix avait changé. Il y avait plus de confiance. Était-ce Andy?) Il y a beaucoup de choses que tu dois savoir sur cette vie. Mais ce que je ne comprends pas, c'est… ils en bloquent une partie.

D: Ce n'est pas grave s'ils veulent que j'attende. J'ai beaucoup de patience. Je veux que tu te sentes très en sécurité avec moi et que tu saches que tu peux me faire confiance.

E: Ils te font confiance. Mais ils disent qu'une partie de quelque chose d'autre que vous apprendrez viendra avec le récit de cette vie. Et en apprendre seulement une partie maintenant n'aurait aucun sens. Vous devez apprendre quelque chose d'une source différente qui se fondra dans le récit de cette vie.

Je n'ai pas compris ce qu'ils voulaient dire, mais je me suis sentie obligée de l'accepter. Peut-être que cela tomberait sous le sens plus tard.

D: Ensuite, ils veulent que je le fasse avant que je ne travaille avec vous, ou quoi d'autre encore?

E: Cela arrivera avant et vous le saurez.

D: Et ensuite je mettrai les deux ensemble ?

E: Oui Ce sera clair pour vous. Vous pourrez ... nous devons en reparler.

D: Oui, j'ai hâte de parler à nouveau avec toi, car je suis toujours à la recherche de connaissances. Je suis très heureuse qu'ils t'aient permis de parler avec moi. La dernière fois, ils ne voulaient pas que tu en parles. Ceci est un encouragement si tu sens que tu devrais en savoir plus sur cette vie. Y a-t-il quelque chose de particulier qu'ils souhaitent que tu saches sur ce sujet dont tu puisses parler?

E: (Une longue pause.)

D: Je suppose que c'est du à ces sentiments qui sont en train de se réveiller. Ce que vous avez appris ne vous est jamais enlevé. C'est toujours là.

E: Ceci en est une des raisons en partie. Il y aura beaucoup d'apprentissage pour toi dans cette vie. Et quelque chose qui sera lié à tout cela se produira avant que tu ne reviennes.

Je me suis rendu compte que j'avais été un peu confuse sur ce qu'il fallait demander à cause de ma préoccupation à propos du matériel sur Jésus.

E: Quand tu reviendras, tu sauras quelles questions doivent être posées. Cela te viendra à l'esprit.

Comme ils ne voulaient pas nous donner plus d'informations, il n'y avait rien à faire en dehors, hormis, la faire sortir de cette vie et de la faire remonter à la surface de bien plus de conscience. J'étais un peu soulagée parce que, comme je l'ai dit, j'étais bien trop préoccupée pour consacrer toute mon attention et mon énergie à ce projet à cette époque là. Apparemment, ils l'avaient également senti. Je pensais qu'il serait intéressant de trouver quelque chose au sujet de Nostradamus. Mais quel type d'informations aurais-je pu obtenir d'un élève? Jusqu'à quel niveau avait-il appris? Nostradamus ne lui avait-il rien dit sur le sens réel de ses quatrains et serait-il capable de les comprendre même s'il le faisait? À l'époque, je pensais que je pourrais être en mesure de découvrir quelque chose sur sa vie pendant la période où Dyonisos le connaissait et peut-être découvrir certaines de ses méthodes de guérison, mais rien d'intime sur les pensées et les visions profondes de Nostradamus. Dans de telles circonstances, je pensais que je pourrais peut-être obtenir assez d'informations pour un chapitre dans un futur recueil sur des histoires diverses, sûrement rien de plus. Mais je croyais que Dyonisos avait raison, à mon retour, je serais mieux préparée pour poser plus de questions.

QUELQUE CHOSE D'ÉTRANGE était arrivée avant mon retour. Dyonisos ne m'avait pas donné d'informations sur Jésus parce qu'il a dit que cela ne passerait pas au travers d'Elena mais par quelqu'un d'autre. Katie Harris [pseudonyme], le sujet qui m'avait fourni le matériel nécessaire à "Une âme se souvient d'Hiroshima" (non traduit en français) et "Jésus et les Esséniens" s'étaient éloignée et je terminais la réécriture de ce livre sur la vie du Christ. Je sentais toujours qu'il y avait quelques lacunes que j'aurais aimées combler. À l'époque où je travaillais avec Elena, je travaillais également avec une jeune étudiante, Brenda, qui était étudiante en musique à l'université locale. Elle était également un excellent sujet et j'avais déjà reçu d'elle de nombreuses informations importantes qui seront transformées en futurs livres. Aucune de ces trois femmes ne se connaissaient et elles vivaient toutes dans des villes différentes.

L'incident étrange s'est produit alors que je travaillais avec Brenda quelques semaines après cette session avec Elena. Elle était en transe profonde lorsqu'une voix étrange annonça soudainement qu'elle disposait d'informations à inclure dans le matériel de Jésus. Pendant une heure, elle a fourni les réponses que je cherchais pour combler les quelques lacunes du livre. Plus tard, quand je les ai insérées dans les endroits appropriés, elles se sont si bien insérées qu'il était comme si elles avaient toujours été là. Quatre-vingt-dix-neuf pour cent de ce livre provenait de Katie et seulement un petit 1% de Brenda, mais je savais maintenant que ce livre était complet. C'était comme si d'une manière ou d'une autre "ils" (quel que soit "ce qu'ils soient") sachent que j'ai besoin des pièces supplémentaires et savent aussi que je ne peux pas me les procurer, alors ils ont très intelligemment trouvé une autre méthode pour me les faire parvenir. Mais Elena avait raison, l'information ne devait pas venir d'elle. Son histoire se concentrerait sur un domaine totalement différent. Avec soulagement, je savais maintenant que je pouvais consacrer toute mon attention à d'autres projets.

Il est devenu évident que quelqu'un ou quelque chose d'autre participait en cela et aidait à en diriger le flux d'informations. Bien que je ne l'aie pas tout bien compris, j'étais heureuse de recevoir leur aide. J'ignorais à ce moment-là que ce n'était que le début d'une aventure qui serait pleine de rebondissements incroyables et de conséquences improbables. Il devait se passer des choses que j'aurais pensé, en tant qu'être humain rationnel pensant, être dans le domaine de l'impossibilité.

Chapitre 3

Le Grand Homme Arrive

JAVAIS L'INTENTION DE formuler la semaine prochaine des questions plus rationnelles sur la vie de Nostradamus que je poserais à Dyonisos, mais la saison touristique s'abattit sur la ville. Elena travaillait tard tous les soirs et était très fatiguée, alors des mois ont commencé à défiler sans que je sois en contact avec l'étudiant de Nostradamus. À l'époque, je participais à de nombreux autres projets sur d'autres sujets et l'histoire d'Elena n'était qu'une autre possibilité de suivi lorsque nous pourrions à nouveau nous réunir. Je travaille habituellement sur plusieures possibilités de livres en même temps, donc ainsi j'ai un flot constant de projets. J'ai supposé à tort qu'il y aurait suffisamment de temps pour poursuivre dans cette voie, car je pensais que ce ne serait qu'un chapitre ou deux intéressants dans un livre de régressions diverses. À l'époque, je ne m'étais jamais imaginée qu'il deviendrait un livre à lui tout seul, car je ne pouvais concevoir d'obtenir autant d'informations d'un de ses élèves.

L'été s'est allongé en automne et s'est dissous en hiver. J'ai parfois vu Elena, mais nous n'avions plus de séances. En hiver, la station balnéaire s'arrête et se transforme en ville fantôme. La plupart des résidents émigrent vers des climats plus chauds ou hibernent, dans l'attente du prochain afflux de touristes à la fin du printemps. Elena avait utilisé cette fois de manière productive ses commandes de portraits. Nous ne pouvions toujours pas travailler car pendant l'hiver, je passais aussi en hibernation. Je vis dans une région montagneuse rurale accidentée et il devient difficile de se déplacer et incommode d'aller où que ce soit lorsque la neige tombe. Pendant ce temps, mes sessions cessent et je travaille sur la fastidieuse transcription des bandes que je souhaite utiliser. C'est une partie de mon travail qui est nécessaire, mais qui prend beaucoup de temps et qui est assez pénible, je le garde donc pour les tristes mois d'hiver, lorsque je suis enneigée.

Nous nous sommes donc trouvées au printemps 1986 avant qu'Elena et moi ne puissions enfin retrouver le temps de nous revoir. Elle avait emménagé dans un appartement situé dans un vieil immeuble. Les résidences de cette ville étaient très anciennes, il n'était donc pas extraordinaire qu'Elena ait une trappe dans sa chambre près du pied de son lit. Cela fait craquer le sol quand un homme marche dessus. Le jour de la session, nous étions seules, bien que vous puissiez parfois entendre des personnes se déplacer dans les autres appartements. Avant de commencer, elle a mis ses petits chiens et chat dehors. Comme nous attendions une amie, Valerie (ou "Val", nom sous lequel ses amis la connaissaient) qui devait venir avant que nous ayons fini, elle a fermé la porte extérieure mais ne l'avait pas fermée à clé. Ces détails sont importants pour ce qui s'est passé pendant la session. Chacune des sessions que j'avais menée avec Elena avait contenue quelque chose d'inhabituel, et celle-ci ne ferait pas d'exception.

Cela faisait plusieurs mois depuis que j'avais travaillé sur cette histoire, et je ne me souvenais plus du nom de l'étudiant. Je lui ai donc demandé de revenir à l'époque où elle étudiait avec Nostradamus. Quand j'ai eu fini de compter à rebours, je l'ai trouvé dans sa chambre en train d'écrire.

E: J'écris des informations que j'ai reçues par les voix à l'intérieur de moi-même. J'avais des questions en moi qui nécessitaient une réponse, alors je me suis tourné vers l'intérieur. Ce sont des questions sur moi-même qui n'auraient aucun sens pour quelqu'un d'autre.

Il recevait apparemment cette information par la méditation. Il a dit qu'il s'appelait Dyonisos et je me suis posée cette question. Nostradamus a vécu en France, et ce nom ne sonne pas français. Une possibilité avait été suggérée que ce n'était peut-être pas le vrai nom de l'étudiant. Peut-être leur ont-ils donné d'autres noms afin de les protéger. Mais il a insisté pour que ce soit le nom avec lequel il était né.

E: Nous vivons avec le maître. Il a une grande maison. Nous sommes cinq étudiants. Nous avons des domiciles séparés. Certains, par choix, partagent une chambre, mais je ne le souhaite pas. Cependant, nous partageons tous un objectif commun.

D: Où habitais-tu auparavant?

E: Nous vivions dans mon pays natal, à Athènes.

Cela expliquerait son nom à consonance étrangère. Il n'était pas français, mais grec.

D: Il y a également beaucoup d'intelligences sages à Athènes, n'est-ce pas?

E: Il y en avait.

D: Je me demandais simplement pourquoi vous avez choisi de venir ici et de ne pas étudier à Athènes.

E: Ma famille était dans le commerce de marchandises. Elle faisait commerce de différents types d'épices et de tissus. Et dans le cours des affaires il a été décidé de déménager. Une partie de ma famille vit encore à Athènes, mais mes parents ont déménagé à Paris. Ils souhaitaient établir une meilleure communication d'un port à l'autre en rapport avec les produits qui étaient nécessaires.

D: Est-ce qu'ils espéraient que vous entriez dans le commerce avec eux?

E: Oui, ils l'ont fait. Mais j'avais toujours senti qu'il y avait quelque chose de plus. Que tout n'était pas comme ... cela avait été écrit.

D: Étiez-vous scolarisé à Athènes?

E: Oui. Mais nous sommes venus ici lorsque j'étais très jeune et j'ai étudié avec les prêtres à Notre-Dame. J'apprenais à être ... un homme de loi. Mais j'ai senti que les lois actuelles étaient injustes pour les classes pauvres.

D: Oui, mais c'est généralement ce qui se passe dans la plupart des pays, n'est-ce pas?

E: C'est vrai. J'ai senti qu'il était nécessaire d'apprendre quelque chose qui leur serait utile. J'ai décidé de devenir médecin. J'avais entendu parler de Nostradamus et souhaitais étudier avec lui. Quand je l'ai rencontré, j'ai senti que c'était bien la personne qui pouvait m'apprendre beaucoup de choses. Je suis toujours ce qu'ils appellent un "apprenti". À l'université, il y a des gens qui ont été amenés des hôpitaux pour que nous puissions regarder les chirurgiens en action. Je préfère travailler avec Nostradamus parce qu'il a montré une méthode pour que les gens ne ressentent pas la douleur quand il était nécessaire d'opérer.

Il y a longtemps que l'on spécule sur la façon dont Nostradamus aurait pu accomplir ses guérisons miraculeuses. Il a mystifié les autres médecins de son temps. Je pourrais peut-être découvrir son secret. Il vivait avant la découverte de l'éther lorsque les médecins étaient censés pratiquer des opérations sans anesthésie.

D: Est-il le seul à utiliser cette méthode?

E: Oui. J'en ai entendu parler dans certains autres pays, mais pas plus que ça en France. C'est une méthode qui permet à la personne d'aider le chirurgien. Mais cela va au-delà d'un calme créer pour le cœur de la personne et une atténuation de la douleur dans son esprit.

Cela ressemblait beaucoup à une forme d'hypnose. J'ai toujours pensé que le plus difficile pour essayer de contrôler la douleur serait d'amener le patient à vous écouter.

E: Il y a des stupéfiants qui proviennent principalement de l'Orient que nous pouvons leur administrer. Ils les calment. L'un est un ... L'opium. C'est l'une des principales typologies. L'autre est le ladanum. Mais ils sont toujours au courant de ce qui se passe. Cela les rend somnolents mais cela ne suffirait pas à les empêcher de savoir quand une jambe ou un bras doit être coupé. Nous avons un meilleur contrôle. En utilisant la méthode de travail avec l'esprit et la capacité de calmer le cœur, nous pouvons les amener en un lieu où ils ont une meilleure chance de récupérer et de ne pas mourir du choc. Nous devons utiliser cette méthode de manière très secrète et faire croire que ce sont les autres médicaments que nous utilisons qui incitent les patients à mieux réagir.

D: Pourquoi devez-vous être si secret? Je penserais que les autres médecins voudraient aussi apprendre.

E: C'est une période sur notre terre qui est très superstitieuse. Tout ce qui est impliqué et que les gens ne comprennent pas fait croire que cela est associé au diable ou aux sorcières, ce qui est très mal compris. La société n'a pas encore compris l'inconnu.

D: Alors, il enseigne seulement à ses étudiants comment faire ces choses?

E: C'est exact.

D: Quels types de maladies sont les plus répandus ou quelles sont les plus courantes actuellement dans le pays?

E: Les maladies qui sont causées par la saleté qui prévaut dans les villes, les conditions malsaines. Un type de poumon noir ou de tuberculose. Il n'y a pas façon de vraiment traiter les pauvres avec cela en raison des conditions dans lesquelles ils vivent. Mais nous essayons de dire à ceux qui le peuvent, de boire beaucoup de liquides, d'être dans la campagne et non dans la ville où il semble y avoir beaucoup plus de fumée et de saleté. Et il y a un type de peste qui nous a causé beaucoup d'inquiétude. Nostradamus lui-même n'a pas de traitement curatif pour celle-ci. Elle provoque un gonflement de la gorge, beaucoup de mucus dans les poumons et le visage finit par noircir. Je crois du manque d'oxygène ou d'air.

D: L'université est-elle le seul endroit où la chirurgie est pratiquée?

E: Non, il existe des chambres dans les hôpitaux où des chirurgies sont pratiquées. Mais pour les procédures d'apprentissage, certaines sont effectuées à l'université.

D: Existe-t-il un type de chirurgie plus répandu que les autres?

E: Une amputation des membres n'est pas rare, à cause d'une gangrène qui s'installerait par la négligence dans le traitement des plaies et des zones d'inflammation.

D: Est-ce qu'ils font des interventions chirurgicales au niveau de l'abdomen et dans cette partie particulière du corps?

E: Oui, mais pour beaucoup, il s'agit d'une procédure infructueuse en raison du choc et du traumatisme subit par le patient.

D: Quand les femmes ont des enfants, doivent-elles se rendre à l'hôpital?

E: Cela n'est pas nécessaire.

D: Vous m'avez dit auparavant que la méditation vous avait été enseignée en regardant dans le feu. Est-ce ainsi que Nostradamus le fait ou est-ce que vous l'avez toujours observé ainsi faire sa propre méditation?

E: Cette méthode est celle qui m'a le plus aidée. Une fois que nous nous sentons à l'aise avec nous-mêmes, une image mentale suffit. Il utilise plusieurs méthodes. Je l'ai observé travailler avec du sable. Il utilise un sable très blanc et fin sur un sable très clair ...

(il a eu du mal à trouver les mots.) Je ne me souviens plus du matériau.

D: Est-ce comme un morceau de tissu?

E: Non, c'est solide.

J'étais distraite par le chien d'Elena qui aboyait dehors. J'ai supposé que Val devait arriver plus tôt.

J'ai continué, "... le matériau est-il comme du verre?"

E: Qu'est-ce que c'est?

Elle semblait confuse. Il ne connaissait pas le mot "verre". C'est étonnant que j'ai eu d'autres sujets qui ont été régressé à cette même période et qui ne connaissaient pas non plus ce mot.

D: Le verre serait très lisse et vous pouvez voir à travers.

E: C'est très lisse.

D: Ou est-ce un type de métal?

E: Non, je ne comprends pas pourquoi je ne me souviens pas.

D: (j'ai eu une idée) Sais-tu ce qu'est un miroir?

E: (Avec enthousiasme) Oui, C'est ça!

D: Un miroir est quelque chose dans lequel vous pouvez vous voir.

E: C'est ça, oui.

D: Mais que fait-il avec le sable?

E: Il fait un type de dessin avec celui-ci, se laissant guider par sa main. Et grace à cela, il est capable de voir avec son œil intérieur.

D: D'accord. J'essaye de le visualiser. Il a un miroir lisse. Et il prend le sable dans sa main et le saupoudre ensuite sur le miroir?

E: Il en couvre tout le miroir. Et prend un petit objet comme une plume et laisse sa main tracer des motifs.

D: De cette façon, ce serait un dessin différent à chaque fois, n'est-ce pas?

E: Effectivement. Et puis, il écrit ce qu'il entend à l'intérieur de lui-même.

D: Alors, la fabrication des dessins n'est qu'une méthode de concentration?

E: Oui. Parfois, il a des visions qu'il voit dans le miroir, mais nous ne les voyons pas. Habituellement, il y aura une section dégagée au moment où il aura terminé son desin libre, et ce sera le lieu où il verra certaines choses.

D: Et il écrit ce qu'il voit. Fait-il cela pendant très longtemps?

E: Deux ou trois heures à la fois.

D: Nous avons ce qu'on appelle ses quatrains. Est-ce ce qu'il les écrit à ces moments-là?

E: Oui Il reçoit la vision ou il entend les voix. Et se tourne vers son écritoire pour écrire ce qu'il reçoit ou voit.

D: Pendant qu'il fait cela, si quelqu'un lui parlait, l'entendrait-il?

J'essayais de déterminer s'il était en transe pendant ces périodes.

E: Il nous est dit de ne pas lui parler pendant ces moments-là.

D: Vous avez dit parfois qu'il utilise d'autres méthodes?

À ce stade là, des choses étranges ont commencé à se produire. Bien que le chien et le chat d'Elena aient été placés à l'extérieur avant le début de la session, ils sont soudainement entrés dans la chambre et se sont tenus ensemble au pied du lit pour nous regarder. J'avais entendu le chien aboyer à l'extérieur, alors j'ai pensé que peut-être Val, la femme en question que nous attendions, était entrée dans la maison et les animaux l'avaient suivie. J'ai supposé qu'elle se trouvait probablement dans la pièce de devant, invisible de la chambre à coucher. Je n'avais entendu personne entrer, ni aucun bruit, mais cela pourrait s'expliquer parce que nous étions à l'arrière de l'appartement. J'avais dit à Val que tout irait bien si elle nous rejoignait dans la chambre dès son arrivée. Je haussai les épaules, supposant qu'elle venait de décider de rester dans la pièce de devant plutôt que de nous déranger. Les animaux sont restés attentifs au pied du lit pendant une longue période, ce qu'Elena a dit plus tard n'était pas de leur comportement normal. J'étais curieuse de savoir comment ils étaient entrés dans l'appartement, mais comme ils ne créaient aucun problème, je les ai ignorés et j'ai poursuivi la séance.

En même temps, les yeux d'Elena se déplacèrent sous ses paupières. Elle semblait suivre quelqu'un qui était apparemment entré dans la pièce de la vie passée dans laquelle elle se trouvait. Ses yeux suivirent la personne qui était entrée et qui s'était assise à sa gauche près du lit où se trouvait une malle dans sa (vrai) chambre. Dyonisos avait apparemment été seul et méditait dans la première partie de cette séance. Il avait alors répondu à mes questions sans hésiter. Maintenant, il devint soudainement évasif et peu disposé à répondre. J'ai supposé que c'était parce qu'il n'était plus seul.

E: Il s'agit de choses secrètes et je ne peux pas les décrire maintenant.

Dyonisos semblait mal à l'aise, comme si celui qui était entré dans la pièce l'avait surpris en flagrant délit de révélation de secrets interdits. Je l'ai rassuré en lui disant qu'il était normal de se confier à moi, mais que je ne ferais pas pression sur lui pour qu'il fasse quelque chose qui le rende mal à l'aise. J'avais supposé qu'il ne parlerait plus de ce sujet si quelqu'un d'autre était présent, alors j'ai été surprise par sa réponse: "Laisse-moi d'abord lui demander."

Apparemment, Nostradamus était celui qui était entré. C'était un sentiment très étrange, surtout depuis qu'elle avait la tête détournée loin de moi et qu'elle se concentrait sur l'air vide au-dessus du coffre. Il y eut une longue pause alors qu'elle semblait converser avec quelqu'un qui était de ce côté de la pièce. J'avais presque l'impression que j'étais moi aussi en présence d'une autre personne. Elle s'est ensuite retournée vers moi et a déclaré: "Je ne peux pas partager cela avec toi maintenant."

D: C'est très bien. Je ne te demanderais jamais de faire quoi que ce soit pour lequel tu ne te sens pas en accord. Je suis contente que tu lui aies demandé cependant. Croit-il qu'à un moment donné tu pourras le partager avec moi?

E: Il dit qu'il va te parler directement à un certain moment donné.

C'était un choc. Je sentis la chair de poule sur mes bras et un frisson froid parcourut mon dos. J'avais l'impression distincte qu'il pouvait me voir et qu'il me regardait à ce moment-là. Au cours de mes régressions, le sujet a rarement conscience de mon identité en tant qu'entité distincte. J'aime penser que seul leur subconscient est au courant et répond à mes questions, et je ne suis qu'une voix qui bourdonne dans leur tête. Il est toujours amusant et parfois surprenant que la personnalité me remarque soudainement et demande: "Qui es-tu?" Mais qu'une tierse personne ait soudainement senti ma présence était un développement très étrange.

Aussi calmement que possible, je pensais que si Nostradamus était vraiment le plus grand médium de l'histoire et qu'il possédait des capacités mentales aussi développées, pourquoi ne pouvait-il pas se rendre compte que son élève était en train de converser avec quelqu'un. Serait-ce vraiment si inhabituel? Cela me donnait toujours un sentiment très étrange de penser que je pouvais être en présence d'une personne invisible qui elle était consciente de moi mais que je ne pouvais pas, moi, voir. Rien de tel ne s'était jamais passé dans mon travail auparavant.

Mais plus curieux encore, je ne comprenais pas ce qu'il voulait dire. Comment pouvait-il avoir la posssibilité de me parler? Les chances que je trouve le Nostradamus réincarné et converser avec lui par régression étaient astronomiques. Je pensais pouvoir continuer à interroger Elena à propos des expériences de Dyonisos avec lui. Mais ce n'est pas ce qu'il a dit. Il a clairement indiqué qu'il converserait avec moi personnellement. J'étais confuse et je commençais à avoir la tête qui tournait lorsque j'essayais de comprendre.

"Oh?" J'ai demandé. "Est-ce qu'il a l'intention de faire ça à travers toi? Ou bien, est-ce qu'il sait comment cela va se passer ?"

La remarque suivante était de plus en plus déroutante. "Pas seulement à travers moi mais... à travers quelqu'un autre."

C'était encore plus farfelu. Je ne savais pas comment prendre ça. Comment serait-il possible d'accomplir ceci? Allais-je localiser un autre étudiant et obtenir plus d'informations de cette façon? C'était comme ça que je travaillais. Si j'avais la chance de trouver un sujet qui connaissait une personne célèbre, c'est-à-dire: Jésus, Nostradamus, etc., je l'interrogeais pour découvrir des faits sur leurs vies. J'aurais pu dire que c'était trop fou et insensé pour même y penser, mais il y avait quelque chose dans le ton de sa voix qui me disait qu'il était sérieux. J'avais le sentiment que si cela devait vraiment se produire, je n'aurais rien à dire sur la méthode ou la procédure et je n'aurais pas à m'en inquiéter ou à essayer de la réaliser. (Même si je n'avais pas la moindre idée de comment faire en sorte qu'une telle chose se produise.) Peut-être que ce serait aussi spontané que cette annonce inattendue. Oh, eh bien, j'ai pensé pourquoi le remettre en question, peut-être que tout était possible après tout. Ce n'était certainement pas le moment de l'analyser de toute façon. Ma tête nageait dans la confusion. Je devais mettre tout cela de côté pour le moment et continuer.

D: Je pense qu'il devrait réaliser que je cherche des connaissances, des connaissances perdues, et je suis toujours heureuse pour tout ce que je peux recevoir.

E: Il dit qu'il en est conscient.

D: Et je n'ai aucune mauvaise intention du tout. J'apprécierais tout ce que tu pourrais me raconter à tout moment, ou tout ce qu'il se sent libre de me dire. Veux-tu bien le remercier pour moi?

E: Oui, je le ferai.

À ce stade, je devais accepter de tourner la page, mais j'ai aussi profité de cette occasion pour me rendre rapidement dans le salon pour voir si notre amie était arrivée. Je ne comprenais pas pourquoi je n'avais entendu aucun bruit ou pourquoi elle n'avait pas au moins jeté un coup d'œil dans la chambre à coucher pour voir si nous avions terminé. Mais, à ma grande surprise, l'appartement était vide et la porte d'entrée était grande ouverte. Je revins vite à Elena, plus confuse que jamais. Les animaux s'étaient également retirés et n'étaient pas revenus non plus.

Je savais que je ne recevrais plus d'informations dans cette scène car Nostradamus avait stoppé le flot. Afin de ramener la session sur des terrains familiers, j'ai fait avancer Dyonisos juste à temps pour qu'il marque un jour important dans sa vie. Elena répondait aux questions beaucoup plus spontanément que dans toute autre session. Il n'y avait aucun des éléments de la confusion et de l'incertitude qui s'étaient glissés dans les sessions précédentes lorsque nous avions abordé cette vie. Cela avait été un peu gênant d'avoir les sessions continuellement interrompues par Andy ou celui qui veillait à ses intérets. J'ai donné le compte à rebour à Dyonisos pour qu'il soit transposé à un jour important pour lui et je lui ai demandé ce qu'il y faisait.

E: Je reçois des informations qui m'étourdissent.

D: Comment les reçois-tu?

E: Par mes yeux et à travers mon esprit.

D: Peux-tu les partager avec moi?

E: (impressionné.) Je n'ose pas.

J'étais assez curieuse de parvenir à contourner ses objections. Cela avait déjà fonctionné dans des circonstances similaires.

D: Eh bien, il n'y a aucun problème si tu ne veux pas le partager avec moi. Mais pourquoi est-ce un jour si important?

E: Parce que c'est la première fois que j'ai des visions. Avant, je n'entendais que des voix.

D: As-tu écrit ce que tu as vu quand c'est fini?

E: Oh oui! Mais c'est juste pour moi.

D: Les visions ont-elles quelque chose à voir avec ta propre vie?

E: Ohhh, c'est loin dans le futur.

D: J'aimerais bien que tu puisses m'en parler quand même.

E: Tu ne me croirais pas.

D: Oh, je parie que si. Je crois à beaucoup, beaucoup de choses étranges. Est-ce près de chez toi maintenant?

E: Je n'en ai aucune idée. Je regarde ce qui semble être une ville avec de grands bâtiments qui atteignent le ciel. Il y a des choses qui volent. Ils ressemblent à des oiseaux, des oiseaux métalliques géants. Et ces objets ont des gens dedans. Il y a des choses plus rapides qui bougent dans la ville. Ils transportent aussi des gens.

D: Semblable à vos propres transports?

E: Oh non! Je n'ai jamais vu ça. Cela semble être des conteneurs en métal avec du ... métal clair.

Il est intéressant de noter qu'à nouveau il ne connaissait pas le mot verre. Cela a montré une continuité. Il était évident que Dyonisos se tournait vers l'avenir. Il voyait une scène qu'Elena aurait connue. C'était fascinant de l'entendre décrire ces choses en termes si étranges, comme s'il les voyait d'un œil nouveau. Ce phénomène s'est également produit dans mon livre, "Cinq vies en mémoire", où une jeune fille des années 1700 a eu une vision de l'avenir et l'a décrite en termes très similaires.

D: Cela semble vraiment merveilleux. Les gens ont-ils un air différent?

E: Oui, et en bien meilleure santé.

D: Ils doivent avoir de très bons médecins dans cette époque là.

Quoi de plus naturel pour un médecin que de le remarquer? Que les gens du futur étaient en meilleure santé que ceux de son temps. Cela a ajouté une touche supplémentaire de validité.

E: Plus sain. Et des vêtements différents. Tant de types différents. Je ne pourrais pas en expliquer un seul. Nostradamus nous avait prévenu qu'il y aurait des choses qui dépasseraient notre compréhension.

D: Je me demande si c'est le genre de chose qu'il voit tout le temps?

E: Je crois que c'est ce qui se passe pour lui.

D: Eh bien, tu n'en sais rien; c'est peut-être à quoi le monde de demain ressemblera. Qu'est-ce que tu en penses?

E: Je pense que c'est très différent, j'en ai peur, je n'ai jamais vu autant de gens.

D: Je pensais que Paris était une grande ville.

E: Ça l'est. Mais je n'ai jamais regardé Paris avec un tel angle de vue. Je vois le plus grand pont que je n'ai jamais vu de ma vie. On dirait que c'est fabriqué en métal et ... en corde.

Probablement les cables d'un pont comme le Golden Gate (à San Francisco) ou quelque chose de similaire qu'il ne saurait naturellement décrire autrement.

E: Il est suspendu au-dessus de l'eau. Et ces choses-là, ces récipients, bougent dessus.

D: Y a-t-il quelque chose dans l'eau?

E: Juste ... ce sont des bateaux. Très différents, mais je sais que ce sont des bateaux.

D: Ensuite, tu peux voir tous les grands immeubles et tous les véhicules étranges. (Elle avait l'air confuse) Connais-tu ce mot? (Elle secoua la tête.) Cela signifie quelque chose dans lequel on monte. C'est un autre mot pour cela. Comme un transport. Même un bateau pourrait s'appeler un véhicule. Quelque chose dans lequel vous entrez et qui se déplacerait.

E: je vois. Je te remercie.

Il semblait satisfait de mon explication et heureux que je la lui ai donnée.

D: Est-ce que ces conteneurs ne font pas de bruit?

E: Je n'entends rien.

D: Y a-t-il autre chose que tu puisses partager avec moi et qui ait l'air différent?

E: (longue pause) Il y a tellement de choses. J'essaie de décider laquelle - les lumières! Les lumières sont tellement plus brillantes que celles que nous avons ici. Et il y a... ah... des lumières avec des images dessus. Très colorées.

D: Quel genre d'images?

E: Ah ... tellement différentes. Une femme tenant un objet dans sa main. (Une cigarette peut-être ou une bouteille de Coca-Cola?) Un homme portant des vêtements étranges à cheval. (Peut-être un cowboy?)

Je me demandais s'il voyait des panneaux publicitaires ou des publicités faites avec des néons colorés. J'appréciais ça. C'était amusant de voir notre monde à travers les yeux du passé.

E: Ils ont des lumières dans les rues.

D: Ce serait bien. Ainsi, les gens pouvaient voir la nuit. Paris a-t-il des lumières dans les rues?

E: Ils ont des lumières allumées mais elles ne sont pas alimentées de la même manière. Et puis, pas autant.

D: C'est effectivement une ville bien étrange que tu regardes. On dirait que cela doit t'avoir déplacé un bon chemin dans le futur.

Je l'ai sorti de cette scène et lui ai demandé de passer à un autre jour important dans sa vie.

E: J'aide à recoudre. C'est un jeune enfant. Le pied du garçon a été écrasé par une voiture et j'ai dû l'amputer. Le garçon a été amené dans ma chambre personnelle, mais j'ai pu lui faire comprendre que je l'aiderais et je le calmerais. (Émotionnellement) Et c'est la première fois. Cela a beaucoup de signification pour moi.

D: Que veux-tu dire par la première fois?

E: Que j'ai pu utiliser tous les enseignements que j'ai appris. Je veux dire, en plus de la pratique de la médecine. Pour utiliser ce que Nostradamus m'a appris sur la façon de soulager la douleur. Le saignement a même été inférieur à ce qu'il aurait du être. Nostradamus m'a guidé avec ça.

D: As-tu terminé tout ton entraînement?

E: Le physique, mais pas le mental, non.

D: Où pratiques- tu la médecine?

E: J'ai beaucoup de gens qui viennent à moi. Je vais aussi dans la section des pauvres. Je veux les aider.

D: Qu'en est-il de ta famille? Comprennent-ils ce que tu fais?

E: Oui, ils savent que je veux travailler avec les pauvres.

Il a déclaré qu'il pratiquait la médecine depuis environ six ans et qu'il se rendait dans le quartier des pauvres où il travaillait depuis environ quatre ans. Plusieurs des autres étudiants étaient rentrés chez eux afin d'aider les gens qui s'y trouvaient.

D: Ton pays a-t-il un roi?

E: Veux-tu dire la France?

D: Oui, c'est le pays dans lequel tu as élu domicile.

E: Oui c'en est le cas. Je ne peux pas penser ... Il est venu après le roi Charles. Je ne peux pas me souvenir si c'est un Louis ou non.

D: J'étais juste curieuse. L'as-tu déjà vu?

E: Non, je ne l'ai jamais rencontré.

Je me souviens du peu que j'avais lu sur Nostradamus, et qu'il avait prédit l'avenir de son roi lorsque le souverain entendit parler de ses capacités étranges.

D: Qu'en est-il de Nostradamus? A-t-il déjà rencontré le roi?

E: Oh oui. Il est au courant des prophéties. Nostradamus lui en raconte certaines d'entre elles, oui. Celles concernant la France. Mais il ne sait pas tout ce qu'il fait.

D: Sais-tu quelles sont ces prophéties?

E: Je suis au courant de certaines d'entre elles. Mais elles ne m'intéressent pas.

D: Vous ne vous souciez pas de ce qui se passe en France?

E: Ce que j'ai appris va au-delà du physique.

D: As-tu eu une vision par toi-même qui est importante et que tu puisses partager avec moi?

E: Peut-être une autre fois. Je me sens fatigué maintenant.

D: Est-ce à cause du travail que tu as fait avec le petit garçon?
E: Oui Puis-je te parler à un autre moment?
D: Oh oui. Je l'apprécierais beaucoup.

Elena aurait aussi pu être elle-même fatiguée, car cela avait été la période de temps la plus longue qu'il nous avait été permises de tenir une séance sans être interrompues.

Au réveil, Elena sembla confuse. Il n'y avait qu'une chose dont elle se souvenait en transe. Elle a demandé si quelqu'un était entré dans la salle pendant la session. Je lui ai parlé de son chien et de son chat et du fait que j'avais trouvé la porte d'entrée ouverte. Elle a dit que parfois si les animaux essayaient avec suffisamment d'insistance, ils pouvaient entrer, mais c'était étrange pour eux d'entrer dans la chambre et de se tenir au pied du lit et de la surveiller. C'était un comportement totalement inhabituel.

Elle a dit: "La raison pour laquelle j'ai posé la question était parce que j'avais clairement entendu quelqu'un entrer dans la pièce et traverser l'étage. Ensuite, ils se sont assis sur le coffre."

J'ai attiré son attention sur le fait qu'il y avait beaucoup de choses (photos et bibelots) sur le dessus du coffre et dans des circonstances normales, personne n'aurait pu s'y asseoir. Je lui ai également dit que ses yeux s'étaient déplacés dans cette direction, comme si elle avait vu quelqu'un entrer et se diriger vers ce côté du lit. J'ai dit qu'elle avait peut-être entendu les gens se déplacer parce que pendant la séance, j'ai entendu des bruits qui semblaient provenir des autres appartements.

Elle secoua la tête et répondit avec force, "C'est étrange. Je sais que ça n'a aucun sens. Mais je suis certaine que les bruits venaient de la pièce même, comme il y a une trappe juste au pied de mon lit. Lorsque quelqu'un marche à travers la pièce, le sol craque. à cet endroit là. C'est ce que j'ai entendu."

Les animaux étaient évidemment trop petits pour faire de tels bruits, en particulier des bruits de pas. Le magnétophone a capté des sons similaires à ceux qu'elle a décrits, mais comme je l'ai dit, ils pourraient venir d'en haut.

Il est intéressant de spéculer sur la possibilité que les animaux voient et accompagnent quelqu'un dans la pièce. J'avais entendu le chien aboyer dehors quand le phénomène a commencé. Ont-ils vu une présence qui était invisible pour moi? Pour quelle autre raison se sont-ils forcés d'entrer dans la maison juste pour rester au pied du lit et regarder?

Quand j'ai dit à Elena que Nostradamus avait dit qu'il me parlerait lui-même, elle était aussi perplexe que moi. Nous ne pouvions pas comprendre comment il allait accomplir un tel exploit.

"Comment a-t-il pu passer à travers moi?" elle a demandé. "Il est évident que je n'aurais pas pu être Nostradamus si j'étais l'un de ses élèves."

Nous étions également curieuses de savoir quelle autre personne elle était censée rencontrer. La prédiction qu'elle avait faite au sujet de la documentation supplémentaire sur Jésus qui passerait par quelqu'un d'autre s'était réalisée lorsque je l'avais reçue par Brenda. Cela avait également été un événement improbable. À ce stade, nous ne savions pas où cette histoire allait nous conduire ni quoi d'autre se passerait. J'avais l'intention de conclure dans quelques séances supplémentaires lorsque j'aurai découvert le reste de la vie de Dyonisos. Je pensais qu'il n'y aurait rien d'autre qui ne vaille la peine d'être obtenu.

Au cours de cette session, sa capacité à parler de manière plus fluide et à donner plus d'informations s'était considérablement améliorée par rapport aux premières sessions. Les raisons du retard forcé et des interventions de son guide, avaient peut-être été orchestrées pour qu'elle devienne plus sûre d'elle-même et mieux familiarisée avec cette procédure.

Après cette séance, nous avions organisé plusieurs rendez-vous qu'elle n'avait pas pu tenir pour diverses raisons personnelles. Elle est ensuite partie en Californie pendant un mois pour retrouver une de ses filles qui avait des problèmes de couple. Ainsi, plusieurs mois se sont écoulés avant que les travaux sur ce projet ne puissent reprendre.

Chapitre 4

Nostradamus Parle

DEPUIS LA DERNIÈRE session, Elena avait à plusieurs reprises annulé des rendez-vous alors qu'elle se préparait à aller en Californie pour être aux côtés de sa fille. Avant de partir, je me suis dite qu'il serait peut-être possible d'utiliser ses compétences en tant que portraitiste. Ne serait-il pas merveilleux qu'elle puisse en quelque sorte nous dessiner Nostradamus? Je réfléchis à la façon dont je pourrais lui donner la suggestion afin qu'elle puisse le voir clairement dans son état de conscience. Je ne voulais pas que cela devienne non plus une obsession, et je ne voulais pas qu'elle soit hantée par lui, voyant son visage partout où elle regarderait. Ainsi, elle devait être manipulée avec soin. J'ai décidé de lui donner la suggestion post-hypnotique selon laquelle, lorsqu'elle voudrait le dessiner, elle pourrait le voir clairement et distinctement. Le reste du temps, il ne serait même pas dans ses pensées. Son visage n'apparaîtrait que lorsqu'elle voudrait le voir.

Elle a convenu que c'était une idée merveilleuse et que ce serait un grand défi pour elle de voir si elle pourrait reproduire une dessin de lui. Elle ne pensait même pas qu'une suggestion serait nécessaire, car lorsque je l'avais juste mentionné, elle était parvenue à voir son visage très clairement. Elle le décrivit avec un regard lointain dans les yeux. Il avait le front haut et le nez aquilin, mais ses yeux étaient sa principale caractéristique. Elle a accepté de faire une tentative quand elle pourrait trouver du temps dans son emploi du temps chargé.

Elle était partie pendant un mois. À son retour, elle a immédiatement commencé un nouvel emploi dans un autre restaurant et était épuisée par ces nouveaux ajustements. Après quelques essais annulés, nous avons finalement pu nous réunir. Nous étions à nouveau en mai (1986) et de nouveau la saison touristique recommençait.

Quand je suis allée la chercher après le travail, elle s'est effondrée dans le siège de la voiture. Elle se jetta en arrière et ferma les yeux.

Elle était très fatiguée par une mauvaise journée de travail. Elle avait des difficultés avec son nouvel employeur et les pressions commençaient à se manifester. J'ignorais également qu'il y avait d'autres problèmes familiaux. Je lui ai rappelé que même si elle était fatiguée, la séance la relaxerait davantage qu'une bonne nuit de sommeil et qu'elle se sentirait ensuite merveilleusement bien. Mes sujets apprécient toujours ce travail. C'est beaucoup plus rafraîchissant que de dormir.

Elle m'a annoncé: "Je pense que c'est bien plus juste de te dire que nous pensons sérieusement à retourner en Alaska." Son mari était insatisfait de son travail et la situation financière n'était pas telle qu'elle le pensait. Elle aimait vraiment la paix et l'atmosphère ralentie de notre pays de montagne et voulait y rester, peut-être même prendre sa retraite ici un jour. Mais ils pensaient qu'ils devraient rentrer dans le nord, accumuler un peu plus d'argent et ainsi pouvoir se procurer un logement permanent à leur retour. Elle s'était faite de nombreux amis et ne voulait vraiment pas partir, mais elle ne voyait pas d'autre alternative. Il était donc possible qu'ils déménagent dès juillet, deux mois plus tard. "Je pensais que c'était juste de te prévenir. Il ne serait pas correct de t'annoncer soudainement que je vais partir la semaine prochaine. "

Mon esprit essayait de penser pour l'avenir. Il n'y avait pas de sentiment d'urgence. Il serait peut-être possible d'avoir le reste de la vie de Dyonisos si nous ne prenions pas plus de retard. Je m'attendais à ce que son histoire ne fasse qu'un chapitre intéressant dans un livre de régressions diverses, et elle pourrait toujours m'envoyer l'image par la poste une fois celle-ci terminée. Plus que cela, je savais que Elena et sa nature bienveillante me manqueraient. Nous étions devenues de bonnes amies. Mais l'important était qu'elle fasse ce qu'elle pensait devoir faire de sa vie. Si cela signifiait retourner en Alaska, alors qu'il en soit ainsi. Je ne savais pas que mes plans seraient modifiés d'ici la fin de la session.

Comme l'appartement d'Elena serait plein de monde à cette heure de la journée, nous avions décidé d'aller dans la maison de Val où nous aurions plus d'intimité. Val n'avait jamais vu s'effectuer un travail de régression, elle s'était donc intéressée à nous regarder. Plus tard, j'ai été très heureuse d'avoir eu un témoin, car c'est l'une des séances les plus étranges et les plus inhabituelles que je n'ai jamais conduite. Sans le témoin et les enregistrements pour me soutenir, je sais qu'il serait difficile pour quiconque de croire ce qui s'y est passé ce jour-là, car j'ai eu du mal à le croire moi-même.

Elena était si fatiguée qu'elle est entrée en transe avec impatience pour pouvoir profiter d'un bon repos. Je l'ai comptée à rebours jusqu'à l'époque où elle étudiait chez Nostradamus et j'ai trouvé Dyonisos en train d'écrire. Il faisait des traductions du latin au français pour Nostradamus. C'étaient d'anciens remèdes médicaux et il cherchait s'ils pouvaient les adapter et les re-utiliser. Il a dit que le latin était une langue qu'il était obligé de connaître. En fait, Elena ne comprend aucune de ces deux langues. Dyonisos a déclaré avoir trouvé des théories intéressantes sur la chirurgie du cerveau lors de traductions. J'ai été surprise parce que je ne savais pas qu'ils effectuaient de telles dangereuses opérations. Il m'a assuré qu'ils en ont faites. "Nous ne pouvons pas aller aussi loin, comme de faire des trous dans le crâne pour soulager la pression exercée sur le cerveau."

Cela s'appelle une trépanation et était connu depuis l'Antiquité. Des restes égyptiens momifiés montrent qu'elle était pratiquée à l'époque et que les patients y ont survécu et vécu bien des années après. Ce n'était pas vraiment ce que je pensais qu'il voulait dire par chirurgie du cerveau, mais j'ignorais qu'aucune intervention chirurgicale n'avait eu lieu sur la tête en Europe avant l'utilisation de l'anesthésie.

D: Comment savez-vous quand il y a une pression sur le cerveau?

E: Aux yeux ... et aux mains, et aux jambe,s si elles gonflent. Et en piquant les doigts et en jugeant par la quantité de sang qui s'en échappe. S'il y a trop de sang dans le système.

D: Comment pouvez-vous dire s'il y a trop de sang dans le système?

E: Comme un saignement continu du nez. Les ongles sont extrêmement roses. Sous les paupières, les plus petites veines sont congestionnées.

D: Alors, que fais-tu?

E: Je perce des trous dans la tête. Parfois, il y a même un léger gonflement. En fonction de l'endroit où se trouve la plus grande quantité de pression. Nous prenons des mesures du crâne.

D: Quel est le type d'instrument que tu utilises pour cela?

E: C'est un instrument métallique. Considére-le comme similaire au type d'instrument que les navigateurs utilisent sur une carte. Il a un... (recherche) Je ne trouve pas le mot pour cela. C'est comme une demi-lune avec une extrémité pivotante... Un compas? ... Je crois, un étrier! Quelque chose de similaire.

D: Mais cela ne causerait-il pas de douleur?

Je pensais aux instruments utilisés pour percer le trou. Mais il parlait d'un appareil de mesure.

E: (clairement) non! Non, il y a un moyen d'ajustement sur le dessus. Ça tourne. Cela l'élargit ou le rapproche. C'est ouvert sur le bas. Il a deux extrémités et une vis pour tourner en haut. Et c'est coché pour que vous sachiez où se trouveraient les mesures. Plus vous vous approchez, plus vous pourrez mesurer la distance. Donc, vous obtenez une circonférence de la mesure totale.

Ses mouvements de la main ont montré qu'il s'agissait d'un grand instrument, peut-être
semblable à des pinces à glace.

D: Oh, je vois, tu parles des mesures; qu'elles ne causeraient aucune douleur.

E: Non, l'instrument ne cause pas de douleur.

D: Mais je pensais que l'ouverture du crâne en causerait.

E: Oh! Je vois ce que tu veux dire. Nostradamus utilise une technique qui cause très peu de problèmes pour ses patients. Je crois en avoir déjà parlé avec toi.

D: Oui, tu m'en a parlé. C'est une méthode similaire à la méthode que j'utilise. Nous appelons cela l'hypnose. Comment appelles-tu cela?

E: Une transe.

D: Je crois que tu m'as dit que les autres médecins ne savaient pas qu'il l'avait fait.

E: C'est correct. C'est un secret.

D: Est-ce que les autres médecins sont capables d'effectuer de telles opérations?

E: Oui. Mais leur taux de mortalité est supérieur à celui de Nostradamus. Le patient entre en état de choc. Parfois il ne vit même pas. Nostradamus pense que le choc peut être une cause plus grave de décès post opératoire que peut-être l'opération elle-même.

D: C'est dommage qu'il ne puisse pas partager ses méthodes avec les autres médecins.

E: (Brusquement) Il a un message pour toi.

D: Il en a un?!

E: Oui. Juste un moment.

C'était si soudain que je fus prise de cours. Encore une fois, j'en ai failli laisser tomber le micro. C'est comme si Nostradamus avait repris la conversation que j'entretenais avec son élève. Il avait apparemment saisi cette occasion pour me parler. Bien que j'avais trouvé fascinant d'apprendre comment les médecins pratiquaient leur métier jadis, il considérait cela probablement comme trivial et sans importance. Apparemment, il pensait qu'il devait intervenir parce que son message était plus urgent. Je regardai Val et haussai les épaules. Je n'avais pas plus d'idée qu'elle en avait possiblement sur ce qui se passait. Lors de la dernière session, il avait dit qu'il me reparlerait. Était-ce qu'il voulait dire? Que pourrait-il vouloir me dire?

Ce qui a suivi était très étrange. Une conversation à trois voies inhabituelle. Elena tourna la tête vers la droite, comme si elle écoutait attentivement la personne qui était invisible pour moi. Puis elle s'est retournée vers moi pour me parler. Chaque fois que cela arriva, il y eut une longue pause alors qu'elle paraissait écouter avant de me relayer ce qui lui avait été dit. J'ai senti mon cuir chevelu picoter. C'était un sentiment étrange de savoir que Nostradamus savait que j'étais là et qu'il était au courant de ce que je faisais.

Il a ensuite repris la session.

E: Il dit que tu dois travailler sur la traduction. Les quatrains. Qu'il se passe actuellement quelque chose qui serait mieux compris par la traduction de certains quatrains.

D: Une idée intéressante. Mais je ne saurais pas par où commencer.

Je n'avais absolument aucune connaissance des quatrains. Je n'avais pas de livre, alors j'ai fait la seule suggestion qui me paraissait logique à l'époque.

D: Sait-il de quel quatrain je devrais parler?

Je pensais qu'il en proposerait un. Cela n'allait pas être aussi facile.

E: Il dit que tu vas, je ne comprends pas, utiliser ton guide? Qu'ils pourront se rendre aux bons quatrains, et ainsi les traduire.

D: Peut-il me dire de quel quatrain s'agit-il? Il y en a beaucoup, beaucoup.

E: (Une longue pause alors qu'elle tournait à nouveau la tête et écoutait.) Il dit de ne pas poser de question sur ça, et de simplement, s'il vous plaît, le faire.

D: Quoi? Parcourir tout un livre?

E: C'est correct. Il semble que ton guide ait la possibilité de vite le lire.

J'ai naturellement pensé qu'il parlait de nos guides invisibles ou gardiens, tels que Andy pour Elena.

D: Bon d'accord. Je vais devoir me procurer un livre et le lire. Et lui en demander le sens quand je trouve un quatrain?

E: Non. Ton guide le lirait et saurait que c'est celui qui doit être traduit. Cela doit être fait dès que possible.

D: (C'était déroutant.) J'essaie de comprendre comment je peux faire ça. Si le guide le fait, comment pouvez-vous recevoir le message?

E: Le guide est la personne avec laquelle tu travailles. Je suis désolé de ne pas m'être fait mieux comprendre.

D: Tu veux dire que ce véhicule (Elena) est le quatrain? Et nous serons amenés à savoir lequel convient le mieux aux événements qui se déroulent actuellement dans mon monde.

E: C'est correct.

D: Peux-tu me dire pourquoi c'est si important?

E: Il y a à la fois une condition atmosphérique et des changements planétaires et ... (Elle leva la main pour m'empêcher de dire quoi que ce soit.) Il y a plus, juste ... (elle écoutait).

Je n'arrivais pas croire que ceci était en train de se dérouler. Il savait vraiment que je me trouvais là. C'était tellement invraisemblable. Un homme que je respectais et admirais depuis longtemps me livrait des messages à travers le temps et l'espace. Je n'aurais pas pu être plus étonnée si Jésus lui-même avait commencé à me parler. Mon esprit tourbillonnait. Je n'arrêtais pas de penser que tout ceci était impossible.

E: (Une longue pause.) Je ne comprends pas, mais il dit qu'en raison du type d'armement que vous utilisez à l'heure actuelle, cela a provoqué un changement dans l'atmosphère qui se fera sentir d'ici un an. Et si les connaissances des quatrains peuvent être traduites, cela serait bénéfique pour les personnes de votre époque. - Il y a plus. (Une longue pause alors qu'elle écoutait.) Il a également dit qu'à cause de l'alignement planétaire, il y aurait des changements sur la terre. Et avec la traduction de certains quatrains, cela aiderait les gens à comprendre où ces changements seront les plus forts. Ensuite, ils pourraient prendre leurs décisions. Il a dit que les quatrains seront facilement connus de votre véhicule. Il espérait que cela se ferait plus rapidement.

C'était une possibilité intéressante et une qui ne me serait jamais arrivée avec une compréhension totale sans sa suggestion.

D: Est-il en transe en ce moment?

E: Je ne comprends pas tes mots.

D: Est-ce qu'il médite en ce moment? Je me demandais comment a-t-il pu savoir que j'était en train de te parler.

E: Parce qu'il est dans un lieu différent en ce moment. Je ne peux pas l'expliquer. Dans ce moment précis je ne suis pas dans une pièce. Quand il m'a parlé, il y eut un changement dans mon environnement.

D: (je n'ai pas compris) Ainsi, il est dans une autre pièce?

E: (Emphatique) Non! Il est avec moi, mais nous ne sommes pas dans une pièce. Nous ne sommes pas... (il avait des difficultés à l'expliquer.)

D: Voulez-vous dire que lorsqu'il vous parle, c'est comme si vous étiez dans un endroit différent?

E: c'est correct. C'est un endroit avec... des nuages embrumés. Il n'y a pas de base substantielle.

D: Mais c'est un sentiment agréable, n'est-ce pas? Parce que c'est important, je ne veux pas tu te sentes mal à l'aise.

E: Oh oui!

D: C'est ce que je pensais. Il serait dans un état différent, dans un état de méditation ou quelque chose de ce genre, pour qu'il puisse également m'entendre.

E: C'est correct.

D: Est-ce qu'il approuve ce que je fais?

E: (Emphatique) Oh oui! Il ne vous parvient pas directement à cause d'une prophétie qu'il a faite. Que personne n'entendrait plus parler de lui à travers les âges, en personne. Il ne parlerait plus directement.

D: Je ne connaissais pas cette prophétie. Est-ce que c'est dans les quatrains?

E: Oui c'est ça. Ce n'était pas sa décision de faire cette prophécie. Il a été guidé pour dire ceci dans son quatrain afin qu'il y en ait qui soient au courant des ... (il cherche le mot) des imitations?

D: Imposteurs? Quelqu'un prétendant qu'il soit lui?

E: C'est correct.

D: Oui, je peux le comprendre. Alors, je me sens très honorée d'avoir été choisie pour qu'il vienne me parler de cette façon.

E: Il dit que ce n'est pas tant un honneur qu'un besoin. Il veut que tu avertisses les gens. Juste un instant! (Il écoute à nouveau.) Il dit qu'il est capable de voir qu'il existe un livre, un grand volume, contenant tous les quatrains. Il veut que tu diriges votre véhicule (Elena) pour étudier ces quatrains. Il dit que, intuitivement, elle saura lesquelles. Tu dois lui faire une suggestion qui lui donnera confiance dans la traduction et la faire travailler. S'il y a une question sur eux ou un problème de traduction venant d'elle-même, elle doit l'écrire. Et la prochaine fois que vous vous rencontrerez avec votre véhicule, vous devrez nous contacter. Et il va, à travers moi, les regarder, les vérifier et te le dire.

D: Et clarifiez les points que nous ne comprenons pas. Ensuite, elle pourra le faire à son rythme et elle sera amenée à trouver le bon moment.

E: C'est exact. Il a dit qu'une chose qui déroutait les gens, c'est que les quatrains ont plus d'un sens. Cela a quelque chose à voir avec ... le temps continu, dit-il. Qu'il y ait une répétition de motifs dans les planètes, ce qui permet d'avoir une double signification. Ils ne peuvent pas comprendre cela.

D: Ce serait une nouvelle façon de les examiner. Ensuite, il expliquerait comment ils sont interconnectés et cela nous aiderait à mieux comprendre.

E: C'est correct.

D: *On nous a appris que l'histoire peut nous enseigner. Qu'elle se répète, et que nous pouvons tirer les leçons du passé de cette manière.*

E: C'est ce qu'il veut dire. Il dit aussi que les significations des mots ont changé un peu. Alors ce qui aurait été traduit il y deux ou trois cents ans aurait maintenant une toute autre signification dans votre époque actuelle.

D: *C'est vrai. Même pour la langue dans laquelle je parle, les mots sont différents qu'ils ne l'étaient dans votre temps.*

E: Il dit que le livre auquel il fait référence a le français d'un côté et la langue que vous parlez de l'autre. Et que si la langue, l'anglais, si l'anglais n'est pas correct, il regardera les mots en français et fera la correction.

D: *D'accord. Parce qu'on ne sait ni parler français ni le lire. Nous devrons lire la traduction. Ce serait la seule façon dont nous pourrions le faire.*

E: Il dit que ton véhicule aura le don de le savoir.

D: *Il y a toujours le problème de savoir si elles ont été écrites correctement, même en français, au cours de toutes ces années.*

E: Il comprend tout ceci.

Comme je n'avais jamais vraiment ouvert un livre de ses quatrains, je me demandais s'ils étaient organisés dans une sorte d'ordre historique, soit par Nostradamus lui-même, soit par les traducteurs.

E: Encore une fois, il dit de ne pas aller par les dates qui sont déjà passée, bien qu'une nouvelle signification pourrait bien y être trouvée en eux pour maintenant.

D: *J'ai entendu dire qu'il énumère certaines de ces dates dans les quatrains. Et certains d'entre elles contiennent ce qui est appellé un "jeu de mots". Un mot dont le sens en est transformé pour en faire un puzzle ou une énigme. Ils disent qu'il l'a fait exprès.*

E: La traduction qui sera donnée à ton véhicule aura un sens clair dans votre langue.

Puisqu'il n'allait pas fournir les quatrains, je ne pouvais évidemment pas aller plus loin avec cela jusqu'à ce que j'achète un livre. Je prévoyais de sortir Dyonisos de la scène. Je révisais à nouveau ses instructions.

E: Un instant. (Pause, il écoute.) Je ne comprends pas tout ce qu'il est en train de me dire. Peut-être que tu y parviendras mieux. Il dit que l'un des premiers quatrains qu'elle doit rechercher fait référence au matériel biblique qui renforcera le travail que tu es en train de faire maintenant.

J'ai été surprise. Peut-il faire référence aux materiel sur Jésus dans le livre que je venais de terminer?

D: Veux-tu dire un travail que j'ai déjà fait sur la vie de Jésus?
E: C'est un travail sur les temps bibliques qui sera découvert dans un autre pays et qui confirmera ce que tu fais. Évidemment, ces passages bibliques n'ont pas encore été découverts dans votre temps.

Je pensais qu'il faisait peut-être allusion aux découvertes des manuscrits de la mer Morte à la fin des années 1940 et au début des années 1980, auxquelles je me suis souvent référées dans mon livre sur Jésus.

D: Je pensais que vous faisiez référence à des découvertes faites il y a environ 40 ans. N'est ce pas vrai?
E: Non, parce que c'est un travail qui va être découvert dans un avenir proche. Il est difficile de mesurer le temps, mais environ un an après la publication de ton travail, peut-être plus tôt. Cela coïncidera avec le travail que tu effectues actuellement avec la publication. Comprends-tu?

Je n'ai pas vraiment tout compris. Tout dans cette session était trop exagéré pour que je puisse vraiment comprendre avant que je n'aie le temps de plonger dans ces développements étranges. Mais au moins je savais qu'il faisait référence à mon livre sur Jésus.

E: Un instant. (Pause, il écoute.) Il a dit qu'il travaillerait aussi avec... dessiner des cartes et des emplacements pour certaines choses telles que les Écritures enfouies qui se rapportent à votre travail.

Il peut maintenant, en ce momen précis, donner leur emplacement actuel.

C'était un développement intéressant. J'ai pris ma tablette et mon marqueur que je garde toujours à portée de main lors des régressions.

D: Pourrait-il le faire maintenant?

E: (une pause, il écoute.) Il a dit que ce serait plus une clarification et plus facile à faire avec le quatrain d'abord traduit correctement. Ensuite, il travaillerait sur la carte.

D: Peut-être que les pays n'ont pas trop changé.

E: Peu importe quels noms les pays possèdent maintenant.

J'ai trouvé cette information vraiment passionnante. S'il pouvait le faire, dessinez une carte et déterminez le lieu où une découverte archéologique précieuse, similaire aux manuscrits de la mer Morte, serait découverte, de manière archéologique, ce serait d'une grande valeur pour le monde. Cela prouverait également que nous étions vraiment en contact avec le Nostradamus actuel et qu'il était un véritable prophète. J'avais hâte de commencer à travailler là-dessus.

D: N'était-il pas vrai qu'il a souvent donné à des pays et à des nations des noms symboliques et utilisé le symbolisme dans ses quatrains?

E: C'est correct.

D: C'est là qu'une certaine confusion est apparue quant aux pays auxquels il faisait référence avec ces symboles.

E: Il a été délibéré dans sa confusion. Il dit que moins de personnes auraient pu comprendre à son époque, mais que vous êtes plus dans un âge d'illumination. Il a dit que l'homme a atteint un stade où la compréhension des quatrains est plus facile pour ceux qui prennent le temps, non seulement de lire, mais d'écouter ce qui est à l'intérieur d'eux-mêmes.

D: Et les gens de votre époque ne sont pas comme ça?

E: Pas aussi conscient que les gens de votre temps.

D: C'est peut-être la raison pour laquelle il a créé des énigmes pour qu'elles survivent. Penses-tu que cela pourrait être vrai?

E: (Une pause, il écoute.) Il a dit que c'est une des raisons. Il traduisit plus clairement pour le roi, les dirigeants de cette époque. Pour le travail qui leur était nécessaire pour connaître les événements les concernant. Être dans cet espace nous fatigue. C'est une nouvelle expérience pour moi. Mais il a dit que nous serions épaulés à chaque fois.

Il veut que vous compreniez une chose: que le moment est présent pour nous maintenant. Que nous sommes capables de nous projeter dans votre temps. Que nous sommes encore en pleine existence dans notre segment de temps. Et que vous ne parlez pas à des gens qui sont décédés, mais qui sont aussi vivants que vous l'êtes maintenant. Il est très important que vous compreniez cela.

D: Oui, j'ai toujours pensé que des gens m'accusaient de parler aux morts et je leur disais: "Non, ils sont très vivants."

E: Je suis content que vous compreniez.

D: Ce que vous faites, c'est de regarder dans notre époque.

E: C'est correct. Nous ne sommes plus dans la même période que lorsque nous nous sommes entretenus avec vous pour la première fois. Mais dans un laps de temps différent maintenant, pour pouvoir voir votre monde.

D: Eh bien, il n'y a rien de mal que je puisse voir tout cela. Mais il y a des sceptiques. Ce sont ceux qui ne comprennent pas.

E: Avec l'information que vous obtiendrez des quatrains, il y aura moins de sceptiques. Mais il dit qu'il y aura toujours des sceptiques. Il dit que vous avez un travail important à faire et que c'est une information importante pour vous en raison de votre capacité à écrire. Tant que l'information vous est donnée, il travaillera en étroite collaboration avec votre véhicule. Il a dit que le temps presse maintenant. Qu'il est nécessaire de transmettre l'information aux gens.

Puisque Dyonisos était fatigué d'être dans cet étrange endroit sans forme, j'ai commencé à le déplacer à un autre moment de sa vie. Elle a de nouveau levé la main pour m'arrêter.

E: Il a dit que lorsque vous avez besoin de parler à nouveau avec nous, il faudra nous parler au lieu de rendez-vous spécial, afin que nous soyons dans cet espace différent dans le temps, plutôt que dans notre temps. Ce sera ainsi plus facile pour nous de parler avec vous.

D: D'accord. Mais selon la méthode que j'utilise, je devrai d'abord vous prendre tout deux dans votre temps. Et ensuite je demanderai d'aller au lieu de rendez-vous?

E: Ceci est bien compris. Ce serait avec la compréhension d'un point de vue méditatif que nous pourrions mieux communiquer avec toi.

C'est une bonne chose qu'il m'ait arrêté de donner des instructions sur la façon de les localiser à nouveau. Lorsqu'un sujet est impliqué dans une vie, c'est un processus différent. J'étais tellement submergée par toute cette procédure que je n'y avais même pas pensé: Comment pourrions-nous nous réunir la prochaine fois. Nostradamus avait pensé à ce détail alors que je ne l'avais pas fait. Il m'avait empêché de partir avant d'avoir donné ses instructions. Il était définitivement et complètement en charge de tout ce phénomène. Je suppose qu'il aurait été plus difficile de compter sur Nostradamus pour détecter ma présence à chaque fois et pour interrompre la transmission d'informations. De cette façon, nous avions des instructions spécifiques sur la façon de le rejoindre la prochaine fois. Je savais que je ne pouvais pas les garder là-bas s'ils étaient fatigués. Peut-être qu'ils étaient tous les deux dans une transe méditative et que cela causait une sorte de drainage sur leurs corps, en particulier Dyonisos, car il n'était pas habitué à ce type d'état altéré.

Puisqu'il me restait encore un peu de temps dans ma session, j'ai éloigné Dyonisos de cette scène et je lui ai demandé d'avancer jusqu'à un jour important plus tard dans sa vie. Je savais qu'une fois que je le toucherais, la fatigue partirait. À la fin du compte, j'ai demandé ce qu'il faisait.

E: Je regarde une opération que je n'ai jamais vue auparavant. Cela fait partie de la main qui a été coupée. Et Nostradamus travaille à rassembler la main au poignet. Je l'aide. J'écoute ses instructions. Il me demande d'exécuter l'opération tout en maintenant le patient en transe. Il me demande de prendre les tendons et de les attacher à ceux qui dépassent de la main elle-même, et de les coudre. Ce qui est étonnant, c'est que le patient ait été en mesure de ralentir sa circulation sanguine, conformément aux instructions de Nostradamus, ce qui est passionnant à voir. Cela rend le travail plus clair pour moi.

D: Est-ce difficile à faire?

E: Oh oui. Toute ma concentration y est nécessaire.

D: Quel type de matériel utilisez-vous pour la couture?

E: Une aiguille et du fil. C'est du fil qui a été trempé dans du goudron pour le rendre plus fort. Le patient utilisera un peu la main, mais malheureusement, je n'ai pas la possibilité de coudre toutes les terminaisons nerveuses ensemble. Ceci est incroyable. Il a donné au patient des instructions pour visualiser sa main en train de se guérir elle-même. Je ne l'ai jamais vu utiliser cette technique.

D: Y a-t-il quelqu'un d'autre dans la salle pendant que vous le faites?

E: Non, ça doit rester un secret. Les autres ne comprendraient jamais.

D: Avançons jusqu'à ce que l'opération soit terminée et que tu puisses voir les résultats car tu t'es concentré sur ce que tu as fait. Je ne veux pas interférer avec ça. D'accord. Nous avons avancé un peu dans le temps. L'opération a-t-elle été un succès?

E: En grande partie. Le patient a la capacité de bouger le pouce et le doigt. Les sensations ne sont pas revenues dans la main, il devra donc être extrêmement prudent contre le froid ou le chaud, car il ne saurait pas s'il se faisait mal. Le malheur est que ... le travail a été fait. Les médecins n'ont pas encore la capacité de ralentir le flux sanguin.

D: Qu'est-ce qu'il va leur dire?

E: (Pause, puis avec un large sourire.) C'est amusant pour moi parce que ce qu'il va leur dire ne leur sera pas utile. Il leur dira de mettre la main dans la glace. (Souriant) Cela ne pourrait donc n'être fait qu'en hiver. Où pourrait-il obtenir de la glace autrement?

D: (Rires) C'est très vrai. Ce n'est pas le secret, mais cela engourdirait la main.

E: Oh, oui, et cela ralentirait le sang dans une certaine mesure, mais pas assez pour pouvoir tenir clairement les tendons et certains muscles de la main pour les refaire.

D: Oui, le sang t'en bloquerait la vue et tu ne pourrais pas voir ce que tu fais.

E: c'est correct.

D: Les autres médecins pensent-ils que c'est l'explication?

E: Ils sont bien conscients que Nostradamus ne leur dit pas tout. Il a beaucoup de secrets. Il y a aussi beaucoup d'espions. (Emphatique) Oh, oui! Tout le monde voudrait pouvoir accomplir la même chose.

D: Cela pourrait-il être dangereux, même pour un homme dans sa position?

E: La société accepte tellement de choses, mais il y a une limite à ce qu'ils veulent ou sont capables de comprendre. En tant que société religieuse, des choses leur font peur s'ils ne peuvent pas les expliquer: Œuvres du diable. Il essaie d'éviter les questions des gens.

D: Je pensais que c'était une personne tellement importante qu'ils n'oseraient l'accuser de rien.

E: Il n'est toujours juste qu'un homme qu'ils interrogeraient. Il n'est pas le roi!

D: Alors il faut faire attention. Vous et les autres adeptes protégez ses secrets. Je protégerai ses secrets aussi. Ils n'apprendront rien de moi. J'ai peur de vous fatiguer. Est-ce que je peux revenir et vous reparler?

E: Oui Je ne sais pas pourquoi mais il me semble que c'est important.

J'ai ramené Elena à une pleine conscience et elle a voulu me dire ce dont elle se souvenait de la séance.

E: C'était très étrange. Je m'en souviens comme si j'étais dans une autre pièce et que j'entendais des voix de l'autre côté de la porte. J'ai eu ce genre d'expérience auparavant, comme lorsque Andy est entré. Et ensuite la porte s'est ouverte mais je ne pouvais voir personne. Mais je sais qu'il y avait deux personnes de l'autre côté et elles te parlaient. L'un d'eux était ... Dyonisos (incertaine du nom) et l'autre était Nostradamus. Et c'était dans une chambre… ce n'était pas vraiment une chambre, c'était comme de marcher dans des nuages et de la brume.

D: Oui, tu as dit qu'il n'y avait pas de forme. - Est-ce tout ce dont tu te souviens, juste, de cette scène? Tu pouvais entendre les voix mais tu ne pouvais pas voir les gens qui parlaient?

E: Tu sais comme quand tu as un rêve? Vous pouvez les visualiser mais leur forme ne reste pas distincte dans le rêve? Ok, c'était comme ça. Mais je me souviens avoir vu ces yeux, ces merveilleux yeux me regardant directement. Ils étaient tournés vers moi mais ils te parlaient.

D: Selon toi, à qui ces yeux étaient-ils?

E: Oh, je pense qu'ils étaient de Nostradamus. Je veux dire, je sais qu'ils l'étaient. Je sais qu'ils l'étaient. C'était vraiment quelque chose, ils étaient tellement plus magnifiques que tout ce que j'ai jamais vu. Mais c'était comme si ses yeux me disaient que j'avais du travail à faire.

Je rigolais. "Oh, oui, il nous a vraiment confié une sacrée mission!" Val a également ri. C'était tout à fait une mission.

"Oh?" Elena se mit à rire. "Bien, est-ce que tu vas me le raconter?"

Cette session avait été très excitante et incroyable mais c'était la première expérience de ce type pour Val. Elle pouvait à peine se contenir et avait explosé de l'envie de raconter à Elena tout ce qui s'était passé. Je l'avais fait attendre jusqu'à ce qu'Elena me raconte ses souvenirs de la séance, car je ne voulais pas qu'ils soient colorés par quoi que ce soit que nous ayons bien pu lui avoir éventuellement dit. Je laisse maintenant une bouillonnante Val déverser son rapport enthousiaste de la session à Elena. Nous lui avons parlé de l'importante tâche qui lui avait été confiée et des instructions que Nostradamus souhaitait qu'elle respecte. Quand nous avons eu fini, il était évident qu'Elena ne partageait pas notre enthousiasme.

Elle resta assise songeuse et finit par dire: "Tu veux dire qu'il veut que je traduise des quatrains qui prédiront l'avenir de notre monde? C'est une terrible responsabilité. Je ne sais pas si je peux le faire, savoir même si je veux faire ça. "

Val parla, "Qu'est-ce que tu veux dire, que tu ne veux pas? Il a dit que c'était quelque chose que tu devais faire, et que tu devais le faire tout de suite."

J'ai aussi été surprise par son apparente réticence. Je savais que ce devait être un choc de sortir d'une transe et de se faire dire quelque chose de cette ampleur. Son visage affichait de la confusion, de la perplexité et de l'incrédulité. Je savais qu'elle avait le libre arbitre et si elle ne voulait pas faire cela, il n'y aurait aucun moyen de la faire participer. Je n'aurais même pas envie d'essayer. Je ne ferais jamais rien à qui que ce soit qui ne les mette mal à l'aise.

Selon Nostradamus, l'essentiel de l'expérience, la charge du travail, incomberait à Elena. Elle devrait trouver, méditer et traduire elle-même les quatrains. Mon seul rôle serait d'aider à la vérification par Nostradamus alors qu'elle était en transe. C'était une responsabilité formidable.

Elena secoua la tête avec incrédulité. "Toute cette idée est impensable. C'est presque risible. Il y a des gens qui ont passé des années à essayer de comprendre ce que voulait dire Nostradamus. et nous allons essayer de résoudre ce casse-tête, de faire ce qu'ils n'ont pas pu faire. L'idée en est absurde. "

"Oui", dis-je, "absurde, mais intriguante." J'ai convenu qu'il était égoïste de pense que nous pourrions résoudre des mystères qui ont déconcerté l'humanité pendant plus de 400 ans. "Peut-être que cela pourrait être à notre avantage de ne rien savoir sur ce sujet. De cette façon, nous n'avons aucune idée préconçue sur leur signification. Peut-être que c'était ce qu'il voulait, quelqu'un qui pourrait les regarder avec une approche nouvelle et un esprit ouvert. "

J'avais pensé que ce serait un exploit remarquable pour Elena de dessiner un portrait de Nostradamus. Mais maintenant, cette idée avait pâli en face de la possibilité de traduire ses énigmes, un projet énorme et incroyablement difficile.

Elle a dit qu'elle y penserait. Peut-être qu'après le choc initial, elle verrait aussi les merveilleuses possibilités de cette expérience. Elle accepta à contrecoeur de se procurer au moins un livre et de voir si l'un des quatrains susciterait un intérêt pour elle. Elle pensait qu'elle pourrait emprunter un vieux livre d'un ami.

Quand je suis partie, elle semblait toujours confuse et perdue dans ses pensées. J'espérais que cela ne la dissuaderait pas, car Nostradamus avait semblé si catégorique que cela soit fait immédiatement. Il a dit qu'il avait espéré que cela aurait été fait bien avant cela. Il avait exprimé un tel sentiment d'urgence et d'importance que j'estimais que nous devions essayer de nous conformer. Tout dépendrait des réactions d'Elena face à cet étrange développement et de ses décisions. Je sentais qu'il était impossible que cela soit accompli sans elle. C'était une expérience intrigante à laquelle je n'aurais jamais pensé toute seule. Je n'aurais jamais imaginé que nous aurions un contact avec le vrai Nostradamus. Les chances sont si inconcevables et incroyablement élevées contre un tel événement. Il était également évident que cette idée ne venait pas d'Elena, car la perspective l'effrayait et la déroutait. Bien que cela paraisse totalement fou, il me semblait que la seule autre explication était que Nostradamus lui-même avait initié tout ce projet. Peut-être le sentit-il spontanément lorsqu'il découvrit que son élève communiquait avec une personne du futur.

Pourquoi cela semblerait-il si hors de la normalité? Nostradamus ne faisait que faire ce que chaque grand psychique au cours des temps a tenté de faire: immortaliser: avertir les autres. Tous les médiums qui ont eu une prémonition ou une vision du futur ont ressenti cette même responsabilité. Pour essayer d'empêcher que l'événement se produise en avertissant les personnes impliquées, dans l'espoir qu'elles puissent avoir la possibilité de prendre des mesures pour éviter l'événement prévu. Quoi de plus naturel que d'essayer cela pour Nostradamus? Grâce à ses capacités précognitives vraiment remarquables, il avait pu constater de son l'époque, que ses prédictions n'avaient pas été traduites avec exactitude. Les circonstances de son époque l'avaient forcé à être délibérément obscur. Maintenant, il était devenu évident qu'il était probablement trop obscur et que personne ne pouvait vraiment comprendre ce sur quoi il essayait de nous prévenir. Ainsi, Nostradamus avait saisi cette opportunité de mon contact par le biais de son élève pour aller de l'avant dans le temps et l'espace et nous avertir des événements importants imminents.

Que voulait-il nous dire? Parviendrait-il à nous le faire comprendre? Une humanité têtue écouterait-elle? C'était une énigme intrigante et une expérience passionnante. Nous n'avions aucun moyen de savoir où cela mènerait, ni même ce qui pourrait en sortir, mais je savais que mon insatiable curiosité avait de nouveau été suscitée et que je suivrais cela n'importe où cela allait me conduire. Cela s'est présenté comme un défi énorme et apparemment impossible, mais tout dépendait d'Elena. Je pensais que sa coopération était essentielle à ce projet puisque Dyonisos, son alter ego, était notre clé pour avoir accés à Nostradamus, le maître créateur des énigmes. J'étais aussi confuse que quiconque quant aux résultats de cette étrange expérience.

Chapitre 5

La mutation du Monde

BIEN QU'ELENA AIT été chargée de trouver un livre sur les quatrains de Nostradamus et de les étudier, j'ai pensé que cela ne ferait aucun mal si je les connaissais aussi. Je voulais un livre qui se trouvait actuellement dans les librairies afin que les gens puissent le trouver pour comparer les interprétations. Je devais aussi en trouver un qui contenait les quatrains français originaux. Je n'avais aucune idée à l'époque de la complexité que de nombreux auteurs avaient apportée à la traduction de ce travail. J'ai toujours pensé que la traduction d'une langue à une autre était une chose simple, puisqu'un mot ne peut avoir qu'un certain nombre de significations. Mais je n'avais pas compté sur l'obscurité délibérement placée par Nostradamus. Chaque livre que j'ai trouvé avait traduit différemment les quatrains en anglais. Il y avait quelques similitudes mais souvent, les différences suffisaient à donner au puzzle un sens totalement différent. À l'époque, je ne savais pas, puisque je ne connaissais pas le français, que Nostradamus utilisait souvent des mots archaïques et remplaçait parfois par le latin. Il utilisait librement des anagrammes, qui sont des mots énigmes dans lesquels les lettres d'un mot peuvent être déplacées et même modifiées pour devenir un tout autre mot.

J'ai choisi un livre qui était le dernier publié sur les quatrains, Les prophéties de Nostradamus d'Erika Cheetham. Comme je ne savais pas à quel livre Elena aurait accès, j'utiliserais ce livre comme copie de secours pour comparer ses interprétations. J'ai supposé qu'elle ferait la majeure partie du travail par le biais de sa méditation et je ne ferais que servir de guide pour savoir si ses interprétations étaient correctes. Il s'agissait des instructions qui nous avaient été données. Je pouvais prévoir beaucoup de travail plus tard, car je pensais que je devrais trouver le plus de livres possible sur Nostradamus et les quatrains et les comparer. Puisqu'il est apparu que chaque auteur à travers les âges avait ses propres idées, j'étais consciente de l'énormité d'un tel projet. Mais la recherche a toujours été une partie importante de mon travail.

A la maison, j'ai à peine eu le temps de parcourir le livre. Même à première vue, je pouvais voir que ce serait compliqué. Les quatrains semblaient n'avoir aucun sens. J'étais contente que ce soit Elena et pas moi qui aurait à les comprendre. Le travail d'interprétation de quelques-uns d'entre eux semblait avoir été une tâche extrêmement ambitieuse. Je pouvais pleinement respecter la persévérance de Mme Cheetham. Il y avait beaucoup de quatrains qui n'avaient aucune interprétation à cause de leur si grande obscurité. D'autres ont été marqués d'un point d'interrogation ou d'un "F" pour indiquer qu'ils pourraient s'appliquer à notre avenir. C'était certainement un travail pour lequel personne ne voudrait se porter volontaire. J'ai mis le livre dans la valise avec mon magnétophone pour futures références et j'étais à nouveau reconnaissante que ce travail ne soit pas de ma responsabilité. Comme j'avais eu tort! Des développements inattendus étaient déjà à l'étude qui auraient pu tout changer pour ce projet compliqué. Il devait y avoir des rebondissements que même les écrivains de fiction n'auraient pu imaginer.

Parce qu'Elena avait reçu de la compagnie venant de l'extérieur de la ville, nous n'avions pas pu avoir de session depuis que Nostradamus nous avait informés qu'il fallait commencer immédiatement la traduction de ses quatrains. Si Elena envisageait vraiment de déménager d'ici à juillet, dans deux mois, nous devrions commencer le plus tôt possible.

Comme je devais quand même aller dans cette ville pour notre réunion de groupe, je me suis arrêté chez elle pour prendre rendez-vous et j'ai reçu un choc.

Elle me répondit à la porte avec cette nouvelle: "J'ai bien peur d'avoir une mauvaise nouvelle pour toi. Je dois aller en Californie." Je savais qu'elle était allée voir sa fille quelques mois auparavant. Elle me dit qu'elle partait samedi, dans cinq jours. J'étais déçue mais nous avions dû retarder les sessions auparavant, alors encore une fois j'allais devoir suspendre le projet jusqu'à son retour. Mais sa prochaine déclaration fut encore plus choquante. J'ai demandé quand elle reviendrait et elle a répondu: "Je ne reviens pas!" Aucune réponse ne m'est venue; Je me suis sentie stupéfaite et totallement dépassée.

Il semblait bien que sa fille était en train de divorcer et elle souhaitait qu'Elena revienne l'aider à s'occuper des enfants. Étant du genre de mère qu'elle est, bien sûr elle avait dit qu'elle viendrait. La famille d'Elena a toujours été le centre de sa vie. Avec dix enfants, quelqu'un aurait toujours besoin d'elle et Elena serait toujours là pour eux. Plutôt que de rentrer chez elle, elle avait prévu de se rendre à Seattle dans un mois environ et de ne se rendre en Alaska qu'en juillet. Son mari et ses enfants allaient s'occuper de vendre tous leurs biens et la retrouver là-bas. Ils pensaient que cela serait plus facile et moins coûteux.

Elena confirma ce que je soupçonnais quand elle me disa tout. L'idée de ce projet l'avait effrayée. L'urgence la dérangeait et elle hésitait beaucoup à le faire. Elle y avait beaucoup réfléchi et elle sentait que c'était une terrible responsabilité, une responsabilité qu'elle ne savait pas si elle voulait l'assumer. Elle ne savait pas si elle voulait même connaître l'avenir. Mais plus elle y réfléchissait, plus elle réalisait qu'il s'agissait d'une attitude de type "autruche la tête dans le sable". Elle avait finalement décidé de le faire si cela aidait le monde à mieux faire face à l'avenir, lorsque les circonstances interviendraient pour changer ses plans. Je me demandais si elle n'était pas secrètement soulagée de se débarrasser de cette responsabilité. Elle pouvait la remplacer par les problèmes de ses enfants, qui étaient difficiles, mais plus familiers et plus sûrs à gérer.

J'ai vraiment senti que mon bouton de panique avait été déclanché. Le désir de mon sujet est toujours primordial. J'avais eu des gens avant qui avaient retiré leurs cartes au dernier moment, ce qui signifiait qu'une histoire intéressante serait abrégée et mise sur l'étagère, mais cette situation était bien différente. Il n'y avait jamais eu le sentiment d'urgence exprimé dans ces autres cas. Nous avions appris que les quatrains devaient être traduits et que les connaissances acquises devaient être transmises au monde, et maintenant elle me disait qu'elle partait. Comment devions-nous obtenir l'information? Elle a dit qu'elle pourrait peut-être effectuer elle-même une partie de la traduction après son séjour en Alaska et m'envoyer ce qui lui est arrivé pendant la méditation. Cela semblait être un dernier effort pour me faire plaisir. Je sentais que c'était un peu timide parce que je ne croyais pas que l'information pouvait être transmise avec précision autrement que par une transe profonde. Même en méditation, l'esprit conscient serait trop actif pour que l'information ne soit vraiment claire.

La seule solution que je pouvais trouver pour le moment était de travailler intensément avec elle au cours de ces quelques jours qui lui restaient, si elle le voulait bien. J'essaierais de bourrer le plus d'information autant que possible dans toutes les sessions que je pourrais organiser et j'étais reconnaissante de toute information que nous pourrions ainsi obtenir dans des conditions aussi précipitées et aussi peu satisfaisantes. Elle a accepté plus pour essayer de me calmer que par intérêt de sa part. Il allait être difficile de trouver ce temps. Comme elle ne reviendrait pas, les jours à venir seraient pleins à craquer pour se préparer pour une vente de garage et organiser le déménagement. Il ne pourrait y avoir que deux occasions. Nous avons décidé de nous réunir plus tard dans la soirée après la fin de notre réunion de groupe. J'étais prête à rester aussi longtemps qu'il le faudrait car je sentais que c'était très important et si nous pouvions accomplir quelque chose avant son départ, cela en valait bien la peine. La seule autre opportunité serait dans deux jours, le jeudi. Je devrais accepter cela et être reconnaissante pour tout ce que nous pourrions obtenir. Peut-être que quelque chose de valable en sortirait.

Pendant le souper avec d'autres membres du groupe, j'étais vraiment énervée. Je savais que je ne voulais que ce qui était le mieux pour Elena et si elle voulait partir je ne protesterais pas, mais j'étais aussi inquiète de ce qui pourrait lui arriver. Son subconscient essayait de lui faire comprendre l'importance de faire ce projet. Si elle ne s'en sortait pas, elle pourrait tomber malade. Le subconscient est très puissant. Je pensais qu'il était possible qu'en rejetant ce qu'il souhaitait qu'elle fasse, cela pourrait la rendre malade. Qui sait? Les instructions avaient été si emphatiques. Je pensais que la seule solution était de tenir une séance et d'essayer de soulager la pression de la situation, pour elle comme pour moi.

Val insista, "Tu dois l'empêcher de s'en aller. Ceci est plus important. Tu dois la convaincre de rester encore quelques semaines. Elle peut sûrement attendre ce petit moment supplémentaire."

J'ai compris sa compréhension de l'urgence et de cette importance, d'autant plus que je partageais également son sentiment de déception. Mais je savais que je ne pourrais jamais prendre la responsabilité d'interférer avec la vie d'Elena. Si elle pensait qu'il était plus important d'être avec sa fille, il serait alors extrêmement égoïste de lui demander de modifier ses plans et de rester. Elena faisait usage de son libre arbitre et je savais que je ne pouvais absolument rien y faire.

Par une étrange coïncidence inattendue, la réunion du groupe pour cette soirée allait être différente. Quelqu'un apportait un magnétoscope et prévoyait de montrer le film documentaire sur Nostradamus intitulé "The Man Who Saw Tomorrow" (l'homme qui avait vu demain", documentaire TV américain). C'était incroyable en soi, car la personne qui a apporté le film n'était pas un membre régulier et ne savait rien de mon travail auprès d'Elena. La raison principale pour laquelle Elena venait à la réunion ce soir-là était pour dire au revoir à ses amis. Elle n'avait jamais vu ce film narré par Orson Welles, bien que l'ayant moi-même déjà vu, et elle était très enthousiaste à l'idée de le voir.

Val m'a murmuré que cette coïncidence devait avoir un but. Elle pensait que peut-être après que Elena aurait vu le film, elle se rendrait compte de l'importance du projet et changerait d'avis en décidant de rester quelques semaines de plus afin que nous puissions travailler là-dessus. J'en doutais, je sentais qu'elle avait pris sa décision pour diverses raisons.

Une chose que j'ai remarquée à propos du film, c'est que peu de choses ont été dites sur la vie privée de Nostradamus, mais se concentrait principalement sur ses prédictions pour le monde. Je sentais que nous en savions déjà plus sur lui qu'eux. Elena a été impressionnée par le film car elle n'avait rien lu à son sujet et avait l'impression que le film le présentait comme un homme vraiment remarquable.

Après la réunion, nous sommes retournées chez Val où nous ne serions pas dérangés. Je savais bien que je ne rentrerais pas avant deux heures du matin, mais j'ai senti que ça valait le coup. Nous avons tenu cette session au milieu du désordre des cartons à moitié emballés, car Val était également impliquée dans le processus du déménagement. C'était très représentatif de mes sentiments à propos de la situation. Je me sentais comme si tout allait se décoller, que tout était sans dessus dessous.

Elena avait emprunté un livre à son ami. Elle en avait choisi deux quatrains et avait écrit ses interprétations. Ils étaient les seuls qu'elle avait eu l'occasion d'examiner. Nostradamus avait dit qu'elle en choisirait un qui traiterait d'une découverte biblique. Elle me tendit son livre et les notes qu'elle avait faites sur les quatrains. J'ai à peine eu le temps de les regarder.

J'ai rapidement feuilleté le livre que j'avais acheté et marqué certains de ceux que l'auteur pensait appartenir à l'avenir. Peut-être pourrions-nous nous concentrer sur certains d'entre eux car je n'avais aucune chance de les étudier. Ce devait être une séance aléatoire, sans rigueur, sans la préparation minutieuse que j'avais espérée.

Quand Elena était en transe, j'ai répété les instructions détaillées qui m'avaient été données pour contacter Dyonisos et Nostradamus dans le lieu de rencontre privilégié où ils pourraient se projeter par leurs esprits dans notre époque. Je n'étais même pas sûre que la procédure fonctionnerait. J'en espérais le meilleur quand nous avons commencé.

D: I, 2, 3, tu t'es rendu au lieu de rencontre spécial avec Nostradamus, afin que nous puissions communiquer ensemble. Y es-tu?

E : Nous sommes ici.

Je soupirai de soulagement et réalisai pour la première fois à quel point j'étais tendue. Les instructions avaient réussi et nous étions à nouveau en contact.

D: La dernière fois, vous nous avez parlé d'un quatrain qu'Elena devait trouver et essayer d'interpréter par elle-même. Vous avez dit que cela ferait référence aux Écritures bibliques qui n'ont pas encore été découvertes. Vous rappelez-vous en avoir parlé?

E: C'est correct.

D: D'accord. Je vais lire le quatrain qu'elle a trouvé et son interprétation.

SIÈCLE VII -I4. Ce quatrain est libellé différemment dans le livre d'Erika Cheetham.

D: " Ils doivent montrer la topographie de façon imparfaite. Les urnes des monuments seront ouvertes. Les sectes se multiplieront et la philosophie sacrée donnera le noir au blanc et le vert à l'or."

Voici ce qu'Elena a écrit: "Cela concerne la découverte des manuscrits de la mer Morte. Ce quatrain contient un message pour différentes années. Des parchemins et des nouvelles pages pour d'anciennes".

Que pensez-vous de son interprétation?

E: La première partie est incorrecte. Ce ne sont pas des manuscrits de la mer Morte, mais des travaux perdus qui coïncideront avec les documents sur lesquels tu travailles et que tu es en train de publier.

Même si son interprétation n'était pas totalement exacte, je pense que c'est très significatif qu'Elena ait pu choisir un quatrain au hasard sur un millier qui traitait de la Bible. Cela serait mille chances contre une. Elle devait avoir été guidée inconsciemment vers cela. Par Andy? Par Dyonisos? Par Nostradamus? C'était trop surprenant pour être une coïncidence.

D: d'accord. Vous avez dit que vous me donneriez des informations sur l'endroit où cela serait découvert. Vous avez également dit quelque chose à propos de dessiner une carte.

J'avais la tablette et le marqueur prêts au cas où nous en aurions besoin. Bien qu'elle soit une artiste, Elena a déclaré qu'elle n'avait même jamais tenté de dessiner une carte.

E: Un instant (une pause alors qu'elle écoutait.) Il a dit que nous y reviendrions à cause de la possibilité que les cartes soient utilisées à des fins financières. Pas par toi, mais par d'autres.

D: (J'ai été déçue.) C'est toujours une possibilité. Il y a peut-être des chasseurs de trésors, c'est ce que vous voulez dire?

E: C'est correct.

D: Mais pourriez-vous me dire dans quel pays cela sera découvert?

E: (Longue pause, puis lentement.) Ce sera dans les montagnes où la ville est cachée. La ville qui a été découverte ... par un homme de race blanche, mais qui s'est fait passer pour ... une personne du désert.

Il avait répondu avec un quatrain. Cela a été dit très lentement et délibérément comme si elle écoutait puis le répétait. Il a dit que c'était un nouveau quatrain, pas un de son livre. C'était tout ce qu'il avait à dire là-dessus.

(Il a depuis été suggéré que cela faisait peut-être référence à Lawrence d'Arabie, l'homme qui a aidé les Arabes à renverser le joug de l'empire ottoman pendant la Première Guerre mondiale. Il fut le premier Occidental à explorer ces terres et fut certainement un Caucasien se faisant lui-même passé pour une personne du désert.)

MISE À JOUR: En 1992, alors que nous préparions la version mise à jour révisée de ce livre, un article de journal est paru qui corroborait ce nouveau quatrain. Citation: "La ville perdue d'Ubar, appelée" l'Atlantide des Sables "par Lawrence d'Arabie, a été retrouvée à Oman, à l'aide d'images de la navette spatiale Challenger, ont indiqué des explorateurs. ... Les ruines de cette ville oasis ont été découvertes principalement enterrées sous le sable à un puits appelé Shisr dans le «secteur vide» stérile du sud d'Oman. ... Des chercheurs ont découvert la ville en traçant d'anciennes routes du désert, découvertes sur des images prises à partir de plusieurs engins spatiaux, notamment des caméras radar et optiques portées par Challenger en octobre 1984. ... Des fouilles récentes indiquent que la ville avait été désertée de 2800 av. J-C à 100 av. J-C. Si la datation des artifacts est correcte, le développement urbain de la région a commencé environ cent ans plus tôt qu'on ne le pensait auparavant ... Le regretté T.E. Lawrence, soldat britannique de la Première Guerre mondiale connu sous le nom de Lawrence d'Arabie, l'avait nommée "Ubar Sands", après le légendaire continent englouti. Selon la légende, Ibar, surnommée Iram la «ville des tours» dans le Coran sacré de l'Islam, aurait été détruite lors d'un désastre autour de 100 av. J-C et a été ensevelie sous le sable dans un souillard créé lors de l'effondrement d'une caverne souterraine en calcaire. " *Fin de citation.*

E: Il vous a donné toutes les informations que vous devez savoir. Le reste de l'information proviendra d'une autre source.

D: (C'était une surprise.) Une autre source? Je me posais des questions à ce sujet. Je lui demanderai plus à ce sujet, plus tard.

Peut-être était-ce une lueur d'espoir, que le projet se poursuivrait après le départ d'Elena.

D: Il y a un quatrain ici qu'Elena, le véhicule, a examiné et qui, selon elle, est mal interprété (SIÈCLE II-48) *"La grande armée qui passera au-dessus des montagnes quand Saturne sera en Sagittaire et que Mars se déplacera dans les Poissons. Du poison caché sous la tête des saumons,leur chef de guerre suspendu par une corde." L'interprétation de notre livre dit que cette conjonction des planètes s'est produite en 1751 et que la suivante ne se produit pas avant 2I93.*

E: C'est faux. Cela va se passer au douzième mois de 1986.

D: Qu'est-ce qui va se passer? Leur interprétation est très peu claire. Ils ont dit que cela n'avait aucun sens. Et je sais que Nostradamus n'écrirait pas quelque chose qui n'ait aucun sens.

E: (Pause comme si elle écoutait) Il y a plusieurs choses qui sont dites. C'est déroutant. (Pause) Il y aura un contact des étoiles ... Un affichage lumineux continuera. Il doit y avoir un événement dans le ciel à ce moment-là.

D: Est-ce pour cela qu'il se réfère à ces étoiles?

E: C'est correct.

D: Au lieu de dire une conjonction, cela signifie que cela se passera dans cette partie du ciel?

E: Non. C'est un élément temporel. Ça donne la date. Les astronomes ont fait (elle fait une pause, comme pour chercher le mot juste) un désalignement mathématique des planètes. Ils peuvent très facilement faire une erreur en interprétant quelque chose de plusieurs siècles auparavant. Comme vous pouvez le constater, ils ont 20 ou 30 ans de retard avec l'heure exacte.

D: Ils le sont, vraiment?

E: Quand ils utilisent les planètes en guise d'interprétation, ils peuvent l'être… d'une ou deux décennies.

D: Cela serait important dans l'interprétation. Voulez-vous dire que les planètes sont différentes maintenant de ce qu'elles étaient à l'époque où il les regardait?

E: Oui. Mais mathématiquement, ils peuvent mal interpréter, à cause de ... (un grand soupir)

D: D'erreurs de calcul?

E: C'est juste.

D: " Du poison caché sous la tête des saumons "?

E: Cela vient d'une association différente, à cause de ce qui se passe dans l'atmosphère aujourd'hui.

D: Il y est dit qu'une grande armée passera par dessus les montagnes. Est-ce ce que vous entendez par cet affichage lumineux?

E: C'est correct. Du contact étant établi à partir des étoiles, de l'univers. Ce contact apportera une plus grande conscience aux gens.

D: Et vous avez dit que cela se produira le 12ème mois de 1986?

E: 22 décembre. 22 décembre 1986. Prends la peine de relire la traduction que je t'ai donnée.

Cela m'a prise au dépourvu. Il n'avait aucun moyen de savoir que j'utilisais un magnétophone et je ne l'avais pas écrit. Je devrais compter sur ma mémoire.

D: C'était que ... il y aurait une grande lumière dans le ciel. Et il y aurait un déploiement lumineux.

E: Ce sera réellement un déploiement montré par des êtres d'une autre planète.

D: Une chose que vous devez comprendre. Je ne les écris pas. J'ai une petite boîte noire qui capture les mots et me les répète plus tard. Ainsi, lorsque vous me demandez de répéter ce que vous m'avez dit, il m'est difficile de m'en souvenir. Mais la boîte noire s'en souvient.

E: D'accord, je comprends.

(Plus tard, quand cette date fut passée, nous réalisâmes qu'il y avait eu des observations d'OVNIS très dramatiques et fiables pendant cette période. Serait-ce ce à quoi il faisait allusion?)

Je décidai maintenant de poser des questions sur certains quatrains que j'avais marqués à la hâte.

D: (SIÈCLE II -46) *"Après une grande misère pour l'humanité, une plus grande encore approche lorsque le grand cycle des siècles sera renouvelé. Il pleuvra pluie de sang, de lait, de famine, de guerre et de maladie. Dans le ciel, on verra des flammes traînant une traînée d'étincelles." Pouvez-vous me dire ce que cela signifie?*

E: La première partie fait référence aux nations noires souffrant de famine. La deuxième partie fait référence à la comète qui passe actuellement. La troisième partie fait référence aux armes qui ont provoqué des maladies dans l'air qui seront destructrices pour les cultures et la respiration. Cela fera cracher le sang.

D: L'armement en est la cause pour que cela se produise à notre époque, à l'époque de la comète?

E: C'est correct. L'explosion de l'armement. Il dit que cela s'est produit récemment.

D: Je pense que je connais l'événement auquel il fait référence. Il s'est passé quelque chose au cours du mois d'avril qui a inquiété les gens.

Je pensais à l'accident nucléaire qui venait de se produire à l'usine de Tchernobyl en Russie le 26 avril 1986.

E: Il dit que c'est ce à quoi il fait allusion.

D: Bien sûr, nos scientifiques et experts répètent que cela ne causera aucun dommage. Ils essaient de faire croire à tout le monde qu'il s'agissait d'un incident mineur et que cela ne ferait de mal à personne.

E: C'est incorrect. Il dit qu'ils disent cela pour ne pas causer de panique.

Un autre événement s'est produit en août 1986 auquel ce quatrain pourrait également faire référence. Du gaz inexpliqué provenant d'un lac volcanique au Cameroun, en Afrique qui a tué environ 1500 personnes. Ces décès sont dus à l'empoisonnement de l'air et à l'impossibilité de respirer. Certaines des victimes auraient craché du sang. Les cultures détruites sur le passage du gaz ont été également détruites. Je pense que cela pourrait être un cas de quatrain faisant référence à plus d'un événement, comme Nostradamus l'a souvent dit, en particulier lorsque ces deux événements sont survenus si près l'un de l'autre.

D: Est-ce que quelque chose se passera à la suite de cet accident dans notre pays appelé le Nouveau Monde?

E: Plus encore vers le nord et le nord-ouest. Nord près de la Russie. Ouest, à l'ouest de votre pays. Et vers ce qui est appellé ... le Canada. (Prononcé plus comme "Kenada". Prononcé lentement comme si c'était un mot inconnu.)

D: Pensez-vous que ces problèmes seront très graves?

E: Différents degrés de gravité.

J'ai alors lu quelques quatrains qui, selon Dyonisos, ne se référaient pas à l'avenir immédiat; Nostradamus ne les considérait donc pas comme importants pour nous à ce moment-là. Il y avait d'autres choses de plus préoccupant maintenant. Il semblait conscient du manque de temps et ne voulait pas se soucier des quatrains du passé.

D: (SIÈCLE I -16) *" Une faux joite avec un étang dans le Sagittaire à saplus haute ascension. Peste, famine, mort aux mains des militaires. Le siècle approche de son renouveau."*

Il m'a demandé de répéter le quatrain. C'était presque comme s'il ne comprenait pas vraiment la traduction du livre. J'avais découvert que dans chaque livre sur ces quatrains, ils étaient traduits différemment selon l'auteur. Aucune surprise ici a ce qu'il ne les ait pas reconnues. Je me demandais à quel point ils ressemblaient vraiment à ses intentions initiales. Après l'avoir répété, il a poursuivi: «Cela fait également référence à ce qui s'est passé ces dernières semaines. La faute en étant un pays, la Russie. "

La faucille est le symbole actuel de la Russie. C'est aussi un ancien symbole occulte pour la mort.

D: Qu'est-ce que cela signifie, Une faux joite avec un étang" ?

E: Il a dit que cela se réfère à la façon dont l'accident a eu lieu. À travers le tuyau d'eau. (Elle avait du mal à trouver les mots appropriés.) Leur façon de gérer l'energie qui y était contenue. Et ceci étant un endroit dirigé par des militaires. Ils en ont perdu le controle. Et parce que l'accident causera cette destruction à leur pays.

Cette traduction a beaucoup de sens à la lumière de ce qui vient de se passer à la centrale nucléaire russe de Tchernobyl. À ce moment-là, moins d'un mois après l'incident, personne n'avait la moindre idée de la cause de l'accident. Les Russes ne publiaient aucune nouvelle. Il a été suggéré par la suite que cela pouvait avoir un lien avec le système de refroidissement de l'usine.

Les traducteurs étaient enclins à traduire nombre des prédictions de Nostradamus en termes de guerre. Il devenait évident que ce n'était pas nécessairement le cas.

D: Les gens se demandent ce que Nostradamus voulait dire par la nouvelle ville?

E: Les gens croient que la nouvelle ville correspond à celle que vous appelez New York. Dans certains cas, c'est correct, mais pas dans tous.

D: Bien, je vais en lire un qui, à leur avis, a à voir avec la nouvelle ville. (SIÈCLE I – 87) *"Le feu qui secoue le centre de la terre va provoquer des tremblements autour de la Nouvelle Cité. Deux grands rochers se feront la guerre pendant longtemps....Puis..." Arethusa va faire rougir une nouvelle rivière. " Je ne peux pas tout à fait le prononcer correctement. Est-ce que cela fait référence à New York?*

E: (Longue pause, comme si elle écoutait.) Je vois. Il dit qu'il y a trois villes impliquées, un effet de triangle. Et cela affectera la côte ouest. Que New York allait connaitre un tremblement de terre qui sera dévastateur à cause des bâtiments si hauts là-bas. Mais ce n'est pas celui mentionné dans ce quatrain.

D: Vous avez dit qu'il y avait trois villes impliquées dans le quatrain, et une sur la côte ouest? (Je pensais qu'il voulait dire que l'une de ces villes était New York.)

E: Non, les trois sont sur la côte ouest. Un triangle. Voyons voir. Je ne comprends pas ... Cela affectera la ville appelée ... Los Angeles? (Prononcé avec un accent français au lieu de l'espagnol.) San ... Francisco? (Dit lentement comme si c'était un mot étrange.) (Longue pause.) "Los" quelque chose ...

Les gens ont depuis suggéré qu'il aurait pu essayer de dire Las Vegas, ce qui pourrait former un triangle entre San Francisco et Los Angeles. Il a ajouté que le séisme affecterait les trois villes au cours de la même période.

D: Cela signifie-t-il qu'il y aura beaucoup de tremblements de terre au cours de la prochaine année?

E: Cela a déjà commencé, dit-il.

C'est certainement exact. Les tremblements de terre semblent être monnaie courante dans le monde entier.

D : En voici un autre. (SIÈCLE VIII – 91) *"Les Dieux feront comprendre à l'humanité Qu'ils sont les auteurs d'une grande guerre. Avant que le ciel ne soit considéré comme exempt d'armes et de roquettes, Les plus grands dégâts seraient infligés à gauche."*

E: Cela fait référence au changement de la planète.

D: Oh? Est-ce qu'il va y avoir un changement de la planète?

J'avais entendu ceci être prédit par plusieurs autres médiums mais je voulais voir si Nostradamus était d'accord avec eux.

E: Oh oui! (Pause, puis elle parle lentement, comme si elle écoutait et répétait.) Le décalage se produira vers la fin du siècle que vous connaissez. Et sera aussi abrupte que dans un délai de six à dix heures. Les continents tels que vous les connaissez maintenant cesseront d'exister ou changeront radicalement. (Un profond soupir.)

J'avais déjà entendu cette terrible prédiction auparavant, mais venant de Nostradamus, cela semblait encore plus inquiétant.

D: Y a-t-il quelque chose qui peut être fait pour éviter cela?

E: La seule chose à faire est de sensibiliser l'humanité. Et de les laisser se préparer spirituellement et intellectuellement à prendre conscience de la survie à travers les changements climatiques.

Cela commençait déjà à me déranger. Cela semblait si final.

D: Si cela se produit aussi brusquement, y aura-t-il beaucoup de personnes tuées?

E: La civilisation comme vous la connaissez maintenant cessera d'exister.

Etrange comme sa voix était si calme et sereine alors qu'elle prononçait ces mots de malheur pour toute l'humanité.

D: Dans ce court laps de temps?

E: Ce sera le début d'un nouvel âge.

D: Y a-t-il quelque chose que nous puissions faire pour arrêter cela? Y at-il un conseil du tout?

E: Oh oui! Il suffit d'arrêter les explosions que l'armée juge tellement importantes.

D: Ce sont ces choses qui font accélérer le changement?

E: (incertaine) Pour une quelconque raison, je te perds! Je flotte dans un… il fait très gris et… je ne t'entends pas aussi clairement.

C'est rare mais ça arrive. C'est peut-être parce qu'Elena était si fatiguée, ou peut-être que cela avait quelque chose à voir avec le lieu de rencontre spécial dans lequel nous étions. Les caractéristiques de cette dimension ou quoi que ce soit auraient pu créer une condition dont je n'étais pas au courant. Je ne voulais pas perdre le contact avec Nostradamus car le temps imparti pour les sessions était si court.

J'ai demandé: " Y-a-t'il quelque chose que je puisse faire pour améliorer notre communication? "

E: (Sa voix était très somnolente et groggy.) Parle-lui. Tu dois lui parler!

Il semblait que l'une ou l'autre (Elena ou Dyonisos) essayait de s'endormir. Si cela se produisait, je perdrais le contact et je devrais déplacer Dyonisos à un autre moment de sa vie terrestre où nous ne recevrions que des informations banales, ou je devrais réveiller Elena car elle était trop fatiguée pour continuer. J'espérais ne pas avoir à le faire non plus, car je n'aurais qu'une seule occasion supplémentaire d'obtenir des informations de Nostradamus. Il faisait un excellent travail sur les quatrains, il a donc fallu persister. J'ai donné des instructions pour qu'elle puisse m'entendre clairement et distinctement et qu'elle puisse suivre ma voix, peu importe où elle se trouvait. Après quelques minutes, je pouvais dire qu'elle répondait et qu'elle était de retour avec moi. Sa voix se redressa immédiatement. Tout ce qui avait provoqué la réaction inhabituelle était passé et je pouvais continuer.

C'était intéressant, mais cela prenait beaucoup de temps d'essayer d'identifier les quatrains exacts qui faisaient face à ce genre de catastrophe. Comme nous venions de voir le film sur ce que les traducteurs pensaient que Nostradamus avait prédit pour l'avenir de notre monde, j'ai pensé que je pourrais peut-être couper certains angles en posant des questions directes.

D: J'aimerais en lire un peu plus, mais laissez-moi vous dire certaines des choses que les experts nous ont dites concernant ses prédictions. Cela vous aidera peut-être plus facilement à résoudre le problème. Ils disent qu'il y aura des tremblements de terre et la faim et la famine dans le monde entier.

E: Oui, c'est correct.

D: *Qu'est-ce que cela va causer?*

E: De quelle période font-ils référence?

D: *Dans l'ordre qu'ils ont dit, il y aura des tremblements de terre et des éruptions volcaniques, puis la famine, dans cet ordre. C'est censé être dans notre avenir.*

E: Les tremblements de terre et les éruptions volcaniques sont dus à l'activité provoquée par la conjonction des planètes, qui affecte également le déplacement de cette planète. La famine est causée par les explosions d'armements. Accidents qui affecteront les cultures.

D: *Ensuite, les experts pensent que nous entrerons dans une guerre dans le futur après ces événements. Qu'il y aura une guerre impliquant nos armements. Est-ce qu'il voit quelque chose de ce genre arriver?*

E: Les événements ont changé au fil des siècles. Et à cause de la nouvelle prise de conscience de la civilisation occidentale et du rythme accéléré du déplacement de la croûte terrestre et de la conjonction des planètes, la guerre pourrait être évitée. En fonction de la vitesse à laquelle les événements naturels se produisent. En effet, comme dans toute civilisation, la survenue de catastrophes naturelles est bien plus importante que la prise de possession de terres.

D: *Oui, surtout si tout le monde a aussi faim, cela fait une grande différence. Ils disent que les quatrains parlent d'un homme du Moyen-Orient qui sera le troisième anti-Christ qui nous mènerait à la guerre. Pensez-vous que ce n'est plus correct maintenant?*

Les experts sont tous d'accord pour dire que Nostradamus a parlé de trois antéchrists dans son quatrains, Napoléon, Hitler et un autre dans le futur. La Bible mentionne également une bête qui viendra au moment de l'Armageddon. Ils pensent qu'il s'agit de la même personne.

E: Cette possibilité a déjà pris effet. Mais la question de savoir si cela aboutira à la guerre mondiale dépend des catastrophes naturelles qui se produisent. Ces catastrophes naturelles se produiront non seulement sur ce continent, mais dans le monde entier, ce qui affectera également son pays.

D: je vois. Ils l'interprètent comme une guerre qui nous mène à la catastrophe et à la destruction mondiale. Vous pensez que cela fait plutôt référence au changement?

E: C'est correct, comprenez! Avec ces tremblements de terre et les volcans sera créee une explosion accidentelle de l'armement qui est enterré dans les sols. Cela va provoquer une grande agitation émotionnelle dans votre pays et dans d'autres pays: Britannia et la France. Et les pays d'Europe voudront le désarmement général. Il est important qu'ils se rendent compte que si ce désarmement se produit, il affectera également les pays musulmans.

D: Avez-vous dit que le changement de la Terre se produira d'ici la fin du siècle ou est-ce le moment où il commencera?

E: Cela se produira avant la fin du siècle, ce sera dans l'année 2000.

D: Beaucoup de quatrains donnent des dates à peu près à cette époque, ce que les traducteurs ont pensé être une guerre. Mais vous avez dit que lorsque le changement se produira, ce sera très rapide et que ce sera la fin de la civilisation telle que nous la connaissons.

E: C'est correct.

D: Y aura-t-il des survivants pour continuer la race humaine?

E: Oh oui!

D: Tout semble si final. J'espérais que vous me donneriez une lueur d'espoir.

E: Il n'y a pas de mort, mais une conscience différente. Ne croyez pas que les gens ne connaîtront pas la vie. Il y aura ceux qui seront laissés ici pour faire un nouveau départ pour la terre. Mais comprenez bien que la terre n'est qu'une chose matérielle qui a sa propre vie limitée.

D: Oui, mais parce que c'est notre maison, nous n'aimons pas la voir complètement détruite.

E: correct.

D: S'il y avait une telle destruction massive, les gens ne seraient-ils pas plutôt préoccupés d'essayer de reconstruire leurs vies au lieu de se battre, n'est-ce pas?

E: Je l'espère bien.

D: Mais vous pensez qu'il n'y aura plus de villes ou quoi que ce soit?

E: Pas comme nous les connaissons maintenant.

D: Qu'en est-il des masses terrestres? Quelqu'un sera-t-il épargné?

E: Toute la partie centrale de votre continent telle que vous la connaissez. Les continents partout sur la terre seront touchés. La masse d'eau telle que nous la connaissons maintenant couvrira un plus grand pourcentage de la terre. Les continents connectés seront scindés en deux, divisés par une eau qui ne s'y trouvait pas auparavant.

D: Cela signifie-t-il que la partie centrale de notre pays, l'eau ne serait pas ...

E: (interrompant) elle serait la moins affectée.

D: Qu'en est-il des autres continents? Y aurait-il des zones de ce genre qui seraient relativement sûres?

E: De quels continents parlez-vous?

D: Qu'en serait-il de l'Europe ou de l'Asie?

E: L'Europe sera touchée. (Pause) L'Asie. (Pause) Il n'y aura aucun pays qui ne sera pas affecté.

D: Est-ce que toute l'Asie sera recouverte par l'eau?

E: Une grande partie le sera.

D: Qu'en est-il de l'Afrique?

E: L'Afrique devra avoir un canal la traversant; un nouveau détroit.

D: Je continue d'essayer de penser que le centre des États-Unis est une zone de sécurité. Mais aucun endroit sera-t-il vraiment en sécurité lorsque cela se produira?

E: Il y aura des endroits qui seront affectés d'une manière beaucoup moins traumatisante que d'autres. Mais comprenez que ce qui s'est passé avec vos armements aura un impact important sur l'importance ou la rapidité avec laquelle cette dévastation se produira.

J'ai dû écarter les images horribles qui me traversaient l'esprit, des scènes si terribles de désolation et de désespoir.

D: Ce que vous vouliez nous signifier est qu'en nous le disant à l'avance et nous donnant ces interprétations, les gens ainsi pourraient prendre leurs décisions personnelles?

E: C'est correct.

D: Que veux-tu dire? Ils vont décider de rester ou de partir ou quoi?

E: Avec une conscience accrue, chacun peut changer de destin. En sensibilisant les gens aux dommages qui peuvent être causés par le système d'armement actuel. En leur enseignant comment survivre. En n'ayant pas de prise d'importance ou de gain monétaire. Se préoccuper de leurs spiritualités. (Pause) J'aurai plus pour vous plus tard.

D: Alors vous pensez qu'il est peut-être possible de changer l'avenir si nous connaissons ces choses à l'avance?

E: C'est correct. L'alignement des planètes ne le crée pas ... on ne sait pas exactement ce qui va arriver. Ce que je vous ai dit est une possibilité que je vois d'où je suis en ce moment. L'avenir a été changé plusieurs fois depuis notre passage dans l'espace.

D: Est-ce que cela rendrait certains de vos quatrains inexacts?

E: Cela aurait changé le sens de certains d'entre eux, oui.

D: Alors si c'est une possibilité, y a-t-il une autre possibilité qui pourrait également arriver?

E: C'est correct. Comme je l'ai dit la dernière fois, à cause des changements intervenus dans le temps, il y avait plusieurs significations dans les quatrains. Ne pensez pas que la civilisation telle que nous la connaissons - ou pour être plus correcte - telle que vous la connaissez, a un avenir sans espoir. Il dit qu'avec la capacité de comprendre ce qui peut arriver à une planète et d'avoir une nouvelle conscience en vous-même, cela pourrait toujours changer l'événement des choses.

D: Même un changement suspect dans l'axe?

E: Oui. Comme il le voit maintenant, le décalage se produira et il y aura de grands changements. C'est à partir de maintenant, dans votre temps. Mais comme les gens sont de plus en plus conscients des dommages pouvant être causés par la destruction militaire, qu'elle soit volontaire ou involontaire, la réaction déclenchée sous la surface de la Terre créerait moins de dommages.

D: Est-ce pour cela qu'il pense que cette information devrait être transmise aux gens?

E: Absolument!

D: Si seulement nous pourrions les faire écouter.

E: Il y aura ceux qui voudront bien entendre.

D: Sinon, ils devraient reconstruire toute une civilisation, tout un nouveau monde.

E: (sinistrement) Il ne leur resterait que très peu de civilisation.

D: Cela signifierait que seuls ceux qui étaient assez robustes pour savoir comment survivre pourraient survivre.

E: C'est correct.

D: Alors tous les discours de guerre peuvent ne pas être corrects. Ce changement est la principale chose qui soit importante en ce moment.

E: C'est la raison pour laquelle il voulait te parler.

D: Qu'en est-il de ces êtres d'autres planètes, vont-ils nous aider de quelque manière que ce soit?

E: Cela dépend de la conscience des gens. Il a été décidé d'essayer de sensibiliser davantage cette planète.

D: Seraient-ils capables d'aider à empêcher une telle chose de se produire?

E: (écoutant) Cela dépend de la façon dont ils seront reçus. Ils peuvent aider une civilisation. Les gens doivent décider s'ils les laisseront ou pas.

D: On m'a dit qu'ils ne sont pas autorisés à intervenir. Est-ce ce que vous voulez dire?

E: (écoutant) Si nous faisons en sorte que la planète - nous, c'est-à-dire les personnes de votre époque - accélère tout jusqu'à une mort anormale, oui, elles se mèleront. Parce que cela les toucherait aussi. Chaque fois qu'il y a un changement de planète, les forces énergétiques affectent le système solaire. Ainsi, tout le système solaire dans lequel nous sommes serait affecté. Ce qui provoquerait un - il dit d'utiliser le mot "effet de domino".

D: Oui, je comprends ce terme. Alors vous voulez dire que cela se ferait ressentir dans l'univers?

E: C'est correct.

D: Mais ces êtres, ou peu importe comment vous choisissiez de les appeler, ont-ils le pouvoir d'arrêter quelque chose comme ça?

E: Ils ont le pouvoir d'élever votre niveau de conscience et la conscience de comprendre comment vous pouvez mieux gérer tout cela. Je suis désolé de ne pas arriver à bien m'exprimer. Lorsque le changement se produira naturellement, cela dépendra de la conscience que les gens ont mentalement et spirituellement. (Brusquement) Je vais partir mais je voulais que vous compreniez de quoi il faut parler. Il reste encore des quatrains à traduire lors de la prochaine réunion. Ils concerneront les régions de la terre qui seront concernées cette année.

D: J'ai encore une chose à vous demander et ensuite je vous laisserai partir. Le véhicule avec lequel nous travaillons va s'éloigner de la zone et je n'aurai plus aucun contact physique avec elle. Existe-t-il une possibilité que nous puissions communiquer via une autre source?

E: Vous avez plusieurs personnes qui sont réceptives mais le degré est inconnu jusqu'à ce que nous essayions. Il y a un nommé Brian qui est étudiant.

D: Je ne pense pas avoir déjà travaillé avec lui. J'ai travaillé avec un Phil.

E: Non, c'est un Brian.

D: Je travaille avec Brenda, qui est étudiante, une étudiant en musique. J'ai eu de la chance avec elle.

E: C'est celle-là.

Je me demandais s'il pouvait éventuellement parler de Brenda. La similitude des noms était le type de casse-tête pour lequel Nostradamus était célèbre. Il a peut-être aussi utilisé le nom le plus proche qu'il a pu trouver venant de son époque. C'est quelque chose à garder à l'esprit pour plus tard lorsque j'essayerais de trouver un autre moyen de le contacter.

E: Mais nous ne voyons aucune raison pour qu'Elena ne puisse pas continuer le travail même s'il y aura une distance entre vous.

D: Elle a pensé qu'elle essaierait de le faire seule et d'écrire ses interprétations. Ensuite, je pourrais peut-être demander à l'un de mes autres véhicules en transe si la traduction est correcte.

E: Essayez de souligner à Elena l'importance de tout cela, d'achever ce travail dans un délai minimum de trois mois. Cela vous permettrait d'avoir ce document prêt pour l'automne. Et il serait publié avant la nouvelle année.

C'était un calendrier assez rapide. Je n'avais pas le matériel et mon sujet partait. Je pouvais comprendre l'importance du peu qu'il m'avait déjà dit, mais il m'avait confié une mission impossible. Il était également évident qu'il n'était pas familiarisé avec le fonctionnement de l'édition du 20ème siècle. J'ai essayé d'être réaliste.

D: Cela me semblerait assez rapide. Je ne sais pas si on peut y parvenir ...

E: (Il a interrompu avec force et Elena a secoué son doigt sur moi.) Ce sera accompli! Cela sera accompli.

D: Les gens du secteur de l'édition disent qu'il faut plus de temps, au moins un an à un an et demi pour qu'un livre soit publié. Vous devez comprendre qu'il y a des choses qui sont hors de mon contrôle.

E: (Emphatiquement) Ce ne sera pas hors du nôtre!

L'énergie derrière cette déclaration était si forte que la montée subite a presque coupé le son de l'enregistrement sur bande. Sa voix était si basse que je pouvais à peine l'entendre sur une des transcriptions.

J'ai haussé les épaules. Je pouvais voir qu'il ne servirait à rien d'essayer de se disputer avec Nostradamus, même si je pensais qu'il n'était pas du tout conscient de la complexité de l'industrie de l'édition à notre époque. Peut-être que c'était plus facile à la sienne.

"D'accord", ai-je dit. "Je peux leur en présenter l'importance et ensuite voir ce qui se passe."

E: Comprends que nous compterons également sur d'autres sources.

D: J'essaierai de faire ma part, mais il y a toujours d'autres personnes impliquées qui doivent être également prises en considération.

E: Tout cela va s'amalgamer.

D: Je suis très préoccupée par le fait que sans Elena nous perdrions le contact entre nous.

E: Nous allons essayer de passer par n'importe quel véhicule avec lequel tu travailleras.

Il m'a ensuite donné des instructions détaillées sur la façon de donner des instructions à quelqu'un pour le rencontrer sur notre lieu de réunion.

D: Nous n'aurons plus le temps de travailler avec Elena, qu'une seule fois de plus avant son départ.

E: Je vous donnerai plus d'instructions à ce moment-là.

D: J'espère sincèrement que le contact ne sera pas rompu. Nous verrons ce qui se passera après le départ d'Elena. C'est vraiment tout ce que nous pouvons faire. Les choses sont hors de notre contrôle.

E: (´Energetiquement) Ça va marcher!

D: Avec votre aide, peut-être que ce sera le cas. J'ai besoin de toute l'aide possible.

E: Nous comprenons.

Avec un sentiment de tristesse, j'ai ramené Elena à une pleine conscience. Même avec leurs exclamations positives, j'ai pensé que nous perdrions le contact après le départ d'Elena. Je ne voyais aucun moyen de le maintenir. Comment est-ce que cela pourrait-il se passer? Cela semblait être une situation impossible. Eh bien, au moins, nous aurions une session de plus pour essayer de travailler au moins un an. Cela me gênait de laisser passer un tel temps précieux. De toute évidence, nous aurions pu travailler sur ce projet fascinant il y a des mois de ça. Mais ce n'était vraiment la faute de personne. Les circonstances dans notre vie privée ont continué à interférer et nous n'avions aucun moyen de savoir que ces développements inhabituels se produiraient. De plus, au début, Andy ne nous autorisait pas à travailler là-dessus, et probablement à juste titre. Cela pourrait être l'un des problèmes confronté à présent, c'était trop écrasant, c'était trop difficile pour Elena. Elle n'avait pas le fondement métaphysique pour lui permettre d'accepter une responsabilité aussi gigantesque. Je pouvais sympathiser avec cela, je pense que beaucoup d'autres novices auraient réagi de la même manière. Toute personne logique s'éloignerait d'une telle tâche. En toute moralité, je le devrais moi aussi. Mais je suppose que je suis plus curieuse que logique.

Elle m'a raconté ce dont elle se souvenait de la séance. "Tout à coup, c'était comme si j'étais dans une banque grise et c'était vraiment bizarre. J'avais l'impression d'entendre ta voix dans un tunnel. On aurait dit que tu t'effaçais et je pensais que j'allais te perdre." C'était la seule chose dont elle se souvenait. Je lui ai expliqué ce qui était arrivé et que j'avais fait alors la correction nécessaire.

J'ai quitté Elena chez Val et je ne suis parvenue à rentrer à la maison qu'à deux heures du matin. Je ne pense pas leur avoir révélé, ni par l'action ni par un mot, à quel point la session m'avait profondément affectée. Oh, j'avais entendu des prédictions similaires sur les changements de la Terre de la part d'autres médiums, mais pour une raison quelconque, en l'entendant ainsi de Nostradamus lui-même, cela sonnait si précis, si sommatoire.

Je suis rentrée chez moi dans un épais brouillard de dépression. Je ne me souviens pas de m'être sentie aussi vaincue auparavant. Les mots:" La fin de la civilisation comme vous la connaissez" résonnaient encore et encore dans ma tête. Cela signifiait-il que tous nos espoirs et nos rêves pour cet avenir toujours insaisissable seraient vains, car il n'y aurait pas d'avenir? Alors, à quoi servirait de vivre? Pourquoi utiliser la peine d'écrire mes livres? Quelle différence cela pourrait-il bien faire? Quelle était l'utilité de quoi que ce soit? Rien n'avait plus aucun but quelconque, nous ne serions pas là pour en profiter.

Elena avait peut-être raison. Peut-être que nous ne devrions pas essayer de savoir ce que l'avenir nous réserve. Pouvons-nous vraiment gérer la connaissance de telles prédictions horribles, en particulier lorsqu'elles sont d'une telle ampleur et que nous ne pouvons rien y faire? Est-il préférable de faire l'autruche?

Cela m'a tellement secouée, ce sens de finalité. Il n'y avait pas moyen d'arrêter une chose d'une telle ampleur. Si Nostradamus et les autres médiums avaient raison, le monde changerait. Les terribles changements terrestres se produiraient et les restes de l'humanité sortiraient des décombres pour tenter de commencer à reconstruire un monde nouveau. Pourquoi? Pourquoi essayer d'accomplir quoi que ce soit dans la vie si on pouvait vous l'enlever si facilement et si soudainement? Mais alors quelle en était l'alternative? Je ne possédais aucune réponse, et à deux heures du matin, ce n'est pas le bon moment pour philosopher. Je savais juste que l'idée que mon monde bien-aimé et mon mode de vie pouvaient être enlevés, que tout cela m'avait totalement déprimée.

Peut-être que je ne devrais pas continuer les sessions. Ce que Nostradamus m'avait déjà dit était si horrible. Est-ce que je voulais vraiment en savoir plus?

LE LENDEMAIN MATIN AU REVEIL, je vis le soleil briller à la fenêtre et la lumière s'écouler sur le sol avec une splendeur dorée. C'était tout; J'ai vu que le soleil s'était levé comme chaque matin de ma vie. Les pensées morbides avaient été abandonnées dans le sombre placard de la nuit. Je pensais que, oui, le soleil continuerait à se lever. Le jour suivra et la vie avancera, quelque soit l'ampleur de ces sinistres prédictions.

À l'éveil de cette révélation, j'ai réalisé qu'il n'y avait vraiment pas d'alternative. Vous ne pouvez pas arrêter de vivre; étouffer vos rêves et vos aspirations à cause d'un événement traumatisant qui pourrait éventuellement se produire un jour. Non, la vie doit être vécue. Se cacher et abandonner ses rêves, c'est trahir la vie, trahir tout ce qu'elle représente.

La question a été posée : "Si vous saviez que vous mourriez demain, vivriez-vous différemment aujourd'hui?" J'en doute. Nous sommes des créatures d'habitude. Je savais maintenant que j'étais plus consciente des conséquences possibles et que j'essaierais d'accomplir quelque chose de plus significatif avec le temps imparti. De surcroit, personne ne sait vraiment combien de temps il leur reste de toute façon. Je pourrais traverser d'un trottoir demain, être renversée par une voiture et le monde tel que je le connais cesserait d'exister pour moi à ce moment là. Le monde ne nous est vraiment réel que tant que nous nous y trouvons.

J'ai pensé aux gens de l'Italie ancienne. Ce jour-là, lorsque le mont Vésuve a éclaté et a complètement recouvert Pompéi de lave, la civilisation a cessé et a été complètement anéantie pour tous ces gens là. Le peuple d'Hiroshima n'avait pas non plus été averti. En un instant, en un éclair, leur monde avait disparu et, pour eux, leur civilisation avait également cessé d'exister.

Même si l'idée que notre monde puisse s'achever sur une fin aussi tragique m'était terriblement déprimante, j'ai commencé à comprendre. Vivez la vie pendant que vous le pouvez. Aimez et appréciez les merveilles qui vous entourent. Apprenez à voir avec les yeux d'un enfant et efforcez-vous vraiment de comprendre votre prochain, car notre vie sur cette terre est vraiment une chose délicate et fragile. Nostradamus m'a rendu beaucoup plus consciente, mais secrètement j'espérais toujours au fond de mon cœur qu'il se trompait. La seule façon de le savoir est d'attendre que nous arrivions à ce moment-là. Quelle en est l'alternative? Trouver un trou et s'y cacher? De toute façon tu vas mourir. Mieux vaut passer mes journées à essayer de raconter aux gens les merveilles que j'ai découvertes dans mon travail et à transmettre les secrets que j'ai dévoilés.

Si seulement je pouvais m'en tenir à mes croyances, alors l'avenir inconnu perdrait son pouvoir d'effroi.

Je savais maintenant que je n'avais pas d'alternative. Je dois continuer ce projet. Le côté curieux en moi était bien plus fort que toute appréhension que je pourrais ressentir.

Chapitre 6

Elena s'en va

NOUS ÉTIONS JEUDI, le jour de notre dernière séance possible. Cela ne faisait que deux jours qu'Elena avait largué la bombe sur mes genoux et j'ai été obligée d'essayer de stocker autant d'informations que possible en ces quelques jours à peine. La séance que nous avions eue mardi soir nous avait montré que Nostradamus était disposé à travailler avec nous et qu'il était possible d'obtenir de nouvelles informations incroyables sur ses quatrains. C'était frustrant et décevant d'avoir soudainement tronqué cette occasion unique. Je n'avais pas assez d'informations pour un livre et susciter la curiosité des lecteurs avec seulement quelques traductions des quatrains ne me semblait pas juste. Elena avait déclaré que, puisque ses parents habitaient toujours dans cette ville, elle reviendrait probablement l'été prochain en vacances. Nous pourrions être en mesure de travailler sur une session pendant cette période. Si cette histoire devait attendre jusque-là, si je devrais m'asseoir patiemment pendant un an ou plus, alors qu'il en soit ainsi. Bien sûr, cela serait en contradiction directe avec les instructions de Nostradamus. Il semblait insister pour que les informations soient transmises aux personnes de notre époque le plus rapidement possible, mais pour le moment je n'avais aucune autre solution. Elena s'en allait et, l'Alaska n'étant pas exactement la porte à côté, il n'y avait aucun espoir de travailler avec elle. Elle pourrait peut-être obtenir des résultats en essayant de traduire elle-même les quatrains, mais je pensais que c'était très incertain. Je ne pensais pas pouvoir compter sur la validité de cette méthode. Les résultats en transe lors de la communication avec Dyonisos et Nostradamus étaient incroyablement clairs et concis. Je savais que ces résultats ne pourraient être reproduits par aucune autre méthode, si ce n'est par un travail direct avec elle. Je ne connaissais aucune personne appelée "Brian", mais je resterais sur le qui-vive pour une possibilité qu'une telle personne entre dans ma vie en tant que sujet potentiel. Je travaillais avec plusieurs personnes et je pensais à une qui serait un bon cobaye pour l'expérience, l'étudiante en musique que j'avais mentionné à Nostradamus. Mais comme je n'avais jamais entendu parler de ce genre d'essais auparavant, je pensais être en train de demander l'impossible. Nous avions eu un tel succès avec Elena parce que nous avions découvert une vie passée où elle étudiait avec ce grand homme. Étant donné que les chances n'étaient pas énormes pour que je trouve un autre de ses étudiants, ou aucun plan sur la façon de tenter de le contacter par quelqu'un d'autre. Impossible était le seul mot pour décrire tout cela; c'était totalement dans le domaine de l'impossibilité.

A ce stade, il ne sert à rien de s'interroger. En arrivant dans la station balnéaire, je savais que je devais consacrer toute mon énergie pour essayer d'obtenir autant d'informations que possible au cours de cette dernière session. Je m'étais assise jusqu'à une heure du matin, la nuit précédante à relire les quatrains. C'était la première fois que je les étudiais vraiment. En les lisant, j'ai parfois reçu un éclair intuitif sur un sens possible, mais la plupart d'entre eux semblaient incompréhensibles et voire même insensés. Nostradamus avait certainement bien fait son travail. Je pouvais comprendre pourquoi des chercheurs avaient passé des années de leur vie à essayer de les éclaircir. Je pouvais aussi comprendre pourquoi tant de quatrains n'avaient aucune explication. Ils étaient trop complexes ou trop obscurs. Je pensais que les traducteurs essayaient d'être trop littéraux. Il était évident pour moi que Nostradamus utilisait un symbolisme très compliqué dans de nombreux cas.

J'avais pris des notes sur plusieurs que je voulais essayer de déchiffrer et des remarques sur d'autres qui semblaient curieux. Je savais qu'ils n'auraient pas le temps d'en faire même une petite partie, alors je me concentrerais sur quelques-uns seulement. J'ai écrit les questions que je souhaitais poser sur l'écriture des quatrains. Il serait également important d'essayer d'obtenir le reste de la vie de Dyonisos et d'en savoir plus sur la vie de Nostradamus. Je devrais bien répartir mon temps si je voulais faire même qu'une petite partie de ce que j'avais prévu. Dans ce cas, je devrais vraiment définir clairement mes priorités. Mais comment déterminer le domaine le plus important sur lequel se concentrer? Travailler sous une telle pression est loin d'être la condition idéale en hypnose et je déteste rivaliser avec une horloge à retardement.

C'était le dernier jour possible pour mener à bien une session car Elena avait une vente de garage le lendemain (le vendredi) et s'envolerait ensuite pour la Californie le samedi matin. Il y avait une myriade de détails de dernière minute pour l'occuper. Je suis arrivée tôt pour la séance afin de pouvoir m'éloigner d'elle, mais cela ne faisait aucune différence. Elle avait beaucoup de choses à faire avant que nous ne puissions nous installer à notre tâche. Je l'ai suivie alors qu'elle allait se faire couper les cheveux et attendait pour livrer un portrait qu'elle avait été chargée de faire. Elle aurait besoin de l'argent pour le voyage. Ensuite, elle a dû rentrer chez elle et prendre soin de certaines choses pour sa fille. Elena a dû sentir qu'elle était tiraillée dans plusieurs directions alors qu'elle essayait de se diviser entre les demandes de ses enfants. J'ai suivi pendant qu'elle faisait plusieurs autres courses, et j'ai attendu et regardé les précieuses minutes s'écouler. Je savais que nous devions commencer bientôt car Elena avait des projets pour la soirée.

Nous sommes finalement arrivées à la maison de Val où nous ne serions pas dérangées. Val déménageait également et les choses s'empilaient partout. Alors que je plaçais mon magnétophone sur une valise à côté du lit, Elena a annoncé que nous aurions exactement une heure et demie pour faire la séance, puis qu'elle irait chez ses parents pour un dîner d'adieu. Parlez de travailler sous pression! Ce serait vraiment pousser à la limite pour accomplir quelque chose dans ce laps de temps, mais c'était mieux que rien.

J'ai beaucoup détaillé les événements de ce dernier jour pour montrer que cette session n'était pas si importante pour Elena. C'était presque une nuisance accidentelle. Elle était plus préoccupée par l'imminence de son voyage et par tous les détails de dernière minute dont il fallait s'occuper. Elle prenait simplement du temps pour la session dans son emploi du temps chargé, car elle savait que c'était important pour moi et qu'elle ne voulait pas me faire de peine. Cela me convenait parce que je n'essayais jamais d'interférer dans la vie privée de mes sujets. Je me sentais comme une intruse et je voulais en être fini avec tout ceci et hors de son chemin.

Après qu'Elena se soit assise sur le lit, je lui ai donné le mot clé et je l'ai regardée entrer dans la profonde transe familière. Ensuite, je l'ai ramenée dans la vie de Dyonisos et j'ai utilisé les instructions détaillées qui m'avaient été données pour contacter Nostradamus sur le lieu de rendez-vous spécial. Je n'étais même pas sûre que cela fonctionnerait à nouveau. Finalement, Dyonisos a annoncé leur présence et j'ai encore ressenti un grand soulagement lorsque la procédure a abouti.

D: Depuis la dernière fois que nous nous sommes parlé, j'ai examiné différents livres. À notre époque, nous avons de nombreuses traductions des quatrains de Nostradamus et elles semblent toutes avoir une formulation différente. Cela semble créer un problème dans leur compréhension pour nous.

E: C'est à cause de l'ignorance des âges et de la raison pour laquelle vous avez atteint un âge plus éclairé. Il y a encore ceux qui n'ont pas atteint un esprit aussi éclairé.

D: Les gens se sont demandés pourquoi Nostradamus était si obscur dans ses quatrains.

E: Ceci a été fait délibérément. Ces choses auraient été effrayantes pour ceux dans les siècles précédents.

D: Vous m'avez déjà dit que certains quatrains avaient plus d'un sens?

E: C'est correct.

D: Est-ce que tous les quatrains ont plus d'un sens?

E: Seulement certains. Pas tous.

Dans le peu de temps dont j'avais eu besoin pour étudier les quatrains la nuit précédente, j'ai remarqué qu'ils étaient extrêmement compliqués. Mais une idée m'était venue. Dans certains cas, chaque ligne semblait faire référence à une chose différente. Même les traducteurs en ont parfois fait le commentaire. Ils ont dit qu'une partie cadrerait avec leur interprétation tandis que l'autre ne le pouvait pas. Je me suis demandée s'il était possible qu'une ou deux lignes puissent faire référence à un événement et les autres lignes à un autre. Cela pourrait expliquer une partie de la confusion.

E: Chaque quatrain ne contient qu'une seule prophétie, mais elle est libellée dans certaines de telle sorte que la signification serait applicable à la différence d'époque dans laquelle l'événement s'est produit.

D: N'a-t-il pas dit que certaines d'entre elles ne se sont pas produites à cause de la capacité de l'homme à changer le futur?

E: C'est correct.

D: Certaines personnes disent que si l'avenir ne peut pas être changé, le libre arbitre n'existe pas.

E: Il y a effectivement le libre arbitre.

D: Alors il n'était pas faux ou dans l'erreur. Il venait simplement de rapporter ce qu'il avait vu?

E: C'était ce qu'il avait vu avec la séquence temporelle qui s'écoulait. C'est difficile. Permets-moi de t'expliquer que lorsque tu vois quelque chose de loin, tu remarqueras peut-être en te rapprochant que les détails sont plus nets ou pas tout à fait comme ils semblaient de loin. Cela signifie que la volonté ou les convictions de l'homme ont la capacité de changer un événement à l'approche de ce moment-là. Donc, à partir du point de vue distant de mon maître, c'était avant que la conscience de l'homme ne change l'événement ou ne le déforme en une différente direction.

D: Ce sont donc les événements qu'il a vus, mais l'humanité peut les changer à mesure que se rapproche le moment concerné.

E: C'est correct.

D: Il est bon de savoir que les gens ont la capacité de changer les choses s'ils les connaissent. Beaucoup de gens pensent que tous les évenements sont prédécoupés en morceaux, si vous voyez ce que je veux dire, qu'ils ne peuvent rien y faire.

E: C'est pour cela qu'il veut que vous en ayez la connaissance, afin qu'ils puissent être changés.

Dans les livres de Nostradamus, les quatrains sont disposés en ce qu'on appelle des "siècles". Un quatrain est un poème de quatre lignes (ou dans ce cas un casse-tête de quatre lignes) et un siècle est censé en comporter cent. Il y a dix siècles, bien que dans le livre de Mme Cheetham, l'un d'eux (VII) ne contient que 42 quatrains. Cela signifie qu'il existe près de 1000 quatrains, 942 pour être exact. Je me demandais si c'était dans cet arrangement qu'il avait l'intention de les mettre et s'ils étaient dans cet ordre pour un but précis.

E: Non, c'est l'une des énigmes trompeuses qu'il a incorporée. Il les a appelés des siècles, mais cela ne veut pas dire qu'il y a cent ans. Il y a pensé pour créer une énigme, pour confondre les gens.

D: Pouvez-vous m'éclaircir ce qu'il voulait vraiment dire?

E: (Pause, il écoute) Il y a pensé pour que les gens, ceux qui traduiraient dans un but lucratif, soient dans l'erreur sur la question, ou confondent la période. Ainsi, même si tel était leur but, ils n'établiraient pas chaque événement dans un certain siècle. C'est ce qu'il voulait dire à propos d'un quatrain s'appliquant à plus d'une seule et unique période de temps.

D: Les experts disent aujourd'hui qu'un siècle représente cent de ces prédictions et les ont mises dans cet ordre. Un siècle, concerne cent quatrains; le deuxième siècle en est cent de plus.

E: Il se fiche de ce que disent ces experts.

D: L'un d'entre eux n'en contient que moins d'une centaine. Je me demandais s'il l'avait fait exprès. Je pensais qu'il manquait peut-être des quatrains qu'il n'avait pas terminés ou qui n'étaient pas inclus.

E: Non. Tous ceux qu'il souhaitait voir connaître vous sont parvenus.

Je sentais que je devais clarifier ces choses. Peut-être que les gens ont essayé de placer ses prophéties dans un ordre trop grand et cela nous a éloigné de ce qu'il essayait de nous dire. Il a dit auparavant que des erreurs avaient été commises à cause de notre incompréhension de ses calculs sur les différentes positions planétaires. Je pensais que peut-être au cours des 400 dernières années, la Terre s'était suffisamment modifiée pour que le ciel apparaisse différemment, surtout en ce qui concerne les calculs numériques.

E: Les calculs qu'il a donnés sont corrects. La façon dont ils ont été interprétés est incorrecte. En se référant à un moment astrologique donné d'un autre siècle, l'astrologue de ce temps devrait déduire mathématiquement quel moment cela concernerait. Il dit que s'en est la partie mathématique où était l'erreur commise. Or, dans certains cas, ce qui est arrivé est que, par le libre arbitre de l'homme, la prophétie ait été soit accélérée, voire même supprimée.

D: Je suppose que les positions des étoiles auraient changé en tant de centaines d'années.

E: Elles l'ont. Le ciel qu'il a vu était celui de sa prophétie. Il n'a pas regardé le ciel de son temps.

D: Voulez-vous dire que lorsqu'il a vu l'événement, il a également vu la position des étoiles à cette même époque?

E: Avant de voir un quelconque événement, il verrait d'abord les cieux. Et puis cela se focaliserait sur un point de la terre. Ensuite, comme si on regardait à travers un verre grossissant, l'événement serait centré sur le lieu même.

D: je vois. Ensuite, l'erreur est dans les calculs que l'homme a fait aujourd'hui.

E: C'est correct.

D: Je ne pense pas que ces choses ont été prises en compte par nos experts. La dernière fois, vous avez parlé de notre armement ou du fait que cette force motrice derrière cet armement allait causer des problèmes dans notre époque. Vous avez dit que quelque chose serait dans l'air qui causerait des problèmes? Quel genre de changements cette substance va-t-elle causer?

E: (Pause, il écoute) Cela changera la structure des nuages, la structure de la vie végétale, la structure des animaux. Quand je dis "structure", je parle de déformation physique mais ... (j'ai du mal à trouver les mots justes à décrire.) ... à l'intérieur du sang, par les organes intérieurs.

D: Je pense comprendre de quoi tu parles.

Il faisait évidemment allusion aux effets des radiations sur le sang et les gènes. Il utilisait les seuls mots qu'il pouvait trouver pour décrire un tel concept extraterrestre.

(Au moment de l'accident de Tchernobyl, on pensait que les radiations n'avaient pas causé beaucoup de dégâts et les scientifiques étaient peu inquiets. Ils avaient supposé qu'elles seraient emportées par les pluies. Mais plusieurs mois plus tard, on a découvert qu'elles avaient pénétré dans le sol et contaminé la végétation, en particulier en Laponie. Après que les animaux de cette région aient consommé les plantes, ceux-ci ont également été contaminés. En quelques mois, les scientifiques ont annoncé que le renne était désormais l'animal le plus radioactif de la planète. C'était désastreux pour les gens qui vivent en suivant les migrations de troupeaux de rennes. Cela pourrait n'être que la pointe de la partie émergée de l'iceberg. Ceci pourrait amener à des découvertes encore plus surprenantes dans l'avenir pour démontrer que ces accidents nucléaires ne doivent pas être négligeamment écartés et pris à la légère.)

D: Nos scientifiques continuent à dire que nous n'avons rien fait pour blesser la terre. Ils disent que cette substance n'est ni plus forte ni pire que la lumière du soleil.

E: (Sa voix était pleine d'incrédulité.) Comment peuvent-ils dire ça? C'est une structure complètement différente, un différent élément.

D: Ils disent que puisque la lumière du soleil ne nous fait pas de mal, cette substance ne nous fera pas de mal non plus, sauf à plus forte dose.

E: (sinistrement et avec insistance.) Ils ont tort!

D: Alors, croit-il que même de petites doses de cette substance vont nuire à l'homme.

E : Plus la dose est faible, plus cela différence dans la longue du temps que cela prendra. Mais il a déjà vu la différence entre les poissons de la mer. Il dit: comment peuvent-ils voir cette preuve physique et prétendre que ce soit différent?

D: Pensez-vous que c'est quelque chose qui prend beaucoup plus de temps à apparaître et c'est peut-être pourquoi ils ne le comprennent pas?

E: Mais ce qui va se passer,est qu'il y aura une plus grande intensité, ceci sera le danger pour la structure générale, ceci viendra des armements qui affecteront l'air ambiant. Et des changements immédiats seront observés d'ici quelques semaines, à moins qu'ils n'en prennent conscience tout de suite.

D: Mais vous voyez, ils pensent aussi que c'est une bonne énergie et qu'ils peuvent l'utiliser pour autre chose que pour l'armement. C'est la raison pour laquelle ils ne veulent pas l'abandonner.

E: Mais ils ne l'ont pas utilisé pour les bonnes raisons au départ quand cette énergie a été créée. Ils l'ont utilisée pour le négatif, pour la destruction de la vie. Par conséquent, l'énergie qui en est sortie est une énergie négative. Si elle avait été utilisée comme son inventeur l'avait conçue, l'énergie n'aurait aucune négativité. Et bien qu'ils aient la capacité de la contenir, quand vous l'utilisez comme une arme, comme une chose destructive, vous créez une causalité négative ... (Il avait du mal à le définir.) Il dit que vous avez un mot appelé "karma" ou "aura" derrière les choses qui font quelque chose de bien ou de mal. Donc, cela a été créé comme une mauvaise chose.

D: je vois. Ensuite, à cause de la façon dont nous avons initié tout cela, pensez-vous que l'humanité sera un jour capable de renverser la situation et de l'utiliser à bon escient?

E: Avec une source complètement différente. Les matériaux que vous utilisez pour créer ceci maintenant ne seront plus disponibles. Donc, cela ne pourra plus être utilisé.

D: Ensuite, ils devront trouver une autre source d'énergie ou de puissance?

E: Évidemment, il y a ceux qui l'ont déjà fait.

Nostradamus faisait-il référence à l'énergie solaire?

D: Je crois que la suggestion qu'il nous a donnée la dernière fois était que nous devrions arrêter d'émettre ceci dans l'air?

E: Oui, c'est essentiellement ça. Ils accélèrent les transformations de la planète et de l'atmosphère qui affecteront l'univers dans sa totalité.

D: Alors cela n'affecte pas seulement notre petite planète?

E: C'est correct.

D: Mais beaucoup de gens ne veulent tout simplement pas s'arrêter. Ils continuent à faire des tests et chaque fois qu'ils le font, cela en libère plus dans l'air. Et nous avons également eu ces accidents récemment, comme vous en avez parlé la dernière fois.

E: Et il y aura plus encore.

D: Sait-il où, dans quel pays ces accidents se produiront?

E: Il dit qu'ils sont inscrits dans les quatrains.

D: Y aura-t-il un de ces accidents dans le Nouveau Monde, dans le pays dont je parle?

E: Oui. Des tremblements de terre naturels seront à l'origine de ces accidents.

D: Y a-t-il un moyen d'éviter cela?

E: Un retrait au sein du système, celui du boîtier qui le contient.

D: Mais il n'y a aucun moyen de ... (J'essayais de trouver une explication qu'il pourrait comprendre.) Il connaît le pouvoir du roi de France. C'est la même chose dans notre pays. Le pouvoir est entre les mains de quelques personnes et ce qu'elles décident est la façon dont le monde va. Là est le problème.

E: C'est pourquoi il veut que votre peuple soit conscient du danger que cela représente et qu'il parle avec nous maintenant. Il dit que le résultat d'un tremblement de terre près de l'une de vos bases militaires conduirait vos dirigeants à se rendre compte des dangers. Ce que vous pouvez faire maintenant, c'est seulement essayer d'éviter que cela ne se concrétise.

D: Je vais essayer de le leur signaler, au mieux de mon habilité. La dernière fois, vous avez parlé de certains changements qui seraient importants pour nous dans d'autres pays.

E: Parlez-vous du changement dans la terre?

D: Bien, peu importe, ce qu'il pense qu'il serait important qui se sache.

E: (à l'écoute) Que des parties de la terre deviendront des îles et que les problèmes d'alimentation et de survie seront les plus difficiles dans ces pays là.

D: Cela se produira-t-il au moment de ce changement?

E: Oui. Il y aura des problèmes gouvernementaux avant cela. Encore une fois en fonction de la conscience des gens. Il y aurait soit de petites révoltes qui vont éclater, ou il y aurait une jonction de pouvoirs pour lutter contre les soulèvements dans les pays persans.

D: Pays persans? Celles-ci précèdent-elles ou auront-elles lieu en même temps que le changement?

E: Ce sera avant, mais les changements de la Terre seront tellement plus importants et ainsi les combats cesseront. Je veux dire, la destruction de ces différentes terres rendrait les luttes secondaires.

D: Ah, je vois. Est-ce qu'il nous voit utiliser ce type d'armement dans le futur avant ce changement?

E: Non, pas l'armement le plus dangereux. Ce sont les changements de la Terre qui causeront le danger au travers des armes.

D: Alors au moins, nos dirigeants ont cette jugeotte. Voyez-vous notre pays, le nouveau monde, impliqué dans une guerre avant que ce changement ne se produise?

E: (Pause, elle écoute) Si le chef qui se trouve dans le pays perse conserve de la puissance, cela pourrait être un facteur.

D: Ici encore, le libre arbitre de l'homme est impliqué, n'est-ce pas?

E: C'est correct.

J'ai décidé de commencer par la lecture des quatrains.

D: (SIÈCLE II -41) *" La grande étoile brûlera pendant sept jours, Et le nuage fera paraître le soleil double. Le grand mâtin hurlera toute la nuit Quand le grand pontife changera de demeure."*

Dans ce quatrain, la traductrice ne comprenait pas ce que Nostradamus entendait par deux étoiles. Après une longue pause, Dyonisos en a donné la définition.

E: Ceci est celui qui fait référence à la venue des gens des étoiles. Le dogue serait le symbole du diable ou du mal, et le pape serait en train de se transformer. Rome ne serait plus la maison de l'Église catholique.

D: Alors c'est ce qu'il entend par "la grande étoile brûlera pendant sept jours"? La venue de ces autres entités?

E: Cela fait également référence au quatrain dont nous avons parlé lors de la dernière session.

D: À propos du spectacle de lumière?

E: C'est correct. Le double soleil ne signifie pas deux soleils. Cela signifie que le soleil apparaîtrait de jour comme de nuit.

D: Le traducteur a interprété cela comme signifiant une guerre. Je peux comprendre pourquoi il leur serait très difficile d'en trouver le vrai sens, en particulier s'ils ne croient pas qu'il existe des peuples autres que ceux sur notre planète. (J'ai cherché un autre quatrain que j'avais marqué sur ma tablette.) (SIÈCLE VI -5) "Une très grande famine (causée) par une vague pestilentielle Va étendre son long règne jusqu'au pôle arctique. Samarobrin, à cent lieues de l'hémisphère. Ils vivront sans loi, exempts de politique"

Nostradamus semblait parfois confus ou frustré, comme si la traduction anglaise lui posait des problèmes pour identifier le quatrain. Presque comme s'il pensait: "Lequel cela pourrait- il bien être?"

E: Cela se produira après l'inversion des poles.

D: Qu'est-ce qu'il bien veut dire par Samatobryn? C'est un mot qu'ils n'ont jamais compris.

E: Épelez, s'il vous plaît. (Je l'ai fait.) Est-ce que c'est ainsi en français aussi?

D: Oui, mais cela pourrait aussi être mal traduit du français.

E: Oui Au moment du changement, la grande masse terrestre qui se trouve au sommet du nouveau pays se sera séparée. Ce sera fragmenté en petites îles. En raison de la distance et de l'incapacité de communication, ces personnes vivront selon leurs proprse règles et elles seront agressives et fortes et - "agressif" est le mauvais choix de mot - mais très protectrices de leurs habitations à cause du temps nécessaire pour reconstruire et trouver de la nourriture. Et c'est ainsi qu'ils s'appelleront "Samatobryn", en raison du (recherche) ... poisson originaire de la région. Cela fait partie du nom.

Plus tard, lorsque nous en avons discuté, il a été suggéré que le poisson serait du saumon originaire des régions canadienne et alaskienne.

Je regardais l'horloge et je savais que si je devais découvrir les autres choses qui m'intéressaient, je devrais m'arrêter avec les traductions, même si nous en obtenions d'excellents résultats.

D: J'ai déjà dit que le véhicule avec lequel vous parlez allait déménager dans une zone différente, et vous avez dit que vous essaieriez de passer par quelqu'un d'autre avec lequel je pourrais travailler?

E: Nous allons en faire la tentative. Si un véhicule peut devenir réceptif, nous nous ferons un plaisir de prendre contact evec lui. Puis-je expliquer que votre véhicule, Elena, a été le plus facile en raison de sa connexion antérieure entre les vies. {Après une pause, elle continua sa voix émerveillée.) Cela m'intéresse tellement. Je n'avais jamais pensé à ce concepte.

D: Que voulez-vous dire?

E: Eh bien, c'est ce que Nostradamus a dit. Que j'ai un lien avec votre véhicule.

D: Vous n'aviez jamais pensé à cela, à d'autres vies? C'est vrai. C'est la raison pour laquelle ceci est possible. C'est la raison pour laquelle je me suis demandée s'il serait plus difficile de passer par quelqu'un d'autre avec lequel il n'y aurait aucun lien. Mais a-t-il dit qu'il va essayer?

E: Il dit que dans cet endroit méditatif où il nous a amené, cela ne devrait pas être aussi difficile.

D: Je vais demander au véhicule de méditer sur ces quatrains et d'essayer de m'envoyer, par messager, ses interprétations.

E: Oui, car malheureusement nous n'avons pas encore passé en revue les quatrains essentiels. Nous en avons certains, mais pas tous.

Je ne pouvais pas imaginer ce qui pourrait être plus essentiel et important que ceux que nous avions déjà abordés, alors j'en suis devenue totallement perplexe.

D: Eh bien, quand nous établisserons la connexion et que vous passerez par quelqu'un d'autre, nous pourrons peut-être trouver ces quatrains. Nous pouvons essayer des deux manières. Mais si cela passe par quelqu'un d'autre, y a-t-il un moyen pour que je sache qu'il s'agit bien de Nostradamus et non de quelqu'un qui essaierait de me tromper?

E: Il dit que la meilleure façon de savoir est de donner le même quatrain à ce véhicule et à l'autre personne. Et s'ils le traduisent de la même façon - il n'est pas nécessaire que ce soit mot pour mot - vous le saurez.

D: Ce serait un très bon test. Parce que je veux m'assurer de ne pas parler à une autre entité, à un esprit ou à une autre personne. Je veux être sûre que c'est bien lui.

E: Il dit aussi que -Non, il choisit d'ignorer qu'Il allait suggérer un certain mot qu'ils diraient. Mais s'ils ont des capacités psychiques, ils pourraient peut-être retrouver ce mot au travers de toi.

D: D'accord. Je pense que je travaille avec suffisamment de personnes pour trouver un autre véhicule par lequel il pourrait passer. Et Elena continuera à travailler seule jusqu'à notre prochaine rencontre dans le futur.

Je me préparais à donner les instructions qui feraient sortir Dyonisos de cette scène. Val ne pouvait pas comprendre pourquoi, puisque la traduction se passait si bien. Elle faisait frénétiquement signe à sa montre et murmura qu'il nous restait une demi-heure pour travailler là-dessus. Elle ne savait pas que j'avais prévu de lire le reste de l'histoire de la vie de Dyonisos. En tant qu'écrivain, je dois conserver une vue plus large plutôt que ce qui se passe actuellement. Si je pouvais vraiment croire Nostradamus quand il a dit qu'il serait possible d'obtenir à nouveau les traductions des quatrains de la part de quelqu'un d'autre, cela se produirait. Mais je ne pourrais jamais obtenir l'histoire de la vie de Dyonisos de quelqu'un d'autre qu'Elena. Je savais que cela serait essentiel à tout livre que j'écrirais sur ce phénomène. J'espérais aussi en savoir plus sur la vie de Nostradamus du point de vue de son élève. Val n'a pas compris qu'il n'y avait pas assez de temps lors de cette dernière session pour tout faire. Je devrais donc me concentrer sur ce que je considérais comme le plus essentiel. De toute évidence, elle considérait que les quatrains étaient plus importants du point de vue de sa curiosité. mais je savais que nous pourrions difficilement les réduire dans la demi-heure qu'il nous restait pour travailler.

J'ai ignoré la frustration de Val et j'ai ordonné à Dyonisos de quitter cette scène et d'avancer jusqu'au dernier jour de sa vie. Je lui ai dit qu'il pouvait simplement la regarder s'il ne voulait pas y prendre part. Ceci est souvent fait pour éviter que le sujet ne subisse un traumatisme inutile.

E: (Sa voix est devenue douce et basse.) Je me vois allongé sur le lit. Mes deux amis pleurent.

D: Qu'est-ce qui ne va pas chez toi?

E: Il y a quelque chose à l'intérieur. J'ai essayé d'en ralentir sa croissance mais cela m'a envahi.

D: Êtes-vous très vieux quand cela se produit?

E: Cinquante-huit ans. C'est un bon âge, oui un bon âge.

D: Avez-vous pratiqué la médecine en tant que médecin toutes ces années?

E: Non, j'ai décidé d'étudier le spirituel et la connaissance de l'esprit.

D: Nostradamus, est-il toujours en vie à ce moment? (Elle secoua la tête.) Pouvez-vous me dire ce qui lui est arrivé?

E: Son âge. Il a été malade pendant un moment. Il est tombé malade avec…(il avait des difficultés) … Je ne me souviens plus du mot.

D: Décrivez ce que c'était, peut-être que je peux penser au mot.

E: C'est ... une toux continue.

Sans y penser, Val proposa volontiers le mot "tuberculose" sans penser qu'Elena pourrait l'entendre.

E : La tuberculose, merci.

Val plaça sa main sur sa bouche et me dit qu'elle était désolée. Je donne toujours des instructions pour que personne dans la pièce ne parle au sujet en transe sans leur avoir donné la permission. Je ne veux pas qu'ils soient influencés par quoi que ce soit que quelqu'un puisse leur dire. Souvent, le sujet semble être incapable d'entendre quoi que ce soit qui se passe dans la pièce à moins d'y être invité. Val avait laissé échapper le mot spontanément.

D: Est-ce que c'était principalement ce qui n'allait pas avec Nostradamus?

E: Il devenait très vieux. Il avait plusieurs choses, mais c'était surtout le corps qui était usé. Et l'esprit était également fatigué.

D: Il n'avait aucun moyen de remédier à cela lui-même?

E: Il était prêt à poursuivre sa route plus loin.

D: Vous m'avez dit une fois qu'il avait plusieurs maisons; qu'il a vécu dans des endroits différents. Avait-il une famille?

E: Il s'est remarié tard dans la vie. Il avait une femme et trois enfants.

Je me souvenais d'un film où il avait été marié quand il était jeune et que sa famille avait été tuée par la peste. Je voulais vérifier cela.

D: Alors ce n'était pas sa seule femme?

E: (tristement) non.

D: Vous a-t-il jamais raconté l'histoire de ce qui est arrivé à sa première femme?

E: Oui. C'était une chose très difficile pour lui. Plus tôt dans sa vie, il avait été marié, et il y avait une grande épidémie dans tout le pays qui avait emporté beaucoup de vies. Et même s'il était capable d'aider beaucoup de gens, pendant qu'il travaillait (cherchant pour un mot) constamment sur ses médicaments, sa femme et sa famille ont été touchés par cette maladie.

D: Et il n'était pas là?

E: Non. Il s'y était rendu avant leur décès mais il était trop tard pour les sauver.

D: Pensait-il qu'il aurait pu les aider s'il avait été là?

E: Oui. Ce fut la plus grande tristesse de sa vie.

D: Est-ce la raison pour laquelle il ne s'est plus remarié pendant longtemps?

E: Il était dans la quarantaine quand il s'est remarié. C'était un bon docteur. Au fur et à mesure qu'il vieillissait, sa connaissance du corps et de l'esprit augmentait, et il était capable de beaucoup aider.

D: Avait-il beaucoup d'étudiants à vos côtés?

E: Pendant tout le temps que je l'ai connu, il avait... (pensant) peut-être 25, 30 d'entre nous qui nous sommes entraînés au fil des ans. Au cours des dix dernières années de sa vie, il l'a consacrée à l'écriture et à l'étude. Il n'avait plus d'étudiants pendant cette période.

Dans le livre de Mme Cheetham se trouve une brève biographie de Nostradamus. Elle y mentionnait un homme appelé Jean Chavigny qui était supposé avoir été l'un de ses étudiants. On disait qu'il avait aidé à la compilation et à la publication des quatrains. Je me demandais si Dyonisos aurait pu connaître cet homme. J'ai eu tellement de difficulté avec ma prononciation désagréable du nom qu'il ne pouvait pas comprendre ce que je voulais dire. Après que je l'ai épelé pour lui, il l'a répété avec une prononciation française qui sonnait comme si c'était exact.

E: Ce nom n'est pas rare. Chavigny, je ne l'ai pas bien connu. Je n'ai étudié avec Nostradamus qu'à partir du moment de son décès.

D: Es-tu parti à peu près au moment où il a commencé à écrire?

E: Non. Il avait déjà commencé à écrire et je suis resté avec lui pour apprendre plus de choses spirituelles. Au fur et à mesure que son écriture se développait, il devenait de plus en plus reclus. Et j'étais désireux d'apprendre d'autres choses et j'ai commencé à voyager.

D: Avez-vous eu d'autres professeurs?

E: Pas incarnés, non. (Cette réponse signifie-t-il qu'il a été instruit par des guides spirituels?) J'ai commencé à enseigner à quelques étudiants que je pensais être proche et apparenté en pensée avec moi.

D: Je pense qu'il aurait été difficile de trouver un professeur aussi bon que lui de toute façon, n'est-ce pas?

E: (émotionnellement) Je l'aimais beaucoup.

D: Est-ce que Nostradamus a déjà eu des problèmes avec l'église quand il faisait ces choses différentes?

E: Seulement quand il était plus jeune. Il est devenu plus discret dans ce qu'il disait et faisait dans la vie publique. C'était un catholique très dévot.

D: C'était un moment où l'église n'était pas favorable à ces choses, n'est-ce pas?

E: C'était terrible.

D: Avez-vous déjà eu des problèmes de cette façon de la part de l'église?

E: Oui j'en ai eu aussi. C'était après avoir quitté Nostradamus. J'avais commencé à parler à quelques personnes de mes croyances. L'un d'entre eux était un homme en qui j'avais confiance. Et il m'a signalé au clergé de la province. J'ai eu beaucoup de chance que le clergé soit d'un esprit et d'une âme apparentés. Il est venu me parler et n'a pas permis à l'incident d'aller plus loin.

D: N'était-ce pas inhabituel de trouver un état d'esprit semblable dans l'église?

E: J'ai eu la chance que l'homme m'ait reporté à un prêtre et non à un évêque ou à un supérieur. Il était plus spirituellement orienté que pécunièrement.

D: Avez-vous été plus prudent après cela?

E: Bien plus. Le prêtre a eu la bonté de me dire qu'il estimait que je devais quitter la zone afin d'éviter toutes répercussions supplémentaires par l'affaire.

D: Oui, vous avez eu beaucoup de chance. Je peux dire que vous vous sentez maintenant plus fatigué.

E : (doucement) Oui.

D: Le corps a-t-il déjà cessé d'exister?

E : Je ne fais que simplement le regarder.

D: Que pensez-vous que vous allez faire maintenant que la fin approche?

E: (doucement) Oh, je n'ai pas peur.

D: Ensuite, avançons un peu jusqu'à ce que tout soit fini. Je veux juste que tu me dises à quoi ça ressemble et ce que tu vois.

E: (impressionné) C'est tellement merveilleux!

D: Que vois-tu?

E: (Sa voix émerveillée.) Tout! Et n'importe quoi! Je peux aller dans n'importe quelle direction.

D: Tu es libre. Es-tu seul?

E: Non, il y a quelqu'un ici. Mais ... C'est seulement une sensation, de personne, d'être aimé. Un guide.

D: Sais-tu ce que tu vas faire?

E: Je vais continuer. Suivre l'amour. Oh, c'est tellement beau!

D: Que penses-tu de la vie que tu viens de quitter?

E: Je pense qu'elle était bonne. Les choses sur lesquelles j'avais des incertitudes ont été éclaircies.

D: Oui, c'était une vie de grande connaissance. Je pense que tu as beaucoup appris et que tu as grandi spirituellement dans cette vie. Mais maintenant es-tu heureux où tu es?

E: Oui. Mais je vais revenir.

D: Tu en as la connaissance?

E: Oui, ils me le disent. Ils disent qu'il y a encore du travail à faire sur le plan terrestre. Oh, je me sens tellement honoré qu'ils me disent ça.

D: Est-ce qu'ils te disent ce que tu vas faire?

E: Que je vais aider l'humanité.

D: Qu'en penses-tu?

E: Je pense que ce serait merveilleux.

D: Je pensais que peut-être que tu n'aimais pas vivre sur la terre, que tu ne voudrais pas y revenir.

E: non! Je n'ai pas détesté vivre sur le plan terrestre.

D: Pensez-vous qu'il va y avoir un laps de temps avant ton retour sur Terre?

E: Je ne sais pas. Je me sens honoré qu'ils aient un tel sentiment à mon propos.

D: Oh, moi aussi. Je pense que c'est vraiment merveilleux. Et j'ai aussi beaucoup appris par tes connaissances.

E: Merci Nous aurons à nouveau l'opportunité de nous parler.

D: Nous le pourrons, oui, nous le pourrons. On ne sait jamais quand je pourrai revenir et poser à nouveau des questions. Et je te souhaite la paix, l'amour et la joie partout où tu iras lors de tes voyages.

Je me sentais très proche de cet homme bon mais je savais que je ne lui parlerais plus jamais. J'ai eu la sensation que lorsqu'Elena serait partie, ce chapitre serait fermé et n'aurait pas besoin d'être à nouveau ouvert. Je savais que la vie d'Elena allait dans une autre direction. Au moins, avoir la possibilité de ces deux séances peut avoir soulagé la pression que son subconscient s'exerçait sur elle. Je sentais maintenant qu'elle pouvait affirmer en toute sécurité qu'elle avait essayé de faire sa part dans cet étrange scénario et dont les circonstances avaient été les intervenants. J'avais eu peur que, sans aucune séance du tout, elle me quitte avec son inconscient lourd de ces affaires inachevées et que cela puisse la rendre malade. Je savais que j'avais maintenant fait tout ce que je pouvais avec cette histoire vu de l'angle d'Elena. Le seul regret que j'avais vraiment éprouvé, était tous ces mois perdus pendant lesquels nous aurions pu travailler. Mais il n'y avait aucun moyen de savoir qu'une histoire s'y était même dessinée. La vie est comme ça. Les circonstances ont une façon de prendre tout en main, et avant que nous nous en rendions compte, trop de temps se serait déjà écoulé. Donc, nous pourrions simplement dire que la vie a créé cet obstacle et continuer sans regrets et sans les "si", les "et", ou les "mais".

Après avoir ramené Elena à nouveau à un état de complète conscience, Val était bouleversée parce que je n'avais pas continué avec plus de quatrains quand Nostradamus les traduisait si bien. Elle craignait qu'il n'y ait jamais d'autre chance de ce genre. Naturellement, elle ignorait que j'essayais d'obtenir le reste de la vie de Dyonisos, impossible à obtenir de quelqu'un d'autre qu'Elena. Je devais tirer le meilleur parti du temps limité que nous avions pour l'ultime et dernière session d'aujourd'hui. Ceci demeurait ma décision personnelle quant aux informations les plus importantes à rechercher.

Val essayait toujours d'encourager Elena à rester encore quelques semaines pour que nous puissions travailler là-dessus. Je ne lui en ai pas parlé du tout. Je savais qu'elle avait pris une décision et je n'aurais jamais voulu imposer sur ma conscience d'avoir essayé de l'influencer pour qu'elle change ses plans juste pour que cela me convienne. Je ne savais pas du tout dans quelle direction cette histoire allait se développer et si même elle allait se trouver dans un tiroir dans l'attente de son retour, je savais qu'elle avait fait les meilleurs projets pour sa vie, car ils restaient ses projets et n'étaient pas influencés par les miens.

Je l'ai encouragée à trouver le temps de dessiner Nostradamus quand elle serait finalement installée. Avec empressement, elle a accepté de le faire. Quand elle m'a fait un gros câlin d'adieu, j'ai su que mon travail avec elle était terminé.

Elle m'a dit affectueusement: "Oh, nous resterons en contact. Une chose que tu dois me promettre, est que tu me le racontes si cela passe au travers de quelqu'un d'autre. Ce serait la chose la plus fantastique. Si cela se produit, alors Je pourrais croire en quoique ce soit. "

Alors que je sortais de cette maison et que je conduisais ma voiture vers le bas de la rue en direction de ma maison, je n'avais non plus aucune réponse, juste quelques cassettes contenant le début d'une expérience intéressante. C'était juste assez pour attiser mon insatiable curiosité et ensuite faire claquer la porte dessus. Nostradamus avait insisté sur le fait qu'il était possible de continuer, mais je ne pouvais pas voir comment. Ce qu'il proposait était impossible. Cela n'avait jamais été accompli auparavant. Pendant que je conduisais, les arbres devenaient de plus en plus flous et mon esprit faisait écho aux derniers mots d'Elena.

Je lui répondis silencieusement: "Oui, Si cela se produit, alors je pourrais aussi croire en
tout."

Chapitre 7

A travers le miroir magique

APRÈS LE DÉPART D'ELENA, j'ai continué à travailler sur divers sujets, m'étant impliquée dans plusieurs autres projets. Je travaille toujours simultanément sur différentes choses à différents stades de développement. J'étais déçue que le matériel de Nostradamus ait commencé de manière si fructueuse et qu'il me semblait maintenant, en réalité, être perdu pour toujours. Les chances étaient énormément contre moi de trouver un autre de ses élèves au hasard. Le seul autre moyen serait d'essayer de le contacter au travers d'un autre sujet. C'était quelque chose que je n'avais jamais essayé de faire et que je n'avais même jamais pensé à faire. Cela avait fonctionné auparavant parce que j'avais été impliquée avec l'un de ses étudiants. En suivant ses instructions, je pouvais demander à l'étudiant de lui demander de nous rencontrer dans le lieu de rendez-vous spécial que Nostradamus m'avait désigné. Pour que cela fonctionne avec quelqu'un d'autre, je devrais trouver un moyen de contacter Nostradamus de son vivant dans les années 1500 en France et de lui demander également de nous rencontrer à cet endroit spécial. Cet endroit existerait-il et serait-il accessible par quelqu'un d'autre? Comment pourrais-je demander à quelqu'un d'autre d'essayer de le contacter? S'ils n'étaient pas des individus qui pouvaient lui parler physiquement, comme le faisait Dyonisos, comment pourrait-on établir le contact?

C'était définitivement un défi et un, qu'il me plairait bien d'expérimenter. Ce serait beaucoup plus compliqué que d'essayer de contacter votre tante Lucy décédée et de lui parler sous forme spirituelle par le biais d'un médium, si cela est possible. Je ne savais pas: je n'ai jamais vraiment participé à une séance stéréotypée. Je crois que ce que je fais est totalement différent.

Pour que cela réussisse, je devrais contacter Nostradamus au cours de la même période par un canal ou un véhicule différent qui ne savait pas ce qui s'était passé auparavant. Nostradamus devrait se rappeler de moi, que nous avions commencé une expérience et être disposé à la continuer. Le tout était étrange et pratiquement impossible. Mais si cela pouvait réussir, cela ne prouverait-il pas que j'avais vraiment été en contact avec le vrai Nostradamus de son vivant? Cela ne prouverait-il pas enfin qu'il serait possible de voyager dans le temps grace à cette méthode unique? Dans le passé, j'ai pu trouver deux ou trois personnes associées dans une même vie et qui pouvaient me donner leurs versions individuelles de la même histoire, prouvant ainsi qu'elles avaient réellement vécu cette vie ensemble dans le passé. Mais ceci était quelque chose de totalement différent. Cela prouverait qu'il est possible d'atteindre un individu en utilisant une personne inconnue de lui et qui n'a eu aucune association avec lui au cours de sa vie.

Un défi fascinant. Pendant que je travaillais avec mes différents sujets, je les ai étudiés individuellement pour isoler celui que je penserais pouvoir être le plus efficace pour une utilisation en tant que cobaye dans cette expérience. Je n'ai parlé à aucun d'entre eux de mes projets. J'ai finalement décidé de faire la tentative avec Brenda, une jeune étudiante en musique au collège local. Je la connaissais depuis des années car elle était allée à l'école avec mes enfants. Elle était très occupée entre un travail à mi-temps au collège et à suivre des cours pour obtenir son baccalauréat en musique. Tout temps libre qu'elle pouvait trouver, elle le consacrait à la composition, son premier amour. Elle avait manifesté sa curiosité pour mon travail et voulait essayer la régression. Au cours de la toute première session, elle s'est révélée être un excellent sujet somnambule et une merveilleuse information a commencé à se déverser hors d'elle immédiatement. C'était très inhabituel d'avoir un matériel de cette qualité divulgué lors d'une première session. La raison pour laquelle cela s'est produit si rapidement est peut-être due au fait que le niveau de confiance avait déjà été établi, puisque je ne lui étais pas étrangère. C'est la raison pour laquelle j'ai voulu essayer l'expérience avec elle d'abord, puisqu'elle était une chaine tellement claire et concise. Nous travaillions ensemble depuis plus d'un an sur divers autres projets et elle avait déjà prouvé sa flexibilité pour mener à bien ces expériences.

Un exemple remarquable de sa capacité d'adaptation et de sa facilité à obtenir des réponses s'était produite lors de l'accident nucléaire de Tchernobyl en avril 1986. Le jour même de l'annonce de l'explosion, les bulletins de nouvelles étaient incomplets; personne ne semblait savoir ce qui s'y passait. Des informations plus complètes ne sont parvenues que plusieurs jours plus tard. J'ai pensé qu'il serait intéressant de poser des questions à Brenda à ce sujet pendant qu'elle était en transe et d'essayer de savoir ce qui était en train de s'y passer.

Lorsque je suis arrivée chez elle ce jour-là, j'ai demandé si elle avait écouté les nouvelles. Elle a dit que peut-être qu'elle n'était juste qu'une folle de compositeur, mais qu'elle préfèrerait bien plus jouer du piano et écrire sa musique que de regarder la télévision ou d'écouter la radio, alors elle ne les branchait que très rarement. C'est peut-être difficile à croire, mais il existe encore quelques personnes qui ne soient pas piégées par l'habitude TV. Les circonstances étaient propices à une expérience.

Vers la fin de notre session ordinaire, j'ai demandé si elle pouvait voir ce qui se passait en Russie à cette époque. Elle a immédiatement pris connaissance de l'accident nucléaire et l'a signalé en tant qu'observateur, affirmant qu'il avait été causé par plusieurs défaillances mineures d'équipement qui auraient dégénéré en pannes majeures. Elle a déclaré que plusieurs personnes avaient été tuées et que d'autres mourraient plus tard du fait des radiations et du cancer, etc. Les radiations ne seraient pas très dangereuses, car la majeure partie de celles-ci irait dans la terre et l'eau de la région qui serait donc empoisonnées. Elle a fourni beaucoup de détails que personne dans notre pays ne connaissait à l'époque. Aucune de ces informations n'était publique, mais ses propos ont pu être vérifiés dans les jours qui ont suivi.

Un autre exemple de ses capacités concernait sa prédiction d'un séisme massif dans la partie centrale des États-Unis qui seraient déclenchés par la faille de New Madrid. Bien heureusement, cela n'a pas encore eu lieu, mais elle a donné beaucoup de détails sur ce sujet.

C'est à cause d'exemples remarquables tels que ceux-ci qui m'avaient fait choisir Brenda comme premier choix en tant que cobaye.

UN MOIS DEVAIT PASSER avant que je ne puisse tenter cette expérience. Je travaillais avec elle sur un autre projet. Nous explorions la vie intéressante d'une jeune fille qui vivait à l'époque de l'Inquisition en Europe. Cette vie contenait beaucoup d'informations sur la persécution par l'église pendant cette période et je voulais en finir avec cela, avant de commencer un nouveau projet. Une fois par semaine, nous y travaillions et l'autre entité qu'elle devenait était Schéhérazade, la princesse des mille et une nuits. La femme qui a raconté des histoires à un prince pendant mille et une nuits afin de sauver sa vie. Chaque semaine, je me préparais à la tuer, pour ainsi dire, en la faiant progresser jusqu'à la fin de sa vie afin de pouvoir passer à cette nouvelle expérience. Et, chaque semaine, elle me fournissait de plus en plus d'informations intéressantes. Ainsi, je la laissais "vivre" encore une semaine de plus. Finalement, après un mois, nous avons pu terminer son histoire, la mettre au repos et lui permettre de se replier dans les pages du temps. Son histoire sera racontée dans mon livre, "Les cornes de la déesse" ("The horns of the Goddess" est toujours non fini) . Cette fille pourrait toujours être ressuscitée plus tard si plus d'informations devenaient nécessaires pour mon livre. Cela donne l'impression que j'ai un certain pouvoir de vie et de mort sur ces autres personnalités, mais cela montre en fait la facilité avec laquelle elles peuvent être contactées encore et encore. Je laisserai à d'autres la liberté de débatre la logique de tout ceci. Je sais seulement que mes techniques fonctionnent.

Le soir où je devais tenter l'expérience, je ne connaissais pas mieux la méthode que j'utiliserais pour contacter Nostradamus que lors du départ si inopiné d'Elena. Il est important de souligner qu'Elena et Brenda vivent dans deux villes différentes, distantes d'environ 30 miles et qu'elles ne se sont jamais rencontrées. Je raconte rarement à l'un de mes sujets quelconques les histoires sur lesquelles je travaille avec quelqu'un d'autre. Quand je suis avec eux, j'essaie de me concentrer sur le travail que je vais faire à ce moment-là. Donc ce soir-là, j'ai simplement dit à Brenda que je voulais essayer une autre expérience. Si cela ne fonctionnait pas, nous pourrions toujours essayer de contacter une autre vie qu'elle avait vécue par le passé.

Elle connaissait mes raisons pour ne pas lui en parler. Si cela réussissait, personne ne pourrait dire que je l'avais influencée parce qu'elle était totalement dans l'ignorance de ce que je recherchais. Comme nous l'avions déjà fait auparavant, cela ne la dérangeait pas. Elle a été très agréable et a dit: "Ça va très bien ainsi. Mais vas-tu m'en parler quand je me réveillerai?" J'ai ri et je l'ai assurée que ce serait sûrement chose faite alors.

Après avoir utilisé son mot-clé et l'avoir vue glisser dans une profonde transe somnambulique, je lui ai demandé de revenir à une époque où elle était entre deux vies, dans le soi-disant état de "mort". J'ai trouvé que beaucoup plus d'informations peuvent être obtenues lorsque des personnes sont dans cet état, car elles ne sont pas directement impliquées dans une vie particulière. Lorsqu'une personne vit une vie, sa perception est réduite et l'environnement physique est généralement tout ce dont elle est consciente. Ils ne peuvent fournir aucune information qui ne concerne pas la vie qu'ils vivent dans ce moment là. Après leur mort, le voile, pour ainsi dire, semble se déchirer et ils ont accès à un plus grand savoir, souvent de façon remarquable. Il y aura plus d'informations sur cet état incroyable dans mon livre"Entre la Mort et la Vie. Conversations avec un Esprit". Brenda s'était déjà révélée très apte à me procurer cette connaissance lorsque je lui ai demandé d'aller dans cet état particulier. Je ne savais pas comment procéder, mais je pensais que ce serait un bon point de départ, une fois qu'elle aurait supprimé les limitantes chaînes du corps physique.

Quand j'ai eu fini de compter, je l'ai trouvée dans un endroit surnaturel d'une beauté éthérée.

B: Je suis sur l'une des planêtes Terre les plus élevées. Une Terre à une vibration plus haute. C'est très beau, ici. Je suis assise à côté d'un ruisseau limpide qui déborde de roches, de cristaux et de pierres précieuses. Les couleurs sont beaucoup plus lumineuses et plus vives que sur la terre sur laquelle nous passons notre vie. L'herbe est d'un vert émeraude intense. Je suis sous un chêne et à proximité, il y a une cascade. Et l'une des particularités de cette cascade, c'est aussi une formation naturelle de carillons éoliens en cristal. Certains sonnent comme des carillons éoliens, et certains agissent comme une harpe ou un sifflement. Il y a toutes sortes de musiques émisent par eux et la cascade. C'est un plan de vie extrêmement charmant. C'est l'un de mes endroits préférés où je me rends.

Cela ressemblait vraiment à un endroit très beau et paisible. Je me demandais si elle aimerait bien m'aider ou si elle y était occupée.

B: (Rires) Je suis occupée à écouter les carillons éoliens. Mais je suis seule.

D: Je veux dire, tu ne fais pas partie de quoi que ce soit dont je t'enlèverais si je te posais des questions?

B: Non, je ne pense pas. Au cas où je devrais changer de lieu pour trouver une réponse à une question, je pourrai toujours revenir ici par la suite. C'est un endroit très spécial pour moi.

D: C'est compris. Ce que je voudrais faire, c'est te présenter un problème, et voir si tu peux m'aider à le résoudre.

B: Tant que ce n'est pas mathématique.

D: (rire) Non, ce ne sont pas des mathématiques, je n'aime pas les mathématiques non plus. C'est un problème qui m'a été présenté, un problème dans le genre de "situation". Peut-être que tu peux m'aider.

B: Je vais voir ce que je peux faire.

D : Tu sais que je travaille par cette méthode avec différentes personnes pour obtenir des informations?

B: De quelle méthode parles-tu?

D: Eh bien, c'est une méthode que j'utilise qui me permette de te parler dans ces différents états. J'obtiens des informations de nombreuses personnes différentes par cette manière.

B: Oui, tu as trouvé une passerelle.

D: Ceci est le problème. Je travaillais avec une jeune femme qui, dans une vie antérieure, était l'élève du grand maître Nostradamus.

B: Michel de Notredame.

D: Nous l'appelons Nostradamus à notre époque, mais sais-tu de qui je parle?

B: Oui, tu utilises la version latine de son nom. C'est une âme très développée. Dans cette vie là, il avait un chemin très difficile à parcourir. Il était l'individu le plus talentueux et doué de capacités psychiques à ce niveau, jamais atteint. Il avait tellement d'habileté psychique qu'il en était ... "dégoulinant". À d'autres âges, il aurait été déifié au niveau d'un dieu.

D: À son époque, il avait également été mal compris à bien des égards. Eh bien, je travaillais avec cette jeune femme qui me donnait des informations sur sa vie en tant qu'étudiant pour lui. Et pendant que nous faisions cela, Nostradamus a parlé à cet étudiant. Il ne m'a pas parlé directement, mais il a dit qu'il était très important de traduire ses quatrains, ses prophéties. Il a dit qu'ils prennent tout leur sens à la période dans laquelle je vis maintenant. Il était très emphatique que je fasse ce travail.

B: Je comprends bien la situation.

D: Il me donnait beaucoup d'informations sur les quatrains, puis la personne avec laquelle je travaillais a déménagé. Avant de partir, Nostradamus a dit qu'il me contacterait par l'intermédiaire d'une autre personne afin que nous puissions continuer notre travail. Et je me suis demandée si je te donne les instructions qu'il m'avait données, serait-il possible que tu le contactes?

B: D'après ce que je peux voir, il semblerait y avoir un moyen. En plus d'avoir des capacités psychiques, il a également fait appel à ses guides de ce côté des choses. Et pendant le temps où il fait appel à ses guides, je pense que je pourrais peut-être aller me présenter et voir ce qui s'y passe. En tant qu'ami, pas en tant que guide. Juste comme un ami pour aider à communiquer avec lui. Je pourrais me présenter comme une passerelle à travers une dimension temporelle.

J'ai commencé à vraiment positiver. Elle semblait si confiante. Est-ce que cela pourrait être le moyen de réétablir le contact avec lui? J'osais à peine espérer que ce serait aussi facile.

D: Il voulait un véhicule qu'il pourrait utiliser pour continuer le travail que nous faisions sur les traductions. Il a dit que cela avait été plus facile avec l'autre femme. Elle avait un lien avec lui parce qu'elle avait également été son étudiante.

B: Oui, cela faciliterait bien les choses. A-t-il spécifié le véhicule qu'il souhaitait ou l'a-t-il laissé à votre discrétion?

Il avait mentionné l'étudiante en musique avec laquelle je travaillais. Même s'il avait dit "Brian", je pensais qu'il parlait vraiment de Brenda. J'allais supposer cela de toute façon, dans l'intérêt de cette expérience.

D: Eh bien, il a précisé ce véhicule. Il a dit qu'il essaierait de passer à travers elle de la même manière qu'il passait par l'autre personne.

B: C'est bien qu'il ait spécifié celui-ci. Ensuite, il doit sentir qu'il existe une vibration de sympathie entre eux qui facilitera la communication.

D: Je pourrais te donner les instructions qu'il m'a données pour le contacter. Je ne sais pas si nous allons avoir besoin de l'autre personne, l'étudiant ou non.

B: Cela ne semble pas être une nécessité. D'après ce que je peux voir, il semble qu'il soit prêt à me parler comme à ses autres guides spirituels. Et par moi, soit de le relayer, soit de parler comme s'il vous parlait directement, comme si je n'étais pas entre vous deux, ce qui fonctionne généralement beaucoup mieux.

Je lui ai fait comprendre la façon avec laquelle il avait insisté pour révéler cette information à notre époque. Le sentiment d'urgence pour faire ce travail qu'il exprimait. Elle me dit qu'elle avait compris.

D: Nous l'avons rencontré à un endroit qu'il a appelé le lieu de rendez-vous "spécial". Je ne sais pas si tu sais où est-ce.

B: Je pense qu'il fait référence à une certaine dimension qu'il peut atteindre.

D: Je crois bien, parce que quand il l'a décrite, ce n'était pas sur terre. Et il n'a pu rester là que pendant une période limitée pour converser avec moi.

B: Ceci est vrai. Il a fait cela; C'est ce lieu de rencontre où il irait lorsqu'il converserait avec ses guides spirituels.

D: Puis-je te donner ces instructions? Ou bien, vais-je avoir besoin de te compter jusque là-bas? Lequel serait le plus facile? Ensuite, tu pourras toujours retourner à ton endroit de beauté.

B: Oui, je peux revenir à cet endroit à un autre moment. C'est une situation fascinante. Fais moi mettre le doigt sur une année particulière, ainsi je saurai quand.

D: À l'époque où il vécu?

B: Oui, Où je me trouve, le temps ne veut rien dire et je peux voir toute sa vie, après et avant, comme un panorama en mouvement.

D: Je ne suis pas si sûre des années exactes, mais je crois qu'il a vécu dans les années 1500.

B: D'accord. Donnez-moi un moment pour me concentrer sur lui, afin que je puisse lui faire passer le message.

D: Je sais que ce serait chose difficile à faire avec un être humain ordinaire, mais il n'était pas ordinaire.

B: Non, il n'est pas ordinaire du tout, alors il se pourrait qu'on puisse le faire. Mais ceci étant la première fois, cela pourrait prendre un peu plus longtemps. Cela pourrait aider si je décrivais ce que je vois lorsque je me concentre.

D: D'accord. Peut-être pourrions-nous revenir au même moment, ou à la même situation où il me parlait auparavant.

B: Ou, suffisamment proche dans le temps de celle-là, et ainsi il se souviendrait de la connexion.

Je devenais vraiment excitée. Allait-elle pouvoir le localiser et le contacter? La chance pour cela devait être si énorme qu'une personne rationnelle en nierait toute possibilité de succés. Mais réussir ou échouer, la tentative en valait bien la peine, et je retenais presque mon souffle en prévision.

B: Je suis en train de me rapprocher de la terre, et je suis sur l'Europe maintenant. Et, il y a la France. Je me rapproche. Savez-vous où il était en France?

D: Non, je ne suis pas vraiment sûre du nom de la ville.

B: Il s'appelle Michel de Notredame… D'accord, je le vois chez lui. Il y a une maison où il fait son travail. La maison est en pierre. Selon les normes de l'époque, elle est d'une grandeur confortable. Mais selon vos critères, elle serait un peu petite. Tout est relatif. Il y a une salle spéciale où il aimait faire son travail. Dans cette salle, il a mis en place divers instruments. Et je vois… il y est entré… et il a allumé une flamme. Il brûle de l'alcool pour que la flamme soit bleue. Et il y installe ses divers instruments pour l'aider à se concentrer sur les sphères supérieures.

D: Est-ce ce que cela l'assiste pour voir ses visions?

B: Oui D'une certaine manière, cela l'aide avec ces différents instruments de mesure. Cela l'aide à se mettre au diapason avec les vibrations plus hautes de l'univers, très précises, mathématiquement. Il est capable de les écouter, un peu comme une radio. Et à partir de là, il peut voir beaucoup de choses, ou il peut voyager astralement vers d'autres dimensions pendant un certain temps. C'est un homme très inhabituel.

D: Quel type d'instruments vois-tu?

B: Il a des instruments pour l'écriture et il a ... (difficile à décrire) Je peux les voir mais je ne sais pas comment ils s'appellent. Des aiguilles qui sont connectées à un angle comme pour mesurer des distances sur des cartes. Et il a des compas. Et il a aussi des cristaux de toutes sortes. Je pense que les cristaux sont destinés à focaliser la lumière de manière particulière pour produire certaines vibrations lumineuses.

D: Penses-tu qu'il les utilise pour concentrer son regard ou quoi d'autre?

B: Il ne regarde pas les cristaux fixement. Il concentre les cristaux pour obtenir une vibration particulière, ou plutôt une couleur de lumière particulière, et il médite dessus pour encourager un certain état d'esprit en lui.

D: Et vous ne savez pas à quoi servent les étriers, ou les autres instruments de mesure?

B: Non, je ne suis pas sûre à moins que ce ne soit pour essayer de représenter ce qu'il voit. et qu'il veuille le faire avec précision.

D: Voyez-vous autre chose?

B: Eh bien, toute la pièce est assez encombrée d'objets. Il y a des parchemins et des manuscrits partout et des instruments d'écriture. Et il y a une table avec des choses dessus. Il est assis à un bureau, ou plutôt il y a un bureau à proximité. Et, il y a quelques livres déposés autour.

Cette description de la pièce et de la maison ressemblait beaucoup à celle donnée par Dyonisos. J'ai demandé une description de Nostradamus.

B: C'est un homme très distingué. Il est de taille moyenne pour son époque. Il a un front plus haut. Il a un visage très raffiné. Des yeux gris perçants ou bleus, ils sont de couleur claire. Il est au début de la cinquantaine à ce moment là. Ses cheveux sont gris et il porte une barbe épaisse, une moustache et qui flotte dans les cheveux. Et il les garde propres, ce qui est inhabituel pour ces temps là. Il s'occupe bien de lui même pour cette époque. Je pense que cela est en partie dû aux choses qu'il a vues dans l'avenir, car je pense qu'il y a vu l'avantage d'une bonne hygiène. Il porte des robes mais c'est habituel.

D: Est-ce qu'il a comme évidentes caractéristiques?

B: Des traits distinctifs très bien présentés. Son visage est bien proportionné. Il a les sourcils droits et son nez est droit et sa forme en est bonne. Ses sourcils sont en quelque sorte des ombres, ses yeux et ses pommettes sont assez saillants pour leur donner un aspect très profond. Et avec leur couleur gris argentée, ils ont l'air très perçant. C'est comme si ils vous tendent la main et vous attrapent.

J'ai pris une rapide inspiration, alors qu'un frémissement d'excitation parcourait mon corps. Elena avait également mentionné qu'il y avait une qualité spéciale dans les yeux de cet homme. D'après la description, Brenda voyait le même homme dans un même décor.

D: Mais il n'a pas l'air menaçant, n'est-ce pas?

B: Non, parce que c'est un homme gentil. Juste très incisif et intelligent.

D: Quelle est sa profession quand il ne fait pas ces prédictions?

B: C'est un médecin. Il n'a aucun de ses instruments médicaux dans cette pièce. Je pense qu'ils sont dans une autre partie de la maison. Il fait un peu de tout, mais cela semble être le modèle habituel pour cette époque, pour que les hommes instruits puissent faire et se familiariser avec toutes les grandes branches des arts et des sciences.

D: A-t-il enseigné la médecine?

B: Veux-tu dire, avait-il des apprentis?

D: Oui, à qui a-t-il enseigné la médecine?

B: Je ne pense pas. Cela ne semble pas être comme ça. Il a des étudiants qui étudient la métaphysique avec lui. Ils doivent dire qu'ils étudient la médecine à cause de l'Inquisition et autres.

D'après ces déclarations, il est apparu que les étudiants vivaient dans la maison avec Nostradamus, comme l'avait dit Dyonisos.

D: Il y avait un étudiant en particulier qui m'intéressait. Je ne sais pas si vous pouvez voir ses étudiants là-bas ou pas.

B: Il n'y a pas d'étudiants là-bas pour le moment. Il travaille seul.

D: Nostradamus avait des remèdes et des méthodes pour aider les gens médicalement que les médecins de l'époque ne pouvaient pas comprendre. Sauriez-vous quelque chose à ce sujet?

B: Ceci est directement lié à ses capacités psychiques. Lorsqu'il entrait dans une autre dimension, il était capable de voir tout ce qu'il désirait y voir. N'importe quel domaine, n'importe quel sujet. Il serait capable de voir des choses qu'il pourrait faire avec ce qu'il y avait. Ce à quoi d'autres n'auraient pas pensé mais qui serait plus efficace pour traiter ses patients.

D: Je me suis toujours demandée pourquoi il n'avait pas expliqué aux autres médecins certaines de ses méthodes.

C'étaient des questions "test" pour voir si elle pouvait trouver les mêmes réponses qu'Elena.

B: Les médecins se moqueraient de lui, parce que cela irait à l'encontre des façons de faire ancestrales. Si les médecins étaient assez ouverts d'esprit pour essayer quelque chose de nouveau, ils exigeraient de savoir: "Comment l'avez-vous découvert? Où l'avez-vous appris?"

D: Ou bien, "Comment en êtes-vous venu à cette connaissance?"

B: Oui. Et ils seraient très méfiants à ce sujet. Ils diraient qu'il était en ligue avec le diable. Tout a une suspicion intérieure, que cela soit l'église incitant à ces choses, les troubles politiques ou les diverses pestes qui balayent les populations de temps en temps.

D: C'était très triste, n'est-ce pas? Parce qu'il savait beaucoup, il aurait pu leur apprendre.

B: Oui, en effet. Fondamentalement, ses talents ont été gaspillés à cette époque là. Il a fait de son mieux avec la période dans laquelle il est passé… Je me suis concentrée sur un autre instrument qu'il semble avoir. Ce n'est pas exactement un miroir. C'est en quelque sorte entre ... c'est une sorte de miroir et c'est en quelque sorte aussi un verre trouble. Je ne peux pas vraiment voir ce que c'est.

J'en ai presque eu le souffle coupé. Serait-ce le même miroir qu'Elena avait mentionné, à savoir celui avec lequel Nostradamus avait l'habitude d'avoir ses visions?

B: Ce miroir est un instrument archaïque et il en connaît l'art de l'utiliser. C'est contrôlé par votre esprit. Je pense que c'est ce qu'on appelle un "miroir magique" dans le folklore. Ce miroir a été fabriqué dans les temps anciens avant la chute de la civilisation.

A quelle civilisation faisait-elle donc référence? Atlantis?

D: Je me demande bien comment il se l'ait procuré?

B: Je n'en suis pas certaine. Il existe diverses reliques comme celle-ci dispersées à travers l'Europe qui sont fort prisées et précieuses. Et chacune a une histoire sur la façon dont elle a été transmise et a survécu à travers les siècles. Il est sur le point de l'utiliser. Et je pense que c'est comme ça que je vais pouvoir le contacter, à travers ce miroir. Parce qu'apparemment il se concentrera sur le miroir à l'aide de la lumière qu'il a focalisée. Il se concentre sur le miroir et la nébulosité s'y dissipe. Et dans l'espace dégagé, il verra une personne à laquelle il s'adressera, ou il verra un chemin pour entrer dans une autre dimension. Un peu comme votre histoire, "De l'autre côté du miroir", où la petite fille est passée au travers. Il marchera mentalement à travers ce miroir, quel que soit le chemin qu'il voit. Je pense que quand il se concentrera et que tout sera clair, je me présenterai, puis je lui parlerai et l'inviterai à marcher sur le chemin qui mène vers vous.

D: Peut-être que c'est ce qu'il entend par son lieu spécial de rencontre.

B: Peut-être. Ce miroir pourrait bien en être le chemin.

D: La dernière fois, son élève et lui m'ont rencontré là-bas. Ce serait bien si nous pouvions le faire sans son étudiant. Il n'y aurait ainsi pas autant de personnes impliquées.

B: Oui. Nous allons lui parler directement. Laisse-moi attendre jusqu'à ce qu'il soit dans un état de concentration adéquat. (Longue pause.) Il m'est difficile de me concentrer, mais je pense que c'est uniquement parce que c'est la première fois.

D: Oui, je pense qu'après cette fois ci, ce sera beaucoup plus facile. Quand il verra qu'il y a un nouveau contact.

B: Il en sera content, je le sais. C'est vraiment vital. C'est comme si ... il existait une description de la quantité d'énergie derrière le travail que tu fais. Multipliez cela par dix ou cent fois et c'est la quantité d'énergie derrière le travail qu'il fait. Ça doit passer! Et ce doit être aussi précis que possible.

D: Je pense que c'est normal, les médiums essayent toujours d'avertir les gens quand ils voient des choses qui vont arriver.

B: Oui, parce qu'il est tellement… Il semble que je reprenne certaines de ses pensées. Cela facilitera peut-être notre communication. La principale chose qui le préoccupe, c'est que malgré ses avertissements, les gens font quand même le mauvais choix et marchent le chemin même qu'il avait prévu. Il essaie de faire parvenir la nouvelle aux gens suffisamment de temps à l'avance pour qu'ils puissent peut-être changer d'avis et éviter ainsi le pire.

D: Il a vu beaucoup de choses que je ne pense pas avoir comprises. Il a essayé de me les faire comprendre, et c'est difficile parce que ses quatrains sont de vrais énigmes.

B: Ils se devaient d'être obscurs. Ils devaient l'être. J'ai l'impression que c'est ce qu'il veut faire. Donner une explication en prose pour aller avec les quatrains. Ah! Il en est au bon stade maintenant, je crois. Laisse-moi essayer de le contacter. Je vais essayer qu'il se rendre compte de ce qui se passe. (Pause) Il me voit maintenant! (Elle s'adressa à lui avec respect.) Michel de Notredame. Je suis celle qui a été envoyée pour vous contacter. On m'a demandée d'être la communicatrice avec celle qui vous a contacté de l'autre côté du temps. (Pause) Oui, je suis cette personne. On m'a demandé de vous répéter que nous devons nous rencontrer au lieu de rendez-vous spécial. Afin que nous puissions assurer l'interprétation de vos quatrains en langage clair. Pour que nous puissions enfin tous être prévenus à temps. (Pause) Eh bien, nous pouvons soit essayer de commencer, soit au moins configurer notre ligne de communication pour que cela fonctionne bien. Êtes-vous prêt à vous rendre à l'endroit spécial, Michel de NotreDame? (Pause) Très bien. Nous vous attendrons là-bas.

Mon excitation aurait difficilement pu être retenue. Se pourrait-il vraiment être possible? En fait, il est apparu que nous avions pris contact avec lui.

D: Est-ce qu'il vous a bien compris?

B: Oui. Apparemment, cette communication est dans l'esprit et consiste en concepts plutôt qu'en langage parlé. Donc, peu importe la langue dans laquelle vous pensez; Ce sont les concepts de base qui traversent et sont interprétés dans n'importe quelle langue dans laquelle son esprit conscient puisse penser et vice versa.

D: Est-ce qu'il s'est souvenu de ce dont vous avez parlé?

B: Oui, bien que son expression faciale n'ait pas changée, ses yeux sont devenus très ardents. Je pourrais même dire qu'il en est excité. Et il s'en souvenait. Il a dit qu'il attendait d'être contacté et il se demandait quand et comment nous allions le contacter.

Je me suis sentie comme toute étourdie. Je pouvais difficilement m'empêcher de rire de joie pure. Je pensais que nous avions perdu le contact avec lui et cela m'avait inquiétée, que nous ne puissions plus le réétablir. Je pensais vraiment que ce serait plus difficile, voire impossible.

B: Je pense que cette fois, la chose la plus importante que nous allons faire est d'essayer de nous assurer que nous puissons communiquer clairement et que les choses se passent bien, parce que ce sera plus facile la prochaine fois. Je saurai qu'il faut me concentrer sur le miroir. Il m'a fallu un certain temps pour le découvrir.

J'étais d'accord, le plus important était de rétablir la ligne de communication. J'étais trop excitée pour penser à la traduction ce soir de toute façon.

D: Veux-tu lui demander comment il veut faire cela ou peut-il m'entendre?

B: Je dois répéter maintenant. Ce que je dois faire, c'est lui répéter ce que tu dis, car il ne t'entend pas. Il sait que tu es là mais il ne peut pas t'observer directement. Il passe à travers moi pour ça. J'ai le sentiment qu'il a envie de faire cela, au lieu de toujours dire: "Il a dit ceci et ainsi de suite", et à mon tour je me retourne et de dire:« Il a dit ceci et cela », pour moi… ce serait comme un miroir magique mais avec des mots, et juste parler comme si c'était lui qui parlait.

D: Ce serait beaucoup plus facile car auparavant, il y avait beaucoup de conversation aller-retour. Une conversation à trois.

B: Il y en aura peut-être encore un peu. Je ne suis pas sûre. Mais il a très envie de communiquer. Je continue à faire des choses à la troisième personne parce qu'il est ici, mais il n'a encore rien dit. Il cherche juste le moyen de pouvoir mettre tout cela en place. Je sais qu'il a dit qu'il ne parlerait jamais par le biais d'un autre être humain, afin que les gens puissent se méfier des imitateurs se prétendant être lui. Mais, bien que le véhicule que j'utilise soit un être humain, la partie de moi à laquelle il s'adresse est un esprit. Et donc, de son point de vue, il s'adresse à un esprit et non pas à un être humain. Le dernier lien qui vous contacte se trouve être un être humain, mais mon esprit est entre les deux.

C'est étonnant qu'elle ait également mentionné cette prédiction qui mettait en garde contre les imitateurs.

D: Pouvez-vous voir à quoi ressemble ce lieu de rencontre spécial?

B: Il n'y a vraiment rien ici. C'est un vide, une partie d'une dimension particulière. Cela semble être une sorte de petite poche où les gens peuvent venir interagir entre deux ou trois dimensions différentes et ainsi communiquer. Il n'y a pas de caractéristiques physiques à décrire. C'est juste une vibration particulière dans l'univers.

Cela semblait correspondre à la même description qu'Elena avait donnée de cet endroit. Elle avait dit que c'était comme une rive grise avec des nuages embrumés mais qu'elle n'avait aucune forme ou fondement solide. J'étais ravie car on aurait dit que nous avions trouvé exactement le même endroit où nous nous étions déjà rencontrés.

B: Il me semble que c'est le même endroit. La plupart du temps, je sens sa présence, mais j'imagine son visage là-bas de manière à faciliter l'identification. Et je t'entends, bien que je ne te voie pas.

Je voulais m'assurer qu'elle était à l'aise dans cet endroit étrange et ne pas commencer à perdre contact avec moi comme Elena l'avait fait quand nous étions entrées dans cette dimension. Je lui ai donné des instructions pour éviter toute perturbation.

B: C'est confortable, mais j'ai l'impression d'être à deux endroits à la fois. C'est un sentiment étrange mais ... il n'est pas désagréable. Si je peux te le décrire, c'est comme quand vous êtes entre d'être éveillée et endormie. Et vous pensez que vous êtes réveillée mais vous êtes vraiment endormie. Et vous vous sentez vraiment étrange parce que vous pensez être réveillée. Vous avez donc l'impression d'être à deux endroits à la fois. Ce sont simultanément deux états d'esprit.

Cette description ressemblait aussi remarquablement à celle d'Elena. C'était la seule chose dont elle se souvenait au réveil. Elle était également consciente du visage de Nostradamus.

D: L'élève qui a parlé à travers l'autre véhicule a également dit que c'était étrange. Il était un peu difficile pour lui de s'y maintenir car il n'y était pas habitué.

B: Je peux voir ce qui provoqueraitcette sensation. Il avait un conditionnement différent de celui de ce véhicule. Il a été formé par Nostradamus mais il avait beaucoup d'aspects culturels à surmonter.

D: Nostradamus sait-il que je suis la même personne que celle qui lui a parlé auparavant?

B: Oui. Il envoie ses salutations.

D: J'envoie les miennes.

B: Et il dit: "Je suis très heureux que nous ayons pu mettre en place cette ligne de communication. Bien qu'ayant prédit que je ne parlerai jamais par une autre personne, je parle à l'esprit qui est ici. Et l'esprit me dit qu'elle peut relayer mes mots quand je les parle. Là où je dirais que je parle à travers une personne, mais ce serait simplement parce que ce relayeur a supprimé l'aspect de troisième personne: Les "Il a dit" et "elle a dit". Je lui permets de faire cela pour que ce soit plus rapide, afin que nous puissions communiquer plus longtemps, car je ne peux rester ici que peu de temps avant que mon corps ne soit fatigué et que je doive retourner."

C'était encore une fois la confirmation que nous lui parlions de son vivant pendant sa vie physique, car un esprit n'aurait pas été fatigué.

D: J'apprécie tout le temps que vous puissiez passer avec moi.

B: Vous ne savez pas comment j'apprécie votre capacité à prendre contact avec moi afin de pouvoir m'assurer que mes quatrains soient correctement expliqués.

D: J'étais inquiète quand l'autre véhicule est parti.

B: Eh bien, mes études me donnent le sentiment que si quelque chose devait se produire, il y avait toujours un moyen de déterminer où cela se produirait.

D: Oui, car je veux transmettre cette connaissance à ceux de mon époque.

B: Il y en a plus d'un qui vont avoir envie de savoir et c'est nécessaire. Il faut la transmettre et la diffuser pour que les gens puissent en tenir compte et essayer de se protéger des éléments dont je peux les prévenir.

D: Vous avez dit auparavant que vous me donneriez les corrections sur les quatrains car vous saviez que certains d'entre eux avaient été mal traduits.

B: Très bien. Et concernant la plupart d'entre eux, même ceux qui l'ont été presque correctement, sur chacun d'eux, je veux donner une explication supplémentaire sur celles que j'ai vues en écrivant ceux-ci. J'ai dû en laisser beaucoup de côté à cause de la forme dans laquelle je devais les écrire. J'aimerais pouvoir préciser beaucoup de choses pour les aider à devenir plus clairs. Parce que dans plusieurs d'entre eux, j'avais du combiner deux ou trois événements et les écrire comme si c'était un événement unique, pour pouvoir les intégrer sous forme de quatrains.

D: Voulez-vous dire que c'étaient des événements à des moments différents, ou des événements se déroulant tous au même moment ou quoi encore?

B: les deux. Bien souvent, des événements d'une époque à l'autre, qui suivaient des modèles similaires, pouvaient être décrits dans un même quatrain.

D: C'est quelque chose que les gens ne comprennent pas forcément. La majorité des personnes qui étudient vos quatrains pensent que vous ne parlez que d'un événement unique.

B: C'est très facile pour eux de commettre cette erreur à cause de la façon dont j'ai dû les écrire. Donc, je ne me sens pas offensé à ce sujet.

D: C'est vraiment la nature humaine d'essayer de comprendre de la manière la plus simple.

B: Oui. Et, il est difficile de trouver le moyen le plus complexe si vous ne savez pas où le chercher.

D: Si les événements se produisaient à différentes périodes, pourquoi les incluriez-vous dans un même quatrain? Emportaient-ils des similitudes les uns par rapport aux autres, ou je ne sais quoi d'autre encore?

B: Michel de Notredame a essayé de faire une démonstration. Dans cette dimension où nous nous trouvons, existe une manière de démontrer physiquement le temps. C'est difficile à décrire. Apparemment, l'un des aspects du temps est qu'il évolue en une spirale. Et à des positions similaires, sur chacune des boucles de la spirale, les événements ont la possibilité d'être pareils, ou du moins de suivre des modèles généraux ayant des similarités. Chaque fois qu'il voyait certaines de ces tendances générales, en particulier si cela affectait la même culture, il écrivait à ce sujet dans un même quatrain. Je pense que l'une des raisons pour lesquelles il l'a fait, était de confondre ceux qui le persécuteraient. Et une autre raison en est, je pense, qu'il a senti que s'il était capable d'écrire à ce sujet dans un quatrain au lieu de trois ou quatre, le temps passé à écrire les trois ou quatre pourrait être consacré à écrire sur d'autres événements. Il essayait de mettre sur papier le plus d'événements possible, car il voyait tellement de choses. Il y en a beaucoup qu'il n'a pas écrites sur papier. Alors, il essayait d'avoir la plus grande portée possible, car il estimait que c'était extrêmement urgent, que le plus d'information soit transmise autant que cela le soit possible.

D: Nous avons le dicton que l'histoire se répète, qu'elle suit des modèles. Est-ce ce qu'il veut dire?

B: Fondamentalement. Je peux voir dans cette dimension d'autres aspects qui ne sont pas facilement visibles dans la dimension physique. Mais, fondamentalement, oui. Par exemple, une personne obscure prend le pouvoir, devient un tyran et finit par être renversé. C'est un motif qui se répète plusieurs fois. Et donc, il a découvert que s'il y en avait deux ou trois qui vont avoir un effet particulier sur l'histoire du monde, il peut écrire un seul quatrain regardant plus d'un d'entre eux, par exemple, environ deux ou trois. Et avoir des références obscures dans le quatrain à l'endroit où on peut voir que, oui effectivement, cela se réfère à cette personne et puis à cette autre personne, parce que cela est arrivé encore à cette personne avant et que l'autre chose ne soit arrivée à cette autre différente personne. Mais elles suivent toutes les deux des modèles similaires.

D: Je pense que le problème vient du fait que nos experts pensent qu'il ne fait référence qu'à un seul événement ou à une personne unique, et il est très difficile de comprendre ce qu'il veut dire.

B: Un problème est que vos experts le voient sur un plan physique. Il dit qu'il comprend cela. Surtout s'ils écrivent étant sous l'influence d'un événement historique accablant. Ils ont tendance à interpréter tous les quatrains en relation avec ce même événement historique. Ceci est naturel et compréhensible. C'est pourquoi il était si impatient de mettre en place cette voie de communication, afin de pouvoir éliminer les préjugés et d'équilibrer les points de vue sur les quatrains.

D: Beaucoup d'entre eux ne sont même pas compris avant qu'ils ne se produisent.

B: Oui, en effet. C'est une autre raison pour laquelle il souhaite donner des explications supplémentaires avec ses traductions.

J'ai décidé de poser quelques questions supplémentaires qui seraient des questions-test. J'étais tellement impressionnée par cet homme et tellement submergée par cette progression que je n'avais vraiment plus besoin d'aucune preuve. Une grande quantité de vérification avait déjà été fournie entre les propos d'Elena et ceux de Brenda. Mais il m'avait dit qu'il serait acceptable de le faire pour vérifier que je parlais bien avec la même personne. J'avais un peu peur d'insulter Nostradamus en mettant en doute sa validité.

B: Laisse-moi lui expliquer cette situation. (Pause) Oui, il t'exhorte à continuer. Il me dit qu'il ne doute pas de mon honnêteté, qu'il veut juste s'assurer que la communication est claire.

D: Il a utilisé beaucoup d'éléments-temps pour traiter les signes astrologiques dans ses quatrains. Vous y connaissez-vous à ce sujet?

B: Est-ce que je m'y connais, moi, dans ce sujet? Ou lui?

D: Et bien, est-ce qu'il peut me dire quelque chose sur la manière dont il a établi les époques où ces événements devaient se produire, lorsqu'il introduisait ces symboles astrologiques dans ses quatrains.

B: Laisse-moi lui présenter la question. (Longue pause comme si elle écoutait.) La réponse que je reçois est en images porteuses de concepts plutôt qu'en mots. Et je ne suis pas certaine de pouvoir expliquer clairement ce que je vois. Tout d'abord, j'ai l'impression qu'il va me montrer une image générale, puis me guider vers un détail. Il dit que --- ou plutôt les images me montrent que tout est lié. Les positions des planètes en ce qui concerne le temps et autres. Et quand je dis "tout", je vois une image de notre galaxie à ce stade précis et sa position est liée au temps. La galaxie peut être divisée en secteurs, pour ainsi dire, chacun représentant une certaine quantité de temps. Cela vaut également pour le grand temps passé dans le système solaire. Et chacune de ces parties du temps est principalement influencée par les vibrations d'un certain corps céleste. Et ces secteurs se présentent de manière ordonnée, l'un précèdant l'autre. Chaque fois qu'il mentionne un corps céleste particulier, il fait référence à ce secteur de temps que les vibrations de ce corps imprègnent. Et comme cela se passe dans un certain ordre, ce serait situé en un certain lieu, et tant d'années après le moment où il parle, car il y aurait d'autres sections de temps entre les deux. Le langage n'est pas suffisamment riche pour bien le formuler. Je les appelle des tranches de temps, car toute énergie émane d'une source centrale et le temps est une sorte d'énergie. Ces différents corps célestes dans leurs différentes positions émettent tous leurs propres vibrations particulières. Et leurs positions réciproques, les unes par rapport aux autres, considérées de l'extérieur du système solaire, ainsi que de l'intérieur du système solaire, donnent des indications sur la manière dont elles interagissent. Et par conséquent, cela affecterait les tranches de temps qu'ils imprègnent.

J'ai reçu une réponse beaucoup plus compliquée que ce à quoi je m'attendais lorsque j'ai posé cette question. Bien que ce soit obscur pour moi, plus tard, lorsque je l'ai montré à un astrologue, il a dit que cela lui paraissait logique. Il a dit que la description utilisait un phrasé archaïque, mais que Nostradamus décrivait clairement l'astrologie. J'ai surtout pensé que la phrase "ces secteurs sont ordonnés, l'un précèdant l'autre " devait être une erreur. Parce que comment quelque chose peut-il précéder après quoique ce soit? Précéder signifie se trouver devant. L'astrologue a convenu que cela est correct dans le langage normal, mais en astrologie, les planètes semblent se précéder les unes après les autres. C'était la preuve que l'esprit d'un astrologue, dans ce cas-ci Nostradamus, transmettait ce concept puisque ni Brenda ni moi ne connaissions rien que les rudiments de base de l'astrologie.

D: Pourquoi les experts ont-ils du mal à dater les événements de ses quatrains?

B: Je pense que selon les concepts qu'il utilise, qu'ils considèrent tout cela comme un non-sens et ne les prennent même pas en considération. Ce faisant, ils ont ainsi jeté des données vitales qui auraient pu les aider à dater ses quatrains.

D: Une autre question que je voulais poser: y a-t-il une possibilité que ses quatrains présentent des erreurs? Que certains d'entre eux qui nous sont parvenus, n'aient pas eu lieu.

B: Il dit que si certains de ses quatrains semblent inexacts, ce n'est pas parce qu'il n'a pas vu avec précision, mais que c'est causé par l'insuffisance de la langue pour communiquer ce qu'il aurait vu. Il dit que c'est la principale pierre d'achoppement. La seule façon pour certains de ses quatrains de se trouver dans l'erreur est pour les hommes en général de réaliser le chemin qu'ils empruntent et pour eux de prendre une décision cruciale à tel ou tel carrefour sur ce chemin les guidant sur un chemin différent. Cela changera totalement l'histoire. Ceci créerait alors une différence de ce qu'il considérerait comme le chemin initial, de départ, en observant la direction que l'humanité suivait déjà à son époque.

D: je vois. Alors, croit-il qu'il soit possible que l'homme puisse changer l'avenir?

B: (soupir) Il espère que ça le soit. Il dit que c'est la raison principale pour laquelle il a écrit ses quatrains. Pour que certaines des choses horribles qu'il a vues ne se réalisent pas.

D : L'homme aurait-il pu changer l'avenir à différents moments de son passé entre nos deux époques?

B: Apparemment, il y aurait eu quelques changements mineurs mais rien qui n'ait modifié le schéma général.

D: Je pensais que cela pourrait rendre les quatrains ininterprétables si un événement qu'il a vu ne se produisait pas parce que l'homme avait emprunté un autre chemin.

B: C'est vrai. Ça pourrait devenir une possibilité. Mais apparemment, à ce stade, le schéma majeur est toujours valable.

Je posais toujours des questions de test.

D: Puis-je vous demander si vous connaissez une personne connue sous le nom de Dyonisos? (Je devais le répéter deux fois en essayant de bien prononcer la prononciation.)

B: Votre prononciation est assez voisine. Il s'agit d'un de mes étudiants. Il étudie bien. Parfois, il a du mal à comprendre, mais il réussit bien à se donner un plus grand accés à son esprit. Et il essaie. Et donc, je pense qu'il a un futur. Il fait bien ses études de médecine mais il s'intéresse principalement à ... la métaphysique, je crois. Oui, le communicateur l'appelle "métaphysique". Dans les études métaphysiques. Il n'a pas la capacité naturelle pour cela que moi-même je possède. Mais j'ai découvert qu'il y a des moyens que les gens peuvent entreprendre pour s'ouvrir certaines parties de l'esprit. E,t nous avons donc réussi pour lui avec cela.

D: Savez-vous d'où Dyonisos est venu?

B: (Pause) Je ne suis pas vraiment sûr. Ses parents sont des émigrés. Et il vient d'un pays étranger. Il est venu ici pour étudier avec moi.

D: Qu'entendez-vous par émigrants? Qu'ils venaient d'un autre pays?

B: Oui J'autorise ce véhicule à utiliser des mots qui dépassent l'entendement de mon temps s'ils conviennent. Si le concept appelle pour ce que vous consideriez comme un mot moderne, je suis tout à fait disposé à ce que le véhicule utilise ce mot s'il traduit mieux ce que je veux dire. Mieux vaut que d'essayer de convaincre d'une idée quand il existe déjà un mot qui convienne.

Encore une fois j'ai eu un frisson froid dans le dos. Sa description de Dyonisos était beaucoup trop parfaite pour être une coïncidence.

D: Pouvez-vous me dire dans quelle ville vous vivez? Je sais que parfois c'est difficile.

B: Oui, c'est difficile. Je voudrais dire Paris mais je ne pense pas que ce soit Paris. C'est un autre centre culturel majeur qui n'est pas trop loin de Paris. Peut-être que le nom me viendra.

Parfois, j'ai remarqué que cela arriverait avec certains de mes clients. Ils essaient de penser à quelque chose qui est difficile à retenir. Et quand ils commenceront à parler d'autre chose, cela leur arrivera furtivement et ils se souviendront soudainement de la réponse.

Plus tard, lorsque Brenda fut réveillée et que nous discutions de cette séance mouvementée, le nom "Lyon" lui apparut soudainement dans la tête. (Prononcé: Lion.) Elle a laissé échapper cela sans aucune raison particulière. Ayant l'air très perplexe, elle demanda ce que cela voulait dire. Je lui ai dit que je pensais que c'était le nom d'une ville en France. Pourrait-il s'agir du nom dont il essayait de se souvenir et qui a véritablement émergé dans la tête du véhicule plus tard, alors qu'elle pensait à autre chose? Une possibilité intéressante. C'est aussi un exemple que nous n'avions pas affaire à la partie du cerveau contenant des dates et des noms quelconques.

D: Etes-vous déjà allé à l'université?

B: Oui, j'ai été plusieurs fois. La ville dans laquelle je suis a une université. La grande université est à Paris. Et il y a une université ici aussi où l'on peut étudier les sciences, la théologie et autres. La raison principale pour laquelle je m'y rends est pour utiliser leur bibliothèque.

D: Avez-vous déjà enseigné la médecine dans l'une ou l'autre de ces universités?

B: J'ai enseigné des cours là-bas. Pas nécessairement toujours sur la médecine. Parfois, ils me demandent d'enseigner sur la philosophie.

D: Quand nous nous reverrons, voudrait-il traduire les quatrains ou voudrait-il simplement me dire ce qui va se passer?

B: Il va utiliser une combinaison des deux, juste ce qui vient. Pour pouvoir déclencher la communication et la démarrer, il vous demandera probablement de lire un quatrain et d'en donner l'interprétation. Et à un moment donné, il va probablement ... (rire), dit-il, se connaissant, il va commencer à faire des conférences sur le sujet et il va juste continuer à tergiverser. (Rires) C'est son mot "jaser". Je ne l'ai pas introduit ici.

D: (rire) Eh bien, je veux qu'il jase à son coeur content. Je suis ici pour écouter et retransmettre. Nous avons beaucoup, beaucoup de livres de traductions de ses quatrains et j'ai remarqué qu'aucun d'entre eux ne semble être en accord. C'est ce qui rend tout ceci difficile.

B: Oui. Il dit de trouver une interprétation avec laquelle vous êtes à l'aise, alors communiquer les concepts deviendra plus facile. Et si les concepts ne correspondent pas à ce qu'il essayait de mettre en avant, il vous expliquera ce qu'il essayait de dire, c'était peut-être perdu dans l'interprétation. Il dit que si vous êtes plus à l'aise pour les lire à haute voix en anglais, alors c'est très bien, car je communiquerai à travers les concepts de ce que vous dites en anglais. Et il verra comment ils se comparent aux concepts auxquels il pensait, même s'il écrivait en français.

D: D'accord, parce que je ne comprends pas le français. J'ai remarqué en comparant différents livres que l'anglais est différent dans chacun d'eux, selon le traducteur.

B: Oui C'est pourquoi il veut traiter avec les concepts et ne pas s'inquiète de la langue avec laquelle nous traitons.

J'avais peur que certains d'entre eux aient été tellement changés qu'il ne soit même pas capable de les reconnaître.

B: Il dit qu'il est intimement familier avec tous ses quatrains. Il est conscient de la façon dont certains concepts aient pu être pervertis. Ainsi, lorsque vous lirez un quatrain et que j'enverrai les concepts, si cela ressemble à un quatrain qu'il a écrit, il parlera de ce quatrain. Mais s'ils ne vous semblent pas familiers, il vous demandera peut-être de le lire en français pour l'aider à mieux cerner le-dit quatrain.

Cette idée ne m'a certainement pas interpellée puisque je ne connais pas le français. J'ai demandé s'il serait possible pour lui de se concentrer sur le livre d'une manière ou d'une autre.

B : Je ne suis pas certaine que cela puisse être fait.

J'ai protesté: "Mais je ne peux pas prononcer les mots en français." Il n'allait pas me laisser sortir du livre aussi facilement.

B: Eh bien, il me fait remarquer que le français a changé. Quand ils lisent, le français dans votre temps, ils omettent beaucoup de sons. Mais à son époque, la plupart des sons étaient prononcés. Les Français de votre époque oublient beaucoup de consonnes et insultent les voyelles. Il dit de juste aller de l'avant et de les prononcer. Rendez vos voyelles pures et prononcez-les comme elles sont épelées. Et même si cela peut sembler atroce pour lui, il saura ainsi ce que vous dites.

D: (Rires) C'est bien ce que je pense. Je crains que cela paraisse atroce.

B: Il s'en fiche. Si son corps physique était là, il sauterait de haut en bas à ce stade. Il dit qu'il s'en moque. Il veut seulement parvenir à faire passer les concepts.

D: Ses quatrains n'étaient pas totalement en français, n'est-ce pas?

B: Non, il y a des influences latines. Il dit, je vais vous avertir. Je pourrais devenir émotionel à un moment donné au sujet de certaines choses qu'ils ont fait subir à mes quatrains. Mais je vais essayer de tout garder sous contrôle, car c'est mon seul moyen de réparer ce qu'ils ont fait. Je vais donc en tirer pleinement parti et essayer de communiquer. Il est très important que le message passe.

D: Mais promettez-moi de ne pas vous fâcher contre mon français massacré. (Rire)

B: Non, je ne me facherai pas contre votre français. Je vais tout simplement être fâché contre les maisons d'édition, les éditeurs et les traducteurs.

D: Ce serait bien si je pouvais trouver quelqu'un qui connaisse le français, alors ils pourraient vous le lire.

B: Je ne pense pas que cela changerait beaucoup de choses parce que la langue évolue à travers les siècles. Et leur français sonnerait aussi faux pour moi.

Il me semblait bien que je n'allais pas m'en sortir.

D: D'accord. Ensuite, la prochaine fois que nous nous rencontrerons, je vous le lirai en anglais. Et si vous ne pouvez pas le comprendre du tout, je vais essayer en dernier recours, le français.

B: Oui. Je pense que cela devrait fonctionner en anglais. Ce véhicule que nous utilisons est mieux familiarisé avec la langue anglaise. Et pour ma part, nous avons affaire à des concepts mentaux. Si vous le lisez en anglais, le véhicule est capable d'en saisir les concepts par ce qui est communiqué et de me les montrer. Et si les concepts ne sont pas tout à fait ce que je voulais faire comprendre, je donnerai au véhicule les concepts sur ce que j'essayais de dire. Ensuite, le véhicule vous le retransmettra en anglais, car nous traitons ici de concepts et le véhicule traduit normalement les concepts en anglais ou en allemand chaque fois que le véhicule communique. Et si je décide d'ajouter quelques concepts supplémentaires, ce serait, pour ainsi dire, comme si j'allais commencer à enseigner.

D: Je me sentirais beaucoup plus à l'aise avec ceci. En outre, vous avez utilisé des mots que nous appelons des anagrammes. Pourquoi avez-vous fait ça?

B: J'utilisais habituellement des anagrammes chaque fois que j'écrivais sur un sujet politiquement sensible.

D: Concernant votre temps ou pour d'autres époques?

B: Pour les deux. J'ai utilisé certaines anagrammes parce qu'iíls seraient politiquement sensibles à mon époque et qu'il serait légèrement peu pratique d'utiliser des mots directs. Et à mon époque, vous comprenez, les nobles ont beaucoup de pouvoir. Je ne voudrais pas les mettre en colère contre moi parce qu'ils me feraient arrêter et que je ne pourrais plus écrire de quatrains. Je suis donc prêt à faire tout ce qui est en mon pouvoir pour dissimuler ce que j'écris, tant que cela sera écrit. Dans certains autres quatrains, j'utilise des anagrammes, car le sujet est très sensible pour la période à laquelle il est fait référence. Il ne serait pas bon que le grand public sache sur quoi j'écris, car je pourrais provoquer une panique ou une autre chose de ce genre. J'utilise donc des anagrammes pour que ceux qui s'y connaissent puissent comprendre. Parce que ceux qui sont compétents sont généralement en mesure de faire quelque chose à leur sujet.

D: Je pense qu'il peut être en train de se fatiguer. La principale chose que je voulais faire ce soir était de rétablir ce contact avec lui.

B: Oui, il convient que ce temps de communication se termine. Son contrôle et sa concentration vacillent, et il a remarqué que le véhicule utilisé est également fatigué.

D: C'est à peu près aussi la durée pour laquelle nous le ferons à chaque fois. (Environ une heure.)

B: Il dit que ça ira bien ainsi. Le temps n'a pas de sens dans cet endroit. Il sera capable d'espacer les rencontres à un rythme qu'il peut gérer lui-même. Le temps qu'il passe de son côté ne sera pas nécessairement le même temps que pour toi. Et il considère que de son point de vue, il sera celui qui initierait la communication. En gros, il refera ce qu'il a fait ce soir pour entrer dans ce lieu de rencontre privilégié. Et il sait ainsi que lorsqu'il viendra ici, tu t'y trouveras. Bien que cela puisse être deux ou trois semaines d'écart pour lui, cela peut ne prendre qu'un jour ou deux pour toi. Mais ça ne fait rien. Il sait qu'il pourra te rencontrer ici pour communiquer. Dis au véhicule d'aller au lieu de rendez-vous spécial et de penser au miroir parce que cela aide à en ouvrir la route. D'imaginer le miroir et la pièce dans laquelle il sera et de l'imaginer mentalement. Cela aide à mettre en place l'énergie pour l'attirer. Ceci est la manière dont cette dimension est configurée, ainsi, lorsque le véhicule pense qu'il est sur le miroir où vous contacter, il est en quelque sorte dirigé vers l'endroit où il se trouvera automatiquement à un moment où il est prêt à vous contacter de toute façon.

Je me demandais ce qui aurait pu se passer s'il attendait pour nous contacter à un moment où nous ne travaillions pas. Je n'aimais certainement pas l'imaginer mentalement, dans une attente, là-bas, en vain et devenant de plus en plus impatient. Cette procédure semblait étrange mais apparemment, le contact serait automatiquement pris en charge. Tout dans cette situation était étrange et il n'y avait donc aucun sens à remettre en question sa plausibilité ou sa logique.

D: Ensuite, la prochaine fois que nous nous rencontrerons, je commencerai à lire certains des quatrains. Dois-je simplement les choisir au hasard ou autre?

B: Il n'en est pas sûr. Il devient de plus en plus difficile pour lui de communiquer car il doit retourner. Il dit que nous clarifierons cela la prochaine fois. Il rentre maintenant et il est revenu dans son corps. Il est dans son laboratoire maintenant. Il se sent profondément épuisé mais très heureux. Il vous envoie ses chaleureuses intentions.

Je ne voulais pas le fatiguer non plus. Je lui ai dit que j'avais eu peur que le contact ne soit brisé quand Elena serait partie et j'avais pensé qu'il aurait été impossible de le recontacter.

B: Il est toujours en possession du miroir ouvert bien qu'il soit revenu à son corps. Il communique le concept que lorsqu'il est question de métaphysique ... eh bien, il m'a donné le feu vert pour utiliser une expression familière ici. (Rires) Il y a plus d'une façon de peler un oignon. Il dit que si cela n'avait pas fonctionné, il aurait trouvé une autre solution et cela aurait été beaucoup plus difficile pour lui. Mais il espérait que cette méthode fonctionnerait, car c'était la méthode la plus simple pour lui et probablement pour vous aussi.

D: Oui, parce que il s'agit d'un très bon véhicule, une chaîne très chère.

B: Oui Il l'avait bien compris. Il dit qu'il souhaitait également trouver un véhicule suffisamment instruit pour avoir possession d'un bon vocabulaire, qui pourrait être utilisé pour communiquer les concepts de la manière la plus succincte.

D: Je pense que c'était un peu effrayant pour l'autre véhicule. C'était un peu accablant. Elle pensait que c'était une trop grande responsabilité à assumer.

B: C'est vrai. Il pense que l'esprit de ce véhicule sera capable de le gérer car c'est un esprit très enthousiaste et ouvert. Désireux d'apprendre des choses nouvelles et de saisir de nouvelles connaissances. Il dit que plus cette méthode de communication est utilisée, plus cela deviendra facile pour elle. C'est comme une pipe bien-aimée; plus on la fume, mieux elle tire.

D: Dans le temps qui nous est imparti, nous allons essayer de recueillir toutes les informations sur les quatrains qu'il veut bien nous donner. Nous pourrons ensuite chacun vaquer à nos occupations et il aura le sentiment d'avoir rempli sa mission.

B: Oui Il dit que cela peut prendre un certain temps. Il ne sait pas vraiment combien de temps serait nécessaire. Mais il est prêt à consacrer le temps qu'il faudra pour le faire, à condition qu'il existe un moyen de communication utilisable. Il dit qu'il se rend compte que tu as probablement d'autres projets en cours avec ce véhicule et d'autres véhicules. Et qu'il ne faut pas hésiter à les poursuivre car, lui-même, poursuivra ses propres projets. Il souhaite rester en communication étroite avec toi afin de continuer à travailler sur ce projet-ci, car il est d'une importance vitale. Mais il se rend compte qu'il ne doit pas ... "accaparer le véhicule", je crois que c'en est le concept. Il est en train de faire son acte de closure ... j'ai envie de dire "rituel" avant de revenir à un état de conscience normal.

D: Moi aussi, je suis prête à y consacrer le temps nécessaire et je pense vraiment que nous pouvons le faire. Je me sens très confiante maintenant. J'apprécie que toi (le véhicule) le fait aussi.

B: C'est un plaisir pour moi. J'ai admiré cet homme depuis un bon moment. De tels sujets m'intéressent de toute manière. Et dans la vie de ce véhicule, elle a également elle-même été très impliquée dans de tels sujets. Ce sera donc intéressant pour elle aussi. Je me sens honorée d'avoir été choisie pour une tâche aussi importante.

Je lui ai dit qu'elle pourrait encore retourner dans son bel androit, mais elle m'y avait battue et était déjà là, profitant une fois de plus du ruisseau de cristal et de la cascade musicale.

B: Je crois que la prochaine fois, si tu me demandes simplement d'aller à un lieu de réunion spécial, cela fonctionnera, car cet endroit n'est pas lié au cycle de la vie. Cela m'attraperait automatiquement, c'est-à-dire cette entité que je suis alors, entre les cycles de vie.

Après le réveil de Brenda, avant de lui dire quoi que ce soit au sujet de la session, je voulais savoir ce dont elle se souvenait consciemment. Elle ne cessait de voir un verre ou un miroir étrange. Je lui ai demandé de me le décrire.

B: Je vais essayer d'en donner les mesures aussi. Je vois un ovale; Je dirais environ 14" de long (aprx. 35,5cm) et environ ... entre 4,5", et 5" (aprox entre 10 et 12,5cm) de large. (Elle faisait des mesures avec ses mains.) Un ovale de ... Je veux l'appeler "un verre", mais je ne suis pas sûre. C'est un peu comme une surface entre deux dimensions. Un côté du verre est dans notre dimension et ce côté-là a une apparence d'un blanc laiteux. Et lorsque vous le retournez et que vous regardez l'autre côté, qui est connecté à l'autre dimension, vous ne voyez rien, un vide, un noir. Peut-être de temps en temps un peu de miroitement si la lumière frappe juste correctement. Mais il n'y a rien là-bas, car l'autre côté de ce verre n'est pas dans cette dimension. C'est comme une fenêtre ou une porte ou quelque chose de ce genre. Et je vois un visage d'homme flottant, suspendu, sans arrière-plan particulier.

D: Est-ce un visage agréable?

B: Il est beau. Il l'est, il est vraiment beau. Son front est un peu raide et ses cheveux se détachent de son front. Il a une barbe et une moustache fluide et vraiment jolie. Et il a des yeux perçants. Il semble que je l'associe à une sorte de laboratoire, encombré d'objets, d'instruments, de bric-à-brac; des choses comme ça. Mais ce qui me passionne personnellement, c'est le concept de cet ovale en verre, quel qu'il soit, en deux dimensions. Je ne sais pas quel type de technologie ou de connaissances produirait une telle chose, mais il est intéressant d'essayer de concevoir la civilisation qui aurait des instruments comme celui-là. (Rires) Cela ne me dérangerait pas d'avoir un de ces gadgets moi-même.

J'ai alors révélé ce qu'il s'était passé. Je lui ai dit, "Nous venons juste d'accomplir l'impossible!" J'ai donné des expliquations à Brenda sur mon expérience avec Élena et toutes les complications qui m'avaient amenée à vouloir tenter cette expérience avec elle. Elle était très excitée et voulait continuer à travailler là-dessus. La seule chose dont elle se souvenait avoir lu à propos de Nostradamus était un vieux livre sur ses prophéties, imprimé après la Seconde Guerre mondiale, dans lequel ils tentaient d'associer tous ses quatrains à cette guerre là. Elle se souvenait avoir pensé à l'époque à quel point c'était idiot, car bon nombre d'entre eux ne semblaient même pas vraiment s'appliquer à la guerre mais avaient été mis à rude épreuve par le traducteur.

MES ÉMOTIONS APRÈS CETTE SESSION passaient par toute une gamme d'incrédulités parce que j'avais pensé que le projet serait impossible à réaliser, d'émerveillement, jusqu'à l'extase, et à l'enthousiasme pour un tel accomplissement, et une telle percée. Je sentais que si cela avait pu arriver, alors rien n'était impossible. Rien ne pouvait nous retenir maintenant car nous avions été en mesure de transcender les barrières et les limites du temps et de l'espace. Je savais que nous aurions le droit de revenir encore et encore, autant de fois que nous le souhaiterions, pour chercher et trouver des connaissances cachées. Je ne pouvais même pas concevoir ni imaginer quelles merveilleuses aventures et idées pourraient nous être réservées au-delà du portail du miroir magique.

Chapitre 8

Un homme de mystère

JE N'AVAIS PLUS EU AUCUNE NOUVELLE D' ELENA depuis son départ. Après cette formidable avancée, je lui ai écrit pour l'informer de ces développements fantastiques. Je voulais aussi lui faire savoir qu'elle était maintenant "tirée d'affaire". Elle n'aurait pas à se sentir davantage responsable de ce projet. J'en étais arrivée à la conclusion que son rôle dans tout cela avait été d'agir comme un pont, un catalyseur pour que tout débute.

Sa lettre en réponse contenait la révélation suivante: "Quelques semaines après mon départ, je savais que j'en avais fini avec ce côté des choses. Mais je savais profondément en moi que certains aspects se poursuivraient même si mon côté intellectuel n'en avait pas la compreéhension. Je sais que je dois faire son portrait, je vois de plus en plus son visage dans mon esprit. "

Le portrait est arrivé quelques semaines plus tard. Pour une raison quelconque, elle le vit portant un bonnet de laine qu'on lui avait abaissé sur les oreilles. Elle a dit que c'était un portrait difficile à dessiner et qu'elle n'en était pas totalement satisfaite. Elle était principalement déçue parce qu'elle n'était pas parvenue à reproduire l'intensité de son regard. Quand Brenda le vit, elle me dit que c'était vraiment très proche de la façon dont son esprit le voyait. Que ce soit totalement exact ou non, le fait qu'Elena ait pu reproduire le portrait d'un homme décédé depuis 400 ans est toujours un accomplissement remarquable.

Je devrais plutôt dire «soi-disant» mort parce que, lorsque j'ai commencé à converser régulièrement avec lui, le mot «mort» n'aurait jamais pu le décrire. Pour moi, il était devenu bien vivant et affichait toutes les diverses émotions mélangées qui nous façonnent en tant qu'êtres humains individuels. Par moments, il serait irrité, impatient, inquiet voire intense. Il était souvent en colère contre la façon dont les interprètes avaient traduit ses quatrains. À certains moments, il transmettait un véritable sens de l'humour. Dans ces moments-là, il plaisantait avec nous et devenait même boute-en-train. Il était en tout point une vraie personnalité. Il était aussi très humain. Je savais à tout moment que je communiquais avec un être humain vivant et physique et non avec un esprit. Il a également insisté sur le fait qu'il était très vivant, et que je ne parlais pas à un mort. Ce point était très important pour lui. Il voulait que je comprenne cela profondément. Qu'il avait juste ce talent inhabituel qui lui a permis de voir le futur et donc de communiquer avec moi. Cela signifie-t-il que la théorie du temps simultané ou parallèle est un fait? Je laisserai le soin à d'autres d'essayer d'expliquer le comment et le pourquoi de la chose, et qu'elle en est la logique. Je vais juste me contenter de mener à bien le projet qu'il m'avait assigné.

JE VOULAIS EN SAVOIR plus sur Nostradamus et j'ai donc souvent posé des questions sur sa vie. Je vais les mettre toutes ensemble hors contexte.

D: Est-ce que ça le dérangerait si je lui posais des questions sur sa vie personnelle?

B: Il dit qu'il va répondre aux questions qui lui seront possibles. Comme il n'est pas encore à la fin de sa vie, il n'en connaît pas encore toute l'histoire.

D: (Rires) Mais je suis intéressée par la première partie. Il devrait donc en être au courant. Les gens se sont toujours demandés comment vous pouviez exécuter vos traitements médicaux. Comment avez-vous été capable de contrôler la douleur et les saignements, etc. Pouvez-vous partager cela avec moi?

B: Cela dépend de la manière dont j'utilise... Parfois, j'utilise des moyens physiques, et parfois des moyens mentaux. Il semble que je pense que ça ... peu importe comment vous voulez l'appeler, là où je peux voir les choses qui vont arriver. Parfois, cela entraîne des effets secondaires, d'autres énergies invisibles qui peuvent avoir d'autres effets, comme d'atténuer la douleur ou supprimer les saignements. En ce qui concerne les moyens physiques, souvent, j'utilise ce talent pour cela aussi. Si je place mon esprit dans un certain cadre, je peux voir les énergies vitales qui traversent un corps. S'il y a un point où elles ne s'écoulent pas comme elles le devraient, si vous appuyez sur cet endroit, que vous le frottez ou que vous utilisez d'autres types de manipulation, là où elles s'écoulent librement, plusieurs fois, cela aide à éliminer la douleur. J'utilise généralement une combinaison de moyens physiques et mentaux pour contrôler la douleur lors de telles opérations. Une des choses que je fais est très efficace. Je demande au patient de m'aider. Je les mets également dans un bon état d'esprit, là où ils ne ressentent pas la douleur. Avec eux ne sentant pas la douleur de leur côté, et moi les aidant avec mon esprit et en appuyant sur les endroits lesquels il m'est possible de voir ceux qui aideront à contrôler la douleur; ce qui garde la douleur à un minimum, là où je peux opérer, sans que les nerfs du corps ne soient en état de choc.

D: Il s'agit de choses que les autres médecins ne connaissent pas, n'est-ce pas?

B: Non, ils n'ont pas ce talent que j'ai. Et en outre, tout le monde est très ignorant de ce que l'esprit est capable de faire. J'ai mené des expériences pour découvrir ce que l'esprit peut faire. C'est l'une des choses que j'ai faites avec mes étudiants. Ces études que nous faisons sur l'esprit sont à la fois médicales et métaphysiques. Ces études sont très populaires auprès de mes étudiants.

D: Je peux voir en quoi elles le seraient. Mais les autres médecins ne se demandent-ils pas comment vous pouvez faire de telles choses?

B: Ils se le demandent, mais chaque fois que j'essaie de leur expliquer, leurs superstitions les gênent et ils se mettent immédiatement à crier "à la sorcellerie". Donc je ne prends plus la peine. Je souris et hausse les épaules. Je leur sers un bizarre sourcil maussade et je les laisse s'émerveiller. Et ma réputation grandit.

D: J'aurais pensé qu'ils essaieraient de vous imiter, de vous copier d'une manière ou d'une autre s'ils savaient comment le faire.

B: Ils ne savent pas quoi faire pour me copier.

D: Ne pourraient-ils pas emprunter la technique en vous observant?

B: Non. Souvent, au début d'une opération, je regarde dans les yeux du patient pour le mettre dans un état d'esprit approprié. Je ne sais vraiment pas pourquoi je suis capable de faire ça, mais je le suis. Et ils (les médecins) ne peuvent apparemment pas se concentrer suffisamment pour faire cela.

D: Je pensais que s'ils vous entendaient parler au patient, ils sauraient que vous faites quelque chose.

B: Je murmure au patient, mais les médecins ne sont généralement pas assez proches pour entendre ce que je leur dis.

D: Que dites-vous au patient?

B: Oh, ça dépend de la situation. Généralement je leur dis de bonnes choses. Qu'ils se sentent bien, que c'est très agréable, qu'ils n'ont aucune raison d'avoir peur, que tout va bien se passer et tout ira bien par la suite, entre autres choses.

Je me suis souvenue que Dyonisos avait dit que c'était une période dangereuse et qu'ils devaient faire très attention à cause de l'Inquisition.

D: J'ai toujours pensé qu'un homme aussi puissant que vous ne serait pas en danger. Je vous considère quand même assez puissant, avec toutes tes connaissances.

B: Je suis respecté parce que je suis instruit et à cause de ma médecine, de mon travail par mon doctorat, qui fonctionnent. Je suis respecté parce que je suis considéré comme compétent. Je suis un homme bien éduqué et d'un savoir étoffé. Mais cela ne me donne pas le poids politique dont j'ai besoin pour m'assurer que de ne pas être du tout en danger. Je suis né de parents simples et normaux. Je n'ai pas de titre. À mon époque, les personnes nobles détiennent un pouvoir très réel et croient sincèrement que le roi est Dieu, ou proche de Dieu, parce que le roi a un pouvoir absolu. Et ça marche comme ça. De plus, à mon époque, l'église est également extrêmement puissante. Et je dois faire attention à cela aussi. Parce que l'église peut exercer suffisamment de pouvoir politique pour amener les rois et les nobles à faire ce qu'elle veut dans certaines situations. Donc, ma tâche est très importante. Je ne me vante pas en disant cela. Il devrait être évident pour quiconque que ma tâche est vitale. Sinon, pourquoi aurais-je cette capacité? Je l'ai eu toute ma vie. Je ne l'ai pas demandée. C'était toujours là et ça doit donc être là pour quelque raison. Dieu travaille de manière mystérieuse, et c'est l'une de ses manières les plus mystérieuses, je suppose. Et donc, je vais faire tout ce que je peux, pour aider l'humanité en général.

Nostradamus a rarement parlé à la première personne après cela. L'information a ensuite été relayée par Brenda à la troisième personne.

D: Nostradamus peut-il nous donner des informations sur les guérisons qui peuvent être appliquées de nos jours?

B: Oui, il le peut. C'est-à-dire qu'il peut essayer d'expliquer certaines des choses qu'il ferait. Si vous les trouvez applicables, vous pouvez les appliquer vous-même. Il dit qu'il a eu recours à de nombreuses techniques physiques à partir de choses qu'il a vues dans le futur. Et il disait: "Ah! Je peux le faire moi-même maintenant. Cela ne sera peut-être pas accepté par mes collègues mais je peux le faire, et cela aidera les gens. Et je vais aider les gens autant que je le peux. La plupart de ces procédures ne sont pas nécessairement complexes, mais constituent simplement des moyens d'améliorer ses chances pour parvenir à sauver certains de ses patients. Cependant, étant aussi fort psychiquement qu'il est, il dit qu'il est capable de voir mentalement ce qui ne va pas afin de savoir quoi traiter. Il utiliserait beaucoup d'énergie positive avec la personne et lui demanderait de l'aider en s'imaginant que le problème n'existait plus. Il les façonnerait en quelque sorte, et les aiderait à développer une confiance en eux-mêmes ainsi qu'en ce qu'il leur ferait. Aider les champs psychiques à être favorables aux aspects physique, mental et émotionnel de la guérison.

Même si Nostradamus ne l'appelait pas ainsi, il pratiquait évidemment une forme avancée d'hypnose associée à une acupression et à la capacité de voir les points faibles de l'aura. Il semble qu'il était un métaphysicien naturel tellement avancé, qu'il possédait également d'autres talents qu'il utilisait sans s'en rendre compte, exactement de la façon dont il le faisait, ni même sans savoir pourquoi.

D: Est-ce qu'il a déjà utilisé les couleurs comme facteurs de guérison?

B: Oui, vraiment beaucoup. Il dit qu'une des choses qu'il ferait pour aider à créer une bonne atmosphère est que, en utilisant un prisme, il montrerait les couleurs de la lumière à un patient. Il démontrerait comment ce qui semble être de la lumière blanche contient d'autres couleurs. Il leur indiquerait une des couleurs et leur demanderait d'imaginer qu'ils se tenaient dans une lumière de cette couleur qui les éclairerait. Quelle que soit la couleur requise pour obtenir le résultat souhaité, cela aiderait à équilibrer leurs champs psychiques.

D: Est-il au courant de la méthode que j'utilise pour le contacter?

B: Il dit qu'il ne le sait pas précisément mais il a le fort sentiment que c'est similaire à certaines des méthodes qu'il utilise pour soigner.

D: Oui, la méthode que nous appellons "l'hypnose" à mon époque.

B: Il me dit qu'il a utilisé cette méthode pour aider à réduire la douleur chez les personnes.

D: C'est également utilisé pour cela à notre époque. Mais il a aussi beaucoup d'autres utilisations.

B: Il dit que c'est la plus fantastique. C'est un outil pratique et il est heureux de la savoir non perdue à travers les âges.

D: Il sait peut-être l'utiliser mieux que nous et il a peut-être des utilisations que je ne connais pas. Mais j'ai découvert cette méthode d'utilisation pour contacter des personnes à travers le temps. Cela fonctionne avec le mental et le mental est une création vraiment merveilleuse.

B: Il dit qu'il n'y a vraiment aucune limite à ce qui peut être fait avec le mental.

D: C'est dommage que les autres de son temps ne puissent pas apprendre ces choses. Cela ferait tellement de bien.

B: Ils pourraient l'apprendre, mais ils ne le feront pas. C'est sur ce point que Michel de Notredame ressent une grande douleur. Il sait que son peuple peut faire tellement de choses qui amélioreraient son sort. Mais ils ne le savent pas ou ne le peuvent pas car ils n'en ont pas la connaissance, ou ne peuvent pas la gérer, ou encore, ils sont simplement maintenus dans l'ignorance. Cela l'attriste beaucoup.

D: Oui, c'est l'époque où il vit et nous n'avons aucun contrôle sur ça. Je me demandais où il avait appris à faire de telles choses. A-t-il reçu une formation de quelqu'un?

B: Il dit qu'il avait toujours été un peu bizarre et que les visions du futur étaient toujours avec lui. Il regardait les gens et voyait des visions super-imposées sur ce qui allait se passer pour eux. Et il s'est rendu compte qu'il pourrait utiliser ce cadeau pour aider les gens. Alors il a commencé à rechercher plus de connaissances et une formation. Il dit qu'il n'y avait pas grand-chose à trouver. Il a découvert la plupart de ce qu'il fait, seul. Il avait trouvé qu'il était capable de bien se concentrer s'il fixait une flamme de bougie. Et donc, il a pensé que ça serait encore mieux s'il utiliersait une lampe à alcool pour brûler de l'alcool ou quelque chose de similaire, afin d'obtenir une flamme plus pure.

D: Les gens ont pensé qu'il avait peut-être voyagé et appris ces choses-là auprès d'excellents professeurs dans d'autres pays.

B: Il dit qu'il a étudié avec quelques professeurs mais pas en aussi grande quantité que ce que l'on pense. La plupart de ses enseignements ont été donnés par de grands professeurs sur l'autre plan. Il dit parfois que lorsqu'il était en méditation, il recevait des connaissances. Mais il semble être assez confus quant à l'endroit où il a reçu le miroir. Il dit qu'il ne sait pas vraiment comment cela s'est passé. Il semble penser qu'un être quelconque d'un autre plan ou d'une autre dimension le lui a conféré, afin de pouvoir établir un contact entre différents plans.

D: Je me demandais comment il l'avait trouvé.

B: Il dit qu'il ne l'a pas trouvé. Un jour, il était en train de méditer et il a vu cet être debout devant lui, lui parlant et lui enseignant. L'être lui a dit qu'il serait capable de reprendre contact avec lui et d'autres plans de conscience quand il le voudrait. Et Nostradamus demanda: "Comment? Je ne suis pas déjà encore tant discipliné que cela." Et l'être lui a dit: "Vous le saurez quand vous reviendrez à la conscience normale." Quand il est revenu à la conscience normale, le miroir était couché devant lui.

D: Alors, il ne savait vraiment pas d'où ça venait.

Au début d'une session, elle annonça:

B: Il a eu un peu de difficulté à se rendre au lieu de rendez-vous cette fois-ci, mais il pense que ses problèmes ne devraient pas interférer avec ce qu'il veut faire avec vous.

D: Pourquoi, a-t-il eu des problèmes?

B: Je ne suis pas sûre qu'il sache ce qui s'est passé. Il soupçonne que cela a peut-être quelque chose à voir avec certains des sceptiques qui l'ont interrogé. Ils ont mis en place des forces et des influences négatives qui pourraient interférer avec ce qu'il essaie de faire. Il dit que les sceptiques sont aussi éternels que les mauvaises herbes et à peu près aussi viables. Il a en quelque sorte "reniflé" à ce moment là, et a secoué la tête.

D: Le questionnent-ils sur son travail médical ou sur son travail avec les prophéties?

B: Les deux.

D: Je peux comprendre parce que parfois, je reçois aussi des commentaires négatifs. Je ne peux probablement pas vraiment apprécier sa position, mais j'essaie.

B: Il apprécie votre compréhension, mais il dit que vous devez réaliser qu'il doit faire face à beaucoup plus d'ignorance que vous n'avez jamais eu à essayer de le concevoir. Il dit que certains types d'ignorance sont les mêmes à travers les siècles et que d'autres ont changé, mais que c'est la vie.

D: At-il déjà été mis en danger par l'église à cause de ce qu'il fait?

B: Il dit que des menaces lui ont été proférées. Différents membres de l'église essaient de le manipuler et de le convaincre de le faire. Mais il dit qu'il a réussi à les déjouer et à demeurer sa propre personne.

D: Est-ce qu'ils ont essayé de lui faire prédire des choses pour l'église?

B: Ils ont essayé de le convaincre de ne pas publier certaines prédictions. Ils ont essayé de le prendre au piège avec certaines d'entre elles, en essayant de faire croire que c'était comme s'il avait commis une hérésie. Ils ont essayé de le corrompre et de le faire chanter avec de l'argent. Et ils ont même essayé d'obtenir de lui de modifier certaines prévisions pour répondre à leurs besoins. Il dit que l'église n'est pas une institution religieuse. C'est l'une des plus grandes institutions politiques de la planète. Et donc, ils ont vraiment - il m'a emprunté une phrase à ce stade - Il dit qu'il s'en moque, il ne leur donnera pas une seule figue. Quand il a vu cette phrase dans ma tête, il m'a demandé ce que c'était une figue. (Rires) L'église ne donne aucune idée des aspects religieux. Il dit qu'ils utilisent cela pour aider à faire de la manipulation politique. Et ils le font pour que les choses soient à leur convenance.

D: Est-ce qu'il veut dire qu'ils pourraient essayer de changer les quatrains?

B: Oui, ça aussi. Puisqu'ils veulent les changer de toute façon et qu'ils ne vont pas se faire prendre à essayer, il sait que s'il les prononce comme il le fait, cela n'aura pas vraiment de sens pour les prêtres et ceux qui le liraient. Donc, ils ne sauraient pas où les changer comme ils le désirent.

D: Très intelligent. Mais certains d'entre eux ont peut-être été modifiés. C'est ce que nous allons essayer de découvrir.

B : Il dit autant qu'il peut en juger, les prêtres n'étaient vraiment jamais très efficaces pour changer ses quatrains. Certains des changements qui ont eu lieu sont dûs à une mauvaise composition plutôt qu'à des erreurs délibérées. Il suppose que nous savions également que la traduction en avait été très mauvaise.

Il dit que chaque fois qu'il regarde l'avenir, les endroits où il ne se passe rien d'important paraissent lisses comme de la soie. Mais dans les endroits où il se passera quelque chose d'important, cela ressemble à un faux plis dans le tissu, un enchevêtrement dans le tissu avec tous les fils emmêlés. Cela attire son attention, et il regarde de plus près pour voir ce que c'est. Il entrevoit ce qui s'y passe à travers les différentes boucles et noeuds des fils qui se coincent dans la trame. Et les événements de plus grande taille créent une plus grande confusion et il est donc plus facile de les repérer. C'est une autre raison pour laquelle un si grand nombre de ses quatrains ont à faire avec des choses navrantes, comme la guerre. Parce qu'il est très évident de les repérer et qu'il est parfois difficile de se déplacer dans ces endroits à temps sans passer par certaines de ces choses et de voir ce qu'il y arriverait. Il dit que c'est difficile à expliquer mais il essayera de temps en temps, comme tout à l'heure, d'expliquer ce qui se passe quand il regarde dans le temps.

D: La traductrice dans le livre que j'utilise dit qu'il a eu l'idée d'avoir écrit les quatrains en latin dans leur forme originale avant de les traduire en français. Est-ce vrai?

B: Il dit que l'état de la situation était tel que sa conscience ressemblerait à une page blanche sur laquelle on pourrait écrire et que les mots sembleraient l'aider à déchiffrer les concepts qu'il verrait. Il ne serait pas vraiment conscient au moment de la langue dans laquelle il s'exprimerait avant de les avoir déjà écrits. Ils étaient souvent en latin, mais pas toujours. Ensuite, il les traduirait en français car il écrivait ceci pour les gens ordinaires et non pour le clergé.

D: Alors il ne serait pas vraiment conscient de tout ce qu'il aurait écrit jusqu'à ce qu'il soit sorti de transe?

B: C'est exact. Il dit que pendant qu'il était en transe, il avait le contrôle de ses mains pour écrire, mais il ne savait pas pourquoi il écrivait. Les forces de derrière le miroir guideraient sa main. Lors de son retour, il savait ce qu'il avait vu mais il n'avait pas connaissance de ce qu'il avait écrit.

D: Ensuite, le puzzle dans lequel il les a construits; l'a-t-il créé pendant qu'il était en transe ou alors qu'il était conscient?

B: Pendant qu'il était en transe.

D: Ainsi, il n'a pas consciemment inventé ces énigmes.

B: Non. Il dit qu'il était capable de le faire, et il a souvent fait sa correspondance privée de cette manière, mais ce n'aurait pas été à un tel degré de complexité, que cela a été fait pendant qu'il était en transe. Quand il était de retour du miroir, il dit qu'il était très étonné de la complexité du puzzle. Il en connaîtrait ainsi toutes les significations, et les graduations dans leur signification ainsi que les subtilités sous entendues de ce qu'il avait vu. Mais il dit qu'il y a un autre élément, autre que son esprit conscient, qui est bien meilleur pour la manipulation des mots dans ces énigmes. Il dit que lorsqu'il est en transe, il verrait plusieurs choses, une scène après l'autre. Et quand il serait sorti, parfois, un seul quatrain aurait été écrit. Et il verrait cela même, s'il avait vu plusieurs événements différents qui étaient tous liés à ce même quatrain.

D: Ils sont tellement compliqués. Il semblerait que cela dépasse les capacités d'une personne moyenne. Il faudrait être un maître en casse-tête. Je peux maintenant apprécier un peu plus les difficultés pour les être humains moyens pour les déchiffrer.

B: C'est bien vrai. Il dit que c'est la raison de l'importance de ce projet. Aider un être humain à rétablir le contact avec cet aspect de l'existence, qui lui, pourrait aider à interpréter ces quatrains.

Cela ressemblait à un cas remarquable d'écriture automatique. Beaucoup de gens sont capables de le faire quand ils sont éveillés ou en transe, et souvent, les choses qui leur sont complètement étrangères seront ainsi communiquées à leur individu. On a fait valoir qu'il s'agissait simplement du subconscient de la personne au travail et non d'une entité distincte manipulant sa main. On pourrait ici débattre de ce qui se passe dans le cas de Nostradamus.

D: Au cours de l'histoire, des dirigeants différents ont parfois essayé de changer certaines des significations pour indiquer qu'il prédisait des choses à leur sujet.

B: Oui Il en rit, et dit que c'est un jeu courant que l'on trouve chez les dirigeants des hommes.

D: Ses énigmes, les anagrammes et les différentes significations du mot créent également des problèmes.

B: Il dit que c'est l'une des raisons pour lesquelles il est heureux de pouvoir maintenant lancer ce projet.

C'était vrai. Il l'avait vraiment initié. L'idée ne me serait jamais venue à l'esprit. J'avais été très surprise lorsqu'il avait commencé à me parler par l'intermédiaire d'Elena.

B: Il dit qu'il savait que tu le serais, mais il savait aussi que tu serais ouverte à la communication, ce qui était à son avantage.

D: Oui, à cause de ma curiosité, je ne laisserais pas passer une telle occasion. (Rire) Il en a choisie une qui est très curieuse.

B: Il dit de lui donner une personne curieuse n'importe quel jour de la semaine plutôt qu'une personne sure d'elle-même. Parce que quelqu'un qui est sûr de lui-même s'est emmuré, et qu'il est content parce qu'il sait déjà tout. Mais le curieux dit: "Je sais peut-être pas mal de choses, mais il y a toujours plus à apprendre, et je veux savoir ce qui fait que quelque chose puisse arriver."

D: Alors il me comprend. Pourquoi est-il si important pour lui de faire traduire ces quatrains correctement à notre époque, en particulier?

B: Il dit à quoi sert une prophétie si les paroles sont fausses? Une prophétie doit être exacte pour que cela puisse faire du bien. Quand vous prévoyez l'avenir et que vous prophétisez d'aider les personnes impliquées, comment pouvez-vous les aider si elles ne savent pas vraiment ce que vous essayez de leur dire? S'ils n'entendent pas l'avertissement tel qu'il est énoncé, comment peut-il y avoir quelque chose à faire?

D: C'est vrai. Parce que ses quatrains sont si obscurs, la plupart de ses prophéties ne sont pas comprises tant qu'elles ne se sont pas produites, alors il est trop tard pour elles.

B: Il a juste haussé le sourcil et a souri en disant: "Eh bien, nous savons qui est à blâmer pour cela." Je pense qu'il fait référence à l'Inquisition ou à l'église. Il a dit que l'un des problèmes était que les choses qu'il essayait de décrire étaient bien au-delà du savoir-faire ... Au-delà de la connaissance de l'humanité, et il n'avait qu'un vocabulaire limité pour les décrire. Elles sont tellement au-delà de ce dont les gens ont la connaissance, qu'ils n'ont pas reconnu ce qu'il essayait de décrire avant de l'avoir vu, car il avait décrit tant de choses que l'humanité n'avait jamais connues auparavant. Alors ils n'auront aucun moyen de les identifier avant qu'elles ne soient déjà connues de l'humanité.

D: Oui, et ensuite ils disent: "C'est ce qu'il voulait dire." Mais c'est aussi vrai de la Bible. Cela devait être écrit sous forme de symboles, car parfois, les choses qu'ils voyaient étaient trop difficiles à comprendre.

B: Oui Il indique également un prophète mineur dans l'Ancien Testament et il rigole. Il dit que ce petit prophète a également prédit certaines des choses qu'il avait prédites lui-même, en ce qui concerne les réalisations technologiques. Et pour une raison quelconque, il trouve cela amusant.

D: Qui était ce prophète mineur?

B: Je reçois le nom de Sophonie. Y a-t-il un Sophonie?

D: Je pense bien que oui. Bien sûr, certains de ses écrits ont peut-être été retirés de la Bible.

B: C'est vrai.

Je pensais qu'il aurait pu vouloir dire Zacharie. Je ne pensais pas avoir jamais lu un de ses livres, appelé Sophonie. Plus tard, lorsque j'ai cherché, j'ai trouvé qu'il ne comportait que quelques pages. C'était une longue histoire de masses destructions amenées par la colère divine.

D: Dis-moi s'il se sent fatigué.

B: Il dit qu'il tient le coup jusqu'à présent. Il ne sait pas combien de temps il pourra durer aujourd'hui car la connexion de communication ne semble pas être aussi claire qu'elle l'était la dernière fois. Et il doit travailler plus fort pour faire passer les images. Mais c'est un projet important pour lui, alors il dit que cela ne le dérange pas de se pousser un peu, si besoin en est.

D: Je ne veux pas qu'il se blesse. Je suis très préoccupé par cela.

B: Il dit qu'il a mis en place ce système dans lequel il lui serait impossible de s'endommager de façon permanente. S'il commence à pousser trop loin, il sera ramené à ... Je voudrais l'appeler son "laboratoire". Et il dit qu'il peut avoir mal à la tête pendant quelques jours et avoir des vertiges, mais ça passera. Il dit qu'il s'agit de l'une des raisons pour lesquelles il s'est connecté à cette méthode de communication. Il savait qu'il y avait plusieurs façons d'ajuster la communication et de contacter notre époque. Mais il voulait s'assurer d'avoir des contacts avec ceux qui pourraient travailler avec une telle connaissance sans s'endommager ni pervertir ce qu'ils y découvrent.

D: Oui Il pourrait y avoir beaucoup de mauvaises choses faites au travers de cela, à bien des égards. Et, il y a aussi d'autres personnes qui ne se soucient pas du véhicule. Je suis très prudente de cette façon.

B: Il dit que c'est très important. Les bons véhicules sont difficiles à trouver et vous devez prendre grand soin de ceux que vous trouverez.

D: Et je ferai aussi très attention à la façon dont je note ces choses, pour être aussi fidèle que possible à ce qu'il dit.

B: Il dit qu'il apprécie les soins que vous allez prendre. Cela vous causera des problèmes, mais il dit qu'apparemment vous auriez accepté de le faire avant de vous incarner dans cette vie. Depuis que vous avez accepté de vous y ateler, les forces de l'univers sont derrière vous de telle sorte que vous ayez toute la protection dont vous aurez besoin.

D: D'accord, parce que je suis bien trop curieuse pour tout laisser tomber maintenant.

Cette question a été posée par un observateur lors d'une des sessions. Je ne savais pas qui était Catherine de Médicis. Plus tard, quand j'ai commencé à faire des recherches, j'ai découvert qu'elle était la mère de trois rois de France et qu'elle a exercé beaucoup de pouvoir derrière le trône. Elle demandait souvent à Nostradamus de lui dire ce qu'il prévoyait pour l'avenir de ses fils et de leur pays.

John: Connaissant un peu votre vie, comment était-ce de rendre un service à Catherine de Médicis, la mère de rois à cette époque?

B : Il secoue la tête et il rigole. Il dit que c'était parfois comme de marcher sur une corde raide au-dessus d'un feu. Qu'elle avait l'esprit vif et qu'il était intéressant d'être là. Mais vous n'auriez jamais su quelle direction elle allait prendre dans un prochain virage. Il a dit qu'elle était très habile et qu'elle n'avait que les intérêts de sa famille en tête, ainsi que la manière dont ils pourraient gagner avant tout plus de pouvoir. Il dit qu'elle était très manipulatrice. Mais elle devait l'être pour exercer le pouvoir et le contrôle dont elle avait besoin. Il dit qu'elle aurait vraiment dû naître homme. Mais elle est née femme et, à l'époque, dans sa culture, elle devait recourir à divers moyens pour exercer l'influence qu'elle estimait devoir exercer. Il dit qu'avec la combinaison du type d'horoscope qu'elle a eu et du type de karma qu'elle a eu pour cette vie, c'était un résultat très interessant. Quand il est avec elle, il doit toujours exercer sa meilleure diplomatie et parler avec des paroles douces, mais toujours avec le ton de la vérité, car si elle pensait qu'il essayait de biaiser ou de mentir sur quelque chose, elle serait très contrariée.

J: Elle semble être une personne difficile à gérer.

B: Elle l'était. Il dit qu'elle aurait été une amie beaucoup plus intéressante, une personne avec laquelle on pourrait vraiment avoir des échanges mentaux passionnants, si ce n'était pour le fait de sa position.

D: Je serais très intéressée par sa vie personnelle. Je ne sais pas si je serais vue comme indiscrète si je posais des questions sur ce sujet.

B: Il ne semble pas très bien à l'aise avec l'idée. Il est géné. Il demande pourquoi tu veux savoir de telles choses? Ce n'est pas important pour notre projet. Cela n'a rien à voir avec ce que nous avons à faire.

D: Des biographies ont été publiées sur sa vie et je me demandais si elles étaient correctes. Je voulais obtenir des faits pour renforcer ces sujets.

B: Il dit que peu lui importe qu'elles soient ou non correctes. Il se moque bien qu'elles racontent les mensonges les plus odieux sur sa vie, tant qu'elles traduisent correctement ses quatrains. Il dit aussi qu'il est temps pour lui de partir. Je soupçonne, moi, le véhicule, qu'il souhaite se soustraire à d'autres questions de cette nature.

D: C'est bien entendu. Je ne voulais pas le contrarier. Mais nous avons des esprits étant également curieux sur lui en tant que personne, aussi bien que en tant que prophète. Je ne sais jamais si je pose une question incriminante.

B: Je ne pense pas qu'il a été offensé. Il m'est très facile de voir quand il est offensé à propos de quelque chose. Cela semble faire écho dans le corps du véhicule.

Nostradamus a non seulement fait de chaque quatrain un casse-tête individuel, mais a aussi compilé le livre entier comme un casse-tête gigantesque. Il semble n'y avoir aucun ordre discernable à leur arrangement. Au moment où j'ai posé cette question, nous en avions traduits plus de 100 et j'essayais de décider comment les organiser.

D: J'essaie de mettre ces quatrains que nous avons couverts dans une sorte d'ordre. Chronologiquement, si possible. Et c'est un énorme travail.

B: Il est de bonne humeur cette fois et quand vous avez dit que vous vouliez les mettre en ordre, il a demandé facétieusement: "Un ordre logique ou un ordre illogique?"

Je l'ai apprécié à chaque fois qu'il était d'humeur à plaisanter avec moi. C'était tellement mieux que d'être sous une critique quelconque pour avoir fait des commentaires superflus.

D: (rire) Y a-t-il une différence?

B: Il dit que cela dépend de votre point de vue.

D: (Rires) Eh bien, c'est déjà un travail suffisamment important d'essayer de les classer dans une sorte d'ordre chronologique.

B: Il dit qu'un ordre chronologique serait une façon logique de le faire. Une façon de le faire qui serait un ordre illogique est de les classer par ordre alphabétique en fonction du premier mot du quatrain.

D: (Rires) Ou la façon dont il l'a fait. Ce que je pense était illogique.

B: Il dit que c'était assez logique. C'était basé sur des principes mathématiques fins et précis définis par le lancement des dés.

D: Était-ce ainsi qu'il avait résolu l'ordre dans lequel les mettre?

B: Je ne suis pas sûre. Il est "d'humeur tapageuse" ce soir. Il est de très bonne humeur.

D: (Rires) Je pensais juste qu'il les avait tous jetés ensemble et les avait mélangés comme un jeu de cartes. Et dit, c'est comme ça qu'ils vont aller. C'en est le niveau où ils prennent un sens pour moi.

B: Il dit en fait que ce qu'il a fait, c'est de les mettre en six piles, chacune correspondant à un côté du dé. Et il lançait les dés, et quand il obtenait un double numéro, il en prenait un au hasard dans cette pile définie par ce nombre, et il le plaçait à côté de son livre. Mais s'il obtenait deux nombres différents, il les additionnerait puis les diviserait au niveau de la décimale afin de trouver un autre nombre, dans le but de choisir un au hasard dans une autre pile.

D: Je suppose que c'est un aussi bon système que n'importe quel autre. Je ne savais pas qu'ils avaient des dés à son époque.

B: Il dit que les dés existent depuis des siècles. Leur forme et leurs dimensions peuvent changer de temps en temps mais leur principe en est le même. Il les a appelés des dés parce que c'est ce que nous avons, qui soit lié à ce qu'il ait utilisé;

D: Je pensais que peut-être, quand j'aurais finalement terminé ce projet, je verrais une sorte de modèle qu'il avait utilisé, peut-être en utilisant les mathématiques, s'il y en avait un.

B: Il dit qu'il existe sans aucun doute un modèle, mais il serait plutôt difficile de le trouver. Et il dit: ne vous inquiétez pas si vous ne le trouvez pas. Car il essayait de le rendre délibérément obscur afin de rendre difficile pour certaines parties - et ce sont ses paroles - que ces certaines parties ne comprennent que difficilement ce qu'il disait.

D: D'accord, alors il ne faut pas que je m'attende à trouver un modèle. C'est comme les mélanger et de les jeter.

B: Il dit qu'il y a un modèle ici. C'est simplement que c'est trop complexe mathématiquement pour que les gens ordinaires puissent le voir.

D: Eh bien, c'était la question principale que je me posais: comment avait-il décidé de leur agencement.

B: Il dit qu'il espère que ses élaborations vous ont aidé dans cette tâche.

D: Mais vous pouvez voir le travail que vous m'avez confié maintenant, essayer de les réorganiser dans l'ordre dans lequel ils sont censés d'être.

B: Il dit que l'ordre chronologique est suffisant.

D: Parfois, c'est difficile à comprendre. C'est compliqué parce qu'ils font souvent référence à plus d'un événement et qu'ils se situent à des différentes périodes.

B: Il dit, qu'alors vous les placez deux fois. Un pour chaque période.

D: C'est ce que j'ai essayé de faire, de me référer d'avant en arrière entre tous les différents. C'est difficile. C'est un gros travail à faire.

Apparemment, c'était la mauvaise chose à dire. À ce stade, Nostradamus m'a interrompu. Brenda a commencé à parler très vite, comme s'il était très agacé.

B: Il dit qu'il ne veut pas entendre parler de vos difficultés pour écrire. Il dit, il a appris à ce stade que vous, les gens du 20ème siècle, avez une vie si facile. Vous n'appréciez pas à quel point vous l'avez facile. Je ne veux rien entendre. L'Inquisition ne la surveille pas tout le temps. Elle n'a pas à tout mettre en énigmes pour conserver son corps et son âme connectés. En général, elle ne fait que de se plaindre. Elle n'a pas à faire ceci, elle n'a pas à faire cela. Je ne veux pas l'entendre. Je veux faire ce projet. Il dit que les plaintes que vous avez à propos de ce qui vous empêche d'écrire sont vraiment très minuscules et sans importance en comparaison des problèmes qu'il a quand il écrit.

Je devais rire; l'explosion m'avait complètement prise au dépourvu. Il pouvait souvent afficher des changements d'émotions inattendus. Je n'avais certainement pas voulu le contrarier.

D: Et mon matériel d'écriture est beaucoup plus facile à utiliser.

B: Exacte.

D: D'accord. Je m'en excuse. C'est la partie sur laquelle je dois travailler.

B: Oui, il dit que c'est ton problème. Il dit, je ne peux pas tout te donner pour tes livres, tu sais. Vous devez y mettre un peu du votre.

Je me sentais à nouveau comme une écolière, me faire gronder durement par un professeur. Suffisamment réprimandée, je pouvais néanmoins ressentir un sentiment d'affection et de compréhension sous son attitude bourrue. Il avait raison; il avait fait sa part dans ce projet il y a 400 ans. Cette partie devait être de ma responsabilité.

Il le faisait souvent quand je lui demandais quel était l'ordre de certains quatrains et leurs relations les uns avec les autres. Il dirait qu'il n'interprète que le quatrain avec lequel nous travaillons en ce moment. Les assembler était mon problème. Donc, il ne m'a certainement pas simplement donné toutes les réponses.

Note: Plus d'informations ont été données sur le système de numérotation des quatrains en 1994 lorsque la question a été posée à nouveau pour une émission de télévision. Ceci est présenté dans l'addendum à la fin de ce livre qui a été ajouté lors de la réimpression de 1996.

Seconde Section

La Traduction

Chapitre 9

La traduction commence

D: Dois-je compter ou seras-tu capable d'aller là-bas et de voir si tu peux le trouver à travers le miroir?

B: Assied-toi tranquillement et médite sur quelque chose pendant un moment et je pourrai m'y rendre et le faire. Je te le ferai savoir quand tout sera prêt. Je me concentre maintenant sur son lieu de résidence. Il est dans son - je vais appeler ça son laboratoire. C'est une combinaison de laboratoire et lieu d'étude. Il se concentre là-bas sur le miroir. "Michel de Notredame, je suis revenue. Il est temps pour nous de nous revoir, si tel est votre souhait." (Pause) Il dit qu'il nous rencontrera au lieu de rendez-vous. (Pause) Très bien. J'y suis et il s'y trouve également.

Il me dit de lire le quatrain et de faire une pause légèrement entre chaque ligne pour laisser le temps au communicateur de bien assimiler les phrases afin qu'il puisse communiquer les concepts.

D: Je sais que vous allez essayer de traduire dans nos termes. Mais dis-moi d'abord comment le dit-il, pour que je puisse mieux comprendre sa façon de penser.

B: Dans cet endroit spécial, nous n'utilisons pas des mots en tant que tels. Je dis "il dit ceci et cela" et je veux dire en réalité qu'il communique ceci ou cela. Il communique principalement avec des images mentales avec une sensation de mots sous-jacente, si cela prend un quelconque sens pour toi. Je ferai de mon mieux. Il dit que chaque petit geste aide. Cela ne le dérange pas si les morceaux doivent être petits parce que c'est un fardeau pour lui de venir ici. Donc, il dit que tant que nous continuerons dans cette voie, le travail sera fait.

D: J'aimerais néanmoins qu'il y ait un moyen plus rapide de faire tout ça.

B: Il dit que si cela doit être fait, ce sera fait. Le fait que nous puissions tout aussi bien avancer à un rythme confortable et que nous tous impliqués ainsi dans ce processus fassions de notre mieux.

D: Veut-il que je commence par le début du livre, que je choisisse quelques quatrains au hasard, ou dites moi comment?

B: Laisse-moi le lui demander. (Pause) Pour commencer, choisis celui qui te semblerait être le premier. Il dit de tranquiliser le corps et puis de tranquiliser l'esprit et ensuite de regarder dans ton fondement intérieur, c'est là que réside toute la sagesse. Et en suivant les instructions, tu seras en mesure de choisir le bon. Il parle en circonvolutions. Je ne comprends pas vraiment mais c'est ce qu'il dit.

D: Je voudrais lui dire que le livre que j'utilise contient les traductions française et anglaise, et qu'il est divisé en centuries. Il y en a dix, et chacun contient 100 quatrains. Était-ce la façon dont il l'avait désiré?

B: Il a dit: "Bien sûr, c'est comme ça que je l'ai arrangé. C'est comme ça que je l'ai mis sur le manuscrit."

D: Je pensais que c'était peut-être un arrangement dans lequel quelqu'un leur aurait remis plus tard.

B: Il dit: "Je répète que c'est la façon dont je l'ai mis dans le manuscrit."

D: Mais un siècle n'en contient pas cent.

B: Non. Il dit qu'il le sait. Il l'a arrangé en siècles par commodité. Mais tous les siècles n'ont pas été complets car il n'a pas été en mesure de clarifier les filières temporelles pour toutes les obtenir.

D: Je voulais juste être sûre que quelqu'un d'autre ne l'ait pas falsifié. Donc, cela nous en donnerait presque mille. C'est pourquoi ce serait très difficile de commencer par le début et d'aller jusqu'au bout. Cela prendrait énormément de temps.

Plus tard, c'est exactement ce que nous avons fini par faire. Après avoir choisi une centaine de quatrains au hasard, nous avons décidé de nous organiser davantage. A cette époque, j'ai commencé au début du livre et les ai pris dans l'ordre. Même en utilisant cette procédure, il ne semblait pas y avoir d'ordre logique en ce qui concerne la séquence temporelle.

D: Serait-il capable d'élaborer plus tard sans l'utilisation des quatrains? Ou bien, a-t-il besoin d'eux pour se concentrer, pour ainsi dire?

B: Il dit qu'il pense qu'il aura probablement besoin d'eux pour s'aider à se concentrer, car il doit communiquer de manière indirecte. Parfois, il peut être capable d'improviser mais il dit qu'il ne va pas compter là-dessus.

D: Ensuite, nous avons besoin des quatrains pour l'aider à se souvenir de ce qu'il a vu.

B: Bien, pas nécessairement pour l'aider à se souvenir de ce qu'il a vu, mais pour l'aider à se concentrer de manière à ce que je puisse communiquer ce qu'il essaie de dire. Il dit que s'il a parfois l'air impoli, ce n'est pas parce qu'il a quelque chose contre vous ou moi, le communicateur, personnellement. C'est juste qu'il essaie de parvenir à faire le travail requis. Il a dit que parfois vous mettiez trop de commentaires superflus entre les quatrains ou pendant qu'il essayait de penser. Si parfois il vous dit de l'arrêter, ce n'est pas parce qu'il est méchant, parce qu'il est extrêmement reconnaissant pour ce contact de communication. C'est juste qu'il y a tellement d'informations à faire passer qu'il devient parfois impatient. Surtout quand il essaie de faire passer une idée et de parler, et que vous parlez aussi. (Je me suis excusée.) Il dit de ne pas vous inquiéter. Chaque fois que de nouvelles expériences sont essayées, des solutions doivent être trouvées. S'il y a quelque chose qu'il ne comprend pas, il posera des questions à ce sujet. Et il dit que vous n'avez pas besoin de vous excuser autant.

D: D'accord. Mais je le crains beaucoup et je ne veux pas qu'il se fâche avec moi.

B: Il dit qu'il est content d'avoir des complices.

D: Ce n'est pas agréable de faire ça tout seul, n'est-ce pas?

B: Il dit que cela peut aussi être fait. C'est seulement plus difficile.

D: Je veux dire ... c'est solitaire.

B: Il dit que lorsqu'il est préoccupé et soucieux de choses plus élevées, la solitude ne l'inquiète pas.

Il y a eu beaucoup d'essais et beaucoup d'erreurs commises au début quand j'ai commencé à lui présenter les quatrains pour la traduction. Après de nombreux tâtonnements, j'ai appris la procédure qu'il voulait utiliser. Pendant ce temps, j'ai commencé à savoir que lorsqu'il communiquait mentalement avec Brenda, il m'a été dit de cesser de plaisanter et d'interrompre. On m'a demandé de lire le quatrain lentement, en faisant une pause entre chaque ligne. S'il y avait des mots qu'il ne comprenait pas, et comme il y en avait beaucoup, je les épellerais pour lui en anglais et en français. C'étaient généralement des noms propres ou des mots qu'il utilisait pour des anagrammes. Ensuite, on me demandait souvent de répéter tout le quatrain. J'attendrais ensuite quelques secondes que la traduction commence à passer. Je devais retenir mes questions maintes fois parce qu'il n'aimait pas voir son train de pensées interrompu. Je me suis d'abord demandée si je l'avais offensé avec mes efforts tâtonnants, mais il a répondu que ce n'était pas un problème. Il était si intense parce qu'il essayait de faire beaucoup de choses en peu de temps.

C'est incroyable de voir à quel point j'ai pu rapidement accepter ce projet inhabituel. Comme il est facile pour l'étrange de devenir banal. Il a semblé bientôt aussi normal de converser avec Nostradamus à travers 400 ans de temps et d'espace que de parler à une voisine par téléphone.

Après les premières sessions, les traductions sont devenues beaucoup plus détaillées. Au début, je ne pouvais faire que quatre quatrains par session. Plus tard, lorsque nous nous sommes installés dans une routine, nous avons été en mesure d'en traiter de six à huit et parfois même jusqu'à dix.

Les premiers quatrains que j'ai utilisés pour cette expérience ont été choisis au hasard. J'ai choisi ceux qui m'ont impressionné pour une raison quelconque. Les plus difficiles m'intriguaient; les quatrains, ceux dont les experts n'ont jamais trouvé d'explication. Je pensais que cela rendrait ce projet encore plus difficile. J'ai également choisi ceux qui, selon les traducteurs, appartenaient à notre avenir. Après en avoir achevé une centaine, je suis devenue plus systématique, j'ai commencé au début du livre et ai procédé de manière plus organisée. À partir de ce moment-là, nous étions devenus si habiles à tout cela que nous couvrions jusqu'à 30 quatrains en une séance d'une heure.

Je n'ai jamais douté d'être vraiment en contact avec le Nostradamus physique pendant qu'il est de son vivant en France au cours des années 1500 parce qu'il se voit imposer des limitations physiques. Il ne peut rester en contact avec moi pour plus qu'une heure avant de devoir retourner dans son corps physique. De toute évidence, il se fatigue vers la fin de la session et dit qu'il doit partir. Parfois, il part brusquement sans avertissement. Dans de tels moments, je soupçonne qu'il est devenu tellement absorbé qu'il dépasse sa limite de temps par accident. Ou quelque chose aurait pu se passer à la fin de la connexion qui l'ait, ramené dans son corps.

Il a dit que s'il restait trop longtemps, il aurait des symptômes physiques, des maux de tête et des vertiges pour le reste de la journée. Mais il est tout à fait disposé à les subir s'il veut que le travail soit fait. Puisque je ne voudrais pas lui causer de gêne, je respecte ses exigences. De toute façon, je ne pouvais pas le retenir parce que, quand il se préparait, il partait. Je sais que cela n'arrive pas parce que mon sujet, Brenda, est en train de se fatiguer, car souvent, après le retour de Nostradamus dans son corps physique, dans son laboratoire, nous continuons à travailler sur autre chose. .

Une fois que le contact initial a été établi et que les instructions ont été scrupuleusement suivies, il s'est avéré être une tâche étonnamment simple de rencontrer Nostradamus sur notre lieu de rendez-vous spécial. À partir de là, nous avons commencé un projet très ambitieux, un projet pour lequel je n'aurais jamais fait de bénévolat: la traduction de ses quatrains en langage moderne.

Elena avait été empêchée de relayer ses significations parce qu'elle examinait également les prophéties du point de vue de son élève au 16ème siècle, Dyonisos. Les choses que Nostradamus lui avait montrées étaient mystifiantes et effrayantes, et Dyonisos ne pouvait trouver aucun mot dans son expérience limitée pour les décrire fidèlement. Il devait aboutir à un symbolisme grossier pour tenter de transmettre leurs significations. Brenda n'était pas autant gênée. Elle n'était pas impliquée et ligottée à une vie comme celle de Dyonisos. Elle parlait de l'entre-deux-vies où le point de vue est grandement élargi et plus détaillée. Elle aurait ainsi une plus grande reconnaissance et compréhension de toute vision ou symbolisme qui lui serait ainsi montré. Elle serait capable de fournir des mots modernes pour des choses qui n'avaient pas de noms à l'époque de Nostradamus. De cette façon, nous pourrions peut-être enfin comprendre ses énigmes et comprendre la véritable profondeur et les merveilleux pouvoirs de cet homme remarquable et inhabituel.

Je vais commencer par nos premiers efforts de tâtonnements. Les résultats ont été vraiment remarquables, même si nous expérimentions et essayions de trouver un modèle et une procédure de travail.

Les deux premiers de ce livre sont assez faciles à déchiffrer, mais je vais les mettre ici au début suivant le même raisonnement que Nostradamus.

SIÈCLE I -1

Estant assis de nuict secret estude,
Seul reposé sur la selle d'œrain:
Flambe exigue sortant de solitude,
Fait prosperer qui n'est à croire vain.

Assis seul une nuit dans une étude secrète ;
Il est posé sur le trépied en laiton.
Une légère flamme sort du vide
et fait réussir ce qui ne doit pas être cru en vain.

B: Il dit que c'est simplement une description de ce qu'il fait dans son laboratoire. Il a mis celui-ci au début comme un mot d'explication quant à où, il pu obtenir les choses qu'il écrivait.

SIÈCLE I -2

Le verge en main mise au milieu des BRANCHES
De l'onde il moulle & le limbe & le pied:
Un peur & voix fremissent par les manches:
Splendeur diuine. Le diuin pres s'assied.

La baguette dans la main est placée au milieu des pieds du trépied.
Avec de l'eau, il asperge l'ourlet de son vêtement et son pied.
Une voix, la peur ; il tremble dans sa robe.
Splendeur divine ; le dieu est assis à proximité.

B: Il dit, idem. Le premier quatrain explique ses instruments et le second explique comment il commence à s'ouvrir aux autres royaumes.

D: Les traducteurs ont déclaré que Nostradamus avait peur du pouvoir qu'il invoque à son sujet. "Une voix, la peur, il tremble dans ses robes." Ils pensaient que cela signifiait qu'il avait peur de ces choses qu'il avait vues.

B: Oh la la! Il est vraiment en colère contre cette interprétation. Il dit que la crainte ne signifie pas la peur, la crainte signifie le respect. Il dit qu'il admire merveilleusement ce qu'il voit, parce qu'il ne comprend pas tout ce qui se passe. Mais il dit qu'il n'a pas peur, il est juste très respectueux. Et il sait qu'il doit travailler avec prudence pour s'assurer de ne pas se tromper.

SIÈCLE III -92

Le monde proche du dernier periode
Saturne encor tard sera de retour:
Tanslat empire devers nation Brodde,
L'œil arraché à Narbon par Autour.

Le monde est proche de sa période finale.
Saturne sera à nouveau en retard pour son retour:
L'empire va se déplacer vers la nation Brodde,
Un oeil à Narbonne arraché par un faucon pèlerin.

B: Il organise les pensées et les concepts à me donner afin que je puisse pouvoir les exprimer clairement. Il dit que, travaillant à travers une troisième personne, c'est-à-dire moi-même, il doit essayer de minimiser les erreurs de communication. (Pause) Il dit que dans ce quatrain, il fait référence à une période de temps où il y a une guerre. Et l'événement se produit vers la fin de cette guerre, dans les dernières étapes, lorsque Saturne est de nouveau en rétrograde. Il dit que cette déclaration a un double sens. D'une part, il fait référence à un événement astrologique de Saturne en rétrograde, pour aider à réduire le temps impliqué. Il fait également référence à certaines technologies de cette guerre. Dans cette guerre là, comme dans toutes les guerres, de grands progrès ont été réalisés dans la recherche scientifique, à la fois dans la recherche en armement et dans des domaines similaires. Dans cette guerre, les scientifiques étudient comment déformer et modifier le temps pour changer certains événements et faire basculer la guerre à leur avantage. Et ils ont encore échoué. À la suite de ce deuxième échec, l'ensemble du complexe est détruit lors d'une catastrophe majeure. C'est l'oeil qui est arraché par un faucon pèlerin. Parce qu'ils ont affaire à des pouvoirs qu'ils ne savent pas contrôler, cela les déchire. Les personnes qui ne sont pas présentes supposent avoir été touchées par un missile à cause de la destruction. Mais ce qui s'est passé, c'est que les vortex d'énergie qu'ils essaient de gérer n'étaient pas suffisamment bien ajustés pour fonctionner et ils ont perdu contrôle de leurs manettes de contrôle. Ces mots Narbonne (prononcé: Nar-bone) et Brodde (prononcé: Brodda) font référence à la nation et à l'endroit. Mais il a dit que ce qu'il avait compris, c'était que le gouvernement impliqué était le plus sournois et qu'il portait de faux noms. Je pense qu'il veut dire "noms de code" ici, et ce qu'il a reçu, ce sont les noms de code quand il a vu cela. J'essaie de savoir auprès de lui s'il avait une idée de l'emplacement de ces lieux. Il a dit qu'il se concentrait dessus pour voir s'il pouvait me le dire. (Longue pause.) Il dit que c'est difficile à faire parce que l'image qu'il a toujours eu sur celui-ci était le complexe de recherche où ils le faisaient. Il dit qu'il lui semble que cela concerne l'Angleterre et l'Europe du Nord. Narbonne est un nom de lieu, la ville proche de l'endroit où ça se passe. Je crois que les deux noms sont des anagrammes de la façon dont il parle. Il a du mal à me faire comprendre le concept d'endroits spécifiques parce qu'il pense en anagrammes, et que les anagrammes ne sont pas clairs.

D: A-t-il une idée du moment où cela se produira?

B: Il dit que c'est toujours dans notre avenir mais les bases ont déjà été jetées. Les scientifiques travaillant sur des projets secrets travaillent déjà dans cette direction, mais il faudra un certain temps avant que quoi que ce soit ne soit mis en place. Il a dit que quelque chose pourrait en résulter de notre vivant mais nous ne le saurons pas car le gouvernement le gardera secret.

D: Dans la traduction, ils pensent que Brodde est un vieux mot français qui signifie noir ou marron foncé. Parce qu'il a utilisé ce mot, ils pensent que le quatrain concerne les nations africaines ou les Noirs.

B: Il dit que c'est une erreur. Il rigole à ce point. Il dit qu'il a utilisé ce mot à dessein, car il ressemble effectivement au mot pour une couleur sombre, mais c'est en fait un anagramme pour le nom d'un lieu. Il ne voulait pas être trop précis parce qu'il ne voulait pas le rendre trop facile pour l'inquisition et les autres curieux pour qu'ils sachent d'où il parlait.

D: Eh bien, cela montre la difficulté qu'ils ont eu à essayer de comprendre ses quatrains. Nous avons couvert un segment quand même.

B: Oui. Il déclare que les débuts sont toujours difficiles. Cependant, si nous travaillons en équipe, nous nous habituerons davantage à nos façons de penser respectives et nous pourrons mieux travailler en collaboration. Cette fois, vous et moi avons du mal à communiquer parce que je n'ai eu aucune réception visuelle de lui aujourd'hui, comme auparavant. Cependant, avec ma concentration et sa concentration, il me fait comprendre ce qu'il essaie de nous dire. Il m'a envoyé une image d'une partie d'un complexe de recherche où cela va se dérouler.

D: Cela affectera-t-il le reste du monde ou seulement cette région?

B: En ce qui concerne la catastrophe, elle sera très localisée et aura d'étranges effets secondaires dans la dimension du temps dans la même région. Il ne peut pas vraiment le décrire et il ne peut pas vraiment nous dire comment s'y préparer car c'est très bizarre. Mais il a dit que cela aurait des effets à long terme, car le gouvernement comptait sur cette ligne de recherche pour lui donner un avantage dans cette guerre. Et une partie de cet avantage est enlevée et cela finira par affecter l'issue de cette guerre.

D: Sait-il de quelle guerre il s'agira?

B: Troisième guerre, dit-il. La troisième guerre.

D: Je ne savais pas que nous allions avoir une autre guerre. Nous espérons que nous ne la ferons pas.

B: Il dit qu'il a été témoin de plusieurs guerres et qu'il espère nous aider à en éviter certaines.

D: Peut-il voir quels pays seront impliqués?

B: Il dit que cela impliquera l'hémisphère nord et une partie de l'hémisphère sud. J'essaie de savoir quelle partie du sud. Je pense qu'il parle de l'Australie parce qu'il ne cesse de dire que la partie de l'hémisphère sud concernée est une île.

Ce fut la première mention de cette guerre. Au cours des prochains mois, je devais en apprendre beaucoup plus que ce que je voulais savoir confortablement. Cette information est rapportée dans les chapitres sur le terrible Anti-Christ.

Mabus puis tost alors mourra, viendra,
De gens & bestes une horrible defaite:
Puis tout à coup la vengeance on verra,
Cent, main, soif, faim quand courra la comete.

Mabus va alors bientôt mourir et il y aura
une effroyable destruction de personnes et d'animaux.
Soudain, la vengeance sera révélée,
Cent mains, la soif et la faim, quand la comète passera.

Il a demandé l'orthographe de Mabus, puis a corrigé ma prononciation. Il l'a prononcé: May-bus.

B: Il dit que la mort d'un dirigeant mondial, peut-être d'un chef religieux, coïncidera avec la venue d'une grande comète. Je pense qu'il parle peut-être de la comète d'Halley. Il dit que la comète sera clairement visible dans le pays où ce leader mondial est décédé. Le pays impliqué est au Moyen-Orient. Le décès du leader mondial dans ce pays du Moyen-Orient et la venue de la comète vont provoquer une révolte. Une des raisons pour lesquelles la révolte est provoquée si facilement est qu'il y aura également de grandes pertes de récoltes cette année là. Beaucoup de gens auront faim.

D: Est-ce que tout cela se passera l'année où la comète sera visible?

B: Cela commencera dans l'année où la comète est visible, mais cela continuera pendant 500 jours, cent mains. Il utilise ce symbolisme pour indiquer combien de temps cela durera, ainsi que pour indiquer qu'il y a une centaine de personnes qui contribueront à la révolte de manière à ce qu'elle se manifeste et devienne suffisamment élargie et suffisamment étendue pour capturer l' attention du monde.

Une idée intéressante selon laquelle cent mains pourraient signifier 500 jours. Les cinq doigts d'une main multipliés par cent. En outre, même aujourd'hui, nous utilisons le mot "main" pour désigner une personne, par exemple une "main d'oeuvre". Donc, un double sens. Il devenait évident que Nostradamus pensait de manière très intelligente.

J'ai considéré que ce quatrain pourrait éventuellement faire référence à la chute du président Marcos des Philippines en raison de la similitude de son nom avec Mabus, et le moment serait bien choisi. Mais Marcos n'est pas mort, il a été seulement déposé de son pouvoir.

Depuis que la Comète d'Halley est passé en 1986 et n'a pas créé le spectacle dramatique attendu, et comme rien ne s'est produit cette année-là pour y faire correspondre ce quatrain, il semblerait que ce soit inexact. Mais Brenda était celle qui pensait que c'était celle d'Halley. Ce quatrain pourrait faire référence à une comète non découverte. Il y a beaucoup de possibilités en dehors de la comète d'Halley.

Mise à jour: lorsque la guerre du golfe Persique a commencé à se concrétiser en août 1990, j'ai reçu des lettres et des appels des lecteurs de ce livre. Ils avaient remarqué que l'anagramme Mabus devenait Sudam lorsqu'il était lu à l'envers dans une image inversée. C'était assez remarquable et correspond parfaitement à la pensée de Nostradamus. Si Sudam Hussein était le dirigeant du Moyen-Orient mentionné dans ce quatrain, cela signifiait qu'il allait mourrir. Tout au long de la guerre, le président Bush a suggéré que son propre peuple se lève et l'assassine. Cela ne s'est pas produit, mais le quatrain contenait aussi le nombre de 500 jours. Comment cela se rapporte-t-il? Il a également été suggéré que le passage de la comète aurait pu faire référence aux missiles utilisés pendant la guerre. Elles ressemblaient certainement à des comètes alors qu'elles s'envolaient dans le ciel nocturne.

SIÈCLE II -65

Le pare enclin grande calamité,
Par l'Hesperie & Insubre fera:
Le feu en nef peste et captivité,
Mercure en l'Arc Saturne fenera.

Dans les listes faibles, une grande calamité,
Par l'Amérique et la Lombardie :
Le feu dans le navire, la peste . et la captivité ;
Mercure en Sagittaire, Saturne en avertissement.

B: Il dit que la première ligne fait référence à des dirigeants qui sont impliqués mais qui ne sont pas compétents. Ils sont là à cause du prestige de leur famille. Il dit que lors d'une fusion entre l'Amérique et la France ... il a du mal à décrire. Je pense qu'il essaie de décrire une navette spatiale.

D: Oh? A quoi ressemble l'image?

B: Il ne l'imagine pas. Il essaie juste de décrire le concept de ce que cela fait. Il dit que c'est un navire mais que ce n'est pas un navire océanique. Et je lui ai demandé: "Un avion alors, un bateau qui va dans les airs?" Il dit, pas dans les airs, au-dessus de lui. Il dit, donc le dirigeable vole au-dessus de l'océan et des navires réguliers, donc ce navire vole au-dessus du dirigeable. Il dit qu'il y aura une calamité. Des scientifiques feront des expériences biologiques sur ce navire pour voir comment elles se déroulent au-delà de l'attraction gravitationnelle. Un accident se produira, un dysfonctionnement provoquera le retour de ce navire dans l'atmosphère et sa dissolution, ce qui entraînerait une combustion dans l'atmosphère. Mais certains des flacons et des conteneurs utilisés dans les expériences biologiques contiennent des organismes assez robustes pour survivre à cette chute. Puisque ceux-ci ont été exposés au cosmos, ils seront différents de ce qu'ils étaient auparavant. Et ces organismes ont le potentiel de causer des plaigues. Il dit que les notations astrologiques à la fin sont comme un horoscope de la date. Il dit que Mercure en Sagittaire, c'est assez facile à observer. Il suffit de regarder le ciel la nuit avec -il l'appelle "un oeil qui voit loin" - Je pense qu'il veut dire un télescope. Et pour mettre en garde Saturne, dit-il, un dessinateur d'horoscopes doit dresser un horoscope lorsque Mercure est en Sagittaire et que Saturne est dans une maison qui soit mauvaise, à la fois, pour l'Amérique et la France. Ce sera à ce moment là. Je pense qu'il essaie de dire que Saturne sera à ... en quelque sorte, en relation à Mercure, que l'angle aurait une mauvaise signification.

D: Ce serait une fusion entre l'Amérique et la France. Le traducteur a déclaré qu'en interprétant ses signes astrologiques comme une conjonction, ce quatrain se produirait en 2044. Savez-vous ce qu'est une conjonction?

B: Oui, il dit qu'il vient juste de vous la décrire. Et il dit que le désastre attristera ces deux nations et les nations compatissantes et qu'ils travailleront ensemble pour découvrir ce qui s'est passé.

C'était la première indication que j'aurais besoin d'un astrologue ou d'un "dessinateur d'horoscopes" pour aider à cette traduction. Mais où pourrais-je en trouver un qui soit assez habile pour le faire, et qui soit aussi ouvert d'esprit et familiarisé avec des concepts métaphysiques?

Encore une fois, des circonstances inhabituelles devaient entrer en jeu. La semaine suivante, un de nos membres a amené un jeune homme à notre réunion de groupe métaphysique qui ne s'y était jamais rendu auparavant. Il s'est avéré être un astrologue professionnel et s'intéressait également aux quatrains de Nostradamus. Lorsqu'il a entendu ce que je faisais, il a eu un grand désir de travailler avec moi dans ce domaine. Coïncidence? Plus tard, il a déclaré: "Je savais qu'il y avait une raison pour laquelle je devais participer à cette réunion ce soir-là." En raison d'autres circonstances, il n'est jamais revenu aux réunions. Apparemment, il était censé être là cette nuit-là afin que nous puissions établir ce rapport entre nous.

Au début je lui ai amené les interprétations pour qu'il les regarde. Mais plus tard, il voulait assister à des séances pour poser personnellement des questions à Nostradamus. À ces moments-là, j'essayais de me concentrer uniquement sur les quatrains contenant des références astrologiques. Cela s'est révélé trompeur parce que plusieurs fois, ce qui semblait être un quatrain astrologique faisait en réalité référence à autre chose.

John Feeley a étudié avec la célèbre astrologue, Isabelle Hickey, et élabore des horoscopes depuis 1969. Il a été d'une aide inestimable pour la compréhension de ces concepts astrologiques qui nous sont étrangers à Brenda et à moi-même. Quand cela sera applicable, j'inclurai ses conclusions dans la traduction des quatrains. Il a offert de nombreuses informations sur les facteurs de datation et du temps qui y sont inclus.

SIÈCLE II -91

Soleil levant un grand feu l'on verra,
Bruit & clarté vers Aquilon tendants:

Dedans le rond mort & cris l'on orra,
Par glaive, feu faim, mort las attendants.

Au lever du soleil, on verra un grand feu,
le bruit et la lumière s'étendant vers le Nord:
À l'intérieur du globe, on entend la mort et des cris,
La mort les attend par les armes, le feu et la famine.

B: Il dit que celui-ci a un double sens, une datation double. L'une d'elles est déjà arrivée et l'autre est encore à venir. Il dit que le premier événement auquel il est fait référence est la catastrophe de Tunguska au début de notre siècle.

J'ai été surprise. Il faisait allusion à la terrible explosion d'origine inconnue survenue en Sibérie au début des années 1900. Elle avait nivelé la forêt dans un rayon de 30 miles (aprx. 48 km), tuant principalement des animaux sauvages car cette zone était peu peuplée à cette époque et rendant les terres radioactives et inutiles. Beaucoup de théories ont été présentées pour l'expliquer. La plus commune est qu'un météorite avait frappé la terre à ce moment-là. Mais cela expliquerait-il la radioactivité? Les scientifiques russes ont maintenant offert la possibilité qu'un vaisseau spatial ait pu s'écraser là. Nostradamus serait-il capable d'en identifier la cause réelle? Sa prochaine déclaration m'a encore plus étonnée.

B: Il dit que l'autre événement auquel ce quatrain fait référence est un événement similaire. Il dit que parce qu'il appelle un groupe les «Autres» et j'ai le sentiment qu'il y a mis une lettre capitale, qu'ils ont essayé de nous contacter. Et lorsqu'ils entrent dans l'atmosphère terrestre, ils tentent de le faire sur une orbite circumpolaire. Mais les Soviétiques ont effectué des recherches secrètes en armement et certains champs d'énergie gardent leurs couloirs d'approche par le nord. Lorsque ce navire pénètre dans ces couloirs, son fonctionnement y est perturbé, et un grand nombre dans l'équipage en meurt. Et quand il tombera, il y aura des soldats sur place pour les capturer, les tuer et causer leur destruction. Mais le navire hébergera des organismes microscopiques qui vont réagir de manière étrange au climat de la Terre et causer des fléaux incompréhensibles. Des fléaux qui ne peuvent pas être compris parce que les scientifiques ne peuvent pas identifier l'organisme qui en soit la cause.

Sa mention des "Autres" a vraiment fair résoner une note en moi. J'ai été surprise quand il a utilisé ce terme. Au cours de mes séances, on m'a souvent parlé des Autres et des Veilleurs. Il fait généralement référence à des êtres du cosmos. J'ai immédiatement supposé que Nostradamus utilisait également le mot dans ce contexte.

D: Je penserais que leur intention n'aurait pas été de les tuer; qu'ils seraient seulement curieux de vouloir les étudier.

B: Il dit que le pays qu'ils percuteront sera soit en guerre, soit en passe de la commencer. Ils auront l'esprit d'un temps de guerre, de sorte que tout ce qui vient de l'extérieur devient un ennemi et ont la capacité de causer un préjudice potentiel. Au lieu d'être curieux, ils sont, il dit, que notre mot "paranoïaques" conviendrait le mieux. Ils soupçonnent un nouveau type d'arme de leur soi-disant "ennemi" 'et ainsi les êtres impliqués seront tués. Apparemment, un soldat aura un doigt sur la gâchette qui démange et une arme de quelque sorte, - je pense qu'il met en évidence le concept d'une sorte de mitrailleuse-, va commencer à tirer sur tout avec elle.

D: Je pense qu'ils voudraient seulement essayer de les étudier. Je pense que ce serait ce notre pays ferait, du moins j'espère qu'ils le feraient.

B: Il dit que vous ne pouvez jamais compter sur quoi que ce soit, parce que vous ne savez jamais ce qui peut se passer en temps de guerre.

Apparemment, il a indiqué, sans le dire directement, que les deux incidents (Tunguska et celui-ci) sous-entendent l'écrasement d'un vaisseau spatial.

Une chose qui m'a dérangée ici était sa mention dans deux quatrains distincts de microbes ou de germes. Je savais qu'à l'époque de Nostradamus, les médecins ignoraient l'existence de bactéries ou de germes. Ils étaient très ignorants à ce sujet et ne connaissaient vraiment pas la cause des maladies qui sévissaient à cette époque. La croyance commune était que toutes les formes de vie inférieures avaient été créées par une génération spontanée, et les médecins se sont donnés beaucoup de mal pour le prouver. C'était une croyance étrange, que toutes les formes de vie plus petites, des souris et des rats aux grenouilles et aux crapauds en passant par les vers et les insectes, n'avaient pas de géniteurs. Ils auraient été créés spontanément par la lumière du soleil, dans la boue, la boue, l'eau stagnante ou les matières en décomposition dont ils semblaient sortir. Je me suis donc demandée comment Nostradamus avait apparemment connaissance de telles choses qu'il n'aurait jamais pu voir. J'ai demandé s'il avait utilisé ces termes "microbes et germes" ou si c'était ainsi que Brenda interprétait ce qu'on lui montrait.

B: Il dit qu'il est généralement accepté à son époque que de telles choses n'existent pas. Mais il dit qu'il a reçu pour la première fois l'impression que ceux-ci pourraient exister à la lecture de certains écrits de certains philosophes grecs. Ils y ont théorisé que de telles choses existeraient. Cela même si les formes de vie peuvent devenir de plus en plus grandes: les hommes, les animaux, les plantes, la planète ... dans l'espace, l'éther et autres. C'est pourquoi on ne peut pas aller dans la direction opposée et que les choses deviennent de plus en plus petites. Donc, il dit que les Grecs croyaient qu'il y avait de très petites particules appelées "atomes". Et pourquoi ces petits animaux, appelés «atomes», ne pourraient-ils pas agir comme certaines plantes? Certaines plantes agissent comme un poison. Eh bien, théorisa-t-il, pourquoi certains animaux ne pourraient-ils pas agir également de la sorte ? Et avec sa théorie, cela l'a aidé à comprendre ce qu'il voyait chaque fois qu'il voyait ces choses dans l'avenir. Il a constaté que je comprenais ces concepts et qu'il existait des étiquettes pour ces concepts dans ma langue. Et alors il m'a dit d'aller de l'avant et de leur attribuer ces étiquettes de microbes et de germes. Dans sa propre compréhension, il utilise des mots différents. Parfois, il les appelle "atomes" comme le feraient les Grecs. Et parfois, il les appelle "les petits" et "les petits animaux" qui font cela. Il dit qu'il n'a vraiment pas de mot spécifique pour cela parce qu'il ne les a jamais vus. Il ne sait vraiment pas ce qu'ils sont. Donc, quand il n'est pas en transe, c'est simplement un exercice théorique ou mental, une convolution mentale pour réfléchir à de telles choses. Et ainsi, chaque fois qu'il voit dans les générations futures que de telles choses sont reconnues, il a le sentiment qui vous habite lorsque vous réussissez à résoudre un casse-tête.

D: Je suis très surprise que les Grecs soient au courant de ces choses. Je ne pense pas que nous sachions, à notre époque, qu'ils étaient si bien informés.

B: Il dit que certaines personnes de votre époque savent qu'ils étaient au courant. Cela n'est pas généralement admis, que les Grecs possédaient une connaissance sur beaucoup plus de choses qu'ils n'avaient, car il existait plusieurs courants de pensée dans la Grèce antique. Et certains d'entre eux n'étaient pas populaires. Ceux qui étaient populaires, en particulier chez les Romains, étaient les courants de pensée qui se sont transmis au cours des siècles et qui souvent n'incluaient pas les concepts d'atomes ou autres, même s'il existe des preuves écrites sur de telles écoles de pensée.

D: Il est communément admis que, parce qu'ils ne pouvaient pas voir ces choses, ils ne pouvaient pas les connaître.

B: Il se moque de cela de manière un peu dédainieuse. Il dit que les scientifiques de votre époque sont très bornés et stupides de penser ainsi. Il dit que les Grecs étaient avant tout des penseurs. Ils pensaient toujours à des choses et les trouvaient. Ils n'avaient pas besoin de voir quelque chose pour pouvoir conclure logiquement que quelque chose existait.

Une autre chose qui m'intéressait était sa mention des "Autres". Je lui ai dit que je connaissais le terme, mais je voulais savoir ce qu'il savait à leur sujet.

B: Il dit qu'il ne sait pas grand-chose à leur sujet. Seulement ce qu'il a vu dans ses visions et ce qu'il a pu logiquement supposer. Il dit qu'ils possèdent plusieurs croyances hérétiques. S'il donnait la parole à la moitié d'entre eux, il serait brûlé sur un bucher. Il commence à être excité à ce stade. Il dit, d'une part, que la terre n'est pas plate; qu'elle est ronde.

D: Et il a raison.

B: Eh bien, il dit avec arrogance: "Je le savais!" (Rires) Et, d'autre part, il dit que toute personne qui a une connaissance quelconque, toute personne ayant des yeux pour voir peut dire que la Terre n'est pas au centre de l'univers non plus. Et il doute fort que le soleil soit également en son centre. Il se trouve que le soleil est le centre de cette partie de l'univers. Il dit qu'avec Dieu étant un Dieu infini et infiniment puissant, qui peut dire que nous sommes les seules créations existantes grace à Dieu. Il lui semble qu'avec Dieu étant ce Dieu infini, il doit y avoir des créations infinies de Dieu. Il a vu dans ses visions que la seule façon de les expliquer est de dire qu'il s'agit de créations supplémentaires par Dieu: d'autres hommes, animaux et êtres, d'autres parties de l'univers. Il dit que les prêtres considéreraient ces choses comme hérétiques, mais il considère personnellement que les prêtres sont les hérétiques, car ils essaient de donner des limites à Dieu. Et la Bible dit très clairement qu'il n'y a pas de limitations à Dieu.

D: Et bien, dis-lui que je suis d'accord avec lui. Et il se pose les mêmes questions que nous nous posons encore aujourd'hui, seulement maintenant nous sommes un peu plus ouverts d'esprit pour parvenir à en chercher les réponses.

B: Il a dit qu'il avait supposé qu'il y aurait quelques-uns n'ayant pas l'esprit aussi ouvert. Il semble toujours y avoir un segment de la société qui choisit de demeurer autant que possible dans une telle étroitesse d'esprit.

Au réveil, j'ai demandé à Brenda si elle connaissait le terme «les Autres». Elle a dit que cela pouvait vouloir dire beaucoup de choses, mais elle ne semblait pas pouvoir l'associer à quoi que ce soit qui lui passe par la tête. Quand je lui ai dit ce que cela signifiait pour moi, elle a dit qu'elle n'y aurait pas pensé dans ce contexte.

B: Cet homme a un sens de l'humour quand il n'est pas aussi intense. Ah-ah! Il vient de me réprimander pour mon impertinence.

D: (rire) Eh bien, il n'y a rien de mal à avoir un bon sens de l'humour. Cela soulage la tension.

B: Oh, ce n'est pas ce dont il se plaignait. Il m'appelait impertinente à cause de ce que j'ai dit de lui comme n'étant pas animé par cet étât d'intensité.

Il dit qu'il y aura encore des sessions dans le futur. Il a vu ça. Il dit que les choses vont s'installer dans une routine. Et que nous allons continuer à suivre ces schémas pendant un bon moment avec de petits changements qui vont aller et venir. Mais que cela va façonner progressivement nos vies dans les différentes directions que nos vies prendront.

D: Ce que je pense qu'il vaille mieux faire est d'essayer de traduire tous les quatrains.

B: Il dit que si nos pas continuent dans cette direction, ce sera bien parce qu'il aimerait le faire. Il dit qu'il sait avec certitude que les plus importantes seront traduites de toute façon. Il dit de veiller à se concentrer sur les quatrains et les informations qu'ils contiennent, et non sur les diverses informations environnantes. Il se rend compte que la façon dont la communication a été établie peut vous sembler étonnante, mais pour lui, ce n'est pas important. Mettre les informations contenues dans ces quatrains à la disposition des gens est ce qui a de l'importance.

Il est très concentré sur le travail et sur le but à atteindre. Il se concentre tellement sur le sujet qu'il oublie que vous ne vous sentez pas en sécurité avec ces propos. Il est comme un artiste au milieu d'une peinture. Il se concentre sur la fin de l'effort, de la totalité de l'effort, et de tout mener à bien. Et il ne s'embarrasse pas en chemin de ce qu'il considère comme des bagatelles. Il se concentre sur un objectif.

Michel de Notredame se rend compte que c'est parfois frustrant pour vous à cause des obstacles qui vous gênent. Mais il pensait au moment de son départ que plus il fallait lutter pour accomplir quelque chose, plus longtemps son accomplissement aurait la vie longue.

Imaginez un puzzle composé de plusieurs centaines de pièces. C'est le dilemme auquel j'ai été confrontée alors que je tentais de disposer les quatrains dans un ordre logique. C'était possible mais difficile. Surtout quand il y a une pièce occasionnelle qui refuse de trouver sa place dans un endroit quelconque. J'ai décidé de m'appuyer sur les dates données et sur le sujet. Après avoir beaucoup remanié et réarrangé, je me suis fixée l'ordre suivant. Il est étonnant et presque incroyable que, lorsque les chapitres sont combinés, ils aient un sens et forment une histoire continue. Il ne semble pas y avoir de contradictions, comme si Nostradamus les avait placées dans un ordre particulier avant de les mélanger et pour ainsi dire les mélanger à jamais. Quand nous nous souvenons qu'ils ont été interprétés de manière aussi décousue, les chances de voir cette continuité émerger ainsi doivent être astronomiques.

Chapitre 10

Les quatrains concernant le passé

B: Il est en train de venir. Tu ne vois pas ce que je vois, alors tu ne sais pas comment cela se passe. C'est comme de voir quelqu'un sortir du brouillard. Quand vous commencez à le voir, il est, dans un sens, là. Mais il clarifie notre lien en sortant du brouillard. De cette manière il est déjà là; tout simplement il arrive toujours.

D: Puis, quand il devient clair ou plus proche, tu sais qu'il est là?

B: Plus clairement. La distance n'existe pas ici parce que les différents jeux de dimensions sur ce plan sont différents. Je pensais que cette description pourrait t'intéresser. Parfois, j'oublie que tu ne peux pas le voir, car pour moi, il parait si évident. Et ainsi, il est là. Il a dit que lorsque tu étais en train de choisir les quatrains par lesquels tu te sentais attirée, il savait que certains de ceux inclus concerneraient le passé. Cela était nécessaire pour aider à donner une perspective à ceux qui ne sont pas encore arrivés. De la sorte, ceux qui liront tout ceci commenceront à comprendre le mode de sa pensée, et seront ainsi convaincus des événements à venir.

D: Je n'ai aucun moyen de savoir s'ils sont liés au passé.

B: Il dit que ce n'est pas un problème. Parce que le fait d'en trouver un t'aidera à vérifier l'exactitude des traductions et des interprétations des différents autres. Cela sert aussi à illustrer ce qu'il veut dire par les quatrains pouvant se référer à plus d'une chose. Parce que s'il s'agit déjà d'un quatrain, les gens peuvent avoir une image plus complète de ce qui s'est passé lors des deux événements passés et voir comment un quatrain peut assister dans plusieurs de ceci.

TANDIS QUE NOUS COMMENCIONS À TRADUIRE de plus en plus de quatrains, j'ai constaté que je devrais commencer à prendre des décisions sur les choix desquels à inclure dans ce livre. J'étais convaincue qu'il faudrait des séquelles si nous voulions tous les imprimer, car un livre ne pourrait jamais tous les contenir. Nostradamus m'a conseillé à ce sujet et nous a suggéré d'omettre ceux qui traitaient du passé lointain et de ne nous concentrer que sur ceux décrivant les événements des environ cent dernières années. Il voulait surtout que je me concentre sur ceux qui se rapporteraient aux événements à venir au cours des 20 prochaines années. Ceux-ci, à son avis, étaient vitaux et constituaient l'élément le plus important de ce projet. J'ai trouvé intéressants ceux qui traitaient du passé et je pensais que les lecteurs s'y intéresseraient aussi, mais j'ai convenu qu'il avait probablement raison. Il a suggéré qu'ils soient inclus plus tard dans un livre pour les historiens plus curieux.

Je ne veux pas que le lecteur ait la fausse idée que tous les quatrains traduits par Nostradamus au cours de cette expérience ne traitaient que des temps modernes. Ce serait une erreur grave. Ceux que j'ai choisi d'omettre ont trait à la Révolution française, à Napoléon, aux destins de diverses royautés en Europe, à la guerre civile espagnole, à la Première Guerre mondiale, etc. Nostradamus a aussi le goût de prévoir les tendances religieuses et philosophiques. Il a estimé que cela avait également un effet profond sur l'avenir du monde. J'ai décidé d'en omettre bon nombre, car ils traitaient de cultures dans le passé.

Je n'incluréai dans ce chapitre que quelques quatrains appartenant au passé pour montrer son raisonnement. Le reste ira un jour dans un autre livre où il y aura plus de place pour les étudier et en observer sa précision remarquable. Je pense que ceux que j'ai décidé d'inclure dans ce livre démontreront plus que sa profonde utilisation d'un symbolisme complexe.

SIÈCLE I -25

Perdu trouvé caché de si long siecle,
Sera Pasteur demy Dieu honnoré:
Ains que la lune acheve son grand siecle,
Par autres vents sera deshonnoré.

La chose perdue est découverte ayant été cachée pendant plusieurs siècles.
Pasteur sera célébré presque comme une figure divine:
C'est quand la lune complète son grand cycle,

mais par d'autres rumeurs, il sera déshonoré.

D: C'est intéressant qu'il utilise ce nom, Pasteur.

B: Il dit que le nom fait référence à qui, selon toi, il fait référence. Les secrets pharmacologiques découverts par Pasteur sont simplement des redécouvertes de choses connues auparavant mais perdues pendant le grand âge des ténèbres. Il dit que certaines des choses que fait Pasteur… a fait… il dit qu'il est en train de confondre ses temps de conjugaisons.

D: (Rires) Parce que c'est dans son avenir et dans notre passé.

B: Oui. Il dit que certaines des choses faites par Pasteur seront plus tard remplacées par de meilleures pratiques. Et on saura que ce qu'il a fait n'est pas la meilleure façon de le faire. C'est ce qu'il entend par vilipender, car on trouvera de meilleurs moyens de faire ce que Pasteur a découvert.

D: Est-ce que ça veut dire " Ains que la Lune acheve son grand siecle"?

B: Non. Il dit que la lune a de nombreux cycles dont les scientifiques dans leur ensemble ne semblent pas être au courant. Si les scientifiques étaient pleinement conscients des cycles de la lune, ils ne seraient pas confus par le but et la construction de structures telles que celle de Stonehenge. D'une part, le grand cycle de la lune a englobé le temps écoulé depuis la chute de la civilisation d'Atlantis jusqu' à la remontée progressive vers la civilisation et la redécouverte de la connaissance qui avait énormément été perdue dans les siècles précédents.

D: C'est ce que ça veut dire, alors. Pasteur venait de redécouvrir des choses connues à l'époque de l'Atlantide. Et " Par autres vents sera déshonoré " signifie que d'autres moyens de faire ces choses seront retrouvées. Les traducteurs ont pu relier ce quatrain à Pasteur car il en utilise le nom. Il n'y en a pas beaucoup où il nomme quelqu'un.

B: Parfois, une personne se démarque en particulier. Il dit que la médecine moderne, comme vous la connaissez, n'existerait pas sans l'œuvre de Pasteur.

PENDANT LES MOIS DURANT LESQUELS NOUS AVONS TRAVAILLES, nous avons traduit plusieurs quatrains traitant de la Seconde Guerre mondiale. Nostradamus a commenté les principales personnalités impliquées dans ce conflit. Étrangement, lorsqu'il a fait référence au président Franklin Roosevelt, il a brossé un tableau tout à fait différent de celui que nous, en vie à l'époque, avions. Je l'avais toujours considéré comme un grand homme qui nous a fait traverser la guerre. Nostradamus l'a décrit comme un homme capable de manipuler ses pouvoirs présidentiels pour devenir presque un roi. (SIECLE VIII-74) Il a servi plus de mandats que tous les autres présidents, et il a été question à l'époque qu'il pourrait devenir semblable à un roi. À cette époque, le Congrès limitait le nombre de mandats d'un président. Il a également mentionné que Roosevelt nous avait manipulés pour nous faire entrer dans cette guerre. Dans SIECLE I-23, le liépard représente l'Angleterre et le sanglier, les nazis, car ils étaient un groupe de cochons. On appelle l'Amérique le jeu de l'aigle autour du soleil, indiquant que nous étions supposés de rester neutres. Ce quatrain mentionne une heure, "le troisième mois au lever du soleil". Ce n'était pas astrologique, mais faisait référence à l'époque où l'Angleterre commençait à se sentir menacée par l'Allemagne et tentait d'impliquer les États-Unis dans la guerre. Il a indiqué que Roosevelt devait trouver un moyen d'entrer en guerre avec le soutien de la population. La recherche prouve que cela est exact. En mars 1941, Roosevelt offrit toute l'aide "en dehors de la guerre" à l'Angleterre. Ses plus puissants opposants l'ont accusé de préparer la nation à une déclaration de guerre. La raison donnée pour notre participation était d'aider l'économie. Dans SIECLE I-84, Roosevelt a été décrit comme le grand caché dans l'ombre, maintenant la lame dans la blessure sanglante. Cela signifie qu'il avait fait des choses pour provoquer le Japon. L'Angleterre est décrite comme son frère dans ce quatrain. Il y a plusieurs autres cas où Nostradamus fait référence à l'Angleterre comme notre frère. Roosevelt est à nouveau désigné dans SIECLE II-9 comme l'homme mince qui gouverne pacifiquement pendant neuf ans avant de développer une soif de sang. Il a été élu en 1932 et nous sommes entrés dans la guerre en décembre 1941. Bien que ces neuf années englobent la période de la Dépression, elles ont été relativement pacifiques. Il y avait plusieurs autres quatrains, mais ceux-ci sont suffisants pour montrer la façon dont Nostradamus voyait Roosevelt et, l'entrée de notre pays dans la Seconde Guerre mondiale.

SIÈCLE III -75

Pau, Verone, Vicence Sarragousse,
De glaives loings, terroirs de sang humides
Peste si grande viendra à la grand gousse,
Proche secours, & bien loing les remedes.

Pau, Vérone, Vicence, Saragosse,
Des épées dégoulinantes de sang venant de pays lointains.
Une très grande peste viendra avec le grand coquillage,
Le soulagement est proche, mais les remèdes sont loin.

B: Il dit que ce quatrain fait référence à la première ainsi qu'à la deuxième guerre mondiales. Les noms de lieux nommés au début, font référence à des lieux qui ont joué des rôles clés dans la Première guerre. La façon dont la politique s'est enchevêtrée en Europe a été à l'origine de ce qui a causé la Première, puis la Seconde Guerre mondiale. Il dit que si la Première Guerre mondiale n'avait pas eu lieu, la seconde guerre mondiale ne serait pas non plus arrivée. Le fléau libéré par le grand obus, était les bombes atomiques larguées sur le Japon. Ils possédaient un peu d'aide médicale pour les victimes, mais le remède a dû être apporté des États-Unis qui étaient très éloignés.

D: Ils ont interprété cela comme quelque chose qui arriverait dans l'avenir. Ils pensaient qu'il parlait de guerre chimique, de gaz ou de quelque chose comme ça.

B: Il dit qu'il peut voir où ils obtiendraient cet aspect de l'interprétation à cause de la guerre des gaz utilisés pendant la première guerre mondiale. Il y faisait également allusion. Il parlait des deux événements, la première et la seconde Guerre Mondiale, la Seconde Guerre mondiale étant la plus calamiteuse des deux.

Je pouvais voir maintenant que ce quatrain était un parfait exemple de ses prophéties ayant un double sens. L'histoire se répète en se référant à la fois à la guerre chimique comme un fléau et aussi au fléau de la radioactivité.

Dans ce quatrain, les noms de lieux ont une signification, mais souvent quand Nostradamus utilisait des noms de villes, ils indiquaient souvent un pays. Les quatrains ont été constamment mal interprétés parce que les traducteurs ont souvent pensé qu'il faisait référence à un événement qui se produirait dans une certaine ville, alors qu'en fait, il utilisait ces noms comme symbole d'un pays.

Le quatrain suivant fait également référence à la bombe atomique.

SIÈCLE V -8

Sera laissé le feu vif, mort caché,
Dedans les globes horrible espouvantable.
De nuict à classe cité en poudre lasché,
La cite à feu, l'ennemi favorable.

Il y aura du feu vivant et de la mort cachée,
Apeurés à l'intérieur de globes effrayants.
La nuit, la ville sera réduite en ruines par la flotte,
la ville en feu, utile à l'ennemi.

B: Le feu vivant à l'intérieur de globes terribles fait référence aux radiations des bombes atomiques larguées sur le Japon. Ça a brûlé comme du feu, mais les gens ne mouraient pas tout de suite comme avec un feu normal, et ils devaient vivre une agonie avant de mourir. La flotte fait référence aux avions allemands qui survolaient, bombardaient Londres et la réduisant en ruines. Les globes effrayants étaient des bombes incendiaires. Ils voulaient se fournir un peu de lumière pour pouvoir trouver leurs cibles. Et donc ils lâchaient des globes de liquides explosifs qui s'enflammaient au contact de l'air, pour les aider à fournir de la lumière afin de mieux viser avec leurs autres bombes destructrices.

D: C'est logique, car il y a eu des coupures de courant pendant la Seconde Guerre mondiale.

Il y avait de nombreux quatrains faisant référence à Hitler. Beaucoup d'entre eux pouvaient être traduits avec précision, en particulier lorsque Nostradamus a utilisé l'anagramme "Hister" pour parler d'Hitler. Je vais en inclure un qui n'était pas si évident.

Enseveli non mort apopletique,
Sera trouvé auoir les mains mangees:
Quand la cité damnera l'heretique,
Qu'avoit leurs loix, se leur sembloit changees,

Brûlé, apoplectique mais pas mort,
On découvrira qu'il a les mains rongées ;
Quand la ville condamnera l'hérétique,
Qui, leur semblait-il, avait changé leurs lois.

B: Cela fait référence au suicide d'Hitler, à sa mort et à la découverte de ses restes trouvés dans le bunker. Ses mains semblent avoir été rongées est un symbole de son grand pouvoir qui s'effrite autour de lui. où il n'a plus la portée qu'il avait auparavant. Et les alliés étaient, pour ainsi dire, en train de grignoter ses frontières.

D: Apoplectique signifie généralement quelqu'un dans le coma ou quelque chose de similaire, n'est-ce pas ?

B: C'est quelqu'un qui est fou de rage, quelqu'un qui est frappé d'un accident cérébral dû à une pression sanguine élevée, peut-être causé par une telle perte de sang froid. Il dit que cet homme (Hitler) ne pouvait pas contrôler ses émotions ou ses passions, et qu'il se laissait emporter. Il commençait à parler d'un sujet qui le bouleversait et laissait ses émotions l'emporter jusqu'au bord de la dépression nerveuse.

D: Donc c'est la façon dont Nostradamus l'a vu. Je pense que les gens ont dit qu' Hitler était très instable émotionnellement. - Qu'est-ce que la seconde partie signifie: " Quand la cité damnera l'heretique, Qu'avoit leurs loix, ce leur sembloit changees," Est-ce que cela fait également référence à Hitler ?

B: Certainement. Il pensait que cela serait très clair pour vous, donc il n'a pas pris la peine de vous donner d'explication. La cité avait toujours dit, "Heil Hitler," l'a imité, et dit comment il était parfait en tout. Mais elle a été très rapide à le condamner après sa mort, car il avait changé la façon de faire les choses, passant d'une démocratie à une dictature.

D: Il y a toujours eu beaucoup de spéculations sur le fait qu'Hitler n'était pas vraiment mort dans ce bunker. Il y avait aussi l'idée que peut-être il s'était échappé et que quelqu'un d'autre était mort à sa place.

B: Il est bien mort là. Les gros bonnets du parti Nazi qui avaient survécus, et qui s'étaient échappés en Amérique du Sud, et autres endroits, ont fait circuler cette idée pour les aider à garder le contrôle de ce qui restait du parti Nazi. Et aussi pour donner l'espoir aux adeptes qui restaient qu'ils pourraient une fois de plus regagner le pouvoir et la gloire

SIÈCLE IV -95.

Le regne à deux laissé bien peu tiendront,
Trois ans sept mois passés feront la guere
Les deux vestales contre eux rebelleront,
Victor puis nay en Armorique terre

Le pouvoir maintenu à deux, ils le tiendront un temps très court,
Trois ans et sept mois s'étant écoulés, ils entreront en guerre.
Les deux Vestales se rebelleront contre eux ;
le vainqueur naîtra alors sur le sol américain.

D: Les traducteurs n'ont pas compris le mot "vestales". "Ils pensent que c'est une corruption d'un autre mot.

B: Il dit que ce quatrain a de multiples significations mais qu'elles font toutes référence à la même série d'événements liés à la Seconde Guerre mondiale. A gauche, la regne à deux fait référence aux deux principaux dictateurs qui essayaient de conquérir le monde, le dirigeant de l'empire allemand et celui de l'empire japonais. Entre eux deux, ils essayaient de conquérir le monde. Hitler essayait de s'emparer de la Russie et de l'Europe, et par la suite, il allait essayer de conquérir également les États-Unis. Les Japonais s'emparaient de la Mongolie, de la Sibérie, de la Chine, de l'Inde, de l'Australie et de cette partie du monde. Ils avaient prévu de s'entre-aider afin de prendre le contrôle des Amériques en tenaille, de sorte que les peuples de l'hémisphère occidental aient une bataille sur deux fronts à mener. Cependant, il dit que pendant ce temps en Amérique, le vainqueur, cet élément qui viendrait déterminer quelle partie dans ce conflit gagnerait, était déjà en cours de développement. Il s'agissait de la bombe atomique. Il y avait deux principaux scientifiques dont les cerveaux avaient compris les informations théoriques nécessaires au développement de cette bombe. Dans ce quatrain, il a daté ce conflit. L'élément temporel associé était de l'époque où les Américains se sont engagés dans la Seconde Guerre mondiale. Il fait l'économie du temps, ainsi trois ans et sept mois plus tard, les Américains, en tant que vainqueurs, mettraient fin à la guerre en lâchant la bombe.

D: Les traducteurs disent que "trois ans et sept mois étant passés, ils iront à la guerre", signifie que c'est le moment où quelqu'un commencera une guerre.

B: Il répond qu'ils font une mauvaise interprétation. Il sait de quoi il parle. Trois ans et sept mois plus tard, c'est quand le vainqueur entre dans la guerre. C'est à ce moment là que la bombe entre elle-même dans la guerre et change le concept de la violence pour toujours. Trois ans et sept mois plus tard, la bombe est larguée pour la première fois. La bombe étant représentée métaphoriquement comme le chevalier champion partant au combat pour les alliés. Ce champion, la bombe, entre en guerre pour la première fois trois ans et sept mois plus tard. Et, ce particulier chevalier, pour ainsi dire, sera désormais là pour influencer les politiques de guerre et le visage de toute bataille pour toujours. Parce qu'après la fin de la Guerre mondiale, les effets de la bombe se faisaient toujours ressentir par la guerre froide, et les tensions demeurant encore en toutes choses. Ainsi le monde n'était pas en paix comme il l'avait été auparavant. Parce que la menace de guerre était toujours ici, par ce chevalier représentant la bombe.

D: Les "deux vestales qui se rebelleront contre eux" sont les deux scientifiques ?

B: Oui. Ces deux scientifiques ne se sont pas seulement rebellés contre les dictateurs qui essayaient de prendre le contrôle du monde, mais ils se sont aussi rebellés contre les idées conventionnelles de l'époque. Ils disaient que la façon dont les scientifiques, généralement, se représentaient le monde, n'était pas la façon dont l'existence est en réalité. Ils ont été en mesure de briser la pensée conventionnelle et de mettre en avant les différentes théories et mécanisations de l'énergie nucléaire.

Cela explique son utilisation du mot "vestales" pour représenter les scientifiques. J'ai découvert que selon la mythologie romaine, Vesta était la déesse de l'âtre et du feu. Dans la Rome antique, il y avait six vestales vierges qui s'occupaient du feu sacré dans son temple. Il s'agit d'un autre remarquable exemple de la façon dont Nostradamus a utilisé les mots et la mythologie pour créer l'image dans le puzzle qu'il voulait réaliser. Les scientifiques pourraient être comparés à des vestales puisqu'ils s'occupaient d'un feu sacré quand ils ont inventé la bombe. La bombe pourrait également être considérée comme une vestale. à l'époque puisque son succès n'avait jamais été prouvé.

D: Les traducteurs disent que les deux puissances seront l'Amérique et la Russie. et qu'elles entreront en guerre à un moment donné dans le futur.

B: L'Amérique et la Russie seront en guerre dans le futur, mais ce quatrain particulier n'y fait pas référence.

SIÈCLE II -89

Un jour seront demis les deux grands maistres,
Leur grand pouvoir se verra augmenté:
La terre neufue sera en ses hauts estres,
Au sanguinaire le nombre recompté.

Un jour, les deux grands leaders seront amis,
On verra leur grande puissance s'accroître.
Le nouveau pays sera à l'apogée de sa puissance,
Pour l'homme de sang le nombre est rapporté.

B: Cela fait référence à l'événement par lequel votre président Nixon a établi un contact diplomatique avec la Chine communiste. Il dit que ce sont les deux hommes au pouvoir. Et à cette époque, le nouveau pays, c'est-à-dire les États-Unis, se trouve au fait de son pouvoir militaire. Economiquement, le dollar américain était encore très puissant sur le marché international. Il dit que le nombre rapporté à l'homme de sang, fait référence aux pertes humaines de la guerre du Vietnam dont sera informé le président

Nixon. En particulier les chiffres finaux qui lui ont été redonnés après qu'il ait mis fin à l'implication américaine dans ce conflit.

D: Alors il est appelé l'homme de sang parce qu'ils pensaient qu'il avait la plus grande responsabilité ?

B: Il n'est pas le plus responsable. Cette responsabilité repose sur les épaules du président qui l'a précédé, le président Johnson. Mais ils l'appellent l'homme de sang parce qu'il était commandant en chef pendant les années les plus sanglantes de cette guerre, même s'il a réussi à mettre fin à l'implication américaine, ouvertement admise dans ce conflit.

D: Ouvertement admise. Vous voulez dire que cela n'est pas vraiment encore terminé.

B: Non seulement cela, mais des organisations secrètes sous contrôle américain y sont toujours impliquées.EIles ne se sont jamais désintéressées de ce conflit.

D: Cela continue comme une guerre discrète, pour ainsi dire. Est-ce exact?

B: Oui. C'est pourquoi il y a des découvertes sporadiques de prisonniers américains toujours détenus là-bas. Car même si les Etats-Unis y ont soi-disant cessé leur implication militaire et que le public américain n'est pas au courant des organisations secrètes qui y sont impliquées, les gens là-bas sont au courant de ces organisations. Et, ils savent qu'elles sont des organisations américaines. Ils considèrent donc toujours que les Américains sont impliqués, et ainsi, tiennent compte qu'il est juste et approprié pour eux de détenir ces prisonniers américains.

D: Pourquoi ces organisations secrètes sont-elles toujours impliquées?

B: La raison en est liée avec les sphères de pouvoir imaginaires, entre ce qui est appelé "démocratie" et ce qui est appelé "communisme". Les dirigeants de ces organisations estiment que s'ils se retirent complètement, cela menacera l'équilibre des forces dans cette région du monde. Et, ils ne souhaitent pas que cela se produise.

D: Ils ont traduit ce quatrain comme faisant référence à l'Amérique et à la Russie. Qu'un jour, dans le futur, ils pourraient devenir amis. Et ils pensent que l'homme de sang pourrait être l'Anti-Christ.

B: Il dit qu'il est vrai qu'un jour l'Amérique et la Russie deviendront amies. Mais cela sera dû aux efforts de l'homme qui viendra après l'Antéchrist.

SIÈCLE V -78

Les deux unis ne tiendront longuement
Et dans treize ans au Barbare Satrappe
Au deux costez seront tel perdement.
Qu'un benira le Barque & sa cappe.

Les deux ne resteront pas alliés longtemps ;
Dans les treize ans, ils cèdent à la puissance barbare.
Il y aura un tel Joss des deux côtés,
Que l'un d'eux bénira la barque (de Pierre) et son chef.

B : Il dit que cela a déjà eu lieu. Cela fait référence à l'Amérique et à la Russie après la seconde guerre mondiale. Bien qu'ils aient été alliés pendant cette Seconde Guerre mondiale et immédiatement après, pendant l'occupation de l'Allemagne, cinq ans après la fin de la guerre, ces deux puissances se sont séparées, et se trouvaient de part et d'autre d'une barrière. Les 13 années auxquelles il fait référence... il dit de commencer à les dater à partir de 1995 ou plus, à partir du moment où ces deux puissances se sont partagée la "couverture", en quelque sorte. Les 13 années ici font référence à la période la plus intense de la guerre froide. Et ce, depuis le moment où elles se sont séparées jusqu'à la crise des missiles de Cuba, où elles ont failli déclencher une guerre ouverte. C'était une période de grande agitation dans les deux pays. Le premier pays, la Russie, essayait de reconstruire les dégâts de la guerre et de se moderniser simultanément, et cela causait beaucoup de stress social. Staline faisait ses purges à l'époque, et les gens se faisaient tuer sans raison par la police secrète, qui assassinait les ennemis supposés de l'État. En outre, à cette époque, les États-Unis connaissaient une grande agitation sociale due à la paranoïa contre le communisme, attisée par McCarthy, et d'autres qui abondaient dans le même sens. La paranoïa se développait dans les deux pays. A cette époque, les gens réalisaient qu'ils avaient été à deux doigts d'entrer en conflit ouvert, mais personne à ce niveau ne peut réaliser à quel point ils ont été proches de s'engager dans une guerre ouverte. Il dit que c'était un tournant majeur dans les criss-cross du temps. Une branche majeure de division où ils iraient dans un sens et commenceraient à travailler sur leurs problèmes et parvenir à une paix, ou du moins à être en bons termes, comme aujourd'hui. Ou, ils auraient pu se lancer dans une guerre et dans le processus, détruire la plupart de l'Europe en lançant des armes et des bombes les uns sur les autres. Il dit que, puisque c'était un point de bifurcation majeur le long des chemins du temps, il est apparu clairement et il a été assez facile pour lui de le repérer. Cela démontre aussi, clairemen,t que l'homme peut changer les conséquences de son avenir, surtout s'il les connait.

MISE À JOUR : Ces observations nous ont été données en 1986 alors que nous interprétions les quatrains. Mais en janvier 1992, il est finalement apparu que Nostradamus avait raison. La crise de 1962 a été déclenchée par l'installation par les Soviétiques de missiles nucléaires d'une portée de 800 à 1000 miles (aprox 1 287 475 à 1 609 344 metres). Kennedy y avait vu une menace certaine pour les Etats-Unis. Ces missiles ont été finalement retirés après plusieurs jours de tension, pendant lesquels Kennedy subissait de fortes pressions pour envahir Cuba. Le général soviétique A.I. Gribkov annonca que pendant la crise des missiles de Cuba, l'Union soviétique avait également envoyé des armes nucléaires de courte portée à Cuba (d'une portée d'environ 40 miles, equivalent à aprox. 64 374 m) et, avait autorisé leur utilisation contre toute force d'invasion américaine. Il a déclaré que les deux superpuissances étaient plus proches de la guerre nucléaire qu'on ne le pensait. Robert McNamara, le secrétaire à la défense du président John F. Kennedy, avait déclaré qu'il n'était pas au courant de la présence des missiles à courte portée à Cuba, à cette époque. Mais il était absolument certain que Kennedy aurait ordonné des représailles nucléaires contre Cuba, et peut-être aussi contre l'Union soviétique. si des armes nucléaires avaient été utilisées contre les forces américaines. Un porte-parole a déclaré : "Nous sommes passés plus près de la guerre nucléaire que quiconque ne l'aurait jamais imaginé.."

D: En français, le mot Barque est en majuscule. Il est dit, "ils béniront le Barque".

B: Il dit qu'un homme qu'un pays fera venir aux États-Unis, approuverait les efforts du pape de l'Église catholique qui tente de faire la paix entre les deux nations, ainsi que d'essayer également d'intervenir dans d'autres conflits armés. La Russie, qui se dit être un pays athée, se méfierait de tout ce que l'église catholique ferait, pensant qu'il s'agit d'une ruse capitaliste. Alors que le pays capitaliste, soi-disant chrétien, les États-Unis approuveraient les efforts de l'Église catholique. en pensant que c'est une tierce partie qui pourrait être quelque peu objective et les aider à résoudre leurs problèmes. J'ai l'impression que le pape auquel il fait référence est le pape actuel qui semble être assez impliqué dans la politique et essayant d'apporter la paix dans le monde. Oui, il dit que mon sentiment est correct. Une autre raison pour laquelle il dit qu'il l'a représenté comme étant une Barque est parce que c'est un type de bateau, quelque chose qui voyage. Et ce pape ne restera pas cloîtré au Vatican.

D: Oui, c'est logique. Celui-ci voyage partout.

MISE À JOUR : Il a été révélé en 1992 que le pape actuel a été impliqué dans des négociations politiques entre les Etats-Unis et les pays communistes dans le passé. Une telle découverte donne à ce quatrain plus de plausibilité. Il a été révélé que le président Reagan a approuvé un programme secret d'aide au mouvement illégal Solidarnošć en Pologne, il y a dix ans, après consultation avec le Pape Jean-Paul II et une discussion animée entre les membres officiels de l'administration.

D: Ils ont interprété cela comme une alliance entre les États-Unis et la Russie au lieu d'un temps où ils étaient le plus divisés.

B: Il dit de passer au quatrain suivant, ces interprétations sont ridicules.

SIÈCLE IV -28

Lors que Venus du Sol sera couvert,
Soubs l'esplendeurs sera forme occulte:
Mercure au feu les aura descouvert,
Par bruit bellique sera mis à l'insulte.

Quand Vénus sera recouverte par le Soleil,
Sous la splendeur sera une forme cachée :
Mercure les aura exposés au feu,

par une rumeur de guerre sera affronté.

B: Il dit que dans ce quatrain en particulier toutes les références qui semblent astrologiques ne le sont pas nécessairement. Il a des difficultés à faire passer les concepts mais il va essayer. Il dit que ce quatrain a une sens multiple. L'une des interprétations fait référence à un événement qui a déjà eu lieu. Il s'agit un événement qui s'est effectivement produit, mais au moment où il s'est produit, il était considéré comme une rumeur plutôt qu'un véritable fait réel. Un aspect de ce quatrain est en rapport avec le programme spatial russe. Il dit qu'au début des années 70, lorsque la Russie et les États-Unis essayaient de se surpasser l'un l'autre en ce qui concerne les accomplissements dans les vols spatiaux, en particulier les vols spatiaux habités, la Russie s'est lancée dans un projet ambitieux. Puisqu'ils qu'ils n'avaient pas réussi à avoir un vol habité vers la lune, ils ont décidé, dans une tentative de soulager leur fierté blessée, qu'ils allaient faire quelque chose de mieux et ne s'interesseraient pas à la lune. Ils ont tenté d'envoyer un vol habité vers Vénus. Quand ils l'ont fait, il dit que le contact a été rompu pendant un certain temps et le vaisseau a été présumé perdu ou détruit. En dernière minute, la communication a été rétablie juste avant que le vaisseau ne prenne feu dans l'atmosphère de Vénus. Il dit qu'à l'époque les États-Unis soupçonnaient que cela s'était produit, mais ils pensaient que cela pouvait être juste un tour de propagande par les Russes. C'était à une époque où les relations diplomatiques entre les deux pays étaient très tendues.

Nostradamus a vu que l'accident de Challenger n'était pas un incident isolé de tragédie spatiale. C'était simplement le plus médiatisé. Il a vu que des astronautes avaient été perdus depuis le début de l'exploration spatiale, non seulement par les États-Unis, mais aussi la Russie et d'autres pays encore. Il a dit qu'à l'insu du monde extérieur, d'autres pays que les deux superpuissances menaient des expériences spatiales dans les premiers jours de cette exploration. Beaucoup d'entre eux ont arrêté leurs expériences, après des résultats désastreux. Nostradamus a rapporté que de nombreux vols dits "sans pilote" contenaient en fait des astronautes qui sont morts ou ont été perdus dans l'espace lors de missions infructueuses. Ces accidents n'ont jamais été rendus publics pour des raisons évidentes. Quand j'ai pensé à cela, je me suis souvenue des rumeurs du début des années 1970 selon lesquelles les premiers atterrissages en douceur soviétiques sur Vénus contenaient en réalité des astronautes qui étaient morts. Il y avait beaucoup de spéculation à l'époque à cause de mystérieuses transmissions radio. Mais aucune preuve n'a jamais été apportée sur ces spéculations, et elles ne sont restées que des rumeurs. Nostradamus a-t-il vu ce qui s'est réellement passé lors de certaines de ces missions spatiales ?

Chapitre 11

Le temps présent

B: Il dit de vous dire qu'il a ses outils et ses instruments, son encrier et ses parchemins avec lui.

D: Vraiment ? Pourquoi les a-t-il apportés cette fois-ci ?

B: Au sens figuré. Une figure de style. Il dit qu'il les apporte toujours. En plus, il apporte son ... il appelle ça son livre de questions. Et il est en train de me montre l'image d'un livre qui n'a que des points d'interrogation à l'intérieur.

(Il était évident qu'il plaisantait avec moi).

D: (rires) Ok. Dites-lui que j'ai mes parchemins, mes instruments d'écriture et ma petite boîte noire.

B: Il dit que vous êtes une menteuse. Vous n'avez rien d'autre que votre boîte noire.

D: (rires) Je vous demande pardon. J'ai son livre.

B: Il dit que ça ne compte pas, parce que c'est son livre, et il l'a aussi. Ah-ah ! Mais vous n'avez pas d'encrier et pas de livre de questions. Il a juste ajouté, cependant, la femme infernale pose suffisamment de questions. Elle n'a pas besoin d'un livre de questions. (rires) Je pense qu'il vous taquine.

D: J'ai l'impression qu'il le fait. (rires) Oui, je suis pleine de questions. J'ai une terrible curiosité.

B: Il dit, terrible est le mot juste.

D: (rires) Eh bien, je suis contente qu'il me supporte. C'est lui qui a commencé tout ça.

B: Il dit que la roue du karma est sans fin. Elle ne commence pas et elle ne se termine pas. Par conséquent, vous ne pouvez pas l'accuser d'avoir commencé tout ça, car les choses sont sans fin. Il dit, qu'il pourrait tout aussi bien dire que vous avez commencé en vous engageant dans la régression pour commencer, donc vous voyez c'est sans fin. Si tout le monde s'en rendait compte, cela rendrait les tribunaux et les lois obsolètes.

D: Et bien, s'il a fini de plaisanter avec nous, est-il prêt à continuer le travail de traduction de ses quatrains ?

B: Il dit, avec un grand geste de la main, qu'il est toujours prêt à continuer le travail. Il dit, laissez-nous le faire. (Avec un large sourire) Il semble être de très bonne humeur.

Pendant les mois de notre collaboration, Nostradamus m'a donné la traduction de nombreux quatrains qui s'appliquent à notre époque. Je vais inclure les plus uniques ici.

SIÈCLE III -13

Par fouldre en l'arche or & argent fondu,
De deux captifs l'un l'autre mangera
De la cité le plus grand estendu,
Quend submergee la classe nagera.

Par la foudre dans la boîte, l'or et l'argent sont fondus,
Les deux captifs se dévoreront l'un l'autre.
Le plus grand de la ville s'étire,
quand la flotte s'enfonce sous l'eau.

B: Il dit que ce quatrain fait référence à certaines inventions que vous appelleriez des inventions "modernes". Celles-ci, bien sûr, seront trouvées pour en obtenir des applications militaires. Il dit, par exemple, que la boîte avec la lumière clignotante fait référence à l'apprivoisement et au contrôle de l'électricité. L'or et l'argent dans la boîte en train de fondre font référence à certaines des applications de la technologie électrique comme la galvanisation des objets avec de l'or ou autres. Et comment cela a conduit à des technologies telles que les technologies de communication utilisant des puces électroniques et autres, qui sont utilisées pour communiquer avec ce que vous appelez des "sous-marins" - la flotte de sous-marins que chaque pays possède. Donc, il dit qu'il essayait simplement de produire une image de toutes les inventions merveilleuses qu'il voyait pour l'avenir.

D: Et cela va de pair avec la partie qui dit, "les deux captifs l'un l'autre mangera."

B: Il dit que cela a à voir avec, oui, les énergies impliquées parce qu'elles doivent être équilibrées. Ce sont des énergies opposées mais elles doivent être en équilibre pour que cela fonctionne. Et donc, dans un sens, elles se dévorent l'une l'autre,. c'est ainsi qu'elles sont équilibrées.

D: Les traducteurs ont pensé qu'il parlait de l'alchimie.

B: Il dit que la pratique de l'alchimie a donné naissance à la chimie et à l'astronomie. ainsi que l'astrologie, y contribuant également. Et il dit que la physique, aussi, a été affectée. Il dit que certains des premiers alchimistes étaient à la recherche de connaissances métaphysiques et d'autres cherchaient simplement des connaissances physiques. Cela a finalement conduit à ce que l'on appelle les sciences modernes qui ont inventé toutes ces choses.

D: Donc, d'une manière détournée, il fait référence à l'alchimie. Bien que les traducteurs pensent qu'il parle d'une sorte de processus qu'il a utilisé à son époque.

B: Il dit qu'il peut voir d'où ils obtiendraient une telle interprétation puisqu'ils insistent pour lui imposer des œillères.

Souvent, il ne me donnait pas toutes les réponses. Il nous laissait quand même une partie du puzzle à résoudre par nous-mêmes.

B: Il dit que c'est à vous de le découvrir. Il ne va pas tout vous dire. Maintenant qu'il a donné les indices, on devrait être capable de le comprendre. Il dit que l'on doit exercer l'esprit pour qu'il se développe sinon on finirait un abruti. (Rires du groupe.)

D: Donc il veut que j'utilise mon propre cerveau.

B: Il dit que vous ne voudriez pas avoir de grandes quantités de fromage suisse dans cette région de votre corps.

D: (Rire) C'est vrai. Je ne veux pas avoir un cerveau troué. Vous ne pouvez pas avoir toutes les réponses, n'est-ce pas ?

B: Il dit qu'il a eu trop d'entraînement à être mystérieux. C'est difficile de s'ouvrir complètement.

Plusieurs quatrains font référence à la destitution du Shah d'Iran et à la montée en puissance de l'Ayatollah Khomeni, car il s'agissait d'événements précurseurs de l'horrible "période de troubles". (SIECLE II-10 et I-70.)

SIÈCLE VI -34

De feu volant la machination,
Viendra troubler au grand chef assiegez:
Dedans sera telle sedition,
Qu'en desespoir seront les profligez.

La machine à feu volante
viendra troubler le grand chef assiégé.
A l'intérieur il y aura une telle sédition,
que les abandonnés seront désespérés.

B: Il dit que c'était une prédiction à propos de l'accident qui s'est produit plus tôt cette année à la NASA avec l'équipage de Challenger. (Celui-ci s'est produit à la fin de janvier, en 1986). Il dit que les séquelles de ce tragique accident ont provoqué une grande division d'opinion au sein des pouvoirs, à la fois dans la NASA et dans les Commandements de Forces Stratégiques militaires, regardant les buts et objectifs du programme spatial américain. Il dit qu'il y a une faction qui fermente depuis un certain temps en faveur de sondes sans êtres humains, équippées d'instruments sophistiqués. Cet accident leur a donné le fuel dont ils avaient besoin pour allumer un feu de dissidence. Et, les idéalistes qui s'accrochent au rêve de l'exploration directe de l'espace par l'homme se sont fort découragés quant à l'évolution que prenait cette question. Car ils voudraient construire des stations spatiales et développer l'énergie solaire pour aider à soulager les besoins énergétiques sur la terre.

D: "viendra troubler au grand chef assiéger." Par là, entend-il les dirigeants de la NASA ?

B: Il dit que le grand chef assiéger est à la fois les dirigeants de la NASA et le Président des Etats-Unis.

D: Est-il capable de voir ce qui a causé l'accident ?

B: Je vais lui demander. (Pause) Il dit que c'est difficile de voir clairement mais l'une des causes majeures de l'accident semble avoir été une erreur informatique.

D Bien sûr, il ne sait pas ce que sont les ordinateurs, n'est-ce pas ? A-t-il vu quelque chose avec des machines ou quelque chose de la sorte ?

B : Eh bien, il a regardé la situation et il a pris le concept de l'esprit du véhicule. Il pensait aux mathématiciens et aux penseurs, et il pensait à des machines. Il pensait à des machines qui fonctionneraient comme la pensée des mathématiciens et des penseurs. Et que se passerait-il si un système dépendant d'une telle machine devait tomber en panne et faire une erreur comme les humains le font. Et lui, au lieu de demander un terme familier, il a demandé un terme qui correspondrait à ce concept. Il s'est satisfait de l'expression "erreur informatique".

D: C'est très bien pensé.

B: Il dit que même si la majorité des preuves ont été détruites dans la conflagration, les morceaux trouvés et l'histoire reconstituée ne seront pas rendus publics. Ce sera gardé dans les cercles les plus élevés de la NASA alors qu'ils essaient de comprendre ce qui a causé un si horrible accident.

D: Ils ont publié certaines choses, mais nous ne saurons jamais si c'est la vérité ou non.

B: Il dit que ce qu'ils ont publié n'est que de la propagande.

D: Est-ce que ce ne sera pas un revers pour notre programme spatial?

B: Oui, ce le sera... un peu. Il dit que ce ne sera qu'un recul temporaire. Mais l'élément du temps sous-entendu sera plus long que ce qui a été initialement prévu. Parce qu'en ce moment, une grande division dans leurs rangs s'est orchestrée. C'est comme un serpent à deux têtes qui se combat lui-même. Chaque division essaie de prendre le dessus pour diriger le programme spatial dans la direction qu'elle souhaite. Le temps que tout cela soit résolu, la mise en œuvre de la décision finale sera retardée par la guerre. Ce ne sera qu'après la fin de la guerre, et que les choses se soient calmées, et que le pays se soit enfin remis de la guerre. que le programme spatial sera mis en œuvre, suivant ainsi la direction du développement de l'énergie solaire et des stations spatiales. Les idéalistes finiront par l'emporter, mais la décision sera très serrée. L'arrivée de la guerre contribuera à renforcer leur position.

Plus onze fois Luna Sol ne voudra,
Tous augmenté & baissez de degré:
Et si bas mis que peu or on cendra.
Qu'après faim, peste, descouvert le secret.

Plus de onze fois la Lune ne voudra pas du Soleil,
À la fois élevé et diminué en degré:
Mis si bas que l'on coudra peu d'or.
Après la famine et la peste, le secret sera découvert.

B: Il dit que ce quatrain fait référence à un événement dont les racines ont déjà été plantées mais dont l'issue ne sera pas connue avant un certain temps. Il dit que la phrase "plus onze fois luna sol ne voudra " fait référence au programme spatial des États-Unis et aux vols habités vers la lune. A cette époque, la lune était très présente dans les pensées des hommes, donc plus élevée en gloire et importance. Par conséquent, elle n'avait pas besoin ou ne voulait pas de l'influence du soleil pour ajouter à cette gloire. Mais ensuite le programme spatial tombera en disgrâce de sorte que la gloire de la lune se trouvera diminuée par des changements de politique au sein du gouvernement, et l'inportance sera déplacée dans une autre direction. L'expression "si bas mis" - une politique infâme élaborée dans les coulisses dont les électeurs ne sont pas au courant, mais qu'ils n'approuveraient pas s'ils la connaissaient. Ces changements de politique consistant à rediriger l'argent vers des causes militaires plutôt que vers des sujets scientifiques, contribueront aux horreurs des changements à venir. Mais les machinations en coulisses ne seront pas exposées bien avant une date ultérieure.

MISE A JOUR : Un de mes lecteurs a repéré quelque chose dans ce quatrain que je n'avais pas remarqué. Je cite une partie de sa lettre : "Les atterrissages lunaires sont allés jusqu'au onzième avant que Neil Armstrong n'atterrisse sur la surface. Les missions ont été, bien sûr, nommées d'après Apollo, le dieu romain du soleil."

D: Quelle est la signification de " peu oron cendra " ?

B: Lorsque le changement de politique a lieu, il affecte l'argent disponible pour contribuer à la gloire de la lune ; c'est-à-dire, l'argent disponible pour les programmes spatiaux. Il est détourné pour d'autres utilisations et comme aucun argent n'est alloué au programme spatial, ils ne peuvent pas rapporter "en nature". Parce que lorsque l'argent est dépensé pour la recherche dans laquelle le programme spatial est impliqué, les découvertes faites le rendent au décuple en améliorant le sort de l'humanité.

D: " Qu'après faim, peste, descouvert le secret"

B: Après le temps des troubles.

D: Je pense à un autre quatrain que nous avons couvert sur la tragédie de Challenger, alors qu'ils essayaient de mettre des stations spatiales dans l'espace. Il a dit que tout serait retardé à cause d'une guerre. Pensez-vous que ces deux soient liés ?

B: Oui. Il dit que cette situation concernant l'exploration spatiale est très compliquée voire embrouillée.

D: Le prochain a des signes astrologiques. Je veux lui dire que j'ai trouvé un jeune homme qui est un expert astrologue. Il veut bien travailler avec moi pour déterminer les signes que Nostradamus mentionne.

B: Il dit que ce sera bien si le jeune homme garde son esprit ouvert à de nouvelles interprétations de ce qu'il voit, et ne soit ni trop rigide, ni trop rapide pour appliquer les règles établies en astrologie. Les planètes forment leurs modèles et avec le temps, elles reviendront à ceux-ci. C'est pourquoi plus d'un chemin sera indiqué, tout comme plus d'une interprétation peut être donnée aux quatrains.

D: Le jeune homme a suggéré que parfois, je vous demande plus d'informations astrologiques.

B: Il dit qu'il fera ce qu'il peut pour aider. Parfois, il est difficile de traduire les concepts de manière assez précise pour être d'une aide réelle. Mais il fera son possible.

John était présent et voulait poser une question sur un quatrain que j'avais reçu d'Elena. Je lui avais demandé de faire des recherches pour des signes astrologiques, aussi voulait-il obtenir plus d'informations à ce sujet. Il était préoccupé parce que c'était censé se produire très bientôt, le 22 décembre 1986, dans environ deux mois. Elena avait interprété à travers Dyonisus que le quatrain concernait les vaisseaux spatiaux. John n'était pas d'accord avec cette interprétation.

SIÈCLE II -48

La grande copie qui passera les monts,
Saturne en l'Arq tournant du poisson Mars:
Venins caches soubs testes de saulmons,
Leur chef pendu à fil de polemars.

La grande armée qui passera par-dessus les montagnes,
Quand Saturne sera en Sagittaire et Mars en Poissons.
Le poison caché sous la tête des saumons,
Leur chef de guerre est suspendu par une corde.

B: Il dit encore une fois que ce quatrain possède plus d'un sens. A cause d'une erreur commise par un dirigeant, un incident international va se produire. Il dit que le principal problème dans cette situation sera causé par une rupture de communication entre les deux puissances impliquées.

John: Nous savons que pendant cette période Mars et Saturne seront en carré. " Venins caches soubs testes de saulmons, leurs chef pendu à fil de polemars." Est-ce que cela signifie que le chef va se pendre lui-même ? Qu'il va se suicider à cause de cette erreur?

B: " leurs chef pendu à fil de polemars" Il dit que la situation est bien plus compliquée que ce qui apparaît à première vue, symbolisée par le nœud supposé de la corde. Pour se pendre avec une corde, on doit faire un noeud quelque part. Il dit que le chef, le leader concerné, éprouvera un grand regret pour ce qui s'est passé et voudra continuer sa carrière et aider à corriger la situation, pour aider à rattraper les effets négatifs créés par cette même situation. Cependant, il sera symboliquement pendu par d'autres personnes souhaitant prendre sa place dans l'organisation. Il sera pendu en ce qui concerne la politique et sa carrière. Ce sera presque comme s'il se serait suicidé parce qu'au final, il sera un homme brisé et ne sera pas en mesure de faire quoi que ce soit pour remédier à la situation. Il semblerait, dit-il, que l'ensemble de l'événement sera un fiasco, vu des deux côtés. Mais il aura des conséquences cataclysmiques et très néfastes. Il y a un autre mot qu'il veut utiliser ici et je ne le trouve pas. Cela aura des conséquences très... profondes pour les deux pays concernés.

D: "D'une grande envergure" serait-elle une meilleure description ?

B: Non. Profonde, d'une grande portée, un coup de poignard dans le vif, parce que cela affecterait la politique mondiale en général pour de nombreuses nations.

D: Nous voudrions également clarifier cette première partie "La grande copie". Dans une traduction du français c'est : "La grande horde qui passera par les montagnes."

B: Il dit que le mot "horde" est plus proche de la description que "copie". La façon dont la situation évolue, un ennemi ou quelqu'un qui ne souhaite pas le bien des États-Unis profitera de la situation en étendant son pouvoir de manière non éthique. Et ils le feront en envoyant une horde d'agents travaillant pour eux dans cette zone. Il dit que ce n'est pas clair pour lui, mais cet aspect de la situation n'apparaîtra au grand jour qu'un peu plus tard. Et une grande partie du monde sera offensée par cette action. Michel de Notredame demande si vous avez quelque chose à ajouter.

D: Bien, est-ce que cette date, le 22 décembre 1986, est correcte?

B: Il dit, oui, ou si proche qu'il n'y a pas de différence.

D: Nous étions intéressés parce que cela va se produire très bientôt dans notre avenir. (Nous posions ces questions en octobre 1986).

B : Oui. Il dit que, de son point de vue, cela semble si immédiat que le... temps où nous nous parlons aujourd'hui et le temps où cela va se produire semblent presque simultanés.

Mme Cheetham a traduit les signes astrologiques mentionnés dans le quatrain comme une conjonction, mais ce n'est pas vrai. John avait trouvé que ces signes se produiraient à partir de la dernière semaine de novembre 1986, pendant décembre, et ceci jusqu'à la première semaine de janvier 1987. Il est intéressant qu'Elena ait trouvé cette date pour ce quatrain alors qu'elle ne connaissait rien à l'astrologie.

Je crois que ce quatrain fait référence au problème que le président Reagan a eu concernant la découverte du contrat d'armement avec l'Iran. Ce fiasco a commencé à se dérouler vers la fin novembre et s'est poursuivi en décembre jusqu'en janvier. Le reste de la nation a regardé l'histoire se développer à la télévision et a probablement ressenti des émotions d'incrédulité, de colère ou de frustration. Certains ont pu avoir l'impression que le scénario était exagéré. Cette partie du drame ne m'a pas touché. Avec un sentiment de détachement, j'ai écouté comment un sénateur suggérait que le président Reagan démissionne et nomme un successeur. La phrase "leur chef de guerre pendu à fil de polemars " me trottait dans la tête. C'est vrai, le président est certainement le chef des forces armées. Ma sympathie pour le Président symboliquement pendu a été remplacée par l'étonnement et l'émerveillement de voir la prophétie de 400 ans de Nostradamus prendre vie sous mes yeux. Puis, un froid glacial a parcouru mon corps. S'il avait raison sur cette prédiction, est-ce que ses horribles visions de l'Antéchrist se réaliseraient-elles aussi ?

Mme Cheetham dit dans son livre que "salmons" signifie une tête d'âne en provençal. Elle ne voyait pas comment le traduire pour qu'il ait un sens dans ce quatrain. Donc, elle a utilisé le mot "salmons". Mais je me demande si cela pourrait-il faire référence à l'âne, le symbole du parti démocrate ? Par " Venins caches soubs testes de" l'âne, cela pourrait-il signifier que les démocrates sont en quelque sorte responsables de la négativité des nouvelles concernant cet événement ? John a dit aussi qu'une tête d'âne était un type de masque favori porté lors des festivals en France, ce qui suggère à nouveau que quelque chose de caché était en cours de dévelopement. Ce sont mes observations et non celles de Nostradamus, mais il m'a dit d'essayer d'utiliser mes propres pouvoirs de déduction pour essayer de résoudre ces énigmes.

J: Vous avez dit que ce quatrain pouvait avoir plus d'une signification. Saturne en Sagittaire représente pour moi presque comme une flèche enflammée. Et Mars en Poissons représente l'eau comme les océans. Est-ce que cela a quelque chose à voir avec les problèmes en mer ou les batailles navales ?

D: Ou voudriez-vous l'expliquer avec vos propres mots ?

B: Il dit que cela ne le dérange pas qu'il pose ce genre de questions parce que c'est le but de la discussion. Donner et recevoir. Il avait hâte de discuter avec ce jeune homme plutôt que de simplement communiquer avec lui. Il dit qu'il y a une différence entre la discussion et la communication. Une chose qui lui plaît particulièrement est que la ligne de pensée que vous semblez suivre semble être parallèle à son propre cheminement de pensée. Cela rend la discussion beaucoup plus facile et directe. Il dit que vous avez raison de suivre vos sentiments sur le sujet pour interpréter les symboles horlogers. Vos sentiments sont vos guides psychiques qui vous aident à observer depuis leurs plans supérieurs. Ils contribuent ainsi à votre perspicacité en la matière. Il dit que cet événement particulier impliquera l'océan. Il me donne une image de ce que j'interprète comme un sous-marin. Des navires armés à la surface de l'océan vont également être impliqués.

D: Quel est le pays impliqué ?

B: Il ne le dit pas avec certitude. Le sentiment qu'il transmet est qu'il pense qu'il y aurait un Américain impliqué et que cela aura lieu dans l'océan Atlantique. L'image que Michel de Notredame projette dans mon esprit est comme si je regardais une carte dont le centre est l'océan Atlantique. Et je vois ce qui semble être des missiles cylindriques qui s'écrasent dans l'eau et ce qui semble être un navire partiellement submergé et un sous-marin à proximité. C'est comme si on voyait une photo de ça superposée sur la carte de l'océan Atlantique, de sorte que les objets dans cette photographie sont disproportionnés dans leur taille par rapport à l'océan. Mais l'emplacement est dans l'hémisphère nord de l'océan Atlantique, dans le quadrant sud-ouest. J'ai l'impression que c'est là que l'incident aura lieu.

Il est intéressant que les missiles aient été mentionnés car ils étaient également impliqués dans le scandale des armes en Iran. Pourrait-il faire à nouveau référence aux deux incidents ?

D: La raison pour laquelle nous nous interrogeons sur ce quatrain est que l'autre véhicule pensait qu'il s'agissait de vaisseaux spatiaux. C'était Dyonisos qui nous en parlait et je pense personnellement qu'il ait pu mal interpréter ce qu'il voyait.

B: Il dit que c'est parfaitement raisonnable en raison de la grande prépondérance d'objets cylindriques dans l'image, le sous-marin et les missiles. Il aurait pu les confondre avec des véhicules spatiaux puisqu'ils ont tendance à être cylindriques eux aussi.

J: Que signifie " Venins caches soubs testes de saulmons " ?

B: Il dit que cela représente une double chose. Les venins cachés dans les têtes de saumon fait référence à un sous-marin nucléaire, ainsi qu'aux tendances belliqueuses des commandants de ces sous-marins. Ils seront quelque peu impatients d'appuyer sur le bouton, pour ainsi dire. Les deux incidents mentionnés dans ce quatrain se terminent par un fiasco.

J: Je pense que le quadrant sud-ouest serait près de Cuba ou dans cette région. Cela pourrait-il signifier qu'un sous-marin soviétique effectuant des manoeuvres au large des côtes pourrait menacer ou même bombarder les États-Unis ?

B: Oui. Il dit que particulièrement il y aura un navire de surface américain en danger. Le commandant soviétique de ce sous-marin aura des ordres secrets dont le reste de l'équipage ne sera pas au courant, disant essentiellement de contrarier et et d'instiguer autant qu'ils le peuvent, sans nécessairement dépasser la ligne frontière. Ce qui se passe, c'est qu'il se laisse emporter et va trop loin, mais il n'a pas peur d'être puni à cause de la nature générale de ses ordres. Le commandant américain, d'un autre côté, est dans une situation où il a reçu l'ordre de défendre les côtes des États-Unis, mais de ne rien faire pour déclencher une guerre. Le commandant, en défendant son navire contre le sous-marin, parvient à frapper le sous-marin et il pense qu'il l'a peut-être coulé. Il a l'impression que ses mains sont liées, que peut-être cela peut être interprété comme une action visant à déclencher une guerre plutôt qu'une action de défense des États-Unis.

J: Est-ce que cela va mener à la guerre ?

B: Ce sera l'un des événements conduisant à un conflit préparatoire au temps des troubles. Il ne s'agira pas d'une guerre totale à ce moment-là, juste d'un des pré-événements qui y conduiront. Il dit, par exemple, qu'il y a plusieurs choses qui se sont produites avant la Seconde Guerre mondiale qui, à l'époque, étaient considérés comme des incidents isolés, mais qui ont été analysés plus tard comme étant un ensemble d'événements menant à la Première Guerre mondiale. Il dit que c'est un type de situation similaire. C'est difficile pour lui de le dire de son point de vue, mais quand les temps de troubles seront terminés et que nous les examinerons et que nous documenterons cette période de temps, le lien deviendra apparent.

Cette prédiction pourrait-elle avoir un rapport avec le sous-marin soviétique qui avait coulé dans l'océan du 3 au 6 octobre 1986 ? Il a été dit qu'il y a eu un incendie et une explosion nucléaire à bord du sous-marin et qu'il a coulé à l'est des Bermudes. Alors qu'il était remorqué vers la Russie, notre aide a été refusée et les avions et navires américains ont reçu l'ordre de se tenir à l'écart. Pourrait-il y avoir plus d'implications que ce qui ait été rendu publique ?

De plus, alors que ce livre était envoyé aux éditeurs, il y a eu un incident impliquant le sous-marin américain Bonefish en avril 1988. Le navire aurait été mis hors service à cause d'une explosion d'origine indéterminée dans la zone exacte de l'explosion indiquée par Nostradamus. Il y avait d'autres parallèles avec le quatrain. "Venins caches soubs testes de saulmons", dans ce cas. pourrait faire référence aux fumées toxiques qui ont été libérées à l'intérieur du sous-marin et qui menaçaient la vie de tous ceux qui étaient à bord. Le mot "saulmons" pourrait aussi faire référence au sous-marin (un poisson) et à son nom inhabituel de Bonefish. Les navires de Surface étaient également impliqués dans les exercices de routine qui se déroulaient dans cette zone de l'Atlantique. Le Bonefish était un sous-marin diesel-électrique obsolète, qui devait bientôt être mis hors service. Il n'en reste que quatre de ce type en service actif. La Marine utilise ce type pour simuler les sous-marins soviétiques lors de ces exercices, car les Russes ont encore de nombreux sous-marins de ce type en service. Serait-ce pour cela que Nostradamus a indiqué à Brenda que c'était un sous-marin soviétique? Aurait-il pu en fait lui montrer un accident qui s'est produit pendant les "jeux" de guerre et non une confrontation réelle? Il aurait été difficile pour lui de faire la différence et pour Brenda de tirer d'autres conclusions des images qu'il lui montrait. Encore une fois, je me demande si oui ou non il voyait plus que ce qui nous en dirait jamais.

B: Il dit qu'il était très difficile de communiquer à travers Dyonisos. D'une part, il ne pensait pas en français aussi bien que Michel de Notredame. Il dit que souvent il comprenait mal les concepts qu'il essayait de faire passer. Il dit aussi que c'était une façon très indirecte de communiquer. Mais il devait établir la communication d'une manière ou d'une autre, et c'était le moyen le plus primaire auquel il pouvait penser pour le faire parce qu'il savait que cela évoluerait vers ce type de communication. Il avait estimé qu'il était très important d'ouvrir une voie parce qu'à ce moment-là, c'est vraiment crucial. Vous êtes à un point où ces choses vont se produire au cours de votre vie. Elles auront un effet très profond sur vos vies et sur la vie de tout un chacun. Il veut faire sortir l'information pour essayer, au moins, d'aider certaines personnes. Il espère que le jeune astrologue dont il a fait la connaissance aujourd'hui ne soit pas trop déçu en raison de l'absence de références astrologiques précises jusqu'à présent. Mais il dit qu'il sera heureux de continuer à travailler avec ce jeune homme par ce moyen. Travailler ensemble pour aider à mettre de la lumière sur ce sujet. Il sait qu'à son époque, il y a plusieurs dialectes français dans son pays, et même si votre pays est relativement jeune, il trouve amusant que divers dialectes de votre langue semblent exister également à votre époque et dans votre pays. Il dit qu'il a remarqué que le jeune astrologue parle différemment de ce auquel il a été habitué à entendre dans cette langue depuis votre plane.

Nous avons ri. John est de Boston. Je ne pensais pas que son accent était si perceptible, mais apparemment Nostradamus le pensait.

SIÈCLE VII -41

Les oz des piedz & des main enserrés,
Par bruit maison long temps inhabitee:
Seront par songes concavent deterrés,
Maison salubre & sans bruit habitee.

Les os des pieds et des mains se bloquent,
à cause du bruit la maison est inhabitée pendant longtemps.
En creusant dans les rêves, ils seront déterrés,
La maison saine et habitée sans bruit.

B : Il dit que cela fait référence à divers événements de l'histoire américaine, et à des événements à venir. C'est un de ces quatrains avec plusieurs interprétations. Il dit que la maison se réfère à la Maison Blanche. Une des associations avec ce quatrain, une des choses qu'il voyait et qu'il n'a pas fait ressortir, était les événements du Watergate. La raison pour laquelle il ne l'a pas mis plus en exergue est que le quatrain est associé à d'autres événements qui semblent être plus majeurs et plus importants. Il pensait que les gens avaient besoin d'être mis en garde contre ceux-ci, plutôt que contre les événements du Watergate. Il voulait leur donner un indice sur le Watergate parce que ce serait une mauvaise chose que cela se produise, mais pas nécessairement évitable. En secret, les présidents de ce pays soi-disant libre ont constamment abusé du pouvoir dans une mesure de plus en plus grande. Et quelque chose devait arriver pour les secouer et secouer le peuple pour qu'il ne soit pas si complaisant. Mais il dit que cela fait également référence à des événements futurs. Il y aura un moment dans une autre période de grande agitation sociale, encore plus importante que l'agitation sociale qui s'est produite pendant la période du Vietnam, où en raison d'un... le concept qu'il essaie de faire passer est une combinaison de deux concepts qui ne peuvent être expliqués en un ou deux mots. Il montre d'abord le concept d'un jury suspendu, pour qu'une sentence ne puisse pas être décidée par un tribunal, mais il applique ce concept à une élection. Une élection sans décision avec la nation étant le jury suspendu, et avec le vote étant très finement divisé entre deux hommes différents pour la présidence. Le collège électoral ne sera pas en mesure de prendre la décision parce que le vote sera si égal, si finement divisé à travers toute la nation, qu'il gèlera temporairement les processus de la démocratie. Les mains et les pieds, le cœur même de l'opération, c'est-à-dire l'élection, seront bloqués, gelés. Il dit que les gens vont réclamer le candidat pour lequel ils ont voté et cela causera un grand bruit dans toute la nation. Ce sera un sujet délicat à cause de la situation mondiale en général à ce moment-là. Ainsi, si l'un ou l'autre des candidats est mis en place, cela risquerait de provoquer une nouvelle guerre civile ou au moins une révolution. Selon lui, ce sera une période de grande pression sociale, d'agitation sociale, et encore plus explosive que pendant la période du Vietnam. Il faudra un certain temps avant qu'ils ne parviennent à un compromis et n'organisent une nouvelle élection pour trouver un candidat acceptable pour tous, qui puisse être installé à la Maison Blanche sans la menace de tout le bruit et de la confusion causés par une révolution, une guerre civile ou autre.

D: Qu'est-ce que " Seront par songes concavent deterrés " veut dire ?

B: Il dit que dans le processus pour essayer de trouver une solution au problème il y aura beaucoup d'éloquence. En évoquant beaucoup de concepts sur le patriotisme et l'amour de la patrie et ainsi de suite, et en évoquant les rêves des pères fondateurs de la nation.

Je pensais que cela pourrait se produire lors de l'élection présidentielle de 1988. En 1987, il n'y avait pas de candidat favori clairement défini et qui pouvait réussir à remporter une élection. Lorsque Bush et Dukakis ont été annoncés, ils ont été accueillis avec un enthousiasme mitigé. Mais le concept de jury suspendu ne s'est pas concrétisé puisque George Bush a été élu président. Il semble donc que cette étrange prophétie décrit un événement qui est toujours dans notre futur. Dans quelle mesure, nous ne pouvons que spéculer.

D: Mais vous avez dit que cela pouvait aussi faire référence au Watergate à cause de la confusion ?

B: Oui. Il dit que si vous le souhaitez, il peut vous donner quelques unes des associations au Watergate mais il ne pense pas que ce soit essentiel. Il dit que dans le cas du Watergate, "Les oz des piedz et des mains enserres" ensemble font référence au président abusant des pouvoirs de la CIA pour les intérêts de son parti politique contre l'autre parti politique. C'était comme se couper la main ou se couper le nez en dépit de son visage, car les deux partis veulent travailler pour le bien du pays. Et ils laissent des choses insignifiantes, des différences de parti, s'immiscer dans la sauce, et devenir trop importantes. Le président a abusé de ses pouvoirs au moment des élections contre l'autre parti de sorte que cela a créé un grand brouhaha. Le Watergate, en d'autres termes. (Un jeu de mots, L'ouverture d'une "porte d'eau" ferait un grand bruit.) L'affaire n'a pas été réglée avant que le président ne démissionne de sa position afin que les choses puissent être calmées et qu'un autre soit mis à sa place.

Je pouvais maintenant comprendre la comparaison. Dans les deux cas, quelqu'un devrait être nommé pour occuper le poste jusqu'à ce qu'un président puisse être dûment élu. C'est ce qu'il voulait dire par la maison étant inhabitée. Il y a une période de temps, dans le Watergate et dans ce futur cas, où le pays était dirigé par quelqu'un qui n'avait pas été élu par le peuple.

B: Il dit que l'homme qui a pris le poste (Gerald Ford) était dans une position très délicate car il avait été nommé vice-président après que l'autre ait été mis en accusation. Puis le président a démissionné et il est donc devenu président sans jamais avoir reçu le vote de qui que ce soit, à l'exception de son électorat dans le Michigan. Il dit que cet homme en particulier (Ford) était dans une position très inconfortable. Il n'avait pas demandé que cela lui arrive. Il ne visait pas la présidence. L'homme a bien réussi dans ces circonstances et par la façon dont il a géré toute la situation ayant causé beaucoup de bon pour son karma.

D: Je comprends. La maison était habitée mais elle n'était pas habitée par un président élu. Cette autre signification de l'élection est plus importante car l'épisode du Watergate est déjà passé... Il va probablement encore se fâcher si je lui rapporte la traduction en anglais de ce quatrain. Il s'agit de "Nostradamus semble avoir cru aux fantômes, car il s'agit de la description d'une maison hantée qui est exorcisée quand les os de la victime sont retirés. Peut-être qu'un occupant de la maison a rêvé de la tombe, ce qui a conduit à la découverte d'un squelette ?"

B: Il n'est pas fou à ce stade. L'image qu'il projette est celle d'un homme se tordant sur le sol en riant. Il dit que si elle veut des fantômes, il va lui montrer des fantômes. Il va venir et la hanter dans ses rêves.

D: Elle l'a interprété assez littéralement, n'est-ce pas ?

B: Oui. Il dit que c'est pour cela que ce projet a été mis en place. Il savait que cela se produirait.

En toute équité pour Mme Cheetham, beaucoup d'autres traducteurs ont également pensé que ce quatrain faisait référence à une maison hantée. Je pense que c'est un fantastique exemple de l'utilisation merveilleuse du symbolisme par Nostradamus.

Le quatrain suivant est très étonnant car il semble s'être réalisé alors que ce livre était en cours d'écriture. Cette traduction a été reçue en Décembre 1986 et il semble être une référence évidente à la Bakkers et à leurs problèmes avec le PTL Club qui ont commencé en mars 1987. Il semblerait également se rapporter aux problèmes de Jimmy Swaggart au début de l'année 1988. Apparemment, Nostradamus a pensé qu'il était important de le commenter parce qu'il pensait que cela aurait une influence négative sur l'église en en général. Je crois qu'il a vu des conséquences plus importantes que celles dont nous sommes conscients aujourd'hui.

SIÈCLE II -27

Le divin verbe sera du ciel frappé,
Qui ne pourra proceder plus avant:
Du reservant, le secret estoupé
Qu'on marchera par dessus & devant.

La voix divine sera frappée par le ciel,
et il ne sera pas en mesure d'aller plus loin.
Le secret est caché avec la révélation
pour que les gens passent au-dessus et en avant.

Il a dit que celui-ci avait un double sens. La première signification n'est pas applicable à ce chapitre, je n'inclurai donc que la seconde ici.

B: Il dit que cela fait également référence à un événement dans lequel, en raison des pressions de cette période, les grands puissances que le fondamentalisme aura attiré à lui même seront enlevées à cause d'informations révélées sur leurs dirigeants. Des informations insupportables leur couperont l'herbe sous le pied, pour ainsi dire, et ils perdront le soutien de leur mouvement. L'époque actuelle ainsi que la vie continueront comme s'ils n'avaient jamais existé. Il vous demande de ne pas passer sous silence cette interprétation du quatrain. Vous devez la conserver à l'esprit, et vous y intéresser parce qu'elle est beaucoup plus immédiate et plus proche dans le futur. Pour être sûr que votre esprit ne l'a pas exclu. Pour que vous y réfléchissiez après coup.

SIÈCLE I -40

La trombe fausse dissimulant folie,
Fera Bisance un changement de loix,
Istra d'Egypte, qui veut que l'on deslie,
Edict changeant monnaies & alois.

La fausse trompette dissimulant la folie
Amènera Byzamium à changer ses lois.
De l'Égypte sortira un homme qui souhaite
Le retrait de l'édit, changeant la monnaie et les normes.

B: Il dit que c'est un quatrain à sens multiples. Une des significations fait référence à des événements passés, mais il s'applique également à des événements à venir dans le futur qui vous seront utiles. Il dit que la fausse trompette fait référence à des dirigeants puissants, à la fois religieux et politiques. Des hommes qui ont gagné leur vie en étant impliqués dans la religion, qui dans la fleur de l'âge de leur vie s'engagent dans la politique. Il dit qu'il pourrait citer des noms, mais que les sceptiques de votre livre ne se soucieront pas trop de cela. Pour votre information personnelle, il est prêt à vous donner quelques noms si vous ne les imprimez pas. Il dit qu'il ne peut s'empêcher de penser que des traces de l'Inquisition existent encore à votre époque.

D: Peut-être pas aussi mauvais, mais quand même ...

B: Il dit que la situation va s'aggraver avec le temps. D'abord, il dit que dans les phrases où il ne les appelle pas par leur nom, vous êtes encouragée d'aller de l'avant et d'utiliser ces phrases parce que c'est une information qui est nécessaire. C'est aussi en partie pour votre propre protection, car ces hommes sont assez puissants pour vous causer du tort par des procès en diffamation ou autres. D'autres comme vous, comme ce véhicule et d'autres encore, sauront de qui vous parlez sans avoir à citer de noms parce que ces hommes sont faciles à trouver avec vos appareils de communication. (J'ai accepté ses restrictions.) Il dit que la fausse trompette fait référence à des hommes religieux de type fondamentaliste qui déforment la parole de Dieu et l'utilisent à leurs propres fins. Il dit que plusieurs de ces hommes aspirent à un pouvoir politique et qu'ils se regroupent pour aider le plus grand nombre possible d'entre eux à atteindre des postes clés au sein du gouvernement. Beaucoup de ces postes ne sont pas nécessairement tape-à-l'œil ou publics. Peut-être un poste tranquillement discret dans la bureaucratie quelque part dans un endroit clé en ce qui concerne la circulation de l'information et du pouvoir, où ils peuvent l'utiliser à leurs fins personnelles et affecter subtilement les événements mondiaux en leur faveur. Il dit que l'accession de ces hommes au pouvoir politique aura des répercussions dans le monde entier. Cela causera de nombreux pays du milieu - il l'appelle la Terre du Milieu, et il me montre une image de l'Europe de l'Est, l'Europe orientale, de l'Asie occidentale et du Moyen-Orient, toute cette région. Les dirigeants de cette partie du monde deviendront très alarmés par le développement que prendront les choses. Ils vont commencer à changer leurs lois en réaction à cela, rendant plus difficile pour les Américains de voyager dans cette partie du monde. Certaines lois en particulier seront modifiées, relatives à la conversion de l'argent américain en d'autres devises et le commerce avec les États-Unis. Cela aura des répercussions négatives. Il dit qu'en conséquence, cela finira par affecter le jeune Antéchrist, appelé Byzance. Le jeune Antéchrist dans son propre pays, en train de construire une base de pouvoir, sera influencé par les actions perverses de ces fondamentalistes, influencé d'une telle manière que cela rendra tout plus difficile pour la chrétienté en général par la suite. Les fondamentalistes seront ainsi instrumentaux pour leur propre perte. Il dit que ces hommes qui semblent très religieux sont très rusés et calculateurs. Lorsque ils vont au séminaire pour apprendre à devenir révérend ou plus, beaucoup de choses qu'ils apprennent peuvent être utilisées pour contrôler les foules, faire des lavages de cerveaux, et manipuler les gens. C'est en gros ce qu'ils font, mais c'est à des fins privées et séculières plutôt que pour des raisons religieuses.

D: Alors ce qu'ils cherchent vraiment, c'est le pouvoir.

B: Exactement, dit-il.

Le reste de ce quatrain sera interprété au chapitre 17, "Le monstre apparaît".

SIÈCLE VI -62

Trop tard tous deux, les fleurs seront perdues,
Contre la loi serpent ne voudra faire:
Des ligueurs forces par gallots confondues,
Savone, Albingue par monech grand martyre.

Trop tard, les deux fleurs seront perdues,
le serpent ne voudra pas agir contre la loi ;
les forces des ligueurs confondues,
par les Français, Savone, Albenga par Monaco grand martyre.

B: Il dit que ce quatrain concerne l'Irlande. Les deux fleurs peuvent soit faire référence à l'Irlande et à l'Irlande du Nord, ou encore aux Irlandais protestants et aux Irlandais catholiques. Il dit que la pauvre Irlande, cette pauvre île est tellement divisée contre elle-même qu'elle est mieux représentée par deux fleurs plutôt que par une seule. Les deux groupes en Irlande pensent qu'ils se battent pour le bien de leur pays bien-aimé. Et quand il sera trop tard ils se rendront compte qu'ils l'ont démolie, de sorte qu'elle sera totalement perdue. Il dit qu'à la dernière minute, ils essaieront de faire un compromis pour tenter de sauver la situation. Le serpent fait référence au chef des forces rebelles, et la loi fait référence aux forces qui coopèrent avec la Grande-Bretagne. Mais ils auront été contrecarrés dans leurs efforts par divers stratagèmes mis en œuvre par les membres de la pègre dans les différents lieux nommés dans le quatrain. Ceux-ci vont détruire la situation, tant par la fourniture d'armes défectueuses aux deux camps que par la contrebande de drogues dures et autres, pour perturber l'esprit des personnes qui se battent. Monaco est le point d'où tout se canalise jusqu'en Irlande. Il dit que les membres de la pègre sont dans les différents endroits décrits dans le quatrain, mais ils coordonnent leurs efforts et canalisent ce qui doit être fait à travers Monaco. Il dit que cela semble être un moyen illogique de faire tout ça, mais à travers les liens tissés du monde souterrain, c'est la façon la plus directe et logique de le faire.

D: La traductrice a appelé cela un "quatrain erroné".

B: Il dit que cela n'existe pas. Je ne peux pas répéter exactement sa réponse mais c'était un bruit grossier non-verbal. Il dit, "Essayez une erreur de la part de cette femme."

D: La traductrice pense qu'il parlait d'une sorte de ligue entre les pays. Elle a dit : "Nostradamus semblait vouloir parler d'une ligue contre les Français dans ce vers, dans laquelle les Français triomphent. Mais, Monaco était lié aux Espagnols par un traité, et, Savone et Albenga appartiennent à Gênes. Nostradamus avait probablement en tête l'une des ligues italiennes du XVIe siècle, mais dans ce cas, à tort."

B: Il secoue la tête en signe de légère exaspération. Il dit que cette fille impertinente devrait retourner à l'école et réapprendre les trois R. encore une fois. Il dit qu'occasionnellement, il avait un quatrain qui se référait clairement à quelque chose de son époque, simplement pour garder ses lettres de créance. Mais la situation politique telle qu'elle était pendant sa vie était si mesquine et impermanente par rapport aux événements à venir qu'il ne s'en est pas vraiment préoccupé. Les événements à venir sont tellement plus tragiques et bouleversent le monde. Il dit que si elle insiste pour l'associer à une ligue, le quatrain pourrait en quelque sorte être associé à la Ligue des Nations. Sa conception défectueuse au moment de la Première Guerre mondiale et son démantèlement par la Seconde Guerre mondiale. Peut-être qu'elle y pourrait logiquement associer cela. Il dit qu'elle insiste pour penser 400 ans trop tard, mais c'est son problème.

D: Ils ont essayé de le limiter en disant qu'il était plus intéressé par sa propre époque, et c'est à cela que se rapportent beaucoup de ses quatrains.

B: Il dit qu'il voit loin, très loin dans le temps et dans la distance. Il a vu jusqu'à la fin de la terre, voire jusqu'à la fin de ce système solaire. Il demande pourquoi devrait-il se préoccuper de petits évenements qui se passent en Europe du Sud à son époque ? Je vais intervenir. Je lui ai suggéré que nous changions de sujet. Il s'énerve un peu. Je communique avec lui sur le plan spirituel et, ainsi il peut projeter des images qui ne seraient pas littéralement vraies. Il projette une image de lui qui tape des pieds et, de la fumée sort de ses oreilles.

D: (Rire) Alors je pense que vous avez raison, nous ferions mieux de passer à un autre quatrain.

SIÈCLE V -75.

Montera haut sur le bien plus à dextre,
Demourra assis sur la pierre quarree,
Vers le midi posé à la fenestre,
Baston tortu en main, bouche serree.

Il s'élèvera au-dessus de sa richesse, plutôt vers la droite,
il restera scotché sur la pierre carrée ;
vers le sud, placé à la fenêtre,
un bâton tordu à la main, la bouche écaillée.

B: Il dit que cela fait référence à un homme aux Etats-Unis. Un homme qui est très riche. Riche au point que tout ce qu'il souhaite faire peut être fait instantanément, car il a l'argent pour l'accomplir. Il dit que cet homme sera connu et célèbre à cause de sa richesse. Mais sa véritable mission dans la vie sera secrète, car cet homme sera un fanatique en quelque sorte. Il sera impliqué dans des organisations telles que le parti nazi américain et le Ku Klux Klan. C'est la raison pour laquelle il a mis dans l'expression "le bâton crochu", pour représenter les croix brûlantes du Ku Klux Klan et la croix gammée du parti nazi. La seule ambition de cet homme dans la vie est de renverser le gouvernement américain tel qu'il est actuellement constitué au 20e siècle. Il dit que cet homme sera naturellement impliqué dans la politique. Mais même si son ambition principale est de changer la forme du gouvernement américain, il doit rester discret en politique afin de pouvoir continuer à tisser ses toiles de pouvoir, de se faire de nouveaux contacts et d'étendre son influence. Le travail de fond qu'il a effectué portera ses fruits au moment des troubles causés par l'Antéchrist.

D: A l'heure actuelle, quelqu'un sait-il qui il est ?

B: Ceux qui le suivent savent qui il est.

D: Mais les autres personnes ne connaissent pas le danger qu'il représente ?

B: Non, car il a été très rusé, très prudent.

D: Cela expliquerait-il la phrase " Demourra assis sur la pierre quarrée "?

B: Oui. Il sera au centre de toute l'organisation, mais il ne sera pas la figure de pouvoir que les gens voient. Il aura une marionnette, quelqu'un qui semblera être celui qui a le pouvoir, mais il tirera les ficelles. Il aura une figure de proue, mais il restera assis derrière, sur la pierre carrée qui est, au centre de cette organisation.

D: " bouche serrée " signifierait qu'il est secret.

B: Oui, il est secret. La phrase, " Vers le midy posé a la senestre," signifie qu'en raison de ses convictions politiques, les activités ouvertes auxquelles il se livre et le chaos qu'il aime causer est plus souvent de paraître dans la partie sud du pays où ce genre de chaos est quelque peu traditionnel.

D: Alors personne ne saura qui il est jusqu'à ce qu'il apparaisse au grand jour au moment de l'Antéchrist.

B: C'est vrai. - Il dit qu'il espère que ces messages qu'il essaie de faire passer seront transmis à temps. Il espère que les gens seront suffisamment ouverts pour l'accepter et peut-être aider à la diffusion de ce noyau de connaissances pour éviter les catastrophes qu'il a vues, car elles sont évitables. C'est la raison pour laquelle il est toujours prêt à communiquer.

D: Nous avons une question sur un sujet à propos duquel je ne sais pas si vous savez quelquechose. Cela concernerait le marché boursier. Est-il familier avec notre marché boursier ?

B: Il dit qu'il a entendu des histoires selon lesquelles, à Florence, les commerçants achètent et vendent des choses en fonction de ce qu'ils obtiendront lors de leurs futurs voyages commerciaux, et non de ce qu'ils ont immédiatement sous la main. Il demande si c'est ça ?

J: C'est ce qu'est le marché boursier. Ce que je voulais savoir, c'est : Concernant le 31 octobre 1988, les planètes seront dans le même alignement qu'elles étaient le 29 octobre 1929. C'était le krach boursier de 1929. Est-ce que quelque chose de similaire se produira-t-il en 1988 à cause de la similitude des conjonctures dans le ciel ?

B: Les vibrations se répercuteront à travers. Il dit qu'il n'est pas vraiment sûr de ce que vous demandez à propos du marché boursier, mais il peut vous dire que les effets dont vous parlez, qui ont eu lieu en 1929, se reproduiront, concernant la société en général. Il y aura de grands effets sociaux, économiques. Il ne sait rien du marché boursier, per se, mais il dit que ce qui l'a fait plonger à l'époque aura le même impact à nouveau.

D: Cela a eu un grand effet sur l'économie du monde la dernière fois que cela s'est produit.

Après, nous nous sommes demandés si cela pouvait signifier la possibilité de faillites bancaires, car le marché boursier est censé être protégé contre un tel événement. Pendant ce temps, les sociétés d'épargne et de prêt subissaient des difficultés. La similitude des signes pourrait faire référence à un problème monétaire ou financier, apparemment de grandes proportions.

NOTE : A la fin du mois d'octobre 1987, le marché boursier a connu une chute record. Nous avons attendu de voir si cela se reproduirait en octobre 1988. C'est alors qu'ont commencé les énormes rachats d'entreprises, et les ventes aux enchères, d'énormes proportions, impliquant d'énormes sommes d'argent emprunté. Le marché a vacillé quand cela a commencé, mais ce n'était rien comparé au plongeon de l'année précédente. C'est la date que John avait trouvé dans ses calculs astrologiques. Ce n'était pas la prédiction de Nostradamus. Nostradamus avait simplement confirmé que la similitude des signes pouvait signifier un pareil événement.

Chapitre 12

Le Futur proche

CERTAINS QUATRAINS étaient difficiles à dater mais ils semblaient se rapporter à des événements qui se produiraient bientôt, ou dans un avenir pas trop lointain. Je les ai inclus dans ce chapitre.

SIÈCLE II -53

La grande peste de cité maritime,
Ne cessera que mort ne soit vengée
Du juste sang par pris damné sans crime,
De la grand dame par feincte n'outragée.

La grande peste dans la ville maritime,
Ne s'arrêtera pas tant que la mort ne sera pas vengée
Par le sang d'un homme juste, pris et condamné pour aucun crime ,
La grande dame est outragée par cette prétention.

B: Il dit que cela fait référence à deux événements différents. Il a vu - de son point de vue, dans le futur de son époque, que Londres allait avoir un autre accès de peste noire. Mais il dit que c'est déjà loin dans le passé pour nous, donc il n'en parlera pas pour l'instant. L'autre événement fait également référence à une grande peste. Il dit que chaque fois qu'il utilise l'expression "la ville maritime", parfois il se réfère à Londres et parfois à New York. Parce qu'elles sont toutes les deux, à votre époque en tout cas, deux des plus grandes villes du monde et ce sont des ports. Il les appelle des villes maritimes parce qu'elles sont à la fois des ports et des grandes villes. Il dit que ce à quoi nous devons faire attention, c'est qu'avant et pendant les temps de troubles, il y aura de nombreuses maladies qui circuleront et de nombreuses épidémies et fléaux. En particulier celle que vous avez appelée "SIDA". Il dit que cela se répandra à partir des villes et se répendra comme une traînée de poudre dans tout le pays, et qu'elle touchera une bonne partie de la population.

D: Il est dit, "la peste ne cessera que mort ne soit vengee du iuste sang par pris damné sans crime" Peut-il clarifier cette partie ?

B: Il dit que s'il essayait d'expliquer cette partie, cela n'aurait vraiment aucun sens mais cela deviendra clair avec le temps. Il s'excuse d'avoir été si vague sur cette partie.

D: Est-ce que ça aura quelque chose à voir avec un remède ou quelque chose de cette sorte ?

B: Il dit qu'il n'y aura pas de remède à temps pour cette peste. La mort devra simplement suivre son cours.

D: Les traducteurs ont identifié ceci comme étant la Grande Peste de Londres.

NOTE : Ce quatrain est clarifié dans le deuxième volume.

SIÈCLE II -35

Dans deux logis de nuict le feu prendra,
Plusieurs dedans estoffes & rostis.
Pres de deux fleuves pour seul il adviendra:
Sol, l'Arq, & Caper tous seront amortis.

Le feu va prendre dans deux maisons pendant la nuit,
Plusieurs personnes à l'intérieur suffoqueront ou brûleront.
Cela se produira près de deux rivières, c'est certain ;
Quand le soleil, le Sagittaire et le Capricorne seront tous diminués.

B: Il dit que ce quatrain contient une date dans la dernière ligne. Le feu qui prend dans deux maisons indique une rupture de la communication entre deux grandes puissances, en particulier dans ce cas en référence aux Etats-Unis et à la Russie. Le feu qui s'installe dans deux maisons sera la rancœur due à un malentendu dans les deux bâtiments du Capitole, le Kremlin et la Maison Blanche. Les personnes qui se font étouffés ou brûlés indiquent qu'il y aura des gens dans les deux endroits voulant empêcher les sentiments de s'exacerber, essayer de garder les choses en équilibre, d'en parler. Et certains seront simplement mis dans une position où personne n'écoutera ce qu'ils ont à dire, étouffés, pour ainsi dire. D'autres parleront quand même et leur carrière sera ruinée. Ils risqueront leur carrière en essayant d'empêcher la situation d'empirer et ils auront été brûlés, métaphoriquement.

D: Il dit "ça arrivera près de deux rivières, c'est sûr."

B: Il dit que le Potomac est l'un des fleuves, et l'autre est en Russie, symbolique d'une manière similaire dans l'histoire de la Russie.

D: " Sol, l'Arq, & Caper tous seront amortis "Pouvez-vous me donner quelques informations à ce sujet ?

B: Il dit que c'est à un moment où ces trois forces zodiacales ne sont pas dans leurs maisons, et n'exercent donc pas d'influence sur les affaires de l'homme. Chacun des signes zodiacaux exerce une influence à un degré plus ou moins grand selon sa relation avec les autres signes zodiacaux. A ce moment là, d'autres signes exerceront plus de pouvoir, plus d'influence, et ces trois signes en exerceront moins. Par conséquent, les influences qu'ils auraient sur la situation seront diminuées. Il dit que l'image établissant un horoscope pour le monde en général, et prenant un moment dans cet horoscope où l'influence de ces trois signes est au plus bas, devrait vous donner une idée du moment approximatif où cela se produira. En particulier en ce qui concerne les horoscopes des deux pays concernés.

D: La Russie et les États-Unis ? Je pensais que ce serait assez difficile de faire un horoscope pour le monde entier.

B: Il dit que c'est possible mais que c'est très compliqué. Il faudrait avoir son miroir pour pouvoir le faire.

D: (Rire) John, l'astrologue, ne pourrait pas le faire, mais il pourrait en établir un pour la Russie et les Etats-Unis.

B: Il lui demande de faire un horoscope comparatif entre les deux pays. en utilisant la date de création des systèmes politiques actuels. C'est le 2 juillet 1776 pour les Etats-Unis, et la date appropriée pour la Russie, proche du début de ce siècle. il dit que ce sera une chose amusante pour lui, car il prendra plaisir à le faire.

Selon les instructions de Nostradamus, John a fait une analyse comparative de l'horoscope des États-Unis et de la Russie. Ce qui suit est sa propre description de ce qu'il a trouvé :

L'horoscope le plus utilisé pour les États-Unis a Gémeaux en Ascendant, la Lune dans le signe du Verseau et le Soleil dans le signe du Cancer. L'ascendant Gémeaux montre que nous sommes un peuple qui aime la nouveauté, les modes, la connaissance et les communications. Mars en Gémeaux signifie que nous pouvons montrer au monde notre dualisme dans de nombreux domaines, de manière agressive. Vénus en Cancer dans le même quadrant indique notre amour pour la maternité, les enfants, le glamour et la nostalgie. Elle révèle également notre nature nourricière et protectrice envers le reste du monde. Jupiter, le Soleil et Mercure se trouvent tous dans le signe du Cancer, dans la 2e maison de l'argent et des valeurs. Nous mettons l'accent sur la richesse matérielle et l'accumulation des possessions. Avec Jupiter dans cette maison, c'est très facile pour nous de faire cela. Mercure, notre intellect, est orienté vers les avancées scientifiques tant qu'il y aurait une récompense matérielle comme résultat. Puisque nous avons le Nœud Lunaire Ascendant dans le signe du Lion dans la 3e maison, nous devrions nous concentrer sur nos problèmes plutôt que de nous embarquer dans les affaires des autres pays. Cela a conduit à notre chute (Vietnam) et pourrait être notre désastre final. Neptune et Saturne prennent place dans la 5e maison. Neptune en Vierge indique les énormes progrès que nous avons faits dans les soins médicaux, la conservation des aliments, et les industries électroniques. Saturne en Balance influence notre système judiciaire qui est très clément par rapport à d'autres pays. Ces planètes montrent également notre obsession pour toutes les formes de sport et de divertissement. Pluton en Capricorne dans la 9ème maison nous avertit de ne pas nous mêler à d'autres pays. Cela pourrait conduire à notre destruction. La Lune en Verseau dans la dixième house influence notre popularisation inconstante des célébrités. Nous sommes une nation facilement influençable et nos médias exploitent ce fait. Uranus en Gémeaux dans la douzième maison est notre talent caché, notre génie pour produire de merveilleuses nouvelles inventions qui ont révolutionné le monde. En comparaison avec l'horoscope de la Russie, nous sommes plus adaptables et moins fixés sur une idéologie.

L'horoscope de l'Union Soviétique (7 novembre 1917) a le Soleil dans le signe du Scorpion avec la Lune en Lion, ainsi qu'un Ascendant Lion, tous des signes très fixes déterminés à choisir leur propre chemin. Saturne sur l'ascendant en Lion indique que la naissance de l'État soviétique a été difficile et pleine de tensions. Saturne montre ici un début difficile suivid'une maturité qui apaise ces tensions. La Lune en Lion avec Mars en Vierge dans la deuxième maison révèle que les personnes au pouvoir vont tenir les cordons de la bourse de la nation. L'argent afflue et est dépensé, avec Mars ici, peut-être pour se tenir au courant des dernières innovations. Le Soleil et Mercure sont en Scorpion dans la quatrième maison, ce qui indique l'abondante richesse qui pour elle, le plus grand pays, a dissimulée sous sa vaste toundra. Cette grande richesse pourrait être l'espoir de l'avenir pour cette nation. Vénus et le Nœud Nord sont dans le cinqième secteur, ce qui indique que le divertissement du peuple est très sérieux et conservateurs. L'espoir de ce pays réside dans la créativité et l'ingéniosité de ses habitants. Avec Uranus en Verseau dans la septième maison, il est laissé présager des relations inhabituelles et parfois hostiles avec les autres pays. Jupiter en Gémeaux et Pluton en Cancer dans la seconde maison préviennent que les relations avec d'autres pays amis peuvent se transformer en un "coup de poignard dans le dos". Neptune en Lion dans la I2ème maison montre que les dirigeants ne doivent pas nier la forte nature spirituelle du peuple. Le mysticisme et le spiritisme ainsi que l'inefficacité sont montrés par Neptune dans sa position dominante.

Il y a des aspects positifs et négatifs entre les deux cartes de ces puissances mondiales. mais avec de la coopération et une meilleure compréhension nous pourrons peut-être construire ensemble un meilleur avenir.

SIÈCLE I -21

Profonde argille blanche nourrit rochier,
Qui d'un abisme istra lactineuse,
En vain troublez ne l'oseront toucher,
Ignorans estre au fond terre argilleuse.

La roche contient dans ses profondeurs de l'argile blanche,
qui sortira en lait blanchi d'une fente,
Les gens inutilement troublés n'oseront pas y toucher,
sans savoir que le fondement de la terre est d'argile.

B: Il dit que cela fait référence à un événement. Quelque part dans l'ouest de l'Amérique du Nord-Ouest, il y aura des mineurs qui creuseront pour trouver du minerai. Et ce minerai qu'ils trouveront sera un minerai différent de celui qu'ils recherchent. Ils auront peur qu'il s'agisse d'une sorte de matériau radioactif apporté ou introduit par une météorite il y a des siècles. Mais il dit qu'il n'y a pas besoin de s'alarmer parce que ce matériau, bien qu'il finira par être un nouvel élément à mettre sur la table périodique, ne sera pas dangereux pour l'humanité et peut être utilisé à bon escient.

D: Est-ce qu'il a été apporté par une météorite ?

B: C'est ce qu'il a dit.

D: Les traducteurs se sont demandés si ce quatrain pouvait être alchimique.

B: Il dit qu'on peut le voir de cette façon. Mais puisque la lecture par le public en général ne leur donnerait pas la compréhension de ses théories sur l'alchimie, il dit qu'il ne vous les donnera pas pour le moment.

SIÈCLE X -49

Jardin du monde au pres du cité neufve,
Dans le chemin des montaignes cavees:
Sera saisi & plongé dans la Cuve,
Beuvant par force eaux soulfre envenimees.

Jardin du monde près de la Ville Nouvelle,
sur la route des montagnes creuses :
Il sera saisi et plongé dans le réservoir,
forcé de boire de l'eau empoisonnée par le soufre.

B: Il dit que par "jardin du monde" il fait référence au Nouveau Monde puisque tant de nourriture y pousse et que nous avons tant de surplus que nous pourrions nourrir le monde entier. Il me montre une photo des Etats-Unis. Dans les montagnes Rocheuses, une ville a récemment été ou sera construite dans le cadre d'un projet gouvernemental. Ce sera une ville complète avec tous les services nécessaires aux personnes qui y vivent. Elle sera adjacente à de vastes chambres souterraines creusées dans les montagnes pour le stockage de documents secrets et autres. Ce qui va c'est que ... ok, les images qu'il me montre sont d'un réacteur nucléaire. Apparemment, il va y avoir une sorte de fusion. Il dit que l'eau pompée dans le réacteur pour le refroidir ne sera pas totalement purifiée. Il y aura une erreur et un élément dans l'eau va réagir avec les éléments radioactifs du réacteur et provoquera un accident. La partie du poison à laquelle il fait référence dans le quatrain fait référence au poison radioactif plutôt qu'au poison conventionnel.

D: Est-ce qu'il l'appelle un réacteur nucléaire ?

B: Il ne l'appelle pas du tout. Il n'a aucun mot pour le décrire. Mais il me donne une image de ce qu'il voit. Il le montre en couches successives. D'abord il montre une image d'un atome stylisé. Puis il montre une image d'un amas de minerai qui brille la nuit. Et puis il montre beaucoup d'appareils autour de cet amas de minerai et le tout baignant dans une lumière bleue. Il montre tout cela immergé dans un énorme réservoir d'eau.

D: Puis ce réacteur nucléaire se trouve dans cette montagne creusée, ou avez-vous dit que c'était une ville ?

B: Il dit que le réacteur est à l'intérieur de la montagne creusée mais comme la ville est juste à côté, il pourrait devenir un danger pour ses habitants. La ville est là à cause du réacteur, avec les techniciens et autres.

D: Donc c'est ce qu'il veut dire par la Nouvelle Cité. Ils ont interprété la New City comme New York et les montagnes creuses seraient les grands immeubles de New York.

B: Il est en train de glousser à ce stade. Juste parce qu'un endroit est appelé "nouveau" comme New York n'en fait pas une nouveauté. Il dit que d'après ce qu'il a vu à travers son miroir, il a cru comprendre qu'à votre époque New York est une ville assez ancienne. Il dit qu'il a eu des visions concernant New York, et qu'il va y avoir des calamités qui vont s'abattre sur cette ville. Mais ce quatrain particulier n'y fait pas référence.

Je n'avais jamais entendu parler d'une ville de ce type, ce qui ne serait pas inhabituel s'il s'agit bien d'un projet secret du gouvernement. Il a depuis été suggéré qu'il faisait peut-être référence aux installations de NORAD dans les Montagnes Rocheuses du Colorado. Puis j'ai découvert que dans le livre, Bigger Secrets, de William Poundstone, il mentionne la ville secrète qui sera utilisée pour loger les plus hauts officiels du gouvernement en cas d'attaque nucléaire. Elle est située au Mont Weather, à 45 miles à l'ouest de Washington, D.C. Il s'agit d'une véritable ville souterraine composée de bureaux, de salles de conférence, de salles de réunion et de salles de conférence, une véritable ville souterraine composée d'immeubles de bureaux, de cafétérias et d'hôpitaux. Elle est complètement autonome avec son propre réseau d'eau, son propre stockage de nourriture et sa propre centrale électrique. Elle est actuellement occupée par des centaines de fonctionnaires et d'agents de maintenance. Il y a même un lac artificiel souterrain. Tout cela ressemble trop à la description de Nostradamus pour être une coïncidence. Je me demande si c'est la ville qu'il a imaginée ? Certes, Brenda a mentionné les Montagnes Rocheuses mais il pourrait y avoir plus d'une de ces villes secrètes souterraines du gouvernement que nous ne connaissons pas.

SIÈCLE III -21

Au Crustamin par mer Hadriatique,
Apparoistra un horrible poisson,
De face humaine, & la fin aquatique,
Qui se prendra dehors de l'amacon.

Près du (fleuve) Conca par la mer Adriatique,
Apparaîtra un horrible poisson
Avec des traits humains & la fin aquatique,
Il sera attrapé sans l'hameçon.

B: Il dit que cela fait référence à un scandale qui aura lieu en ce qui concerne des secrets militaires. Sur une base expérimentale, les Soviétiques ont construit un dôme sous-marin et une base sous-marine dans la mer Adriatique. Il dit qu'ils utilisent ce lieu souterrain pour envoyer leurs sous-marins à des fins subversives. Lorsque cela sera découvert, en raison de pression des hommes d'État, des diplomates et des politiciens, tout cela sera remonté à la surface. Et les sous-marins seront sortis de là sans l'aide d'un crochet, pour ainsi dire. Parce qu'au lieu d'enlever les sous-marins en les détruisant avec des armes, ils les enlèveront par des manœuvres politiques.

D: "horrible poisson, De face humaine " signifie les personnes impliquées?

B: Oui. Il dit que cela fait référence à la fois à la base et au fait qu'il y ait des sous-marins impliqués. Il faut des gens pour gérer les deux.

D: Leur traduction me dérange vraiment. Ils pensent qu'il fait peut-être référence à une créature réelle, quelque chose de semblable à une sirène ou quelque chose de ce genre.

B: Il a mis ses index dans ses oreilles. Et il souffle et halète et fait onduler sa barbe d'avant en arrière. Il dit, "Je ne vais pas écouter ça! Je ne suis pas venu ici pour écouter ça!" (Rires) Il dit que s'ils pensent qu'il parle d'une sirène, en conséquence il leur montrera un modèle authentique de la terre plate. Il dit que tout homme instruit sait que la terre est ronde. Donc, s'ils pensent qu'il parle vraiment d'une sirène, alors il est sûr qu'ils seront heureux de recevoir de lui un modèle de la terre plate, également, parce qu'ils y croient probablement aussi.

D: Oui, cette traduction me semble également ridicule. Ils pensent que cela pourrait être une créature qui ressemble à une sirène. Ils ont dit qu'il y a certaines créatures aquatiques qui ressemblent à une sirène jusqu'à un certain degré. Quelque chose comme un phoque. (En fait, ils font référence à un lamantin ou un dugong. Je ne pensais pas qu'il connaîtrait ces mots). Ils pensent qu'il veut dire quelque chose dans ce genre.

B: Il dit qu'il ne les aurait pas décrits comme horribles à l'époque. parce que les créatures naturelles sont une beauté à contempler.

D: (Rire) Il est plus logique qu'eux.

B: Il dit, "Bien sûr !"

D: C'est drôle comme les seules explications qu'ils trouvent sont souvent quelque chose de littéral comme celle-ci.

B: Il dit qu'ils refusent de croire qu'il voit réellement certaines des choses qu'il voit. et ils n'ont pas confiance dans les pouvoirs avec lesquels il travaille.

D: Ils pensent qu'il est lié à son propre temps.

SIÈCLE I -22

Ce que vivra & n'ayant ancien sens,
Viendra leser à mort son artifice:
Austun, Chalan, Langres, & les deux Sens,

La gresle & glace fera grand malefice.

Une chose qui existe sans aucun sens,
Provoquera sa propre fin par des artifices:
A Autun, Chalan, Langres et les deux Sens,
Il y aura de grands dommages causés par la grêle et la glace.

D: *Les traducteurs pensent que parce qu'il est médecin il parle de quelque chose de médical ici.*

B: Non. Il dit que c'est un événement futur. Que l'humanité aura développé des dispositifs pour modifier le temps et être capable d'avoir son mot à dire sur le temps qu'il fera. Les machines qui sont en charge de ces calculs deviendront trop intelligentes pour leur propre bien, car elles n'auront aucun bon sens. Le bon sens est ce que l'on acquiert par l'expérience de la vie. Par conséquent, par la faute de leur programmation, qui ne sera pas repérée avant trop tard, ils provoqueront accidentellement un mauvais fonctionnement de la météo, de sorte que beaucoup de dégâts seront causés par de la glace et de la grêle non saisonnières. Les hommes qui dirigent cela ne réalisent pas que si l'on essaie de forcer le temps à faire une chose pendant une trop longue période, le modèle naturel va finalement surmonter l'interférence et peut-être causer un temps non saisonnier dans un processus de rééquilibrage des choses. En conséquence, ces ordinateurs, tout en essayant de surmonter les forces naturelles qui essaient de rééquilibrer les choses, vont griller un fusible, pour ainsi dire. et seront endommagés au point de ne plus pouvoir être utilisés.

D: *Que signifient ces noms ?*

B: Il a nommé les endroits qui subiront les pires dégâts à cause d'anormal temps en hors-saison.

D: *C'est une phrase que les traducteurs n'ont pas du tout comprise.*

B: Il dit qu'il l'a écrit assez clairement parce qu'il savait que les concepts impliqués étaient déjà assez obscurs pour que personne à son époque ne serait capable de les comprendre.

D : *Ils ne pensaient pas du tout à des machines. Ils pensaient que parce qu'il est médecin, qu'il s'agissait de quelque chose de médical, comme un embryon pétrifié retiré de l'utérus d'une femme. Ce serait une chose existante insensée.*

B: Il dit que c'est vrai. Ce serait quelquechose sans aucun sens. Cependant, il dit que les appareils de l'homme comme les ordinateurs et autres n'ont pas de sens non plus. Il a juste haussé les épaules et a dit, "Eh bien, si les gens insistent à avoir un esprit étroit, c'est leur choix."

SIÈCLE II -2

La teste bleu fera la tete blanche
Autant de mal, que France a faict leur bien:
Mort à l'anthene, grand pendu sus la branche,
Quand prins des siens le Roy dira combien.

Le leader bleu va infliger au leader blanc
autant de dégâts que la France leur a fait de bien:
La mort par la grande antenne accrochée à la branche,
quand le roi demandera combien de ses hommes ont été capturés.

B: Il dit que cela fait référence à des événements qui auront lieu pendant la période de bouleversements. Il y aura un accident, une grande tragédie. Cela commencera comme des plans pour un jeu de guerre, des plans pour un incident "au cas où". Comme "au cas où si tel ou tel événement se produit, voici les mesures défensives que nous prendrons." Dans ce jeu de guerre particulier, les équipes sont appelées l'équipe blanche et l'équipe bleue avec un leader blanc et un leader bleu, comme dans les stratégies et planifications militaires. Les différents camps sont marqués par des couleurs pour qu'il y ait une situation générique. Il n'arrête pas de dire que la Grande-Bretagne sera impliquée dans tout ça, et que les leaders dirigeront ce jeu de guerre par les ordinateurs. Il y aura un dysfonctionnement de circuit dans l'ordinateur qui aura des ratés de telle sorte que l'ordinateur pensera que c'est une situation réelle et non un jeu de guerre. Par conséquent, l'ordinateur déclenchera les défenses ainsi que les armements à bon escient, et commencera à lâcher de vraies bombes sur les zones concernées et provoquant un tragique incident international. Il dit que ce particulier incident va plonger l'Europe dans le chaos, essayant de comprendre ce qui s'est passé, et pourquoi.

D: Est-ce que cela impliquera des troupes américaines ainsi que des troupes européennes ?

B: Non. Il dit qu'il s'agira essentiellement de troupes européennes. Les seules troupes américaines qui seront impliquées seront celles stationnées présentement dans cette partie du monde. Les troupes américaines supplémentaires ne seront pas appelées à ce moment-là, parce que l'action qui se déroule est si insensée et si bizarre, il sera évident que soit un fou s'est échappé avec des armes, soit que c'était un accident bizarre. Et il n'y a aucune raison d'appeler des troupes supplémentaires pour combattre. Il dit qu'une fois la poussière retombée, pour ainsi dire, des troupes de maintien de la paix pourraient être appelées pour aider à rétablir l'ordre civil.

D: " Mort à l'anthene, grand pendu sus la branche." Je voudrais clarifier cette partie.

B: Il dit que cela a une signification multiple. D'une part, il se réfère à un nouveau type d'arme qui sera développé. Un type d'onde radio qui à certaines fréquences et intensités peut être mortelle. Elle peut causer une intense douleur dans les terminaisons nerveuses et détruire certaines parties du cerveau. Il dit qu'en même temps, cela fait aussi référence à leurs ordres qui sont diffusés par radio depuis l'ordinateur. La "branche" fait référence à la partie de l'ordinateur qui fonctionne mal et qui se ramifie dans une direction différente qu'il n'aurait dû. Il dit que les deux pays principalement impliqués seront la Grande-Bretagne et la France. La Grande-Bretagne sera agressive envers la France sans raison apparente, et la France en souffrira énormément, physiquement ainsi qu'économiquement et politiquement. Les relations entre la France et la Grande Bretagne seront très tendues jusqu'à ce que l'on comprenne ce qui a mal tourné.

SIÈCLE II -14

A Tours, Gien, gardé seront yeux penetrans,
Descouvriront de loing la grand seraine:
Elle & sa suitte au port seront entrans,
Combat, poussez, puissance souveraine.

A Tours et à Gien, des yeux vigilants seront gardés,
Ils épieront au loin la sereine Altesse:

Elle et sa suite entreront dans le port,
Combat rapproché, pouvoir souverain.

B: Il dit que cela fait référence à un événement qui devrait avoir lieu dans un futur proche, pas plus tard que 1991. Cela fait référence à un incident entre la marine britannique et une puissance d'Afrique du Nord, du Moyen-Orient. Je crois qu'il peut faire référence à la Libye. Il me montre une carte et il se concentre sur la partie qui est étiquetée sur vos cartes comme étant la Libye. Même si cette carte qu'il me montre n'a pas de pays délimité, la partie de l'Afrique sur laquelle son regard est centré est appelée "Libye" sur les cartes du 20e siècle. Il dit que les gens dans ces ports en France, avec leur radar, vont voir une image de la situation et la verront se développer et se dérouler. Un navire amiral de la marine, l'un des principaux navires de ligne, est appelé "elle" puisque les navires en anglais sont désignés au féminin. Comme il s'agit du navire amiral de cette flotte particulière, elle est la reine de cette flotte de navires. Il dit que ce navire amiral va rencontrer des navires d'une puissance étrangère et qu'une confrontation aura lieu. Cela se passera dans le nord-ouest de la Méditerranée. Il s'agira d'une confrontation mineure en ce qui concerne les combats, car personne ne sera tué. Il s'agira principalement des obus et des torpilles lancés d'avant en arrière, mais il sera transformé en incident international par la presse et le monde diplomatique. Dans cet incident particulier, la Grande-Bretagne sortira comme le leader de la situation, le gagnant, pour ainsi dire.

Cela semble très possible depuis que des problèmes avec les navires de guerre dans le Golfe Persique ont commencé en 1988.

MISE A JOUR : Il a été suggéré que ce quatrain faisait référence à l'implication britannique dans la guerre du Golfe Persique en 1990 et 1991. Brenda pensait qu'il faisait référence à la Libye, mais elle devinait parce que Nostradamus lui a montré une carte sur laquelle aucun pays n'était indiqué. Cela pourrait aussi faire référenceà un futur incident en Libye causé par la tension croissante au Moyen-Orient.

Chapitre 13

Le Temps des Bouleversements

NOSTRADAMUS AVAIT PRÉVU une période de changements terrestres dramatiques et violents qu'il a appelé "le temps des bouleversements". Certains d'entre eux étaient difficiles à dater parce qu'il prévoyait aussi une époque encore plus terrible dans un futur lointain où les changements sur la terre seraient très radicaux. Parfois, je ne pouvais pas différencier les périodes auxquelles il faisait référence. J'ai essayé de les catégoriser au mieux de mes capacités.

SIÈCLE VIII -29

Au quart pillier l'on sacre à Saturne.
Par tremblant terre & deluge fendu
Soubz l'edifice Saturnin trouvee urne,
D'or Capion ravi & puis rendu.

Au quatrième pilier qu'ils dédient à Saturne,
fendu par un tremblement de terre et par une inondation
on trouve une urne sous l'édifice de Saturne,
De l'or emporté par Caepio, puis restauré.

B: Il dit que ce quatrain fait référence à deux événements différents. Il n'a pas précisé clairement si ces deux événements sont liés ou non. Les quatre piliers représentent quatre grandes nations. Chaque nation est à elle seule un pilier de la culture que ces nations partagent en général. L'une de ces nations, celle qui est sous les auspices de Saturne, connaîtra de grandes catastrophes naturelles, comme mentionné dans le quatrain, tremblements de terre et inondations. La nation sera déchirée de part en part et il y aura de grands désespoirs. Il y aura aussi une rupture des services généraux, qui causera beaucoup de conflits, et de douleurs. La grande urne remplie d'or enlevée, et ensuite restaurée, il dit que cette ligne a une double signification. Le premier sens est celui de la nation qui est déchirée par le tremblement de terre et inondations. Il s'agit d'une nation riche mais ces désastres naturels vont vider ses coffres lorsqu'elle essaiera de faire face à ces catastrophes naturelles. Après avoir épuisé ses propres ressources, elle se tournera vers d'autres nations pour obtenir de l'aide. Et les trois autres piliers enverront de l'aide pour restaurer les finances afin que les gens puissent survivre.

MISE À JOUR : Cela a certainement commencé à se produire. La fin des années 1980 et le début des années 1990 ont vu une série de terribles tremblements de terre dévastateurs dans le monde entier, ainsi que le réveil de volcans depuis longtemps endormis. Ces phénomènes ont certainement "vidé les coffres de ces nations". Nostradamus a dit qu'une guerre n'était pas necessaire pour épuiser une économie. Cela peut être très facilement fait par ces catastrophes naturelles.

B: Une autre signification de cette dernière ligne fait référence à l'or pillé en Amérique centrale par certains pays européens au cours de l'ère coloniale. Une partie de cet or a été emmenée en Europe et une autre est allée au fond de la mer. Il dit qu'à l'avenir, avec les progrès technologiques, il y aura plus de succès dans la recherche de ces trésors qui sont allés finir au fond des océans. Ces trésors et artefacts seront restitués aux pays où ils ont été volés.

D: Vous parlez de l'époque de Cortez et des Conquistadores ?

B: Oui. Il parlait spécifiquement de l'Espagne et de son viol et du dépouillement de l'Amérique Centrale et l'Amérique du Sud, de leurs trésors d'or et d'argent.

Il y a un parallèle étonnant entre cette définition et le symbolisme utilisé dans le quatrain, "D'or Capion ravi & puis rendu". Selon Mme Cheetham, Capion était un consul romain qui a pillé Toulouse en 106 avant J.-C. Cependant, le trésor n'est jamais arrivé à Rome et Capion a été mis en accusation et expulsé du Sénat. Il devient évident que Nostradamus a une fois de plus utilisé une symbologie basée sur un événement de l'histoire romaine. Il a expliqué qu'il faisait souvent cela pour confondre l'Inquisition.

D: Alors il a un double sens. Pourrait-il me dire quels quatre pays sont représentés par ces quatre piliers ?

B: Il dit que c'est difficile à dire parce qu'entre le présent et le moment où l'événement se produira, certains pays auront changé de nom, même si la nationalité restera la même. Mais il dira que les quatre piliers sont liés à la culture occidentale.

SIÈCLE IX -31

Le tremblement de terre à Montara,
Cassich saint George à demy perfondrez:
Paix assoupie la guerre esveillera,
Dans temple à Pasques abismes enfondrez.

Le tremblement de la terre à Mortara,
L'île en fer-blanc de Saint-Georges à moitié engloutie :
Assoupie par la paix, la guerre surgira,
à Pâques, dans le temple, les abîmes s'ouvrent.

B: Il dit que la terre, après une période de paix, comme indiqué dans la ligne " Paix assoupie ", subira une grande catastrophe naturelle. La terre aura des tremblements de terre particulièrement graves. Si graves que la croûte terrestre se déchirera à travers le manteau et la lave chaude se déversera. Ce tremblement de terre en particulier sera si désastreux qu'il déclenchera des tremblements de terre partout dans les zones de mouvements terrestres. Ces tremblements de terre seront si importants et dangereux qu'ils détruiront des choses sur la droite et la gauche de la dites zone. Il dit que la moitié de la Grande Bretagne sera arrachée et enterrée dans la mer. En conséquence de tout ce désastre, la famine s'installera presque immédiatement et les gens commenceront à se battre. La guerre se fera pour les quelques ressources de la terre qui resteront après ce désastre. Il n'y aura pas assez de nourriture pour tout le monde, et les gens, des pays qui sont affamés, marcheront sur les habitants des pays qui ont un surplus de nourriture. Il dit que le pays dans lequel vous vivez aura la chance d'être protégé par des océans. Mais même dans ce cas, le pays survivra à peine car il sera l'un des plus durement touchés par les tremblements de terre. Comme il a un excédent de nourriture, il ne sera pas touché par la famine. Il ne s'agira simplement que d'un problème de distribution. D'autres pays, comme l'Inde ou la Chine, seront aussi frappés par les tremblements de terre mais ils ont trop de gens et pas assez de nourriture. Et ils se retourneront et marcheront sur la Russie et l'Europe de l'Est où se trouvent les champs de maïs et de blé.

D: Ces mots (Moruara et Caffich) sont-ils des noms ou des anagrammes de comtés ?

B: Il dit qu'il s'agit d'anagrammes de quelque chose qui le rendait très perplexe à l'époque. Mais en fréquentant des personnes du 20ème siècle, il commence à comprendre. Il dit qu'il semblait y avoir des endroits sur la terre qui avaient des noms qui leur étaient attachés mais il ne pouvait pas les discerner comme étant un pays ou quelque autre chose. Et maintenant, il découvre que, grâce aux travaux des scientifiques après son temps, il y a des endroits sur la terre qui ont des noms pour les identifier, non pas parce que ce sont des pays, mais parce qu'il s'agit de caractéristiques géologiques. La faille de San Andreas (prononcé étrangement), par exemple, possède un nom qui lui est propre, mais ce n'est pas un pays. Il a dit que ces noms sont des anagrammes se référant aux principales lignes de faille qui seront cruciales dans cet événement.

D: Ils ont identifié St. George comme faisant référence à l'Angleterre.

B: Oui, c'est une référence claire puisqu'il s'agissait d'une catastrophe naturelle et non d'un être humain. Il voulait juste le déguiser suffisamment pour passer l'Inquisition, mais ne pas le rendre trop déroutant pour les générations futures.

D: " à Pasques abysmes enfondrez "Est-ce que ça dit quand cela va se produire ?

B: Il dit que c'est une allégorie. En raison de cette grande catastrophe où les communications seront interrompues et où les gens marcheront vers d'autres pays pour se battre, et ainsi de suite, les abîmes qui s'ouvrent à Pâques dans les temples font référence au fait que, puisque les prêtres ne sont pas en mesure de donner une explication réconfortante au le peuple sur ces faits, ils perdront leur crédit auprès du peuple et les abîmes s'ouvriront dans le fondement de la religion. Il dit que le christianisme vacillera sur les téssons de ses propres fondations.

SIÈCLE IV -67

L'an que Saturne & Mars esgaux combuste,
L'air fort seiché longue trajection:
Par feux secrets, d'ardeur grand lieu adust,
Peu pluie, vent chault, guerres, incursions.

L'année où Saturne et Mars sont aussi ardents l'un que l'autre,
L'air est très sec, un long météore :
Des feux cachés, une grande place brûle de chaleur,
peu de pluie, un vent chaud, des guerres et des raids.

B: Il dit que, personnellement, il appelle cela le quatrain sec. (Elle rit.) Je pense qu'il essaie d'être humoristique. Il dit que dans cette année là, il parle de ... il vous donnera les circonstances de celui-ci et peut-être John pourra-t-il trouver l'année en question. Il dit que c'est dans un futur pas trop lointain. Lorsque Saturne se trouve dans un signe de feu et au moment où le soleil se déplacera dans un signe de feu, il y aura une comète. Ce sera une comète très brillante, et facile à voir. Mais elle sera peut-être inconnue jusqu'à ce moment là. Elle coïncide avec l'époque des grands troubles géologiques. Il y aura des tremblements de terre et des éruptions volcaniques, qui perturberont les systèmes météorologiques, ainsi que de grandes famines et sécheresses. Il dit que cela va causer des bouleversements sociaux dans des endroits inattendus. Les nations qui sont considérées comme prospères et puissantes, en particulier les nations occidentales, seront révélées comme n'étant pas aussi prospères que tout le monde le presumait. Et elles seront déchirées par des conflits civils et des émeutes alors que les gens essaieront de quitter les zones de sécheresse vers des zones qui ont encore de l'eau et où ils peuvent faire pousser de la nourriture. Il dit que cela a déjà été évoqué auparavant, et que ce sera une période très traumatisante. Cela va provoquer des bouleversements dans diverses parties du monde, car cette situation sera généralisée. Les bouleversements sociaux qui en résulteront aideront l'Antéchrist à prendre le pouvoir dans certaines régions dans le monde. Ce sera l'un des facteurs contribuant à ce que les choses soient affaiblies et prêtes pour la prise de pouvoir par l'Antéchrist.

J: *(Il avait regardé ces signes.) Mars et Saturne seront en conjonction dans le Sagittaire très prochainement, à un moment donné en ... Février de 1988.*

D: *Ce n'est que dans quelques années !*

B: Il dit que d'après ce qu'il peut voir, cela semble être très proche du temps qu'il voit. Ce sera une période très chaude, très sèche et très ardente astrologiquement. Et il dit que le commun des mortels se sentiront abattus mentalement et spirituellement à cause de tous ces désastres cosmologiques venant les uns après les autres de toutes les directions, les frappant de plein fouet.

Cela ressemblait beaucoup au "quatrain de l'arc-en-ciel" (SIECLE I-17) qui sera traité dans le chapitre 25, "Le futur lointain", to adjust when known. Nostradamus a indiqué que l'un des signes de la venue de l'Antéchrist serait une année entière sans arc-en-ciel. Cela semblait plus symbolique que réel. Nostradamus a dit qu'il y aurait des sécheresses avec peu de pluie jusqu'à cette année dramatique sans arc-en-ciel, ce qui indique une sécheresse extrême. Cette année serait le signe que l'Antéchrist était arrivé et que les prédictions le concernant commenceraient à se réaliser. Ces deux quatrains sont reliés de cette manière symbolique.

J: *Mars et Saturne en conjonction dans le Sagittaire nous montreraient aussi un certain type de conflit religieux ou un certain type de ferveur religieuse ou de fanatisme qui pourrait être très nuisible aux autres. Est-ce que ce quatrain fait référence à cela aussi ?*

B: Oui, il dit que c'est l'un des bouleversements sociaux qui va contribuer à ouvrir la voie à la prise de pouvoir de l'Antéchrist. Certains pays, leur structure sociale et politique sera totalement chamboulée. Et les fanatiques religieux - il dit qu'il ne se réfère pas aux personnes spirituelles mais aux fanatiques religieux. Il fait une distinction : des pôles distincts, c'est très clair et net. Il dit que les fanatiques religieux arriveront au pouvoir et croiront qu'ils font ce qui doit être fait. D'autres groupes sont jà déarrivés au pouvoir en croyant qu'ils faisaient ce qui devait être fait, même avec des moyens drastiques, et ils ont toujours mal fini. Il dit que cette ferveur religieuse affectera également l'Antéchrist. Elle l'aide à prendre le pouvoir car il a la langue bien pendue. Et, les gens qu'il influence le vénéreront également comme une figure religieuse.

D: Il est intéressant qu'il appelle cela son quatrain sec.

B: Il sait que le monde aura très soif. Ils auront soif d'eau et ils auront soif de confort, de confort spirituel. Parce que les fanatiques religieux n'offriront aucun confort spirituel, seulement des jeux de pouvoir.

La date, février 1988, est arrivée alors que ce livre était chez l'éditeur, et nous avons pu voir un autre quatrain de Nostradamus se réaliser. Je ne crois pas qu'il voulait dire que toutes les parties de son explication s'accompliraient ce mois-là, ou même cette année-là. Je pense qu'il a donné des signes astrologiques afin de dater le début de sa vision. L'hiver 1987 et 1988 a été déclaré comme l'un des plus étranges depuis 100 ans. L'été 1988 a été déclaré le plus sec depuis 50 ans. Nous étions au milieu d'une terrible sécheresse qui a égalé, sinon dépassé, la sécheresse de l'époque de la Dépression. Pour la première fois dans l'histoire du transport maritime, les barges n'ont pas pu naviguer sur le Mississippi, mais se sont échouées alors que le fleuve avait touché son niveau le plus bas jamais enregistré. Dans la rivière Arkansas, des épaves vieilles de plusieurs années ont été exposées à la lumière du jour et les archéologues ont pu les examiner. Tout cela était-il une coïncidence? Ou est-ce le début des temps menant à l'année sans arc-en-ciel?

Egalement, Personne ne peut contester que l'année 1988 a été remplie de troubles et de bouleversements religieux, provoqués par les scandales Bakker et Swaggart. Un sentiment général de méfiance se répandait dans la communauté religieuse.

SIÈCLE III -3

Mars & Mercure & l'argent joint ensemble,
Vers le midi extreme siccité:
Au fond d'Asie on dira terre tremble,
Corinthe, Ephese lors en perplexité.

Mars, Mercure et la Lune en conjonction,

Vers le sud, il y aura une grande sécheresse :
Un tremblement de terre sera signalé dans les profondeurs de l'Asie,
Corinthe et Éphèse seront alors dans un état de trouble.

B: Il dit que ces événements se réfèrent à ce que vous considéreriez comme l'état actuel du monde. Si vous voulez une date à ce sujet, regardez cette particulière conjonction de planètes.

John voulait savoir dans quel signe se trouverait la conjonction.

B: Un moment s'il vous plaît. (Pause) Il me donne deux signes. Il dit Cancer et Lion. (John était occupé à regarder dans son éphéméride.) Il se plaint de mon subconscient. Il secoue la tête, perplexe. (Rires) Il pourrait s'agir de deux dates différentes, mais il dit que ces événements auront lieu dans un futur très proche.

D: Le quatrain dit, " Vers le midy extreme siccité " pendant cette période.

B: Il dit que cela fait référence à une sécheresse en Afrique.

D: " Au fond d'Asie on dira terre tremble"

B: Oui. Il dit que le grand tremblement de terre viendra de Chine, tuant beaucoup de gens.

D: "Corinthe, Ephese lors en perplexité."

B: (Il a corrigé ma prononciation.) Il dit que cela fait référence au fait qu'il y a toujours des problèmes dans l'est de la Méditerranée, dans cette partie du monde. Elle sera très vulnérable, ainsi, l'Antéchrist fera croitre ses muscles dans cette direction.

Ces villes font effectivement référence à l'extrémité orientale de la Méditerranée. Corinthe se trouve en Grèce et Ephèse fait partie de la Turquie actuelle ; ses ruines se trouvent situées près d'Izmir. Dans les chapitres suivants, l'Antéchrist est associé à plusieurs reprises à ces deux pays.

J: (Excité) J'ai la date maintenant. Juillet 1991, rgI9 en Lion.

B: Il dit que c'est seulement dans cinq ans pour votre époque. Et de son point de vue, cela semble être presque simultané.

D: Il semble que l'Antéchrist va prendre le pouvoir quand tous ces changements terrestres se produiront également.

B: Il dit que oui, que ce sera une période très traumatisante pour tout le monde.

MISE À JOUR : Au début des années 1990, de nombreux rapports faisaient état d'une augmentation violente dans l'activité sismique sur toute l'Asie. Des expressions telles que "le plus fort, le pire," en étaient des descriptions courantes. Au cours de l'été 1991, de terribles inondations ont déclenché des coulées de boue massives en Chine qui ont tué des milliers de personnes et créé des millions de sans-abri. J'aurais certainement classé les coulées de boue dans la même catégorie que les tremblements de terre car la terre a littéralement bougé.

Plus tard, quand l'astrologue a eu le temps d'étudier en détail ces conjonctions planétaires, il a dit que cette combinaison se produirait à d'autres dates à travers les années 90. La seule autre date dans le Lion serait le 21 août 1998. Il pourrait être utile d'énumérer les autres possibilités parce que Brenda avait tellement de mal avec les informations astrologiques, et Nostradamus semblait lui donner plus d'une date. Pour les curieux : 3 janvier 1992, 16 octobre 1993, 2 janvier 1994, 8 avril 1994, 22 décembre 1995, 16 mai 1996, 12 juin 1996, 3 décembre 1997, 27 février 1998 et 28 mars 1998 sont également des possibilités selon les signes donnés dans ce quatrain. L'astrologue a personnellement pensé que le 22 décembre 1995 serait un meilleur choix parce qu'il avait les degrés de conjonction les plus proches. Cette date correspondrait aussi plus étroitement à la réalisation du "temps des boulversements".

SIÈCLE III -12

Par la tumeur de Heb, Po, Tag, Timbre, & Rome
Et par l'estang leman & Arentin.
Les deux grands chefs & citez de Garonne,
Prins, mors noyez: Partir humain butin.

A cause du trop-plein de l'Ebre, du Pô, du Tage, du Tibre et du Rhône.
Et par les lacs de Genève et d'Arezzo.
Les deux grandes et principales, villes de la Garonne
Prises, mortes, noyées : Le butin humain est partagé.

B: Il dit que cela fait référence aux changements sur la terre qui auront lieu, dont l'Antéchrist profitera procédant à sa conquête du monde. En Europe centrale, en Europe du sud et au Proche Orient, en particulier autour de l'extrémité orientale de la Méditerranée, il y aura plusieurs inondations graves. En raison de ces catastrophes naturelles, des perturbations pour les gouvernements locaux et autres, l'Antéchrist va en profiter pour déplacer ses troupes sous couvert d'aider les gens à rétablir l'ordre civil, suite de ces catastrophes. Il utilisera cela comme un moyen de prendre les pays, et utiliser la population comme des esclaves et ainsi de suite. C'est pourquoi on les a décrit comme du butin humain. Il dit que ce sera aussi une période de problèmes économiques, et que ce sera l'une des choses qui contribueront à ces temps troublés. Avec l'état des choses étant dans une telle agitation, avec des choses qui ne fonctionnent pas bien et qui échouent partout, cela contribuera à faciliter l'arrivée de l'Antéchrist au pouvoir. Il dit que ce sera une époque où des jeunes hommes dynamiques "à la langue d'or" pourront faire basculer la population vers leur façon de penser parce que la population cherche quelque chose pour à nouveau espérer.

D: On dirait que tout va s'écrouler à ce moment-là.

B: Il dit que ce sera un moment très traumatisant. Les âmes qui sont sur la terre en ce moment étaient conscientes de ces conséquences avant de venir dans cette vie. C'est pourquoi il y a plus de vieilles âmes proportionnellement à des jeunes âmes vivant aujourd'hui qu'à n'importe quel autre moment de l'histoire. Les gens auront besoin d'un objectif stable pour traverser cette période.

D: J'ai quelques questions que je voudrais lui poser. Je veux clarifier certains des quatrains que nous avons déjà parcourus.

B: Il dit que le but pour tout ceci est de clarifier.

D: La plupart d'entre eux traitent des prédictions sur les tremblements de terre. J'aimerais juste savoir si elles vont se produire avant l'Antéchrist ou pendant l'époque de l'Antéchrist.

B: Il dit que les changements terrestres font référence aux tremblements de terre et aux volcans, aux changements du niveau des océans et aux différentes quantités de glaciers et autres. Cela aura lieu à la fin des années 80, début des années 90. Il dit que ces événements sont distincts. Ce sont des actes de Dieu, ils ne sont pas liés à l'Antéchrist. Mais l'Antéchrist les tournera à son avantage parce que plusieurs pays seront désorganisés en raison de la gravité des catastrophes naturelles. Il sera plus facile pour l'Antéchrist de faire entrer des espions et de faire travailler des gens de l'intérieur, pour l'aider à renverser le pays concerné par la suite. Au moment où ces événements se produisent, l'Antéchrist aura déjà commencé la construction de la base de son pouvoir dans sa région du monde. Mais ces catastrophes naturelles se produiront partout dans le monde, et dans plusieurs cas, elles aideront l'Antéchrist à jeter les bases de la prise de contrôle de certains pays plus tard dans sa carrière, comme au milieu et à la fin des années 1990.

Au moment de la publication de cet article, un tremblement de terre désastreux a frappé l'Arménie en décembre T988. Le nombre de personnes tuées et les dégâts créés étaient incompréhensibles. Des villes entières ont été anéanties. L'estimation du 55,000 personnes ont été tuées, et les survivants sont morts à cause d'un froid terrible. Les pays du monde entier ont envoyé des fournitures, et pour la première fois, les Soviétiques ont accepté l'aide offerte. Etait-ce le début de l'accomplissement des terribles prophéties de Nostradamus concernant les catastrophes naturelles ?

D: Au début de notre travail, nous avions des quatrains qui se rapportaient à des tremblements de terre qui allaient frapper les États-Unis. Il nous a dit cela à travers Dyonisos. Il y avait quelque chose à propos d'un triangle. Il y a trois villes de la côte ouest qui formaient un triangle et elles seraient frappées par des tremblements de terre. Pouvez-vous nous donner des informations à ce sujet ?

B: Il dit, comme vous pouvez facilement le constater, que deux des points du triangle se trouvent dans un endroit appelé "Californie". Le troisième - il dit qu'il n'a pas l'habitude de donner des noms de lieux dans cette partie du monde, puisqu'il s'agit du Nouveau Monde - mais vous serez capable de le faire vous-même. Il dit de trouver un endroit pas trop loin à l'est qui a aussi été sujet à des tremblements de terre dans le passé.

D: Ok. C'est ce qu'il nous avait dit avant, qu'elles formaient un triangle. Il avait aussi mentionné qu'il y aurait également des tremblements de terre dans la ville de New York.

B: Il dit que cela fera partie des changements terrestres plus drastiques qui auront lieu plus tard.

D: Est-ce que ceux de la Californie arriveront en premier?

B: Oui. Ils seront plus proches de l'ordre naturel des choses parce que... cet endroit est déjà enclin aux tremblements de terre. Donc, les endroits qui sont sujets aux tremblements de terre ou sont dans des zones qui ont des tremblements de terre sporadiques mais très violents, les auront en premier. Et ensuite, les endroits qui ne devraient pas avoir de tremblements de terre en auront, eux aussi.

D: Il y a eu beaucoup de théories sur le fait que l'axe terrestre va changer d'inclination autour du même moment. Voit-il quelque chose à ce sujet?

B: Il dit que c'est difficile à dire. Beaucoup de choses sont très floues à ce moment là, mais cela ne le surprendrait pas si cela devait arriver. Ce déplacement de l'axe n'est pas une chose graduelle comme certains le disent. Il dit que cela arrive soudainement. Et quand cela se produit, cela peut être vraiment catastrophique.

D: Mais il pense que ces événements avec l'Antéchrist sont tellement prédominants sur les lignes du temps qu'ils se produiront de toute façon, sans tenir compte de la terre ou d'un quelconque changement ?

B: C'est vrai. Il dit que dans la partie de la terre où se trouve l'Antéchrist, il y aura moins de dégâts que dans les autres parties de la terre. Ces changements affecteront son pays, mais ils ne le dévasteront pas comme certains autres le seront. Il pourra donc tourner cela à son avantage. Un peu plus tard, quand les autres pays seront encore en train d'essayer de se remettre, il proposera son aide. Et une fois qu'ils accepteront l'aide, ce sera trop tard pour eux, car il finira par les poignarder dans le dos.

D: C'est ce que je pensais. Si les pays étaient tous ravagés par des tremblements de terre et autres, le sien le serait aussi. Et il ne serait pas capable de penser à la conquête.

B: Le sien aura aussi ses problèmes, mais il sera dans un état de forte loi martiale, donc ils seront déjà organisés et pourront se serrer les coudes, alors que les autres pays seront sous la loi civile au moment des tremblements de terre. Après la catastrophe, la loi martiale est déclarée pour ramener l'ordre dans les rues et arrêter les pillages.

Je crois que ces déclarations ne contredisent pas vraiment ce que Dyonisos m'a dit à travers Elena. Je pense que cela montre simplement qu'il n'a pas complètement compris ce qu'il voyait, et qu'il a pu confondre les séquences temporelles entre ces premiers événements et les changements terrestres plus radicaux que Nostradamus a vu dans un futur lointain (qui sont rapportés dans le chapitre 25).

Je pense que le fait d'entendre tant de prédictions terribles sur un événement horrible, les unes après les autres m'aurait vraiment bouleversée si je n'avais pas déjà été confrontée à ça cette nuit-là après avoir quitté la maison d'Elena. Quand Nostradamus a commencé à me parler de ces visions impressionnantes qui semblent remplir notre futur, cela avait naturellement répulsé le côté humain chez moi. Mais maintenant que j'avais accepté mon rôle dans quelque chose où je n'avais aucun pouvoir de changer quoique ce soit, je pouvais agir comme une journaliste objective, aussi désagréable que cette tâche pouvait l'être.

Chapitre 14

La venue de l'Antéchrist

TOUT AU LONG DES SESSIONS, des petits détails nous ont été révélés sur cette personnalité connue sous le nom de l'Antéchrist. Il semblait être une figure secrète dont Nostradamus lui-même ignorait l'existence. J'ai essayé d'inclure dans ce chapitre les détails que nous avons pu découvrir sur lui, afin d'essayer de comprendre cette personne qui est destinée à peser si lourd sur l'avenir de l'humanité.

D: Quand les traducteurs font référence à l'Antéchrist dont nous avons tant parlé, ils disent que Nostradamus l'appelait le troisième Antéchrist. Est-ce exact?

B: Il dit que cela dépend de votre point de vue s'il s'agit du deuxième ou du troisième Antéchrist. D'un point de vue européen, il serait considéré comme le troisième Antéchrist. D'un autre point de vue, il n'y aurait que deux Antéchrists au lieu de trois.

D: De quel point de vue s'agit-il ?

B: Il dit n'importe qui de non-européen. Les Asiatiques, les pays du tiers monde, les Amériques.

D: Je pensais que peut-être il avait dit quelque chose dans ses quatrains qui leur faisait supposer qu'il y en aurait trois.

B: Il dit qu'il y a des quatrains qui font référence au troisième Antéchrist. Il dit qu'il ne les énumère pas spécifiquement, mais il y a eu des quatrains qui se sont réalisés et les gens ont réalisé que le quatrain s'appliquait à un événement particulier, et ils ont été en mesure d'interpréter qu'il se référait à trois hommes différents quand il parle de l'Antéchrist.

D: Selon ses définitions, qui étaient les autres Antéchrists ?

B: Il dit que Napoléon en était un, mais c'est strictement d'un point de vue européen. Parce que Napoléon a surtout touché l'Europe et c'est tout, même si c'était assez dévastateur. Et donc seuls les Européens considéreraient Napoléon comme un Antéchrist. Mais l'autre Antéchrist, quel que soit votre point de vue, est très clair. Il dit qu'il serait Adolf Hitler. Ce qu'Hitler a fait et ce que l'Antéchrist à venir fera, affectera le monde entier et pas seulement l'Europe.

D: Et il considère que l'Antéchrist qui arrive, est le troisième.

B: Oui, et il dit qu'il est encore pire qu'Adolf Hitler.

D: Y a-t-il des informations que nous serions autorisés à avoir sur l'Antéchrist ?

B: Que voulez-vous dire ? Quel genre d'information ?

D: Identifiant peut-être l'endroit où il serait situé en ce moment dans notre monde, et peut-être son âge.

B: Il dit qu'il est difficile pour lui de repérer l'emplacement à cause de la l'agitation des fils du temps à ce moment précis. Comme nous sommes proches des événements qui vont se produire, cela provoque un effet semblable à un orage dans les fils du temps. Il sait que l'Antéchrist est au Moyen-Orient quelque part. Il ne peut pas le repérer exactement en raison de toute la violence et les événements négatifs dans cette partie du monde qui obscurcissent quelque peu sa vision. Il dit que l'Antéchrist, à l'heure actuelle, est un jeune homme à un moment très crucial de sa vie. Toute impression forte qu'il reçoit en ce moment aura un effet sur son futur chemin de vie. Et là où il se trouve en ce moment, au Moyen-Orient, il y a beaucoup de manœuvres politiques, de violence et de corruption. En raison de l'atmosphère pendant ce moment crucial de sa vie, cela a un effet sur lui, et il commence à réaliser quel sera le destin de sa vie.

D: Mais vous avez dit qu'il était une figure tellement importante qu'il serait difficile de l'empêcher d'arriver au pouvoir.

B: C'est vrai. Les événements qui ont conduit à son arrivée au pouvoir ont été mis en place il y a des siècles, aussi loin que la première conception et la création de l'Empire Ottoman.

SIÈCLE I -76

D'un nom farouche tel proferé sera,
Que les trois soeurs auront fato le nom:
Puis grand peuple par langue & faict dira
Plus que nul autre aura bruit & renom.

Cet homme sera appelé par un nom barbare,
que trois soeurs recevront du destin :
Il parlera alors à un grand peuple en paroles et en actes,
Plus que tout autre homme, il aura gloire et renommée.

B: Il dit que cela fait référence à l'Antéchrist. Les trois sœurs font référence aux trois Parques : celle qui file la vie, l'autre qui mesure la durée de la vie, et la troisième qui la coupe à la correcte longueur appropriée. Il dit que cet homme est destiné à devenir un leader mondial, même s'il abusera de ce pouvoir. Son nom, à la manière de certains pays, sera un peu long. Et certains des noms qu'il porte, si vous cherchez leur signification profonde, vous donneront des indices sur ce qu'il est destiné à être. Il dit que des noms différents signifient des choses différentes: par exemple, des noms comme Leonard et Leo font référence à des qualités de lion, des qualités royales, et ainsi de suite. Le nom de cet homme, même s'il aura des sonorités quelque peu barbares pour des oreilles européennes, aura aussi des racines significatives profondes des noms qui donneront quelques indices sur ce qu'il sera capable d'accomplir. Qu'il choisisse de devenir bon ou mauvais, il sera capable d'accomplir beaucoup de choses dans les deux cas. Il s'agit simplement de savoir s'il choisira d'aller dans une direction positive, ou négative.

D: Alors, au moment où nous commençons à entendre parler de ces gens, nous devrions chercher leurs noms complets et voir si nous pouvons y trouver des indices ?

B: Tout à fait. Il dit que cet homme sera influencé par certaines vieilles coutumes qui ont été quelque peu oubliées. Elles sont encore connues dans la littérature, mais elles ne sont plus suivies. Malheureusement il ne peut pas être plus précis que ça.

D: Les traducteurs disent que ce quatrain fait référence à Napoléon. Ils ont dit que son nom était dérivé d'un mot grec qui signifie "destructeur" ou "terminateur".

B: Il dit que cela illustre ce qu'il veut dire à propos de l'Antéchrist.

SIÈCLE I -50

De l'aquatique triplicité naistra,
D'un qui fera le jeudi pour sa feste:

Son bruit, loz, regne, sa puissance croistra,
Par terre & mer aux Oriens tempeste.

Des trois signes d'eau va naître,
un homme qui célébrera le jeudi comme sa fête :
Sa renommée, ses louanges, son règne et son pouvoir grandiront,
sur terre et sur mer, apportant le trouble à l'Est.

D: "Des trois signes de l'eau", cela signifie-t-il que ce seront les signes dans son horoscope ?

B: Il dit que cela a une signification multiple. Ces signes seront prédominants dans son horoscope, mais il l'utilise aussi pour indiquer de quel endroit du monde du monde l'Antéchrist viendrait. Car il y aura trois grandes étendues d'eau assez proches, principalement la mer Méditerranée, la mer Rouge et la mer d'Oman.

D: Je vois maintenant qu'il essaie de mettre autant de choses que possible dans ces quatrains. Il condense beaucoup de choses en quelques lignes seulement. Cela doit être très difficile pour lui de faire cela.

B: Il dit qu'on y prend goût au bout d'un moment. L'Inquisition fait des choses merveilleuses pour vous faire développer des goûts pour certaines activités. Ce quatrain fait référence à cet homme et à la façon dont il réussira à obtenir une immense quantité de pouvoir dans le monde entier. Il dit que, comme il l'a indiqué dans ses quatrains, le jeudi sera un jour important pour lui et ses partisans. Il sera une menace pour tous, mais particulièrement pour l'Orient, car il réussira à conquérir la Chine et la Russie, et aura le continent asiatique entier sous son contrôle. Il dit que ce sera la première et la seule fois que le continent entier a été sous la coupe d'un seul dirigeant.

J'ai apporté ce quatrain à John, l'astrologue, et lui ai demandé s'il pouvait en tirer des informations. Il pensait que les trois signes d'eau pouvaient faire référence à un grand trigone. Il a dit que cela aurait une influence considérable s'ils étaient situés dans un horoscope. En cherchant dans son éphéméride, il a pu découvrir qu'un grand trigone de signes d'eau se produira le 1er juillet 1994. John pense que cela pourrait être la date de l'arrivée au pouvoir de l'Antéchrist.

D: Nous avons beaucoup parlé de l'arrivée de l'Antéchrist, et essayé de reconstituer son histoire. Il a été demandé, si l'Antéchrist a un lien avec la ville de Damas ?

B: Un moment s'il vous plaît. Il dit qu'il doit regarder dans la brume du temps pour vous le dire. (Pause) Il dit qu'il a été à Damas mais qu'il ne vient pas de là à l'origine. Il vient d'un autre endroit. Il gardera ses origines obscures pour des raisons de sécurité. Il s'en servira comme d'une partie de sa mystique. Mais il aura des liens avec la Libye et la Syrie. Il utilisera de nombreux canaux pour arriver au pouvoir. Quels que soient les canaux disponibles pour lui, il en profitera. Et, s'il y a des canaux à utiliser à Damas, vous pouvez être sûr qu'il les utilisera.

D: Mais cela élimine une possibilité sur le lieu où il se trouve maintenant à ce moment de sa vie.

B: Il a passé toute sa vie dans la zone culturelle connue sous le nom de Moyen-Orient. Il a été exposé à divers systèmes politiques, et celui qui l'a particulièrement influencé est celui de la Libye. Cela correspond à ses études sur Adolf Hitler. Il est très dictatorial dans sa vision des choses. (Pause) Actuellement, il se trouve en Egypte.

C'était une surprise inattendue, car il avait dit plus tôt qu'il ne pouvait pas voir où il était.

D: Il vit en Egypte en ce moment ?

B: Oui. Cette période de sa vie est passée en Egypte à étudier parce que l'Egypte est bien située par rapport au monde arabe. Il a un accès égal à la fois au Moyen-Orient et à l'Afrique du Nord depuis l'Egypte, ainsi qu'à la culture qui est disponible en Egypte. L'Égypte est également suffisamment forte pour se protéger des autres pays, elle n'est donc pas susceptible d'être écrasée par des armées.

D: Alors il n'est pas originaire d'Egypte, il y étudie simplement. Je suppose que lorsque le temps sera venu pour lui de prendre le pouvoir, il retournera dans son propre pays. Je ne fais ici que supposer.

B: Non. Quand le moment sera venu pour lui de prendre le pouvoir, il ira à l'endroit où il verra des "failles dans l'armure". Il ira à un endroit où il pourra tirer avantage du système politique de manière à commencer à s'approprier le pouvoir. Il ne se souciera pas de savoir s'il est ou non un natif du pays. Il trouvera des moyens de s'emparer des pays et de profiter des failles de leur système, et de détourner leur pouvoir à ses propres fins.

D: Je me suis dit qu'il serait difficile pour une personne ordinaire de faire ça. Il faudrait qu'il soit déjà dans une position de pouvoir, par sa famille ou autre.

B: Il sera capable d'inventer des positions.

D: L'Antéchrist prendra-t-il la place d'un membre de la famille qui meurt et qui puisse le mettre au pouvoir ?

B: Il dit que l'Antéchrist aura le choix entre plusieurs voies pour parvenir au pouvoir. Cette voie serait le moyen le plus facile pour lui de le faire, et les possibilités étant les plus grandes pour qu'il utilise cette méthode. Là où il se trouve, la clé est qu'il serait socialement acceptable de venir au pouvoir de cette manière, en prenant la place d'un membre de la famille décédé.

D: Une ligne de succession ?

B: Pas nécessairement une ligne de succession. Il dit de cesser de sauter aux conclusions. C'est une dictature militaire. Il pourrait s'agir d'une passation de pouvoir avec le neveu étant dans l'organisation militaire et, l'oncle mourant. Et le neveu, par une action très agressive et audacieuse, s'empare des possessions et des pouvoirs de l'oncle et met tout le monde sous ses ordres.

D: Alors il n'est pas nécessaire d'être le fils.

B: Quel que soit le chemin qui s'ouvre à lui en premier. Si c'est par son père, qu'il en soit ainsi. Si c'est par son oncle, qu'il en soit ainsi. Ou si c'est par d'autres moyens, il dit que le jeune homme est obsédé par le pouvoir et l'obtention de celui-ci.

D: Bien, nous avons gagné quelques petits éléments de plus. Nous essayons de comprendre sa personnalité.

B: C'est difficile à faire. Il s'agit d'une personne complexe.

SIÈCLE II -3

Pour la chaleur solaire sus la mer,
De Negrepont les poissons demi cuits:
Les habitans viendront entamer,
Quand Rhod & Gennes leur faudra le biscuit.

A cause de la chaleur comme celle du soleil sur la mer,
les poissons autour de Negrepont seront à moitié cuits :
Les gens du pays les mangeront,
Quand à Rhodes et à Gênes il y a un manque de nourriture.

B: Il dit que dans les temps futurs il y aura des armes terribles et également merveilleuses. Et une d'entre elles sera comme de faire descendre un morceau du soleil sur la terre, par son intensité et sa puissance. Chaque fois que l'une de ces armes sera déclenchée, la destruction s'étendra sur des kilomètres à la ronde. Il dit que ce quatrain fait référence à l'agitation continue au Moyen-Orient. Comme resultat de cette agitation, il y aura une escalade dans encore une autre des guerres qui s'y déroulent. L'un des dirigeants sera en mesure de mettre la main sur... le terme moderne pour cela est une arme atomique. D'abord, il montre un long cylindre gris, puis il me montre une image d'un champignon atomique.

D: Alors il y a peu de doutes sur ce à quoi il fait référence.

B: C'est vrai. Voilà pourquoi je n'ai pas hésité à l'appeler une arme atomique. Il dit qu'il y aura un leader dans cette partie de la terre qui sera fou, et ira très loin pour la plus petite chose. Et ce leader n'hésitera pas à utiliser des armes aussi terribles parce qu'il utilisera de terribles méthodes de guerre. Donc, les gens contre qui il fait la guerre riposteront avec une arme atomique. Le pays se trouve juste là, il a une côte sur la Méditerranée. Et quand ce pays sera bombardé, une des bombes va tomber dans la Méditerranée au lieu d'atterrir sur la terre ferme. Quand elle explosera, elle empoisonnera presque tous les poissons de la Méditerranée, et en tuera beaucoup... à cause de la chaleur. Par cette guerre, les échanges commerciaux seront perturbés, de sorte que les gens sur l'autre côte de la Méditerranée seront assez désespérés pour trouver de la nourriture, ils mangeront le poisson quand même, même s'ils savent qu'ils ne devraient pas.

D: Que veut-il dire par "Negrepont" ?

B: Il dit que cela fait référence à un endroit caractéristique de la Méditerranée. Il a la forte idée que cet endroit, Negropont, est à l'extrémité orientale de la Méditerranée. Il y a un endroit sur la côte où il y a des falaises qui sont de couleur sombre. Donc les gens du coin ont un nom particulier pour ces falaises : La pointe sombre - "Negrepont".

D: C'est intéressant parce que je pensais que "Negre" signifiait généralement noir ou sombre en latin.

B: Il dit que c'est le mot pour sombre ou noir dans de nombreuses langues, la plupart d'entre elles étant liées au latin d'une manière ou d'une autre. Je vais prendre la liberté de lui poser une question, juste par curiosité, de ma part. Et en fonction de sa réponse... s'il répond "non", je me sentirai stupide et je ne voudrai pas que vous connaissiez la question.

D: Oh, non, ne vous sentez pas idiote. Aucune connaissance n'est jamais idiote. Tu peux me dire ce que tu vas lui demandé.

Plus tard, quand Brenda s'est réveillée, je lui ai raconté cet incident et elle a pensé que c'était intéressant que son subconscient soit aussi curieux.

B: Quand il était en train de se sauver lui-même, le leader était prêt à tout pour faire n'importe quoi, ça lui a rappelé un leader de votre époque qui est connu pour faire la même chose, qui est dans cette partie du monde. Je lui ai demandé si c'était la même personne. Et il a dit que, non, ce n'était pas le cas mais c'était quelqu'un qui ressemblait beaucoup à cette personne.

D: À quelle personne pensiez-vous ?

B: Le dirigeant de la Libye. Khadaffi. Il a dit qu'il ne pensait pas que c'était lui, l'élément temporel est un peu décalé. Mais il dit que c'est quelqu'un qui lui ressemble beaucoup, peut-être quelqu'un dans la même famille.

D: C'est une bonne question car beaucoup de gens pensent que ce leader, Khadaffi, est un fou.

B: Michel de Notredame dit qu'il est effectivement fou. (Rires) Il dit qu'il a une syphilis au cerveau.

D: Les dirigeants du monde entier se rendent compte qu'il est très difficile de communiquer avec lui et de trouver une solution.

B: Il dit que Khadaffi pourrait faire partie de la cause initiale du conflit, mais quand ce point sera atteint, ce sera bien des années plus tard. Il dit que Khadaffi fera partie de la cause initiale. Ses actions actuelles, les choses qu'il fait, mènent à ce conflit. Mais au fil des années, il deviendra de plus en plus fou au point que lorsque le conflit majeur sera atteint, il ne sera plus capable de gérer quoi que ce soit voire de fonctionner. Il pensera toujours qu'il a le pouvoir mais son entourage qui lui dit "oui à tout" le protégeront en fait du reste du monde. La façon dont ils le traiteront sera une manière diplomatique de le mettre dans une cellule capitonnée, pour ainsi dire.

D: Ils ne le laisseront pas prendre de décisions à ce moment-là ?

B: Oh, il pensera qu'il prend des décisions, mais ils ne les appliqueront tout simplement pas. Et ainsi le conflit passera de leurs mains dans d'autres mains.

D: Beaucoup de gens ont pensé que Khadaffi est le troisième Antéchrist dont Nostradamus a parlé.

B: Il dit que Khadaffi est un imbécile qui prend la pose. S'il avait bien joué ses cartes, il aurait pu être le troisième Antéchrist pour avoir le pouvoir qu'il voulait, mais il se sabote toujours. Il y aura quelqu'un d'autre de la même culture, de la même partie du monde qui saura apprendre les leçons que Khadaffi n'a pas su tirer.

D: Il y a un autre leader de cette partie du monde qui est aussi redouté en ce moment, l'Ayatollah Khomeni.

B: Il dit qu'une fois de plus l'Ayatollah Khomeni contribuera au début de ce problème, comme le fera Khadaffi. L'Ayatollah a la capacité de le mener à bien, mais son problème est son âge avancé. Il dit que le conflit sera mené jusqu'au bout par des mains plus jeunes.

D: C'est logique. J'ai pensé que je devais demander parce que ce sont deux leaders dans cette partie du monde qui créent beaucoup de problèmes en ce moment. Mais cela se produira après leur époque.

B : Oui, l'un sera mort et l'autre aura quitté le pouvoir.

(L'Ayatollah Khomeni est mort en 1989).

D: Le quatrain qui suit celui-ci a été interprété comme faisant référence à la même chose. Nous pensons qu'ils vont ensemble.

SIÈCLE II -4

Depuis Monach iusque aupres de Sicile,
Toute la plage demourra desolée:
Il n'y aura fauxbourgs, cité, ne ville,
Que par Barbares pillé soit & vollee.

De Monaco jusqu'à la Sicile,
toute la côte restera déserte.
Il n'y aura pas de faubourgs, de villes ou de villages
qui n'auront pas été pillés et dévalisés par les barbares.

B: Il dit que c'est dans la même partie du monde, ou plutôt il dit que ça a aussi à voir avec la Méditerranée. Ce ne sera pas exactement le même événement. Il dit que le premier événement, le largage de l'arme atomique par un des pays du Moyen-Orient, déclenchera une autre guerre en plus de celle-là, et ils se battront les uns contre les autres. Les autres pays, en particulier les nations européennes et occidentales, penseront qu'ils doivent intervenir pour essayer d'arrêter la guerre à cause de l'approvisionnement en carburant. Donc quand les pays européens essaient d'interférer, le même leader fou qui a lancé une arme atomique auparavant, utilisera le reste de son arsenal sur l'Europe. La plupart frappera l'Europe du Sud, car c'est la partie la plus proche de l'Europe pour lui. Par conséquent, la côte méditerranéenne européenne, en particulier celles de la France et de l'Italie, seront presque inhabitables, et l'Italie sera la plus touchée. Il dit que les barbares sont les gens sous ce leader fou. Ce leader ne sera pas l'Antéchrist. Quel but ce leader sert, puisque ce leader est fou et qu'il utilise ses armes sans discernement et implique le monde entier dans la guerre, c'est qu'il affaiblit les grandes nations au point que le troisième Antéchrist pourra s'élever au pouvoir avec peu ou pas d'opposition. Il préparera le terrain pour le troisième Antéchrist. Il s'élèvera au pouvoir dans cette partie du monde, mais personne ne saura vraiment d'où il vient. Il sera un personnage mystérieux et, personne ne saura grand-chose de lui. Tout ce qu'ils sauront, c'est qu'il exerce un grand pouvoir et que personne ne peut s'opposer à lui.

D: Il semble qu'il y ait beaucoup de quatrains sur le Moyen-Orient.

B: Il dit que le Moyen-Orient est un lieu de discorde. Il semble que ce soit leur karma ou quelque chose de similaire.

SIÈCLE III -60

Par toute Asie grande proscription,
Mesme en Mysie, Lysie, & Pamphylie.

Sang versera par absolution,
D'un jeune noir rempli de felonnie.

Dans toute l'Asie, il y aura une grande proscription,
ainsi qu'en Mysie, en Lycie et en Pamphilie.
Le sang coulera à cause de l'absolution
d'un jeune homme sombre, rempli de malice.

D: Pardonnez ma prononciation ; je vais faire du mieux que je peux.

B: Il se rend compte que le niveau d'éducation à votre époque n'est pas aussi élevé qu'il devrait l'être.; donc les gens ne sont pas familiers avec les classiques. Il dit que les noms que vous avez eu du mal à prononcer viennent des classiques. Si vous aviez étudié les classiques, vous sauriez comment les prononcer. Par conséquent, il sait que vous n'avez pas été béni d'un haut niveau d'éducation.

D: Ce n'est pas de ma faute. C'est juste qu'ils ne les enseignent pas à notre époque. Ils ne les mettent pas en valeur, ainsi pourrions-nous dire. (Rires) C'est pour cela qu'il faut beaucoup de temps pour essayer de comprendre ces prophéties. Il doit posséder beaucoup de connaissances.

B: Il dit que ce n'est pas la question d'être bien informé. C'est juste une question de ce que vous savez. L'ensemble des connaissances qu'il englobe en lui sont des connaissances différentes de l'ensemble des connaissances que vous avez vous-même.

C'était certainement correct, parce que ce n'était que des noms à consonance étrange pour moi.

D: Au moins, il sait de quoi je parle.

B: Assez. (Rires) Il dit que ces noms correspondent aux noms de ces régions de ce pays à l'époque de la civilisation grecque. Il utilisait les références classiques de sorte que l'Inquisition penserait qu'il faisait simplement un commentaire sur l'histoire. Il dit qu'un leader émergera de cette région du monde que vous appelez les pays du Tiers-Monde. Le but principal de ce leader dans la vie sera d'unir les pays du Tiers Monde du monde entier, mais particulièrement ceux de l'ancien monde, en une force avec laquelle il faudra compter, afin de combattre les soi-disant "super" puissances. La zone de conflit sera la zone grise entre ce qui est considéré comme l'Europe de l'Est et ce qui considéré comme le Moyen-Orient, en particulier autour de l'Adriatique et de la mer Caspienne, ainsi que de la Méditerranée orientale. Il dit que ce sera un conflit stérile. Il n'y aura pas d'issue définitive. Il n'y aura pas de gagnant ou de perdant, juste un tas de conflits tout autour. Il dit que cette série d'événements qui se dérouleront là-bas sera en relation avec certaines des prophéties bibliques.

D: A quelles prophéties bibliques fait-il référence ?

B: Il dit que certaines de celles de l'Apocalypse s'appliquent, mais pas toutes, ainsi que certaines des prophètes mineurs de l'Ancien Testament et certaines d'Isaïe. Ce que les gens ne réalisent pas, c'est que lorsque St Jean écrivait l'Apocalypse, il était de la même typologie que Michel de Notredame, dans la mesure où il n'a pas écrit sur une série continue d'événements ou sur un grand événement. Il a écrit sur plusieurs différentes choses qui se produiront dans le futur, indépendamment les unes des autres. De son point de vue, il est possible qu'il ait été difficile ou qu'il n'ait pas voulu faire la différence entre elles. Tout ce qu'il savait, c'était qu'elles se produiraient toutes dans un futur lointain. Il n'a donc peut-être pas ressenti le besoin de différencier le fait que tel événement va se produire ici, mais qu'il n'est pas nécessairement lié à cet autre événement qui se produira là.

D: On nous a toujours dit que l'Apocalypse était une grande vision avec chacun de ces événements se succédant dans l'ordre.

B: C'est vrai. Il l'a eu en une seule vision mais il ne s'agit pas d'une séquence d'événements. C'est simplement une vue de beaucoup de choses qui vont se passer dans l'avenir. Il dit que certaines des descriptions que Jean donne dans l'Apocalypse, en particulier celle d'Armageddon, s'appliqueront à ce quatrain, cet événement dans la région de l'Europe de l'Est et du Moyen-Orient. Comme le fait qu'il y ait tellement de sang qui coule qu'il arrive jusqu'aux brides des chevaux et ainsi de suite, car il y aura beaucoup de sang versé.

D: Je crois que les érudits pensent que toutes les prophéties de l'Ancien Testament se rapportent toujours à Israël. Ils ne pensent jamais qu'elles puissent se rapporter à autre chose.

B: Israël sera impliqué dans cette affaire. Les prophéties de la Bible ont pu être orientées vers Israël ou centrées sur Israël simplement parce qu'elles provenaient de prophètes hébreux. Mais il précise que cela ne signifie pas qu'elles ont uniquement prophétisé sur Israël. Les prophéties de l'Ancien Testament concernaient beaucoup de choses. Il souligne que certains des dispositifs merveilleux présents au 20e siècle et plus loin dans le futur ont été prédits par des gens comme Ézéchiel, Isaïe et d'autres prophètes comme eux.

D: Ils n'ont tout simplement pas été reconnus comme tels.

B: Pas par tout le monde.

D: Dans ce quatrain, ce jeune homme sombre rempli de malice, est-ce l'Antéchrist ou un autre dirigeant ?

B : Il dit que c'est un leader qui va surgir. Dans un sens, il peut être aussi appelé antéchrist, dans la mesure où sa principale ambition sera de détruire le christianisme, car il ne sera pas chrétien. Mais il ne sera pas l'Antéchrist dans le sens de l'autre dirigeant qu'il a mentionné, qu'il appelle Antéchrist parce qu'il est contre l'humanité en général et l'humanité, c'est le Christ.

D: Ce jeune homme sombre viendra-t-il avant ce moment là ?

B: Il y réfléchit. Juste une minute. (Pause) Ce jeune homme sombre viendra peu avant l'Antéchrist. Et il m'encourage à utiliser une expression familière ici. Le chahut que ce jeune homme soulève aidera à préparer le terrain pour que l'Antéchrist prenne le pouvoir.

D: Je pense à Khadaffi. Il n'est pas si jeune mais il est sombre.

B: Il dit que Khadaffi ou quelqu'un comme lui serait un bon candidat pour cela, mais il ne citera pas de noms.

Mes recherches ont révélé que Mysia, Lycia et Pamphylia étaient situées à l'époque de la Grèce antique sur les côtes ouest et sud de la Turquie où se rencontrent la mer Égée et la mer Méditerranée. Ainsi, je pense qu'il fait référence à la Turquie moderne en mentionnant ces noms. Il s'agit là d'un exemple remarquable de Nostradamus relayant des informations correctes en formation qui n'était pas disponible dans mon esprit ou dans celui de Brenda puisque nous avons très peu de connaissances sur l'histoire de la Grèce antique.

MISE A JOUR : Nostradamus a dit que ce jeune homme sombre serait un leader qui se présenterait peu avant l'Antechrist. Pourrait-il s'agir de Sudam Hussein ? La zone de conflit mentionnée comme étant autour de la mer Caspienne et de la Méditerranée orientale était certainement impliquée dans le Golfe Persique. Les zones grises entre l'Europe de l'est et le Moyen-Orient autour de la mer Adriatique identifie clairement la Yougoslavie et les pays satellites. Ces zones ont connu des conflits en 1991.

SIÈCLE II -98

Celui de sang reperse le visage,
De la victime proche sacrifiée,
Tonant en Leo, augure par presage,
Mis estra à mort lors pour la fiancée.

Celui dont le visage est éclaboussé de sang,
D'une victime récemment sacrifiée.
Jupiter dans le Lion prévient par la prédiction.
Il sera mis à mort pour la promesse.

B: Il dit que cela fait référence à l'époque de l'Antéchrist. La promesse à laquelle il fait référence est, d'une part, la promesse qu'il s'est faite à lui-même de s'emparer du monde. Et d'autre part, par la promesse de la grande roue karmique, que sa puissance de mal sera contrebalancée par une puissance de bien. Si vous comparez l'effet de Jupiter en Lion sur son horoscope, c'est l'avertissement que vous pouvez avoir grâce à la prédiction.

J: (Après avoir étudié ses éphémérides.) Jupiter est dans le Lion d'août 1990 à septembre 1991. Est-ce la période pendant laquelle l'Antéchrist va prendre le pouvoir ?

B: Il dit que c'est le moment où il commence à réaliser son ambition. C'est à ce moment qu'il peut commencer sa carrière politique, pour ainsi dire. Il commencera à un niveau dit "local", c'est-à-dire dans son propre pays. À partir de là, il ne fera que grandir et devenir de plus en plus avide.

D: Nous commençons à mettre en place toutes ces dates. Nous serons en mesure d'avoir un calendrier, pour ainsi dire, étape par étape de ce qu'il va faire.

B: Il dit que c'est le but du projet. Si les gens peuvent savoir à l'avance ce qui va se passer, peut-être que certaines choses pourront être modifiées pour en éviter les pires effets. Parce que si vous n'êtes absolument pas préparés, les mauvaises choses qui arriveront vous mettront à plat sur votre dos. Mais si vous êtes préparé à l'avance, vous aurez - comme il le dit - vous aurez une pile de foin derrière vous pour tomber dessus. (Rires du groupe.)

MISE À JOUR : Il est incontestable que les dates indiquées (août 1990 à septembre 1991) coïncident remarquablement avec la guerre du Golfe persique. A qui appartient le "visage" éclaboussé du sang d'une victime nouvellement sacrifiée ? Celui de Sudam Ilussein ou celui de George Bush ? La question est ouverte à la spéculation.

On nous a donné plusieurs quatrains détaillant les plans d'invasion de l'Antéchrist. Ils contenaient plusieurs références symboliques à des noms grecs. Une de ces références se trouvait dans le SIECLE V-27. Il a dit que la mer Adriatique serait couverte de sang arabe parce qu'il y aurait des combats partout dans l'extrémité orientale de la Méditerranée, y compris l'Adriatique, la mer Noire et la mer Caspienne. Il a dit que le leader de la Perse était celui qui finit par causer des problèmes au reste du monde, mais au début, il n'est pas pris au sérieux parce qu'il semble être "juste un autre qui vacille dans le tas de boue". Il m'a dit de chercher les noms modernes de Trébizonde, Pharos, et Mytilène pour avoir des lieux plus clairs.

Mes recherches montrent que Trébizonde est un ancien nom pour la ville de Trabzon située sur la côte nord (mer Noire) de la Turquie. Pharos est une île au large d'Alexandrie, en Égypte. Et Mytilène est une ville sur l'île grecque de Lesbos, au large de la côte grecque de Lesbos, au large de la Turquie. J'interpréterais donc ces références comme signifiant que l'Antéchrist viendrait de Perse pour occuper la Turquie tandis que l'Égypte et la Grèce trembleraient. (Voir aussi SIECLE II -86.)

Il expliquait qu'il déguisait souvent ses quatrains de cette manière, afin que l'Inquisition pense qu'il ne fait que des références à l'histoire ancienne.

SIÈCLE X -75

Tant attendu ne reviendra jamais,
Dedans l'Europe en Asie apparoistra:
Un de la ligue islu du grand Hermes,
Et sur tous roys des orientz croistra.

Longtemps attendu, il ne reviendra jamais,
En Europe, il apparaîtra en Asie ;
Une ligue issue du grand Hermès,
Il grandira au-dessus de toutes les autres puissances en Orient.

B: Il dit que ce quatrain fait le lien entre les changements futurs de l'équilibre politique causés par l'Antéchrist et le développement du communisme. Celui qui ne réapparaît jamais en Europe fait référence à la philosophie et au système de pensée de Marx et Engels, qui ont développé la base théorique du communisme. Ils espéraient que ce système s'implanterait dans le monde industriel, mais son principal bastion en est le continent asiatique. Il dit que la philosophie s'est développée le plus fortement en Russie et en Chine. L'Antéchrist, bien que venant du Moyen-Orient, tirera profit des aspects de cette philosophie qui permet le contrôle total d'une population. Il en profitera pour développer son propre système de pensée basé sur le communisme. Mais il sera capable de le travailler de telle sorte qu'il montera en puissance et prendra le pouvoir en unifiant tout le continent asiatique avant d'essayer d'envahir le reste du monde.

D: Que signifie le nom Hermès ? " un de la ligue yssu du grand Hermes."

B: Il dit qu'il y a beaucoup de gens qui suivront le système philosophique tel que pensé par Marx et Engels, et ils croiront tous qu'ils ont de véritables interprétations de ce que ces hommes envisageaient dans leur système politique. Ils considéreront ces deux hommes comme leur appartenant, comme leurs prophètes, et ils croiront en leur système. Leurs écrits leur parleront - faisant ainsi d'eux de grands Hermès. Grand Hermès fait référence à l'un des dieux grecs qui était chargé de la communication. Il dit que ce nom est utilisé métaphoriquement pour faire référence aux fondateurs de la philosophie que ces personnes vont suivre. " Et sur tous Roys des Orients croistra" un homme parmi tous ces gens (l'Antéchrist) s'élèvera au-dessus d'eux et arrivera au pouvoir grâce à ses manipulations particulières de différentes institutions du pouvoir politique.

La loy Moricque on verra deffaillir.
Apres une autre beaucoup plus seductive:
Boristhenes premier viendra faillir.
Par dons & langue une plus attractive.

La loi mauresque sera vue comme un échec,
Suivie d'une autre, plus agréable :
Le Dnieper sera le premier à céder.
par les dons et les langues à une autre plus attrayante.

B: Cela a à voir une fois de plus avec le début de la carrière de l'Antéchrist " La loy Moricque on verra deffaillir ", indique que l'Antéchrist, en plus de secouer la religion chrétienne et de contribuer à la détruire, secouera également la religion islamique. La façon de vivre et de conquérir que cet Antéchrist possède sera un remplacement pour la religion, ce qui l'aidera dans sa conquête Le Dniepr qui représente la Russie car c'est un fleuve en Russie. La Russie sera sa première grande conquête asiatique et il ne la fera pas par la force mais par la ruse, par la souplesse de sa langue. Il va tromper les Russes pour qu'ils tombent en son pouvoir et il n'y aura rien qu'ils puissent faire à ce sujet. Puisqu'il vient du Moyen Orient, cette région sera déjà suffisamment sous son pouvoir avant qu'il ne s'attaque à la Russie. Ensuite, il va se tourner vers la Chine et mettra la Chine et le reste du continent asiatique également sous son contrôle. À ce moment-là, il saura qu'il sera en mesure de s'emparer du reste du monde.

D: Vous avez dit auparavant qu'il prendrait le contrôle de la Russie et de la Chine, et que ce serait la première fois que l'Asie serait dirigée par un seul homme. Je me demandais comment il pourrait faire cela puisque la Russie est si puissante.

B: Il le fera par la ruse et l'astuce. Il va tromper les Russes qu'ils penseront qu'ils font ce qu'ils veulent faire jusqu'à ce qu'il soit trop tard pour qu'ils se libèrent. Mais il sait que cela ne fonctionnera pas avec les Chinois puisque les Chinois sont eux-mêmes des maîtres de la ruse. Il devra utiliser une autre méthode avec les Chinois.

D: Sait-il quelle méthode ce sera ?

B: C'est dans un autre quatrain. Il dit qu'il vous fera parvenir l'information en temps voulu.

UPDATE : Pendant l'année 1991, la Russie et ses satellites ont commencé à subir des changements radicaux. S'agit-il d'une évolution naturelle ou y a-t-il une puissance derrière dans les coulisses qui manipule les événements par "ruse et astuce", en leur faisant croire "qu'ils font ce qu'ils veulent faire, jusqu'à ce qu'il soit trop tard pour eux de se libérer"?

SIÈCLE IV -50

Libra verra regner les Hesperies,
De ciel & terre tenir la monarchie:
D'Asie forces nul ne verra paries,
Que sept ne tiennent par rang le hierarchie.

On verra la Balance régner sur l'Occident,
Détenant le pouvoir sur les cieux et la terre.
Personne ne verra la force de l'Asie détruite,
Jusqu'à ce que sept détiennent la hiérarchie en succession.

B: Il dit que "la force de l'Asie étant détruite" se réfère à l'Antéchrist qui s'empare de l'Asie par ses méthodes de ruse. Il nommera des sous-commandants pour diriger ces vastes étendues de terre pour lui. Et le monde en général ne se rendra pas compte qu'ils ne sont que des marionnettes et ils ne réaliseront pas ce qui se passe jusqu'à ce qu'ils observent ce qui se passe jusqu'à ce qu'ils observent une succession d'entre eux étant soi-disant "virés et engagés".

Il y a certainement sept dirigeants ou plus dans cette région qui pourraient être considérés comme des marionnettes : Khadaffi, l'Ayatollah, Arafat et bien d'autres. Mais jusqu'où devrions-nous remonter pour commencer à compter ? Peut-être aussi loin que le Shah d'Iran ?

B: " Libra verra regner les Hesperies ", c'est le sens de l'équité et de la justice tels qu'incarnés par la Constitution des États-Unis. Au début, ils ne vont pas faire d'interférence parce qu'ils auront le sentiment que ce type de gouvernement a été librement choisi par le peuple et que c'est ce qu'ils veulent en Asie. Ensuite, ils verront que cela leur est imposé, et qu'une succession de dirigeants sont nommés comme porte-parole de cet Antéchrist.

SIÈCLE III -34 fait également référence à la façon dont l'Antéchrist passe de nombreuses années à travailler silencieusement dans les coulisses pour consolider son pouvoir. Puis, une fois que la structure est en place, il fait son apparition sur la scène internationale. Il aura si bien planifié son action que les pays auxquels il s'attaquera seront totalement non préparés à cet homme à la parole dorée.

SIÈCLE VIII -77

L'antechrist trois bien tost anniehilez,
Vingt & sept ans sang durera sa guerre.
Les heretiques mortz, captifs, exilez.
Sang corps humain eau rougi gresler terre.

L'antéchrist anéantit très vite les trois,
Sa guerre durera vingt-sept ans.
Les infidèles sont morts, captifs, exilés.
Des corps humains ensanglantés, de l'eau et de la grêle rouge recouvrent la terre.

B: Cela fait référence à l'Antéchrist, celui qui est la puissance derrière les puissances à ce moment là. Il n'est pas au pouvoir en ce moment. Il dit qu'il est derrière les pouvoirs, tirant les ficelles. Il n'a pas encore fait le pas pour se révéler jusqu'à présent. Il dit qu'il est comme une araignée qui attend son heure. Il va profiter de la situation mondiale pour prendre le pouvoir. Et il réussira. Mais il y aura beaucoup d'effusion de sang et de guerre dans le processus. L'Antéchrist, de manière assez surprenante, refusera d'utiliser des armes nucléaires et le fera par le biais d'une guerre conventionnelle. Il gardera les armes nucléaires pour d'autres actes innommables. C'est pourquoi il a également mentionné tout le sang et le carnage dans le quatrain. Il y aura tellement de personnes tuées que les services d'enterrement ne seront pas capables de les emmener assez vite. Il dit que tout le monde dans le monde va s'habituer à la vue des cadavres, et la vue de la mort ne rendra pas les gens dégoûtés comme c'est le cas aujourd'hui. Ils seront insensibles à la mort parce qu'elle sera si fréquente.

D: Cela semble si horrible.

B: Il a haussé les épaules et a dit : "C'est la guerre."

D: Cette guerre sera-t-elle limitée à leur partie du monde ?

B: Il dit que le monde entier sera impliqué à un moment ou un autre. Tôt ou tard, elle impliquera le globe entier.

Chapitre 15

Les Trois Derniers Papes

ETRANGEMENT, bien que l'Antéchrist était censé émerger d'un pays musulman, l'église catholique devait jouer un rôle important dans ses plans diaboliques. Il utiliserait l'église à ses propres fins de la même manière qu'il utiliserait d'autres pays pour obtenir le pouvoir qu'il désirait. Il semblait avoir un esprit très tortueux et diabolique. Sans les avertissements de Nostradamus par ces prédictions, je crois qu'il m'aurait été impossible d'imaginer qu'un humain puisse être capable d'une telle pensée retorse. J'ai essayé de les arranger par ordre chronologique. Il s'agit une tâche difficile car elles font souvent référence à plusieurs événements séparés dans le temps.

SIÈCLE VIII -46

Pol mensolee mourra trois lieus du Rosne
Fuis les deux prochains tarasc detrois:
Cas Mars fera le plus horrible trosne,
De coq & d'aigle de France, freres trois.

Paul le célibataire mourra à trois lieues de Rome,
Les deux plus proches fuient le monstre opprimé:
Quand Mars prendra son horrible trône,
Le coq et l'aigle, la France et les trois frères.

B: Il dit que le pape actuel sera dans un de ses nombreux voyages quand il mourra. Il sera loin du Vatican dans un de ses voyages lorsqu'il perdra son dernier souffle de vie. Cela se passera au moment où l'Antéchrist aura commencé à s'agiter et à exercer son pouvoir. Les deux cardinaux les plus proches du Pape se rendront compte du danger pour leur église, et ils s'enfermeront au Vatican pour essayer de se protéger de ce qui va arriver.

D: Alors le monstre opprimé est l'Antéchrist. Cela signifie-t-il que tout cela aura lieu du vivant du pape actuel ?

B: Il dit que ces événements commenceront vers la fin de sa vie. Il mourra quand tout cela aura commencé à se produire. Il dit que c'est la raison pour laquelle il ne restera que seulement deux papes pour atteindre le temps de la destruction de l'église.

D: (C'était une surprise.) Alors la majorité de ces prophéties sur l'Antéchrist auront lieu après la mort du pape actuel. Et il y aura seulement deux autres papes après cela ?

B: Il dit qu'aucun des deux autres papes ne durera très longtemps, à cause de ces temps difficiles. Un moment s'il vous plaît. (Pause) Il dit que le pape actuel sera assassiné. C'est un homme bon et il se bat honnêtement pour la paix dans le monde. Cependant, il n'est pas en contact avec son centre spirituel de la façon dont il devrait l'être pour ce poste. Mais il est suffisamment désireux de la paix dans le monde, pour que, à l'insu du monde en général, il travaille contre certains partis de pouvoir établis au sein de l'église romaine. Donc un moment viendra où ceux dans l'église romaine qui veulent s'accrocher à leurs richesses et à leur pouvoir conseilleront le Pape - ils conseilleront mal le Pape - de sorte qu'il sera placé dans une situation qui est dangereuse pour lui, mais il ne sera pas conscient du danger. En raison de l'assassinat du pape actuel, il y aura beaucoup de troubles, émeutes et autres à Rome. Et il dit que le prochain pape ne durera pas très longtemps.

(Le reste de ce quatrain sera interprété au chapitre 22).

SIÈCLE II -97

Romain Pontife garde de t'approcher,
De la cité qui deux fleuves arrouse,
Ton sang viendras aupres de là cracher
Toi & les tiens quand fleurira la rose.

Pontife romain méfie toi de t'approcher,
D'une ville arrosée par deux rivières.
Vous cracherez du sang à cet endroit,
Toi et les tiens, quand les roses fleuriront.

B: (tristement) Il dit que ce quatrain devrait être gravé dans du métal et envoyé au pape actuel. Car dans une ville arrosée par deux rivières, à l'époque de la fin du printemps où les roses fleurissent, c'est là qu'il sera assassiné. Lui et plusieurs de ses proches seront tués.

D: Vous avez dit avant qu'il serait assassiné quand il serait parti pour un de ses voyages.

B: Oui. Il dit de trouver une grande ville européenne qui est à la jonction de deux grandes rivières, et de dire au pape de se méfier de cet endroit. Il dit que ce sera facile à repérer sur n'importe quelle carte décente de l'Europe.

D: Mais il y a beaucoup de villes qui se trouvent sur deux rivières.

B: Il dit une grande ville à la jonction de deux rivières. Cela réduit les possibilités plus que vous ne pouvez l'imaginer. Ce sera une grande ville qui vous sautera aux yeux.

D: Tout ce que nous pouvons faire, je suppose, c'est d'essayer de le prévenir. Le quatrain était assez clair. C'était juste une question de faire référence au bon pape.

SIÈCLE I - 4

Par l'univers sera faict un monarque,
Qu'en paix & vie ne sera longuement:
Lors se perdra la piscature barque,
Sera regie en plus grand detriment.

Dans le monde, il y aura un roi,
Qui aura peu de paix et une vie courte:
En ce moment, le navire de la papauté,
Se sera perdu, gouverné à son plus grand détriment.

B: Il dit que bien que ce quatrain ait de multiples significations, la principale dont vous devez être consciente est qu'il fait référence au pape qui viendra entre le pape actuel et le dernier pape. Celui-ci aura un règne court. Il dit que certaines des gaffes politiques et des erreurs commises par ce pape rendront plus facile pour le dernier pape d'être un instrument de l'Antéchrist. Il dit d'appliquer ce que vous avez appris des autres quatrains à celui-ci et vous en tirerez suffisamment de choses. Il voulait juste souligner que le règne sera très court et qu'il ne sera pas bon pour l'église parce qu'il en amènera la chute finale.

SIÈCLE X -70

L'œil par object ferra telle excroissance,
Tant & ardente que tombera la neige:
Champ arrousé viendra en decroissance,
Que le primat succombera à Rege.

A cause d'un objet, l'œil va tellement gonfler,
Brûler tellement que la neige va tomber:
Les champs arrosés commenceront à rétrécir,
Quand le primat mourra à Reggio.

Il a demandé l'orthographe de Reggio et je lui ai dit que c'était Rege en français.

B: Oui, il dit que c'est correct. Il dit que, comme d'habitude, cela a un sens multiple. Une chose à laquelle il se référait était l'objet étant la cause pour que l'œil gonfle et soit brûler si fortement. C'est un type de dispositif atomique, pas exactement une bombe, qui, une fois déclenchée, aura un effet sur le climat planétaire. Il va déplacer une masse d'air qui va perturber l'équilibre entre le chaud et le froid, de sorte que l'effet de serre sera déséquilibré et atteindra un extrême et impactera de façon drastiques le climat, qui à son tour affectera l'agriculture.

Cela ressemble au concept moderne appelé "Hiver nucléaire". C'est la théorie selon laquelle si nous devions avoir une guerre nucléaire massive, les nuages de poussière et de radioactivité entoureraient la terre et interféreraient avec le climat à un tel point qu'ils créeraient un hiver perpétuel.

B: Il dit que cela aurait lieu au moment où le pape meurt à Reggio ou Rege.

D: C'est ce qu'il veut dire par "quand le primat meurt" ? Je pensais qu'il utilisait le symbolisme parce que je pense qu'un primate est un singe.

B: Il dit que cela fait référence au Pape de l'Eglise catholique parce qu'un autre mot pour le pape est le primat. Il dit que si vous le cherchez dans le dictionnaire, vous trouverez qu'en plus de signifier un singe, une autre définition est un pape de l'Église catholique.

D: Reggio est une ville ou quoi ?

B: Oui, c'est un endroit en Italie.

Je suppose que cela fait référence à la mort du second pape parce qu'il a indiqué que le pape actuel serait en voyage quand il serait assassiné.

B: Selon lui, le sens alternatif de ce verset est de type métaphysique. Il prédit également la ruine de l'église catholique. Ils deviendront à nouveau ambitieux et chercheront à s'emparer de plus de pouvoir qu'ils ne le devraient. Leur œil se gonflera d'orgueil et de vanité, pensant qu'ils peuvent gérer tout ce qu'ils veulent essayer de faire, et ce sera leur perte. La lumière qui brille si fort sera les ambitions qu'ils cherchent à atteindre. La neige qui tombe est le refroidissement de ces ambitions lorsqu'ils échouent, et cela provoquera un grand bouleversement dans la structure de l'Église catholique avec un pape détrôné. Selon ce qu'il dit la conséquence, les membres, les personnes qui suivent l'Église catholique, s'éloigneront en grand nombre, au point que l'influence de l'Église catholique diminuera. Et leurs champs arrosés, pour ainsi dire, leur sphère d'influence, deviendra beaucoup moins importante.

D: Oui. Je vois que ce quatrain a bien deux significations. Pense-t-il que les deux vont arriver en même temps?

B: Il ne le pense pas vraiment.

D: Mais il les a mis dans le même quatrain parce qu'ils ont une signification similaire. Je pense que je commence à comprendre son processus de pensée.

Quand ces quatrains ont commencé à arriver, je ne pouvais tout simplement pas imaginer comment il serait possible pour l'église d'avoir de tels problèmes. C'est une institution forte et puissante. Mais ensuite les événements concernant Jim Bakker et le PTL Club ont commencé à faire surface, et les problèmes avec Jimmy Swaggart ont suivi peu après. Cela a été prédit dans les quatrains de Nostradamus sur la fausse trompe (SIÈCLE II -27 et SIÈCLE I - 40 au chapitre 11.) Le tumulte que ces événements ont créé au sein de l'église fait qu'il semble tout à fait possible que Nostradamus puisse avoir raison avec ces prédictions drastiques concernant l'église.

SIÈCLE X -71

La terre & l'air gelleront si grand eau,
Lors qu'on viendra pour jeudy venerer:
Ce qui sera jamais ne feut si beau,
Des quatre parts le viendront honnorer.

La terre et l'air vont geler tant d'eau,
Quand ils viendront vénérer le jeudi.
Celui qui viendra ne sera jamais aussi juste,
Que les quelques partenaires qui viennent l'honorer.

B: Selon lui, la première partie de ce quatrain est liée à une des significations du quatrain précédant. La deuxième partie de ce quatrain est liée à d'autres quatrains qu'il vous a déjà traduits. Il dit que vous saurez lesquels quand il aura fini de parler. La terre et la glaciation de l'air est un autre effet de l'appareil atomique qui va tout détraquer, mentionné dans le quatrain précédent, qu'il vient tout juste de traduire pour vous. Il dit que toutes sortes de solutions vont être essayées pour contrecarrer ce qui s'est passé, mais elles n'aboutiront pas, malgré les paroles justes des gouvernements à leurs peuples pour essayer de les empêcher de paniquer. Il dit que l'autre partie du quatrain, c'est-à-dire la personne mentionnée qui viendra et qui ne sera pas aussi juste que ceux qui donnent des honneurs - fait référence au leader dont il a parlé et qui surgira du Moyen-Orient. En dépit de ses forces de propagande qui diffusent toutes les justes paroles et les mensonges sur les grandes et merveilleuses choses qu'il va faire pour le monde, cela ne masquera pas complètement le fait que cet homme est un Antéchrist et qu'il fait toutes sortes de choses odieuses. L'homme ne sera pas en mesure de se montrer à la hauteur de l'image que ses partisans essaient de donner de lui.

D: Cet homme viendra-t-il en même temps que ces changements météorologiques ?

B: Non. Il dit que si des événements se produisent en même temps, il vous le fera savoir. S'il ne dit rien, alors vous pouvez supposer que deux différents temps sont sous-entendus.

SIÈCLE II -15

Un peu devant monarque trucidé
Castor Pollux en nef, estre crinite:
L'erain public par terre & mer vuidé,
Pise, Ast, Ferrare, Turin terre interdicte.

Peu de temps avant qu'un roi soit assassiné ?
Castor et Pollux dans le navire, une étoile barbue :
Le trésor public vidé sur terre et sur mer,
Pise, Asti, Terrara et Turin sont des terres interdites.

B: Selon lui, cela fait référence à des événements qui se produiront en raison de l'intervention de l'Antéchrist. Castor et Pollux, qui sont les jumeaux Gémeaux, représentent ici le premier ministre de la Grande-Bretagne et le président des États-Unis.

D: Ce n'est pas un quatrain astrologique alors ?

B: Pas dans ce cas. Mais l'étoile barbue fait référence à une comète.

D: C'est ce que je pensais. Ils ont également compris cette partie.

B: Il dit que c'est une comète majeure qui sera clairement visible dans le ciel de l'hémisphère nord. Il dit qu'en fait, ce sont des signes menant à l'assassinat du pape.

D: Oh ? Le pape actuel ?

B: Non, celui qui suivra.

D: Vous voulez dire que le suivant sera également assassiné ?

B: Apparemment. C'est ce qu'il me montre. Il dit que le pape actuel sera assassiné mais ce sera avant l'arrivée de la comète. Ce pape actuel sera assassiné simplement parce qu'il est préoccupé par la condition humaine et qu'il voyage tellement qu'il se met dans de dangereuses situations. Le prochain pape sera assassiné parce qu'il sera sur le chemin de l'Antéchrist et qu'il ne cédera pas à ses exigences. L'Antéchrist le fera donc assassiner pour mettre son outil au pouvoir.

D. Vous avez dit que son règne serait court.

B: Ceci en sera la raison. Au moment où le deuxième pape sera assassiné, l'Antéchrist commencera sa campagne européenne. A la suite de ces événements, le Premier ministre et le Président seront en consultation à ce sujet. Ils se rencontreront en mer, comme Churchill et Roosevelt, pour plus de sécurité et la confidentialité de leurs rencontre.

D: Cette dernière partie, " L'erain public par terre et ... "

B: (Interpelé) Il dit que cela fait référence à la guerre. Le trésor public étant sur terre et sur mer fait référence à toutes les armes qui sont sorties et détruites au cours de la guerre.

D: Et cette partie où il est dit que les pays sont des terres interdites. On dirait que ce sont des villes d'Italie.

B: Oui, c'est le cas. Il a déjà interprété cela. Il dit que cela fait référence à son début dans sa campagne européenne.

SIÈCLE II -36

Du grand Prophete les lettres seront prinses,
Entre les mains du tyran deviendront:
Frauder son Roy seront ses entreprinses,
Mais ses rapines bien tost le troubleront.

Les lettres du grand prophète seront interceptées,
Et tomberont dans les mains du tyran :
Il s'efforcera de tromper son roi,
Mais bientôt ses vols le troubleront.

B: Il dit que cela fait référence à certains incidents qui ont lieu pendant la période de troubles. Avant que l'Antéchrist n'atteigne sa pleine puissance, alors qu'il est encore en train de monter au pouvoir et qu'il continue à comploter, le reste du monde pensera qu'il y a encore d'autres personnes au-dessus de lui en ce qui concerne les structures de pouvoir. En réalité, l'Antéchrist ne fera que les utiliser comme tremplin sur son chemin vers le sommet du "tas", pour ainsi dire. Et pendant que ça se passera, une des choses qu'il fera sera d'avoir dans sa poche quelques cardinaux traîtres. Et, l'un d'entre eux espionnera le pape.

D: Ce ne sera pas le dernier pape ?

B: Non, ce sera l'avant-dernier pape. Le cardinal qui espionne le pape va lui voler des informations, et en plus il va altérer la correspondance du pape. Chaque fois que le pape reçoit une lettre, il en modifie un peu la formulation pour que le pape pense qu'elle dit quelque chose d'autre que ce qu'elle a effectivement dite. Il le fait pour aggraver la situation, afin que le pape réagisse de manière inappropriée à ces différents cas de figure. Ainsi les gens penseront qu'il est un mauvais pape, et il sera plus suceptible de se faire assassiner, ou autre chose, plus tôt. Ce cardinal sera troublé à propos de ce qu'il fait, parce qu'il semble apporter la discorde dans sa bien-aimée église, mais il le fait parce qu'il est du côté de l'Antéchrist.

D: Alors " Du grand prophète les lettres " fait référence au pape. Les traducteurs ont pensé que ce quatrain faisait référence à Nostradamus ou à l'un de ses interprètes. Il est dit, "Il se peut tout aussi bien que Nostradamus parle de quelque vendetta personnelle."

B: Il répond qu'il ne va pas perdre son temps et ses efforts à écrire des quatrains sur des choses aussi insignifiantes que ça quand il y a toute la situation mondiale à s'inquiéter.

D: Ils pensaient qu'il était le grand prophète dont on parlait.

B: Il dit que c'est flatteur qu'ils se rendent compte qu'il est un grand prophète, mais quand il regarde dans le futur, il ne va pas se projeter lui-même dans l'avenir. Il écrit simplement ce qu'il y voit.

SIÈCLE III - 65

Quand le sepulcre du grand Romain trouvé
Le jour apres sera esleu Pontife:
Du Senat gueres il ne sera prouvé
Empoisonné, son sang au sacré scyphe.

Quand la tombe du grand Romain sera trouvée
Un pape sera élu le jour suivant :
Il ne sera pas approuvé par le Scnat.
Son sang empoisonné dans le calice sacré.

B: Il a mis cette ligne concernant la tombe du grand romain pour aider le commun des mortels à trouver de quel pape il s'agit. La tombe se trouve à Rome parmi les couches et les couches de ruines archéologiques sous les bâtiments actuels.

D: Sait-il qui est le grand Romain qui se trouve dans la tombe ?

B: Il dit qu'il ne peut pas se limiter à un nom car plusieurs noms ne cessent de lui venir à l'esprit. Mais ce Romain était un célèbre philosophe et il a théorisé sur toutes les choses. Il est principalement connu pour sa philosophie et ses discours sur la nature des choses. Il a eu un profond impact sur la pensée occidentale et ses écrits existent encore aujourd'hui. Ainsi, les archéologues sauront qui est-il et ce qu'il a fait. C'est la raison pour laquelle il l'a appelé le grand Romain. Il dit que lorsque cela se produira et qu'un pape sera élu immédiatement après, ce sera un clair signe. Ce ne sera pas nécessairement le jour suivant. C'est symbolique d'un temps très court après la découverte de cette tombe. Dans moins d'un an, un pape sera élu. Et quand cela se produira, vous saurez que c'est le dernier pape qui apportera la destruction de l'Église catholique. Quand il sera élu, on verra qu'il est est un outil de l'Antéchrist. Ce sera la raison pour laquelle les instances dirigeantes n'approuveront pas ce choix de pape. Le fait qu'il contribuera à la chute de l'Église catholique, c'est ce qu'on entend par son sang est empoisonné dans le calice. Le calice représente l'église et le sang empoisonné représente le mal qu'il fera à cette organisation.

SIÈCLE IV-86

L'an que Saturne en eau sera conjoinct,
Avecques Sol, le Roi fort & puissant,
A Reims & Aix sera reçeu & oingt,
Apres conquestes meurtrira innocens.

Dans l'année, Saturne est en conjonction,
Avec le Verseau, et avec le Soleil, le roi très puissant,
Sera reçu et oint à Reims et à Aix,
Après ses conquêtes, il assassinera des innocents

B: Il dit que cela fait référence au dernier pape de l'Église catholique. Cet événement aura lieu au cours de la prochaine décennie, de votre point de vue, dans les années 90. Il dit d'utiliser votre thème astral pour tracer ces positions afin d'obtenir la date de cet événement, pour vous donner une idée de ce qui se passera dans ce domaine de pouvoir.

John ne perdit pas de temps, et s'était déjà référé à son éphéméride.

J: Saturne et le Soleil sont en conjonction en Verseau le 30 janvier 1992.

B: Il dit que le pape actuel sera assassiné et que le prochain pape ne durera pas très longtemps. Alors, le pape suivant devrait soit être déjà pape ou sera assermenté à peu près à la date que vous avez trouvée.

MISE A JOUR : Comme cette date approchait rapidement (en 1991, lorsque ce livre était en cours de réimpression), et que l'actuel pape Jean Paul II était encore bien vivant, il semblait impossible que tant de choses puissent se passer en si peu de temps. J'ai demandé à l'astrologue de revoir l'éphéméride. Il a dit que c'était la seule date des années 1990 où ces planètes se rejoignaient en Verseau. Je me suis alors souvenu d'un problème similaire que nous avions eu lors de la rédaction du deuxième volume de cet ouvrage. Nous avions découvert que Mme Cheetham avait fait une erreur similaire dans sa traduction du français vers l'anglais, et cela avait affecté la datation d'une manière dramatique. Cela avait pris tout un chapitre entier pour le démêler et l'expliquer. (Voir Volume 2, chapitre 29, "Trouver la date du décalage"). Il m'est soudainement venu à l'esprit que cela pourrait être un cas similaire. Lorsque j'ai vérifié la partie française à l'aide d'un dictionnaire, j'ai été stupéfaite de constater qu'elle avait effectivement fait la même erreur. Dans les deux cas, elle avait traduit "eau" ou "water" comme faisant référence au Verseau. Le Verseau n'est pas un signe d'eau. On l'appelle le "porteur d'eau", mais c'est un signe d'air. L'astrologue a dit cela, bien sûr, ferait une différence dramatique dans la datation de ce quatrain important. En vérifiant les éphémérides, il a découvert que cette conjonction ne se produirait que dans un seul signe d'eau, les Poissons, pendant le reste de ce siècle. Il n'y aura que deux fois où le Soleil et Saturne se conjoignent en Poissons : le 5 mars 1995 et le 17 mars 1996. Je préfère personnellement la date de 1995 car elle coïncide avec d'autres prédictions qui affirment que l'Antéchrist pourrait être identifié en

1995 par ceux qui sont conscients. Cela donne définitivement plus de temps pour que ces importants événements papaux se produisent. Il est regrettable que nous, les humains, ne soyons pas aussi précis dans nos rapports que le maître lui-même. Cela montre que nous sommes tout à fait capables de faire une erreur ; dans ce cas là, une erreur sur l'original français.

D: Avant, vous avez dit que ce dernier pape serait l'outil de l'Antéchrist.

B: C'est exact. Il dit que l'église romaine est déjà devenu un outil de l'Antéchrist. Ils n'en sont peut-être pas encore conscients mais elle contribue à faciliter le chemin de l'Antéchrist, pour un temps. Ils sont déjà prédisposés à travailler dans le jeu des cartes de l'Antéchrist. Et il précise qu'il s'agit de cartes de tarot, pas de cartes de poker.

D: (C'était une surprise.) Oh, est-il familier avec les cartes de tarot?

B: Oui, il dit que oui. Il dit que quand il voit des images, quand il a des visions de l'Antéchrist, il le voit parfois tenant un tirage de cartes.

D: Pouvez-vous voir ce que sont ces cartes ?

B: Il dit qu'il va essayer de me montrer ce qu'elles sont. Une carte est le Pendu, elle est inversée. Il y a le Valet de Batons, il est à l'endroit. Là, l'Empereur inversé et le Pape inversé. Et il y a le Dix d'Épée inversé et la Justice inversée. Et la Roue de la Fortune, quant à elle, est à l'endroit.

D: La majorité de ces cartes sont inversées.

B: C'est vrai.

D: Je pense que nous pouvons obtenir une lecture à partir de cela.

B: Il dit que parfois les cartes changent, mais en ce moment, quand il communique avec nous, il le voit tenir cette main là. Ce qui le préoccupe c'est que la plupart du temps, les cartes qu'il tient sont généralement des Arcanes majeurs. Occasionnellement, il peut y avoir quelques Arcanes mineurs. Il dit que c'est très inhabituel. Ordinairement, une main de cartes se compose des arcanes mineurs avec l'influence d'un ou deux arcanes majeurs pour indiquer leur schéma général. Mais l'Antéchrist, étant un personnage si crucial dans cette confluence de l'histoire et du temps, son jeu de cartes tend à être principalement composé d'arcanes majeurs avec quelques, peut-être très peu d'arcanes mineurs pour aider à fournir quelques détails.

Le jeu de tarot est essentiellement constitué de deux jeux de cartes en un. Il comporte 78 cartes et est divisé en arcanes majeurs et mineurs. Notre jeu de cartes moderne, avec ses quatre couleurs, a évolué à partir des arcanes mineurs. La partie majeure comporte 22 cartes illustrées et leur présence dans une disposition ajoute plus d'importance et de signification à la lecture.

Comme Nostradamus était apparemment familier avec le Tarot, je me suis demandée alors qu'il voyait un personnage important dans ses visions, s'il faisait une lecture du Tarot sur cette personne pour obtenir plus d'informations sur sa personnalité et les actes qu'elle allait accomplir. C'était une possibilité puisque le Tarot est très ancien, il remonte à l'antiquité. Il est connu pour avoir été utilisé depuis l'époque égyptienne. D'après les cartes qu'il a mentionnées, il semble que le jeu qu'il connaissait était très similaire au nôtre à l'époque moderne.

B: Il dit que le jeu de Tarot est un outil très précieux. Il est très bon pour développer votre moi psychique et votre moi spirituel. Et, il est bon pour communiquer. À son époque, de nombreux symboles du Tarot étaient utilisés pour communiquer des messages secrets par correspondance. Il dit que le Tarot est très polyvalent, et qu'il sera très important pendant la période de troubles. Ceux qui sont familiers avec le Tarot seront très utiles, en particulier ceux qui travaillent dans les mouvements clandestins, pour aider à garder une communication claire, parce qu'ils se baseront sur la communication psychique ainsi que sur la communication physique. Le Tarot jouera un rôle important dans les deux.

D: Nous avons toujours ces cartes à notre époque.

B: Il est conscient de cela et il est conscient que les cartes ont été diversifiées en plusieurs systèmes utilisant différents symboles afin que chaque personne puisse être plus apte à trouver les symboles avec lesquels elle peut s'identifier clairement sur le plan psychique. Et ainsi obtenir une image plus claire de ce qui doit être su.

D: Ce serait très bien à l'avenir s'il pouvait me dire quand il voit des symboles comme celui-ci, parce que nous pourrons ainsi comprendre ces symboles.

B: Oui, il dit qu'il n'est pas conscient de tout, mais plus la communication se poursuit, plus il se familiarise avec ce véhicule. Il dit que pendant qu'il était en train d'en explorer le subconscient, il s'est rendu compte que les symboles du Tarot lui étaient familiers. Et il a réalisé qu'il pouvait utiliser également ce symbolisme aussi bien pour se transporter de chez lui à chez vous.

D: Oui, John et moi sommes également familiers avec les symboles du Tarot.

B: Il dit que c'est bien. Cela permet de rendre la communication encore plus claire. Même s'il est connu comme astrologue et médecin, ce n'est pas tout ce qu'il connaît. Il est également au courant d'autres systèmes de connaissance. Il se sent libre de puiser dans ces autres systèmes de connaissance s'ils peuvent s'imbriquer avec un savoir que nous comprenons.

D: Je suppose que c'était une connaissance dangereuse à son époque.

B: Il dit que c'est une connaissance dangereuse dans votre temps aussi, mais vous n'êtes pas conscients de cela pour le moment. Il dit que le temps de la suppression est très proche et que toute connaissance qui élargit l'esprit et amène les gens à réfléchir sera considérée comme dangereuse. De la façon dont il le dit, les événements du passé récent, l'histoire de votre siècle, qui semblaient très horribles, seront un jeu d'enfant en comparaison de ce qui va arriver.

J'ai nerveusement ri. Je n'aimais certainement pas imaginer ce qu'il était en train de décrire.

B: Il a dit que vous avez choisi d'être ici en ce moment. Il y a maintenant une plus grande proportion de vieilles âmes dans le monde qu'il n'y en a jamais eu auparavant, parce que les vieilles âmes seront nécessaires pour aider le monde à survivre. Vous en trouverez partout, imprégnées dans les endroits les plus étranges. Les vieilles âmes seront en communication les unes avec les autres et ce sont elles qui aideront les choses à se maintenir et à survivre.

D: J'espère juste que ces livres pourront sortir avant que tout cela commence vraiment à se produire.

B: Il dit que c'est une chose très proche. C'est pourquoi il est si anxieux d'essayer de faire passer ces informations, même s'il s'arrête pour faire des digressions de temps en temps, il sent que cela aussi a une place et une importance en plus de l'interprétation des quatrains.

J: Ce dernier pape sera-t-il français ?

B: Il dit qu'il a le fort sentiment qu'il le sera. L'homme sera de teint basané et son caractère peut être assimilé à la carte de Tarot "Pape inversé". Il dit que cet homme est un homme de mystère, d'eaux sombres. Cet homme aura une sorte de difformité physique. Il n'est pas sûr s'il aura une épaule légèrement tordue ou voûtée, ou un pied bot, mais ce sera une difformité de cette nature, soit de l'épaule ou du pied. Ce sera un défaut congénital de l'os. Il ne sera pas causé par une blessure, mais il est né comme ça. Par conséquent, son esprit a été marqué par la cruauté et l'impitoyabilité des gens envers ceux qui sont différents. Il dit que cet homme au teint basané et aux yeux bleus est entré dans l'église à un jeune âge par amertume et désespoir parce qu'il savait qu'il n'obtiendrait jamais une fille qui l'aime et qui l'épouse. Il est entré dans l'église pour ne pas avoir à faire face à cette situation. Ses parents étaient impliqués dans le mouvement nazi en France. Par conséquent, il est également marqué par cela. Il dit qu'il a dû supporter les railleries de ses camarades de classe et autres dans les années après la Seconde Guerre mondiale, en le traitant d'"amoureux de nazis", etc. Il dit que s'il n'y avait pas eu la cruauté et l'insensibilité des personnes auxquels il a été exposé dans son environnement, il aurait pu devenir un homme bon, peut-être même gentil. Mais comme cela n'a pas été le cas, il a été déformé par la cruauté à cause de la douleur, et il veut se venger du monde à cause de cette douleur qu'il a endurée quand il était plus jeune.

D: Est-ce pour cela qu'il est plus facile pour lui de devenir un outil de l'Antéchrist ?

B: Oui. Il y est plus sensible.

D: Que signifie cette dernière partie, " Apres conquestes meurtrira innocens " ? Je ne crois pas que cela fasse référence au pape mais plutôt à l'Antéchrist. Est-ce exact ?

B: Il dit que cela se réfère au pape au sens figuré, en ce sens que le pape, en raison de ces blessures dans sa petite enfance, voudra leur montrer, en disant , "Regardez-moi, je suis puissant. Je peux tout faire, je suis meilleur que vous." Et " Apres conquestes " signifie qu'après avoir atteint le pouvoir qu'il désire, il sera responsable du meurtre de personnes innocentes, juste en étant l'outil de l'Antéchrist. Il ne tuera pas les gens lui-même, mais il provoquera l'ouverture d'avenues par lesquelles les gens seront assassinés. En particulier, il verra une occasion de blesser ceux qui l'ont blessé quand il était jeune. Il dit que ce pape a l'apparence d'être un homme bienveillant à l'heure actuelle, ce qui est avantageux pour lui. Mais ce qui est caché est très présent dans son maquillage.

SIÈCLE II -57

Avant conflict le grand tumbera,
Le grand à mort, mort, trop subite & plainte,
Nay miparfaict: la plus part nagera,
Aupres du fleuve de sang la terre tainte.

Avant la bataille, le grand homme tombera,
Le grand à la mort, une mort trop soudaine et regrettée.
Né imparfait, il fera la plus grande partie du chemin,
Près de la rivière de sang, la terre est stérile.

B: Il dit que cela fait référence aux trois derniers papes de l'Église catholique. Selon lui, le troisième en partant du dernier tombera sous la balle d'un assassin Il dit que l'avant-dernier sera englouti par les manigances de l'Antéchrist. Et le dernier est celui qu'il a mentionné avant, qui était né difforme. Le pape qui sera en charge de l'église pendant le temps qu'il lui reste, il fera la plus grande partie du chemin. Mais lui, aussi, tombera à la fin parce qu'il n'aura également été qu'un outil. L'Antéchrist l'utilisera tant qu'il en aura besoin, jusqu'à ce qu'il se mette en travers de son chemin, puis il s'en débarrassera. Et quand il se débarrassera de lui, il se débarrassera essentiellement de l'église aussi.

D: J'ai pensé quand j'ai lu ça, " Nay miparfaict ", que cela pourrait faire référence au dernier pape parce que Mensonge a dit qu'il aurait une sorte de défaut. C'est le résumé des trois en un seul quatrain.

SIÈCLE II -76

Foudre en Bourgongne fera cas portenteux.

Que par engin oncques ne pourrait faire,
De leur senat sacriste fait boiteux,
Fera sçavoir aux ennemis l'affaire.

La foudre en Bourgogne va révéler des événements présageables.
Une chose qui n'aurait jamais pu être faite par la ruse,
Le prêtre boiteux les affaires du sénat,
Révélera à l'ennemi.

J'étais excitée parce que je sentais que cela faisait référence au dernier pape.

B: Il dit, inutile de préciser, que le prêtre boiteux fait référence au pape français qui est au service de l'Antéchrist désigné comme l'ennemi. Les actes accomplis par cet homme le sont parce qu'il apporte volontairement des ressources intérieures, ressources en information, auxquelles il a accès en tant que pape. Informations que l'Antéchrist n'aurait pas pu obtenir en un million d'années simplement par ses espions, si le pape était resté fidèle à l'autre camp. Il pense qu'avec les autres informations qu'il a données, ce quatrain devrait être assez simple.

D: Oui, ils sont reliés. " Foudre en Bourgongne " est le début de la guerre. Est-ce correct ?

B: Non. La foudre en Bourgogne fait référence au fait que la trahison est venue de Bourgogne auparavant et ce pape en particulier a ses racines ecclésiastiques en Bourgogne. S'il avait ses préférences, il préférerait que la papauté soit basée en France plutôt qu'au Vatican.

SIÈCLE IX -36

Un grand Roi prins entre les mains d'un Joine,
Non loing de Pasque confusion coup cultre:
Perpet, captifs temps que fouldre en la husne,
Lorsque trois freres se blesseront & meutre.

Un grand roi capturé par les mains d'un jeune homme,
Pas loin de Pâques, la confusion, un état du couteau :
Des captifs éternels, des moments où la foudre, est au sommet,

Quand trois frères seront blessés et assassinés.

B: Il dit que ce quatrain fait en grande partie référence à des événements à venir. Mais qu'il concerne aussi des événements qui se sont déjà produits, et qui ont commencé "à faire rouler la balle", pour ainsi dire. Le grand roi représente le pape et le jeune homme est l'Antéchrist. Cela fait référence à la façon dont le dernier pape deviendrait un outil de l'Antéchrist. Il est capturé par son influence, pour ainsi dire. Ce sera une période de grande agitation, de guerre et de désolation. Il se passera beaucoup de choses horribles. Il dit que toute la seconde moitié de ce siècle - c'est-à-dire la période dans laquelle vous vous trouvez - a été une série d'événements catastrophiques, chacun surmontant ceux qui l'ont précédé, conduisant à des temps de troubles. Durant cette période, l'assassinat des leaders mondiaux deviendra un fait si commun que les gens ne prendront même pas la peine d'apprendre le nom des dirigeants actuels. Parce qu'il sera bientôt assassiné et un nouveau leader mis à sa place. Il dit que c'est la raison pour laquelle il a fait référence aux trois frères qui ont été blessés et ensuite assassinés. À une époque, il était considéré comme horrible, par exemple dans votre cas, très horrible pour un président d'être assassiné. Comme votre président Kennedy, et bien d'autres à cette époque qui ont été assassinés. Mais il dit que vers la fin de ce siècle les gens regarderont en arrière et penseront, "Et bien, bon sang, ce n'est rien du tout. Cela arrive tout le temps maintenant". Et il dit que " foudre en la husne" fait référence à la guerre en cours et au grand danger pour quiconque ayant l'ambition de diriger, à l'exception de l'Antéchrist, puisqu'il sera la force motrice derrière la plupart de ces assassinats.

D: La traductrice relie ce quatrain avec les Kennedy. C'est le seul rapport qui a été fait.

B: Il dit que c'est correct dans la mesure où cela va dans cette direction aussi, parce que cette ligne se réfère effectivement aux Kennedy. Il utilisait cela comme un exemple du point jusqu'auquel la nation puisse être horrifiée quand de tels assassinats ont lieu.

Il pourrait être intéressant de conjecturer que Martin Luther King puisse être l'un des frères dont Nostradamus dit qu'ils ont été assassinés en même temps que John et Robert Kennedy. Il a pu l'utiliser métaphoriquement. C'était trois leaders, voire des frères, si l'on se tourne vers ce en quoi ils croyaient.

D: Quelque chose m'est venu à l'esprit à propos de l'expression " foudre en la husne ". Elle me rappelle le symbole de la Tour du Tarot.

La Tour est une carte à l'aspect dramatique. Elle montre le sommet d'une grande tour frappé par la foudre, et symbolise le changement et la destruction.

B: Il dit que c'est très astucieux de votre part de le remarquer. Ce symbole est lié de cette façon parce que toute la période de troubles pourrait être représentée par le pouvoir prépondérant de la Tour. Il y aura d'autres cartes, dont les pouvoirs représentés par elle,s influenceront aussi les événements, mais ce sera une période de changements dramatiques et traumatisants.

D: Que signifie la référence à Pâques ?

B: Il dit que la phrase "pas loin de Pâques" se réfère à la position religieuse du pape plutôt qu'à un moment particulier. Il dit que cet homme semblerait être très proche des préceptes de l'Église catholique. Mais à l'intérieur, il restera plus proche des idées païennes auxquelles les chrétiens ont cru dès le départ. Il dit que Pâques a commencé comme une fête païenne que les prêtres ont christianisée pour aider à convertir les barbares à l'église. Et cet homme sera essentiellement un barbare avec des apparats de chrétien.

B: Il dit qu'essayer d'utiliser des symboles astrologiques est très difficile avec ce véhicule. Ce n'est pas par crainte de sa part, c'est dû à son ignorance. Mais en utilisant la sorte de communication symbolique avec lequel ce véhicule est familier, comme le Tarot, ceci lui permet de communiquer plus facilement les concepts qu'il lui soit nécessaire de faire passer plus efficacement. Parce qu'il est, lui aussi, plus à l'aise avec le Tarot, et qu'il peut se référer à eux plus pesamment à l'avenir, plutôt que par symboles astrologiques. Ainsi, il en resultera une communication plus facile avec elle. Il dit qu'il lui laissera quelques images de mains de Tarot afin qu'elle puisse les choisir dans un jeu pour tous les participants pour que des lectures puissent être faites. Après son réveil, elle pourra choisir des mains de Tarot pour l'Antéchrist, le Pape et autres personnages importants sur lesquels vous l'interrogez. Il dit que ça va très bien marcher. Il est très enthousiaste. Il saute de haut en bas et sa barbe s'agite d'avant en arrière tandis qu'il saute. Il dit qu'il aurait du y penser depuis bien plus longtemps. Il s'agit de ressentir sa voie et de trouver le moyen le plus facile de communiquer. Rappelez-vous combien de temps il nous a fallu pour établir un contact quand nous avons commencé à communiquer. Il a senti l'ouverture et exploré dans le subconscient de ce véhicule et il dit qu'il a maintenant trouvé des avenues de communication très ouvertes, à six larges voies. De cette façon, il sera en mesure de communiquer plus longtemps parce que ce ne sera pas autant d'efforts de sa part. Il est tellement excité qu'il a du mal à se contenir. Il dit qu'il est prêt à ce que vous reveniez et que vous communiquiez de nouveau... à ce moment même.

J'ai ri parce qu'il n'avait jamais pu rester avec nous aussi longtemps. Peut-être avait-il trouvé un moyen plus facile.

À son réveil, Brenda avait des images vivantes dans sa tête. Elle a décrit la scène.

B: J'ai eu cette image ; c'est comme si je flottais dans les limbes, dans un endroit où le temps... l'espace et le lieu n'existent pas vraiment. Et dans cet endroit, je vois ce plateau de table ronde. Je l'appelle une table parce que c'est ce à quoi elle ressemble pour moi, bien qu'il n'y ait pas eu de pieds pour la soutenir. La table elle-même est blanche mais on dirait qu'elle est faite de perle ou de nacre. Et un cercle central est gravé sur cette table avec des rayons qui rayonnent vers l'extérieur.

D: Comme une roue d'horoscope ?

B: Vous pourriez la décrire comme ça mais les symboles que je vois sont comme les symboles qu' utiliseraient les alchimistes. Ce type de symboles est gravé sur cette table à différents endroits. Et autour d'elle, je vois quatre personnages assis portant des capuches. Chacun de ces personnages tient une main de Tarot, mais chaque main est individuelle et lui est propre. C'est comme si chaque personnage avait un jeu complet et que c'était la main qu'ils avaient choisie pour venir s'asseoir à cette table. Sur cette table autour de laquelle ils sont assis, il semble y avoir un déploiement du Tarot en cours, mais impliquant plusieurs jeux. Je ne pourrai jamais être capable de reproduire cela si ma vie en dépendait. C'est très complexe et les cartes sont positionnées en fonction de l'endroit où elles sont sensées être sur cette roue. J'ai l'impression qu'ils jouent un événement mondial. Les seules cartes que je sois capable de distinguer sont celles que les personnages tiennent individuellement dans leurs mains.

Elle a immédiatement tiré les cartes du jeu pour la première main dont elle se souvenait. et les posa sur la table pour que John puisse les interprèter. La disposition était étrange et ne ressemblait à aucune autre que j'avais vue, mais elle s'est avéré être très symbolique. Il était évident pour nous que ces premières cartes étaient celles que Nostradamus avait mentionnées comme représentant l'Antéchrist. Brenda a dit qu'elle avait posé les cartes de la façon dont la silhouette les avait tenues dans sa main.

J: Puis-je faire un commentaire ? Cette mise en page est également étrange pour moi. Mais j'ai vu des lectures françaises, du type traditionnel des gitans, des diseurs de bonne aventure d'autrefois. La disposition des cartes y est similaire à celle qu'ils utilisaient.

D: Se pourrait-il que ce soit le modèle que Nostradamus connaissait?

J: C'est possible, oui, car ils n'utilisaient pas les modèles complexes du Tarot vers lesquels nous avons évolué. Ils n'utilisent que le passé, le présent et le futur.

Aussi étrange que cela puisse paraître, la seule explication semble être que cette disposition des cartes venait directement de l'esprit de Nostradamus.

J'ai demandé à Brenda de lire les cartes pour le magnétophone.

B: J'ai posé un Pendu inversé, un valet de bâtons à l'endroit, un Pape inversé, un Empereur inversé qui est dans une position supérieure (au dessus) aux autres. Un Dix d'Épées inversé qui est recouverte (en dessous) par l'Empereur. Une Justice inversée et une Roue de la Fortune verticale qui culmine en quelque sorte en haut de la main entière.

Elles étaient disposées comme un jeu de cartes typique, sauf que certaines (celles mentionnées) étaient devant ou derrière les autres. John a procédé à cette interprétation.

J: J'interpréterais cela comme la façon adoptée par l'Antéchrist pour se réaliser. (Il montre les différentes cartes). C'est ce qui est présent en ce moment et c'est ce qui va se passer pendant le courant de sa vie. Et, tout s'intègre vraiment bien. Tout d'abord, nous voyons le Pendu inversé. Quand je vois le Pendu dans sa position droite, il représente la circonspection, la sagesse venant d'en haut. Il représente l'apprentissage de la confiance dans l'esprit intérieur, qui guide chacun d'entre nous. Dans sa position inversée, il représente une confiance en l'esprit intérieur qui serait une lutte vers le bas plutôt que pour quelque chose de positif. Ensuite, nous avons le Valet de bâtons qui représenterait un jeune homme. Il représenterait pour moi un voyageur dans la vie, quelqu'un qui s'embarque sur le chemin de la vie. Le bâton représenterait la coupe d'un arbre. Vous le mettez (ou la personne) dans n'importe quel type d'environnement et il va grandir. Mais cette croissance sera dans le sens d'une descente spirituelle à cause du Pendu inversé. Je considère le Pendu comme une carte très spirituelle parce qu'elle représente que nous prenons notre corps et qu'on le sacrifie pour devenir plus spirituel. Quand il est inversé, on le sacrifie, mais peut-être pour de mauvaises raisons. C'est comme ça que j'interprèterais comment il entreprend sa vie en ce moment. Ensuite, en passant aux deux suivantes, cela représente probablement son ascension. Vous voyez le Pape et l'Empereur et ils sont tous deux inversés. Pour moi, le Pape dans sa position verticale représente l'action de se conformer à ce que le monde veut. Mais dans sa position inversée, il représente la volonté de diriger le monde. La carte du Pape serait comme le symbole d'un Pape ou d'un très grand prêtre. Donc le Pape inversé représente un prélat utilisant des forces négatives. Un peu comme s'il s'agissait d'un prêtre de certaines énergies supérieures qui ne font pas partie de la source de la vie. Et puis la carte de l'Empereur inversée représente un grand pouvoir, mais les abus de ce grand pouvoir.

C'était incroyable. Parmi toutes les cartes du jeu, Brenda avait choisi celles qui correspondaient vraiment à ce que Nostradamus nous avait dit sur la personnalité de l'Antéchrist.

J: Puis nous arrivons au Dix d'Épées inversé. Quand cette carte est à l'endroit, elle représente, "Hé, c'est une mauvaise période, c'est une mauvaise nouvelle pour vous." Mais dans sa position inversée elle représente, "Autour de toi c'est la mort, autour de toi c'est le désespoir et la désolation."

D: Eh bien, il en serait la cause ; ça ne le toucherait pas.

J: Cela ne le toucherait pas parce que nous avons la Roue de la Fortune à l'endroit ce qui signifie, "C'est le jour, cela fait partie du destin". "La roue du destin a fait que cela se produise." Et, la Justice à l'envers signifie la perversion de la justice. Créer et vivre selon ses propres lois. Il ne ressent aucune obligation envers la justice, elle ne peut pas le toucher. Donc ça correspond vraiment à ce que l'Antéchrist est supposé d'accomplir.

D : Je me demande si Nostradamus n'a pas fait une lecture de son côté pour découvrir sur l'Antéchrist, et que c'est cette lecture qu'il a tirée.

J: C'est une possibilité.

Elle a continué en étalant la main avec les cartes qui représentaient celles du dernier Pape.

B: Une chose à propos de celle-ci qui est vraiment soignée et intéressante. c'est que vous voyez ce qui est visible ici, mais il y a une carte derrière (derrière les autres) et elle est totalement cachée par ces deux autres cartes. Il y a le Jugement à l'envers, le Bateleur à l'endroit et le Dix de Coupes également à l'endroit. La Reine de Deniers à l'endroit est presque, mais pas tout à fait totalement cachée par la Justice également à l'endroit. La prochaine carte visible est le Huit de Batons à l'envers. Et derrière la Justice droite et le Huit de Batons à l'envers, nous avons la Papesse à l'envers, totalement cachée, mais qui influence ces cartes. Et, la main se termine par le Monde à l'envers.

J: C'est un autre tirage intéressant. Quand le Jugement apparaît dans les Tarots traditionnels, il représente l'éveil d'un changement de conscience, une nouvelle façon de commencer les choses. Il représente une conscience prête à se fondre dans l'universel. Eh bien, dans sa position renversée, ce serait l'inverse de tout cela. Il représente alors une conscience qui ne veut pas s'intégrer avec l'universel mais veut au contraire se fondre avec sa propre puissance. Et ce pouvoir serait la carte du Bateleur. En d'autres termes, "Ce que je manifeste, ce que je fais, ce que je prends du haut et j'en fais du bas." Et ayant la chance d'avoir le dix de Coupes qui l'accompagne. Je pense que le dix de Coupes représente la satisfaction des désirs matériels. Pour moi, cela représente une grande satisfaction, un grand bonheur qui vient pour la personne. Quand je le vois dans une lecture, il représente l'accomplissement du désir de votre coeur. Il va être heureux de ce qu'il aura accompli. Et il va y avoir l'influence d'une femme d'argent et de pouvoir dans sa vie. Elle sera probablement de teint foncé. Elle sera comme une sorte de mère terrestre. Elle aura nourri sa carrière ou elle sera une sorte de soutien. Je ne pense pas qu'elle soit une femme sainte, mais c'est une femme de pouvoir, de position et d'argent. Elle va définitivement avoir une certaine influence dans sa vie. Je sens psychiquement qu' elle est probablement une de ses âmes sœurs ou une compagne spirituelle d'une autre vie. Ils se rencontrent à nouveau et ils ne peuvent pas être amants mais ils peuvent devenir des confidents. Elle est donc plutôt un mentor pour lui. La Justice en position droite représente généralement des forces équilibrées car elle représente la balance, qui maintient les choses en équilibre et en contrôle. Dans le Tarot traditionnel, l'épée est à double tranchant, elle peut être utilisée pour tuer, mutiler, blesser ou nuire, au nom de la Justice. (Sur cette carte, une femme aux yeux bandés tient une balance dans une main et une énorme épée dans l'autre). Il pourrait faire, sans le savoir, de très mauvais jugements au cours de sa carrière. Cette femme pourrait avoir un rôle à jouer dans ses mauvaises décisions. Elle est comme une éminence grise derrière les choses. Même si le Vatican soit une telle réserve de masculinité, elle va être très étroitement impliquée dans sa vie d'une certaine façon. Je ne pense pas qu'elle soit sa mère. Je pense qu'il y a un lien karmique spirituel. C'est intéressant que la Papesse soit complètement couverte et qu'elle soit à l'envers. Pour moi, dans une position droite elle représente la connaissance secrète qui est cachée, qui n'est révélée qu'aux initiés. Et ici, nous allons avoir la connaissance secrète révélée à tous.

La pleine implication de cette interprétation sera révélée dans le chapitre suivant, "Le ravage de l'Église", et la manière dont l'Antéchrist utilise ce pape pour sa cause.

J: Le Huit de Batons représente des choses qui sont un grand fardeau. Je n'aime pas le Huit de Batons. Il représente le choix de s'engager dans plus de problèmes que l'on devrait s'impliquer. Mais c'est inversé, donc peut-être qu'il pourrait transmettre la responsabilité de ce fardeau à d'autres. Puis, le Monde retourné, il représente un monde dans le chaos au lieu de l'illumination. Un Monde qui est à la dérive. Le pouvoir de l'Antéchrist viendra à travers de tels gens. Je pense que ce pape va causer beaucoup de malheur et d'infortune. C'est vraiment étrange que la Reine de Deniers se soit montrée ici. Je le vois et je suis convaincu que c'est une affaire secrète, que personne ne connaît parce qu'elle est partiellement cachée, et la Papesse étant elle-même complètement cachée. Il ne veut pas que quelqu'un sache ce qu'il va faire jusqu'à ce que le moment soit venu. Mais j'ai l'impression que Nostradamus a peut-être fait des lectures de cartes pour l'aider avec ses visions.

La troisième main appartenait à l'actuel Pape. Je ne vais pas répéter la lecture ici car je ne pense pas qu'elle contienne quoi que ce soit d'essentiel pour les horreurs à venir de l'Antéchrist. Mais il était à nouveau intéressant de constater que le choix de cartes étaient très appropriées. Elles traitaient principalement de sa personnalité et de ses voyages. Elles l'ont dépeint avec précision comme un homme bon et juste avec les bonnes motivations.

La quatrième main sera interprétée dans le chapitre 22, "Le retour de la marée", car elle représente l'homme qui mènera le combat contre l'Antéchrist.

J'ai inclus toutes les cartes ici pour que d'autres personnes qui sont familières avec les symboles du Tarot puissent voir quel aperçu elles peuvent avoir sur les personnalités de ces deux personnages majeurs dans le scénario de notre avenir.

MISE À JOUR de 1999

L'implication qu'un pape de l'Église catholique puisse être utilisé et manipulé par une personnalité aussi extrême que l'Antéchrist est devenue plus crédible lorsqu'un livre a été écrit en 1999 indiquant que cela s'était déjà produit auparavant. Le pape d'Hitler : L'histoire secrète de Pie XII, par l'érudit catholique britannique John Cornwell, relate les événements de la Seconde Guerre mondiale au cours desquels le pape a sciemment aidé Hitler dans sa persécution des Juifs. Leur association a commencé en 1933, lorsque Hitler contrôlait l'Allemagne et que Pacelli (Pius) était le secrétaire d'État du Vatican. Ces accusations étaient choquantes pour l'Église catholique actuelle, mais elles étaient étayées par la localisation de documents et de lettres pertinents. L'explication de l'Église : "Pacelli était un homme de son temps, élevé dans les enseignements d'avant Vatican II selon lesquels toutes les autres croyances étaient erronées." Cela expliquera-t-il aussi pourquoi le prochain pape sera entraîné dans la toile du troisième Antéchrist ? Il sera "un homme de son temps", pensant faire ce qu'il faut. Si cela s'est produit une fois, cela se reproduira-t-il ? Est-ce un autre exemple de Nostradamus faisant référence à deux événements similaires dans les mêmes quatrains? Deux papes aidant involontairement deux Antéchrists en des temps troublés.

Chapitre 16

Le ravage de l'Église

LES CHOSES TERRIBLES que Nostradamus voyait l'Antéchrist faire au Vatican et aux centres culturels de l'Europe étaient presque difficiles à croire. J'espérais que l'homme était devenu trop civilisé pour de tels actes aussi horribles. Mais peut-être que c'est cette incrédibilité qui leur donne le parfum de la possibilité, parce qu'ils sont vraiment le travail d'un fou démentiel assoiffé de pouvoir. Cela a dû bouleverser Nostradamus autant que moi de voir l'héritage culturel, la connaissance et la religion, les pierres angulaires de la civilisation, détruits sans raison au nom du contrôle. L'Antéchrist avait appris ses leçons. Il savait comment saper complètement le moral du peuple. ; il allait frapper au cœur de leur système de croyance.

Je vais énumérer les événements séparément ici, bien que, dans l'ordre chronologique, ils devraient être dispersés parmi les événements des chapitres suivants.

Le quatrain suivant a été partiellement interprété au chapitre 14.

SIÈCLE V -25

Le prince Arabe Mars, Sol, Venus, Lyon
Regne d'Eglise par mer succombera:
Devers la Perse bien pres d'un million,
Bisance, Egypte ver. serp. invadera.

Le prince arabe, Mars, le soleil, Vénus et le Lion,
La règle de l'Église succombera à la mer.
Vers la Perse, près d'un million d'hommes envahiront
l'Égypte et Byzance, le vrai serpent.

B: Il dit que l'église succombant à la mer fait référence à un accident qui aura lieu à Rome. Je ne suis pas en mesure de recevoir clairement les images de la façon par laquelle cela va se passer. Mais d'une manière ou d'une autre, dans le processus de cet accident, la base de l'Église catholique sera totalement détruite, comme si la ville s'enfonçait dans la mer et n'existait plus, ou n'avait jamais existé. D'après ce qu'il montre, j'ai le sentiment que ce sera un événement distinct des événements qui se déroulent au Moyen-Orient.

D: Pensez-vous qu'ils se passeront en même temps ?

B: Pas exactement au même moment. Il dit qu'ils se produiront suffisamment près l'un de l'autre pour que certaines personnes relient les deux événements dans leur esprit, en pensant, eh bien, les Arabes ont toujours été contre le christianisme de toute façon. Mais en fait, les causes seront distinctes l'une de l'autre. Les Arabes seront prompts à profiter de la situation, mais ils n'en sont pas l'origine. Il dit que les restrictions du Vatican provoqueront l'effondrement de la structure de l'église. Bien qu'ils puissent se mobiliser, ce sera un coup dur dont l'Église ne se remettra jamais complètement. Cela sera finalement vu dans les âges futurs comme le début de la fin de l'église. On y verra les raisons pour lesquelles l'église s'est effondrée après avoir survécu avec succès pendant tant de siècles.

D: Peut-on rendre tout cela plus clair ? Pense-t-il qu'il s'agirait d'un accident naturel ou un accident causé par l'homme ?

B: (Pause) Il semble penser que ce sera une combinaison des deux. Un accident d'origine humaine de type artificiel qui déclenchera un accident naturel ou vice versa. Les images ne sont pas claires aujourd'hui.

D: Mais ça a un rapport avec la mer.

B: Oui. Et pas seulement avec la mer mais aussi avec une sorte de force terrifiante qui descend du ciel. Je parle d'une force énergétique, pas une force de l'armée mais d'une sorte de force énergétique descendant du ciel ... et dissolvant toutes choses. On l'appellera une catastrophe naturelle parce que c'est au-delà de la capacité technique de quiconque sur terre pour produire une telle force. Donc, its devront l'appeler un accident naturel parce qu'ils ne seront pas en mesure d'en trouver la cause.

D: Dans la partie française du quatrain, il abrège. "ver. serp.", et ils ont traduit cela par "le vrai serpent". Que voulait-il dire par cela?

B: Il veut dire que même si les gens seront surtout préoccupés par ce qui est arrivé à l'église et qu'ils essaieront d'en comprendre la cause, ce qu'ils devraient vraiment faire serait de garder à l'œil les événements au Moyen-Orient. En particulier ce leader qui envahirait Byzance. Parce qu'il dit que les événements futurs montreront que ce leader est un homme très dangereux.

Lorsqu'il mentionne Byzance, il fait référence à la Turquie. Istanbul (Constantinople) a été construite sur le site de cette ville antique. Il est devenu de plus en plus évident que lorsqu'il mentionnait un nom de lieu dans ses quatrains, il ne faisait souvent pas référence à cette ville, perse, mais au pays dans lequel elle était située.

SIÈCLE II -81

Par feu du ciel la cité presque aduste,
L'urne menace encor Ceucalion,
Vexée Sardaigne par la Punique fuste,
Apres que Libra lairra son Phœton.

La ville est presque réduite en cendres par un feu venu du ciel,
L'eau menace à nouveau Deucalion,
La Sardaigne est contrariée par l'Africain,
La flotte après que la Balance ait quitté le Lion.

D: Dans ce quatrain, ils pensent qu'il y a une faute d'orthographe dans l'original français.

B: Il dit que c'est tout à fait possible car parfois les imprimeurs sont négligents.

D: Le mot qu'ils pensent être mal orthographié est "Deucalion". Les Français l'avaient comme un "C", "Ceu" au lieu de "Deu".

B: Il dit, oui, puisque les lettres C et D sont presque des images miroir l'une de l'autre, si les yeux de l'imprimeur étaient fatigués à ce moment là, il serait facile de substituer l'une pour l'autre et ne pas voir l'erreur. Il dit qu'il est vrai que cela devrait être un "D".

D: Ces noms ne sont pas les mêmes mots que ceux qui sont dans le français.

B: De quels noms s'agit-il en français ?

D: La Sardinias est Sardaigne. Est-ce que c'est la même chose que Sardaigne ?

B: (Il a corrigé ma prononciation avec un net accent français). Il dit que c'est la prononciation la plus proche de celle qu'il peut obtenir de ce véhicule, car le véhicule ne connaît pas non plus la Sardaigne. La Sardaigne est la la façon dont elle est appelée à votre époque, dans votre langue.

D: Ils ont traduit Tunique par africain.

B: (Elle m'a encore corrigé.) Il dit que c'est correct.

D: Ils ont traduit Phaëton par Leo. (Il m'a corrigé et j'ai essayé plusieurs fois jusqu'à ce que je sois correcte).

B : Phaëton (Fé-ton), avec un "F". Il dit que c'est la version grecque, la conception grecque, de cette entité particulière. Phaéton était en charge du soleil et du feu, et le symbole majeur du Lion est le soleil. Les traductions sont correctes. Il dit que c'est la prononciation la plus proche qu'il puisse donner à ce véhicule, puisqu'elle ne connaît pas non plus le français. La Sardinia est la Sardaigne est la façon dont elle est appelée à votre époque, dans votre langue. Il dit qu'initialement l'Antéchrist obtiendra le pouvoir dans sa sphère, c'est-à-dire en Asie, au Moyen-Orient. Quand il commencera à s'élever en puissance en dehors de sa sphère, c'est-à-dire en Europe, le premier lieu d'agitation sera la région de la Méditerranée. Car il sera préférable pour lui d'approcher l'Europe par le sud, d'après son orientation géographique. Et grâce à son héritage moyen-oriental, il aura déjà uni l'Afrique du Nord, culturellement sympathique, à son conglomérat asiatique et moyen-oriental. Il est donc dans une position forte et sûre pour s'attaquer à l'Europe par le sud puisque ses propres forces sont derrière lui. En raison des armes qu'il utilise et les ravages de la guerre, l'Antéchrist sait qu'un des moyens de maîtriser un ennemi potentiel est de le menacer de destruction culturelle plutôt qu'une destruction physique stricte. Car les objets culturels ont une grande signification pour une culture, et les gens se donneront beaucoup de mal pour essayer de préserver certains lieux et certaines choses. Son principal outil sera l'utilisation de tactiques terroristes, mais à une plus grande échelle. Ce qu'il fera pour mettre l'Europe dans un état de choc initial, pour faciliter sa prise de pouvoir, sera de commencer par détruire la ville de Rome. Il commencera systématiquement à la réduire en ruines en utilisant diverses sortes de bombes larguées depuis des avions. Il va la détruire à tel point que les sept collines de Rome seront nivelées. Ce sera son désir, non seulement de détruire les objets culturels que Rome contient, mais aussi de niveler les collines sur lesquelles Rome est construite pour essayer de détruire totalement la ville. Il fera un si bon travail que Rome sera menacée par l'empiètement de la mer, détruisant ce qui en reste. En plus d'essayer de détruire Rome, il va également menacer les grands centres culturels de la Grèce, représentés par Deucalion dans le quatrain. (Deucalion était l'équivalent de Noé dans la mythologie grecque). Il dit qu'il détruira également des lieux tels qu' Athènes et les grands centres culturels grecs d'apprentissage et d'histoire. Le monde sera tellement choqué par ces actions qu'il sera momentanément paralysé. Ainsi, il sera en mesure de faire de grands progrès pour prendre possession voire saisir le pouvoir avant que les autres gouvernements ne sachent exactement comment ils veulent réagir et à quel point ils veulent réagir. Il dit que cet homme utilisera de telles tactiques tout au long du conflit. Qu'il va toujours faire des choses audacieuses et choquantes pour obtenir ce qu'il veut.

D: Et où est-ce que le Lion entre en jeu ? Il est dit, "après que la Balance ait quitté le Lion".

B: Il dit qu'une fois de plus, c'est une phrase à sens multiples. Il est difficile d'expliquer cette ligne parce que les situations impliquées n'ont pas encore eu lieu pour la rendre explicite. Il dit que les signes de la Balance et du Lion représenteront des lieux géographiques ainsi que les forces politiques impliquées dans ce conflit. Un certain aspect des forces de cet homme sera représenté par la Balance. Et lorsque les forces politiques représentées par la Balance auront fait ce qu'elles ont décidé de faire avec celles représentées par le Lion, il commencera sa campagne sur l'Europe. Il dit qu'au moment où ces événements commenceront à prendre forme, les implications astrologiques deviendront également plus claires. Mais quand il observe ce moment, c'est comme un nuage d'orage qui s'accumule sur lui-même et qui projette des éclairs dans toutes les directions. Il est difficile de vraiment décrire ce qui se passe à ce stade, car c'est trop tumultueux. Les concepts impliqués ne sont pas assez visuellement clairs pour que l'on puisse y appliquer un quelconque vocabulaire pour une description verbale. La seule chose évidente est qu'il y aura de grandes destructions à Rome et dans d'autres villes importantes de cette péninsule qui contiennent des trésors culturels. Car l'Antéchrist a en tête d'anéantir la culture établie et de la supplanter par la sienne, un peu comme ce que les Maures ont essayé de faire lorsqu'ils ont envahi l'Espagne. Cet homme tentera de faire cela sur tout le continent.

SIÈCLE II -93 et SIÈCLE III -17 font aussi référence à cette destruction.

SIÈCLE V-86

Par les deux testes, & trois bras separés,
Le cité grande par eaux sera vexee:
Des grands d'entre eux par exil esgarés,
Par teste perse Bisance fort pressee.

Divisée par les deux têtes et les trois bras,
la grande ville sera troublée par les eaux :
Quelques-uns des grands hommes parmi eux, errant en exil,
Byzance est malmenée par le chef de la Perse.

B: Il dit que cela fait référence à la même situation mais d'un point de vue différent. Il dit que l'aide qui aurait pu transformer positivement la situation n'est pas arrivée à temps. Cela est dû à des différends politiques et diplomatiques entre les puissances occidentales qui auraient pu "tuer la situation dans l'œuf", pour ainsi dire. Il dit qu'il y aura deux pays - il semblerait faire référence à l'Angleterre et aux États-Unis - travaillant ensemble, étant aussi puissants l'un que l'autre en ce qui concerne la puissance militaire. Mais il dit que lorsqu'il s'agit d'une opération militaire il doit y avoir un leader à la tête pour prendre les décisions. Et s'il y a deux leaders qui rivalisent, celles-ci ne peuvent pas être prises à temps. Dans ce cas précis, cette alliance militaire particulière entre les États-Unis et l'Angleterre sera une alliance nouvellement établie pour être utilisée en cas d'urgence. Ils n'auront pas encore déterminé qui est le responsable et qui se retirera. Ils se demandent donc ce qu'ils doivent faire dans cette situation. Les trois armes font référence aux trois branches de base du service militaire : la mer, l'air et la terre. Ils ne pourront pas demander à leurs stratèges de décider de la meilleure façon pour gérer la situation. Pendant ce temps, l'Antéchrist progressera, de son point de vue, à pas de géant.

D: "La grande ville troublée par l'eau." est lié a eu d'autres quatrains concernant l'eau qui gagne sur Rome quand il la bombarde. Est-ce la bonne référence ?

B: Oui. Il dit qu'au milieu de la confusion, certains des stratèges qui pourraient fournir des réponses aux dirigeants, pour les aider à comprendre la situation, ne seront pas en mesure de les leur donner à temps en raison de la rupture dans la chaine de communication, dans les transports et autres. Il dit qu'il souhaiterait également ajouter une note ici. Il s'est rendu compte, en travaillant avec nous, que souvent, lorsqu'il utilise des termes tels que "la grande ville", les interprètes de ses quatrains pensent qu'il fait référence à New York, aux États-Unis. Il dit que ce n'est pas nécessairement le cas parce qu'il n'en avait pas entendu parler de son vivant. Souvent, quand il fait référence à la grande ville, il fait référence à une ville qui est grande en termes de temps et de réalisations, et pas seulement en termes de taille. Et en l'occurrence, dans ce quatrain, il fait référence à Rome.

SIÈCLE V -43

La grande ruine des sacrez ne s'esloigne,
Provence, Naples, Sicille, Seez & Ponce:
En Germanie, au Rhin & la Cologne,
Vexez à mort par ceux de Magonce.

La grande ruine du clergé n'est pas loin,
La Provence, Naples, la Sicile, Sees et Pons.
En Allemagne, au Rhin et à Cologne,
Vexé à mort par ceux du Maine.

B: Il vous a déjà dit que cet homme détruira les centres culturels de l'Europe occidentale pour aider les gens à s'en détacher, et qu'il va essayer de niveler les sept collines de Rome. Une autre chose qu'il fera dans le processus de toutes ces destructions, sera de saccager entièrement le Vatican et d'en détruire la bibliothèque. Il fera cela principalement pour saper toute autorité et briser en petits morceaux l'Église catholique. Car elle sera un obstacle majeur dans ses plans. L'une des façons d'y parvenir est en révélant toutes les choses controversées qu'il trouvera et qui sont cachées dans la bibliothèque du Vatican. Des choses que l'église a décidé que les gens ne devraient pas lire car cela menacerait leur foi. Il s'assurera que toutes ces choses soient diffusées. Cela causera beaucoup de dissensions avec l'église. Les théologiens, les prêtres et les étudiants se retourneront les uns contre les autres, chacun avec ses propres théories et interprétations concernant cette nouvelle information. Et, une totale confusion s'ensuivra. De cette façon, l'église catholique ne représentera plus l'obstacle qu'elle était auparavant pour cet homme et ses plans.

Quand Nostradamus a dit que l'Antéchrist mettrait à sac la bibliothèque du Vatican et volerait d'importants documents relatifs à l'église, je me suis demandée comment cela pouvait être possible. Puis, il m'est venu à l'esprit que si ce dernier pape était un outil de l'Antéchrist, il pourrait lui permettre d'entrer dans les archives les plus sacrées et secrètes. Cela expliquerait la trahison du pape étant la cause de la chute de l'église. Le Vatican ne se rendrait pas compte que le traître était dans son sein, et ce, dans la plus haute fonction, jusqu'à bien après que les terribles événements aient eu lieu.

D: Dans ces noms, j'ai trouvé étrange qu'il mentionne le Maine.

B: Il dit de ne pas trop se fier à ce que font les traducteurs. Il ne s'agit pas d'un des états de votre pays auquel vous pensez. C'est un autre nom d'endroit, qui comme tant d'autres qui sont des divers grands centres d'apprentissage en Europe.

Je pense que le Maine est une erreur typographique comme l'a indiqué Nostradamus. Le livre de Ms. Cheetham dit que Magonce se traduit par Mainz ou Mayenze. C'est une ville de l'ouest de l'Allemagne, la maison de Johann Gutenberg, le premier imprimeur de caractères mobiles et de la Bible. Grâce à ses activités, Mayence est devenue le centre de l'imprimerie à la fin des années 1400. Dans ce contexte, elle prend tout son sens dans ce quatrain en tant que symbole de l'éducation et du l'apprentissage. Si l'esprit de Brenda avait été impliqué dans cette affaire, elle aurait compris l'état et non une obscure ville étrangère parce que c'était ainsi que je le lui ai lu.

D: En parlant des traducteurs, l'interprète qualifie celui-ci de "quatrain totalement raté".

B: Ho la la! Ses yeux clignotent et mon analogie est, vous avez vu ces posters de l'Oncle Sam avec ses doigts pointant vers vous ? (J'ai ri) Il pointe le livre de cette manière et il dit, "Qui sont-ils pour dire ça ?" Il n'arrête pas de dire : "Donnez-moi du temps. Je dois avoir plus de temps." Il dit que les traducteurs qui ont dit cela n'ont pas eu autant de siècles qui se soient dressés sur le chemin de leur compréhension comme lui. Est-ce que ça a du sens ? J'ai essayé de lui rappeler que nous avons été capables de venir à la source et qu'ils ne le pouvaient pas.

SIÈCLE II -5 faisait référence aux sous-marins, symbolisés par un poisson. Dans un double sens, ils faisaient référence à l'utilisation des sous-marins par les Allemands pendant la Seconde guerre mais aussi, par l'Antéchrist dans sa guerre. Il utiliserait des sous-marins pour prendre les documents du Vatican en évitant la flotte italienne.

Les personnes qui sont de véritables chefs religieux sont qualifiées de "victime", sa corne est dorée à l'or" dans le SIÈCLE III -26. Ils sont l'opposé des "prêtres perfides". "Les entrailles seront interprétées" fait de nouveau référence aux archives secrètes de l'Église catholique exposées à la lumière du jour. Il a déclaré qu'il a utilisé ce symbolisme parce que les prêtres avaient l'habitude de découper les animaux et exposaient leurs entrailles à la lumière du jour pour essayer d'accéder aux mystères métaphysiques.

Dans SIÈCLE III -6, la destruction de Rome et le saccage de la bibliothèque du Vatican sont à nouveau mentionnés, sous le nom de "foudre frappant à l'intérieur du temple fermé".

SIÈCLE I -62

Le grand parte, las que feront les lettres,
Avant le cycle de Latona parfaict:
Feu grand deluge plus par ignares sceptres,
Que de long siecle ne se verra refaict.

Hélas ! quelle grande perte pour le savoir,
Avant que le cycle de la Lune ne soit achevé :
Le feu, les grandes inondations, par des souverains plus ignorants,
Combien longs seront les siècles jusqu'à ce qu'il soit vu pour être restauré.

B: Il dit qu'il a un sens multiple. Une signification nous présente que pendant l'époque des troubles, pendant les changements terrestres, dans tous les pays, les sectes fondamentalistes dans les différentes religions deviendront très puissantes, prétendant offrir aux gens le confort dont ils ont besoin pour traverser les temps difficiles. Il dit qu'il ne se soucie pas de savoir à quelle religion ces sectes sont affiliées, qu'elles soient musulmanes, chrétiennes, shintoïstes ou autres. Ces sectes fondamentalistes suppriment toujours l'apprentissage et l'éducation, et ainsi il y aura une grande censure des livres et autres. Il dit que c'est un sens du quatrain. Une autre signification de ce quatrain fait référence à la mise à sac de la bibliothèque du Vatican par l'Antéchrist. Elle mettra en lumière des informations, des faits et des connaissances qui ont été supprimés depuis plusieurs siècles. Il dit que, ironiquement, d'une certaine manière, l'Antéchrist fera une bonne chose en pillant la bibliothèque du Vatican car plus tard, cette connaissance, qui a été supprimée pendant des siècles, sera révélée au monde entier et pourra être utilisée par tous. Il affirme que même si l'Antéchrist s'y prend mal et utilise la violence pour arriver à ses fins, le fait qu'il diffuse cette connaissances au monde entier l'aidera en commençant le début du cycle de son travail sur ce karma, et en s'avançant vers une amélioration du niveau du dit karma.

D: Je suppose que c'est quelque chose en sa faveur de toute façon.

SIÈCLE II -12

Yeux clos, ouverts d'antique fantasie,
L'habit des seuls seront mis à neant:
Le grand monarque chastiera leur frenaisie,
Ravir des temples le tresor par devant.

Leurs yeux fermés, ouverts à l'ancienne fantaisie,
l'habit des prêtres sera aboli.

Le grand monarque punira leur frénésie,
en volant le trésor devant les temples.

B: Il dit que cela se réfère à l'Antéchrist et à la destruction de l'église catholique. Les personnes impliquées dans l'Église catholique, en particulier les prêtres et autres, n'auront pas conscience du vent de changement et s'accrocheront à l'ancien ordre, même s'il n'est plus viable et mort, et dans la mesure où il ne peut fonctionner dans un cadre réaliste. Il dit que "grand monarque" a un double sens. Il fait référence à l'Antéchrist et au Pape qui est l'outil de l'Antéchrist, parce que le Pape est le grand monarque de l'église. Ils vont voler l'église complètement, pour ainsi dire. Parce que l'Antéchrist, en plus de s'emparer des possessions matérielles de l'église pour aider à financer ses armées, va aussi profaner et piller la bibliothèque du Vatican.

D: Je ne voulais pas qu'il se mette en colère mais je voudrais bien lui demander quelque chose.

B: Il a dit, demande.

D: Je sais qu'il est persécuté par l'église et l'Inquisition, à cause de l'époque à laquelle il vit. Il a été suggéré que lorsqu' il parle de la dissolution complète, de la complète destruction de l'église catholique dans notre futur, que ce n'est qu'un vœu pieux à cause de la persécution qu'il subit.

B: Il dit qu'il a fait beaucoup de souhaits dans cette direction, c'est vrai. Cependant, il vous demande d'observer la nature fondamentale de l'univers. Quand le pendule se balance dans un sens, dans une direction extrême, alors il doit revenir dans l'autre sens pour s'équilibrer. Et il dit que lorsqu'il reviendra dans l'autre sens, l'Eglise catholique n'existera plus. Le pendule qui contrôle la montée et la descente et la chute de l'Église catholique s'étend sur une plus longue période de temps, mais le résultat sera finalement atteint. Parce que l'Église catholique deviendra totalement superflue, ce qui contribuera à sa dissolution.

D: Je pensais qu'il pourrait se mettre en colère si je suggérais qu'il inventait des quatrains comme un vœu pieux et non comme quelque chose qu'il a réellement vu.

B: Non, il prend cela très calmement. Il dit qu'il peut voir comment on pourrait en arriver à cette conclusion, étant donné qu'il doit subir tellement de problèmes de la part de l'église catholique.

CHAPITRE 17

Le Monstre Apparait

SIÈCLE II -23

Palais, oiseaux, par oiseau deschassé,
Bien tost apres le prince parvenu:
Combien que hors fleuue ennemi repoulsé,
Dehors sousi trait d'oiseau soustenu.

Des oiseaux au palais, chassés par un oiseau,
Très vite après le prince parvenu :
Combien d'ennemis sont repoussés au-delà de la rivière,
L'oiseau soutenu saisi de l'extérieur par une ruse.

B: Il dit que cela fait référence au moment où l'Antéchrist prendra le contrôle de l'Iran. Afin de pouvoir prendre le contrôle du pays, il doit utiliser un leurre pour tromper l'Ayatollah en charge. Les oiseaux représentent les parasites de la cour, les pies bavardes, les lèches-bottes, ceux qui disent au chef ce qu'il veut entendre. L'oiseau qui est soutenu est le leurre que l'Antéchrist utilise. Quand il commencera à prendre le contrôle de l'Iran, il chassera les partisans internes de l'Ayatollah en déclenchant une guerre civile. Puis il présentera un homme comme leader. Un homme sur lequel les Iraniens fidèles à l'Ayatollah pourront concentrer leur haine. Cet homme finira par être assassiné dans le processus de prise de contrôle de l'Iran, et ils vont penser avoir réussi à déjouer la tentative en l'assassinant. Seulement pour découvrir qu'il était un leurre depuis le début, et qu'ils ont fait le jeu de l'Antéchrist.

SIÈCLE I -40, qui a été interprété au chapitre 1, comportait une partie qui s'applique ici.

D: *"D'Égypte sortira un homme qui voudra faire retirer l'édit." Pouvez-vous commenter cette phrase ?*

B: Il dit que plus tard dans le cours des événements, l'Antéchrist commencera à unir les monnaies des différents pays de ce monde pour faciliter leur fusion en une seule entité politique. Puisque son ambition est de s'emparer du monde, l'un des moyens qu'il utilisera pour y parvenir sera d'essayer d'avoir une seule monnaie en circulation dans toute la région et de faire en sorte que les d'autres monnaies deviennent défuntes ou que sais-je encore. Il y aura ceux qui protesteront contre tout cela. En particulier un leader populaire charismatique d'Egypte s'y opposera. Il voudra que cette loi particulière soit retirée pour que tous les pays de la ligue arabe puissent garder leur propre monnaie, leur propre commerce et ainsi de suite, plutôt que d'être soumis à cette seule entité politique.

MISE A JOUR : En ce qui concerne SIÈCLE I -40, il y a eu beaucoup de discussions, pour et contre, au cours des années 1990, d'un remplacement des monnaies de l'Europe par une seule monnaie. Les dirigeants mondiaux pensent que cela sera inévitable.

SIÈCLE I -61

La republique miserable infelice
Sera vastee de nouveau magistrat:
Leur grand amus de l'exile malefice
Fera Sueve ravir leur grand contracts.

La misérable, la misérable république
sera à nouveau ruinée par une nouvelle autorité :
La grande quantité de mauvaise volonté accumulée en exil
obligera les Suisses à rompre leur important accord.

B: Il dit que cela aura lieu quand l'Antéchrist sera en train de s'emparer de l'Europe. La misérable seconde république fait référence à l'Allemagne. Il dit qu'elle est appelée une république misérable parce qu'elle est divisée en son cœur. Il me montre une photo de l'Est et du Sud-Ouest de l'Allemagne, la terre de l'Allemagne étant divisée. Il dit que ceux qui sont en exil accumulent de la rancune fait référence au fait que, pour son propre compte, l'Antéchrist va remettre le parti nazi au pouvoir en Allemagne. Le mouvement en Allemagne à l'heure actuelle, la popularité du nazisme parmi la jeunesse allemande, prépare le terrain pour cela. En conséquence, cela amènera la Suisse à rompre sa neutralité séculaire. Et la rupture de cet accord de longue date sera en prenant le parti contre l'Antéchrist et en le combattra activement.

MISE À JOUR : Durant l'année 1999, il y a eu un regain d'intérêt pour la réactivation du parti nazi en Allemagne, en particulier parmi les jeunes de ce pays.

SIÈCLE II -96

Flambeau ardent au ciel soir sera veu,
Pres de la fin & principe du Rosne,
Famine, glaive: tard le secours pourveu,
La Perse tourne envahir Macedoine.

Une torche enflammée sera vue dans le ciel la nuit,
Ncar la fin et la source du Rhône,
La famine et les armes ; l'aide apportée trop tard,
La Perse se retournera et envahira la Macédoine.

B: Il sait que l'interprétation de ce quatrain est quelque peu compliquée parce qu'il fait référence à une situation compliquée en des temps troublés, ce qui tend à rendre plus difficile même les situations ordinaires. Cela fait référence à certaines des erreurs diplomatiques qui vont mener l'Antéchrist à obtenir plus de pouvoir. C'est au début, lorsqu'il n'a pas encore construit une large base de pouvoir, mais il est en train de la développer. La torche que l'on voit dans le ciel la nuit fait référence à sa haine démoniaque et à son magnétisme. Cette combinaison va l'aider à devenir puissant. Il dit que cette torche vue brûlant la nuit indique que les gens verront qu'il a du pouvoir et qu'il l'utilise pour le côté obscur plutôt que pour les forces de la lumière. Ceux qui ont le pouvoir et qui peuvent avoir un impacte à ce sujet vont se rendre compte que quelque chose doit être fait, mais ils ne prendront cette décision que bien trop tard. Entre-temps, il aura déjà commencé sa campagne en envahissant les pays voisins et en s'en emparant, et en construisant une base de pouvoir plus large avec laquelle il pourra s'attaquer aux autres pays. Et finalement il pourra s'emparer du continent asiatique.

D: Pourquoi la Perse est-elle spécifiquement mentionnée ici ?

B: Parce que c'est la partie du monde à partir de laquelle il commencera sa campagne de prise de pouvoir.

D: Dans plusieurs quatrains, il a mentionné le mot "Perse". John pensait que "Perse" pourrait être un nom ou une anagramme se rapportant à l'Antéchrist.

B: Parfois celui-ci est utilisé comme un nom et parfois comme une allégorie. Dans ce cas, il s'agit principalement d'une indication de cette partie du monde, dans laquelle il y a suffisamment d'agitation politique pour permettre à quelqu'un de prendre le contrôle rapidement, par un coup d'état militaire ou autre. Et à partir de là, profiter de l'agitation dans les pays voisins pour devenir plus puissant.

John n'était pas présent lors de la traduction des quatrains faisant référence à la destruction des centres culturels. Il a remarqué la mention de la Macédoine et a demandé si l'Antéchrist allait envahir la Grèce. Dans l'Antiquité, la Macédoine était composée de parties de la Grèce actuelle, la Bulgarie et la Yougoslavie. Nostradamus explique à John le plan de l'Antéchrist pour démoraliser l'Europe et la culture occidentale en détruisant des sites prestigieux. Il envahirait également cette région en premier parce qu'il pensait qu'il pourrait gérer les forces militaires présentes dans cette partie de l'Europe.

MISE A JOUR : Ce quatrain est-il une indication que l'Antéchrist est en quelque sorte impliqué dans le conflit interne en Yougoslavie ? Celui-ci a éclaté en guerre en 1991.

B: Michel de Notredame dit que cela ne le dérange pas de s'expliquer pour clarifier certaines choses. Il est tellement ravi de communiquer avec un esprit sympathique dans un autre plan du temps que cela ne le dérange pas de revenir en arrière sur des choses qu'il a déjà données, en guise d'explication.

D: Une fois, il a dit qu'il n'aimait pas se répéter...

B: Eh bien, il s'économise quand il parle directement à la boîte noire, les répétitions inutiles sont un peu fastidieuses. Mais quand il parle à une personne qui n'est pas au courant de toute l'histoire, ça ne le dérange pas de donner un peu d'explications pour l'aider à mieux saisir l'image, afin qu'ils puissent mieux communiquer.

J: Est-ce que la torche enflammée a un symbolisme astrologique ?

B: Il répond que oui, c'est le cas. Maintenant, le problème principal est d'essayer de le faire passer. Il devra peut-être l'exprimer sous forme d'allégorie pour que cela ressemble comme un langage ordinaire à mon subconscient têtu. Et John peut utiliser son intelligence pour l'appliquer au symbolisme astrologique. Il dit qu'à chaque fois qu'il imagine personnellement une torche enflammée dans le ciel la nuit, il parle aussi d'une comète qui est visible. Dans ce cas, elle est particulièrement visible dans l'hémisphère nord, car ces événements se dérouleront principalement dans l'hémisphère nord. Il dit qu'à juste titre, les comètes ont traditionnellement été utilisées comme des signes avant-coureurs de malheur, et dans ce cas, ce sera particulièrement applicable. Il continue à me donner la date de 1997. Je ne sais pas si cela s'applique à ce quatrain ou pas, mais je continue à voir ce nombre dans le ciel et je pense que ça vient de Nostradamus. Il dit que Mars est très rouge en ce moment, et qu'il est en train de prendre le pouvoir. Que Mars et le char du soleil travaillent ensemble vers le malheur à ce moment là. Il dit qu'il pourrait mettre les informations astrologiques sous cette forme pour les rendre plus faciles à être communiquées. Sa principale préoccupation est de s'assurer qu'elles soient transmises de manière à ce qu'elles aient un sens astrologique pour John. Quand il l'exprime dans un langage figuratif comme celui-ci, c'est beaucoup plus facile de le faire passer dans mon subconscient puisque ce véhicule est parfaitement consciente de son ignorance en la matière. Elle s'inquiète de l'influencer inconsciemment avec ses connaissances dans d'autres domaines.

J: (Il s'était affairé à rechercher ces signes dans son éphéméride.) Mars se trouvera dans le signe du Sagittaire en octobre 1997 et le Soleil est sur sa déclination dans le signe de la Balance. Serait-ce le moment où cela se produit ?

B: Il dit que cela semble juste.

D: Mais à ce moment-là, l'Antéchrist aura déjà pris le pouvoir.

B: Au moins dans une partie du monde. Il dit qu'il y aura vraiment beaucoup de choses qui se passeront à cette époque. Vos préoccupations sont très réelles et vos imaginations les plus folles sur ces questions ne seront pas trop déplacées par rapport à ce qui va se passer. Il dit qu'il est très important d'essayer d'obtenir l'essentiel des connaissances ensemble et de les diffuser avant que toute forme de suppression n'ait une chance d'avoir lieu.

SIÈCLE II -29 et SIÈCLE V -54 faisaient référence à la stratégie de guerre de l'Antéchrist regardant son invasion de l'Europe. Après la destruction de l'Italie, il monterait par les montagnes pour atteindre la France, en utilisant "un tapis volant", terme utilisé par Nostradamus pour désigner un avion. Il serait très logique pour lui d'attaquer l'Europe par le sud en passant par la Méditerranée parce qu'il aurait le soutien solide du monde islamique. Il aura déjà conquis l'Afrique du Nord et le Moyen Orient. Il établira un siège régional à Byzance (Turquie) pour régner sur cette partie du monde tout en poursuivant sa conquête. Il continuera à établir ces avant-postes régionaux dans divers endroits. Son "bâton sanglant" (mentionné dans les deux quatrains) représente la dureté de son règne.

SIÈCLE IV -33

Jupiter joinct plus Venus qu'à la Lune,
Apparoissant de plenitude blanche:
Venus cachée souz la blancheur Neptune
De Mars frappée par la gravée blanche.

Jupiter s'unit plus à Vénus qu'à la Lune,
Apparaissant dans une plénitude blanche.
Vénus cachée sous la blancheur de Neptune.
Frappée par Mars par la baguette gravée.

B: Il dit que cela fait référence à la position des planètes par rapport aux signes astrologiques. En d'autres termes, c'est un quatrain astrologique. (Soupir) Je vois une image de lui passant ses doigts dans sa barbe en essayant de trouver une façon d'exprimer les concepts.

John était impatient d'intervenir mais je lui ai chuchoté d'attendre qu'elle ait fini son interprétation.

B: L'influence de Vénus, c'est-à-dire de l'amour et de la compréhension, sera temporairement obscurcie en raison d'autres considérations, en particulier la force de Mars, c'est-à-dire de la haine. Il dit que la baguette gravée représente un symbole de puissance et d'armes. Elle est liée à une technologie émergente qui est en train d'être développée mais dont vous n'êtes pas au courant. Il dit qu'il a déjà fait référence à cette technologie auparavant. Pendant la période des troubles, à un moment où Vénus et Jupiter sont en Sagittaire - je crois que c'est ce qu'il essaie de me dire et avec Vénus étant partiellement obscurcie par Neptune. Il a du mal à s'en sortir avec ça. Il dit que cela indiqurait le moment au début de la grande guerre qui causera la destruction, la famine et les fléaux qu'il a mentionnés dans plusieurs autres quatrains. Il dit qu'il a des difficultés à faire passer les concepts et à me faire comprendre ce qu'il essaie de dire, mais le jeune astrologue est invité à poser des questions pour essayer de tout clarifier. Peut-être qu'elles aideront Michel de Notredame à penser comment trouver un meilleur moyen de communication pour ce qu'il essaie de dire.

J: D'accord. Dans l'astrologie traditionnelle, Venus en conjonction avec Jupiter est un aspect bénéfique, et en Sagittaire, c'est le signe de la religion, de la philosophie, et cela pourrait ouvrir plus de canaux spirituels et de centres spirituels, comme je le vois. Neptune, tel que nous le décrivons dans l'astrologie ésotérique, est l'octave supérieure de Venus. Ce qui signifie que d'un côté, c'est l'âme spirituelle de l'univers, mais de l'autre côté, Neptune peut être le grand sensualiste, le trompeur ou le grand gaspilleur de temps. C'est le cas de Vénus en conjonction avec Jupiter dans le signe de la philosophie obscurci par Neptune qui a lieu vers la fin du siècle en Capricorne, le signe le plus matérialiste. Est-ce que cela signifie-t-il qu'il y aura une lueur d'espoir venant d'un système de valeurs spirituelles plus profond pour l'humanité afin d'empêcher ce grand cataclysme d'avoir lieu ?

B: Il dit que la lueur d'espoir est là et que son but de communiquer avec ces quatrains est d'essayer d'au moins modifier, si ce n'est empêcher, les pires aspects de ces événements de se produire. Que les événements soient modifiés ou non, même si le pire qui puisse arriver se produit, il y aura quand même une grande renaissance spirituelle dans le monde entier. Et pendant la période de troubles, les gens auront individuellement des opportunités d'entrer en contact avec eux-mêmes et de réaliser que les valeurs matérialistes étaient fausses. Après la période de troubles, lorsque les gens recommenceront à communiquer les uns avec les autres, ils découvriront que d'autres personnes ont également réalisé cela. Cela provoquera une grande renaissance de la philosophie et une grande fusion des meilleurs aspects des religions orientales et occidentales. Il en résultera un mouvement mondial de pensée philosophique qui est en accord avec ce que les gens savent et ressentent comme étant vrai pour eux-mêmes. Cela apportera les meilleurs aspects de l'ère du Verseau. Si les gens pouvaient réaliser cela à l'avance et s'accrocher à cette lueur d'espoir, alors ils pourraient atténuer certains des pires aspects de cette période de troubles qui est à venir. Mais il craint qu'il soit peu probable que cela se produise sous une forme généralisée, en raison des valeurs matérialistes de la majorité des masses.

SIÈCLE III -7

Les fugitifs, feu du ciel sus les piques,
Conflict prochain des corbeaux, s'esbatans
De terre on crie, aide, secours celiques,
Quand pres des murs seront les combatants.

Les fugitifs, le feu du ciel sur leurs armes,
Le prochain conflit sera celui des corbeaux.
Ils appellent la terre à l'aide et l'aide du ciel,
Quand les agresseurs s'approchent des murs.

B: Il dit que cela fait référence aux différents pays qui demandent de l'aide aux pays les plus puissants pendant cette période de l'Antéchrist. En particulier, ils feront appel à des pays comme les États-Unis qui seront encore neutres et non engagés dans la situation.

D: Quelle est la signification de "Le prochain conflit sera celui des corbeaux" ?

B: Il dit que cela fait référence à une bataille aérienne avec des avions non marqués. L'Antéchrist essaiera de prendre le contrôle d'une partie du monde en utilisant des avions. Et d'autres avions sortiront de la nuit pour les combattre, qui les repousseront. Mais ils ne seront pas marqués, de sorte que personne ne saura à qui ils appartiennent. Ils seront fortement suspectés de venir d'une puissance occidentale forte qui est encore officiellement neutre. (Elle souriait, donc il était évident à qui il faisait référence.) Il dit que ce pays qui veut rester neutre et anonyme a été célèbre pour avoir fait de telles choses auparavant, fournir des avions et des armes et ainsi de suite à la partie qu'ils favorisent, même s'ils sont officiellement neutres. Il dit, de ne pas mentionner de noms, mais leurs initiales sont U.S.

D: C'est ce que j'ai compris. Parce qu'il a dit avant qu'ils essaieraient, de rester neutre aussi longtemps qu'ils le pourraient.

B: Il dit que les États-Unis sont connus pour avoir toujours suivi cette politique, mais en même temps, ils aident de toutes les manières possibles.

Pendant son audacieuse campagne méditerranéenne, il s'empare de Monaco, et il sait qu'il doit se débarrasser du prince de Monaco pour pouvoir être le dirigeant officiel. La raison pour laquelle Monaco est si important est sa position stratégique par rapport à l'Italie et au sud de l'Europe. Dans SIECLE III-10, il fait référence au "grand doré pris dans une cage de fer" et dit qu'il s'agit du successeur du prince Rainier (apparemment un de ses fils) qui sera emprisonné après la prise de pouvoir.

SIÈCLE I -37

Un peu devant que le soleil s'excuse,
Conflict donné, grand peuple dubiteux:
Profligez, port marin ne faict response,
Pont & sepulchre en deux estranges lieux.

Peu avant le coucher du soleil,
La bataille est engagée. Une grande nation est incertaine :
Vaincu, le port maritime ne répond pas,
Le pont et la tombe sont tous deux à l'étranger.

B: Il dit que ce quatrain a de multiples significations, mais l'une d'elles a quelque chose à voir avec ce que vous avez besoin de savoir. Cela dépeint le va-et-vient que les États-Unis vont faire avant de s'impliquer dans ce conflit avec l'Antéchrist. Il dit "proche du coucher du soleil", ce qui signifie que dans cette situation, les États-Unis ne sont pas à l'apogée de leur puissance comme lace l'était des années auparavant. Ils sont au crépuscule, pour ainsi dire, en ce qui concerne leur influence et leur puissance. Son étoile est quelque peu en déclin. Ils ont encore un peu d'influence et de pouvoir, mais ils n'arrivent pas à faire autant de choses qu'ils auraient pu faire dans les années précédentes. Il dit que "la nation est incertaine" fait référence à la division de l'opinion parmi le peuple des États-Unis quant à savoir s'il faut ou non s'impliquer dans ce conflit. Le port maritime fait référence au fait que les transports maritimes et autres seront très dangereux pendant cette période, parce que le "poisson d'argent" de l'Antéchrist - il fait référence aux sous-marins - rendront les mers très menaçantes. Des soldats ennemis se trouvent dans le port qui perturbent la navigation. Il dit que beaucoup de batailles décisives seront des batailles concernant également la prise de contrôle des ports maritimes.

MISE A JOUR : Lorsque ce quatrain a été traduit en 1986, il semblait difficile d'imaginer où ces pays du Moyen Orient pourraient obtenir leur navires, en particulier des sous-marins. Une réponse possible est venue en 1992 après l'éclatement de l'Union soviétique. Les rapports des services de renseignement américains indiquaient que l'Iran achetait des sous-marins russes dans le but apparent de contrôler les détroits étroits menant au Golfe Persique. Cela signifiait qu'ils contrôlaient tout le trafic maritime entrant dans le golfe. L'Iran et d'autres pays du Moyen-Orient achetaient également d'autres armes, y compris nucléaires, et les scientifiques nucléaires soviétiques cherchaient maintenant des emplois auprès du plus offrant. L'impensable était devenu possible, grâce à des circonstances extraordinaires et imprévues.

B: En ce qui concerne "le pont et la tombe dans un pays étranger", il dit que le mot (pont) se réfère aussi au pape et à la façon dont il sera dans un pays étranger. C'est-à-dire qu'il regardera les choses différemment de l'église et sera comme un étranger pour l'église.

D: Est-ce le dernier pape ?

B: Oui. Et il dit que le fait que la tombe soit dans un pays étranger fait référence à un : le fait que beaucoup de gens mourront loin de chez eux au cours du conflit. Et deux : il essaie de faire remarquer à la fois aux gens de l'église de son époque et ceux de l'église d'aujourd'hui, que de l'autre côté du voile, c'est très différent de ce qu'ils imaginent. Ce sera donc bien différent de leurs concepts. Il dit que cette signification n'a aucun rapport avec le reste du quatrain, mais il essayait quand même de faire passer cette information.

Chapitre 18

L'Europe, le Champ de Bataille Éternel

D: Il semble un peu contrarié aujourd'hui. Est-ce qu'il se sent bien ?

B: Il dit qu'il ne s'agit pas de sa colère, c'est juste qu'il connaît la pression du temps comme vous ne la connaissez pas, et l'importance de faire aboutir ce travail. Et il dit que les commentaires superflus le gênent. Il n'a pas l'intention de paraître méchant mais il dit que la pression du temps devient de plus en plus urgente, comme vous ne le réalisez pas. Il a tellement peur pour notre bien qu'il essaie de faire passer le plus d'information que possible. Il a une vue d'ensemble de la situation en général dont vous n'avez aucune idée.

SIÈCLE II -84

Entre Campaigne, Sienne, Flora, Tustie,
Six mois neuf jours ne ploura une goutte:
L'estrange langue en terre Dalmatie,
Courira sus: vastant la terre toute.

Entre la Campanie, Sienne, Florence et la Toscane,
il ne pleuvra pas une goutte pendant six mois et neuf jours.
Une langue étrangère sera parlée en Dalmatie,
elle envahira le pays, dévastant toutes les terres.

B: Il dit, comme cela devrait être assez évident, que cela fait référence au temps des troubles. La sécheresse se réfère aux changements climatiques qui auront lieu en relation avec les changements terrestres en ces temps là. La langue étrangère qui sera parlée et l'invasion du pays font référence aux forces de l'Antéchrist s'emparant de l'Italie et, comme mentionné précédemment, de la

Grèce, en détruisant leurs centres culturels pour contribuer à saper le moral.

D: *Alors ces noms de villes sont juste représentatifs de la partie de l'Europe où la sécheresse se produira.*

B: De l'Italie. Il dit, inutile de le dire, que ce sera très désastreux pour l'industrie du vin. Il dit qu'il puise une image dans le cerveau de ce véhicule, et que dans les décennies à venir, on n'ira plus dans un bon restaurant... et demander un Lafite 98, ou autre. Ce sera une très mauvaise année pour le vin à cause du mauvais temps.

J'ai découvert que l'Almatia, qui est maintenant une bande de terre le long de la mer Adriatique. appartenait autrefois à l'Empire romain. Au temps de Nostradamus, elle appartenait à Venise et était entourée par l'Empire ottoman. Ce site pourrait être une référence à la fois à l'Italie et à la Turquie dans son type de symbolisme.

La Campanie et la Toscane, en Italie, produisent du raisin en grande quantité, et sont célèbres pour leur production de vin. Ce sont des exemples de petits détails fournis qui n'auraient pas pu venir de l'esprit des participants.

SIÈCLE III -I6

Un prince Anglais Mars a son cœur de ciel,
Voudra poursuivre sa fortune prospere
Des deux duelles l'un percera le fiel,
Hai de lui bien aimé de sa mere.

Prince anglais, Mars a le cœur au ciel,
voudra suivre sa fortune prospère.
En deux duels, l'un lui transpercera la vésicule biliaire,
détesté par lui, mais aimé par sa mère.

B: Il dit que c'est un événement qui aura lieu aux alentours du commencement de cette guerre causée par l'Antéchrist. Il précipitera l'entrée de l'Angleterre dans cette grande guerre. Le prince anglais, dont le cœur soutenu par Mars, haut dans le ciel, est un jeune homme de la maison royale anglaise, qui est impatient de mener les troupes au combat. Il veut sauver ses amis sur le continent, c'est-à-dire les personnes avec lesquelles l'Angleterre a des liens diplomatiques. Il sera impatient de partir. Il participera à deux grands engagements et dans l'un d'eux, il sera vaincu. Il sera débordé sur le flanc et il devra se retirer en disgrâce. Les troupes qu'il combattait lui cracheront dessus et utiliseront son nom comme une injure, car il a été un bon combattant même s'il a été vaincu. Sa témérité dans la bataille gâche certains des plans soigneusement élaborés pour la conquête de l'Europe. Cet homme retournera donc en Angleterre. Cependant, sa patrie, l'Angleterre, l'acclamera et l'aimera d'autant plus pour la bravoure dont il a fait preuve. Pour avoir essayé d'aider, et pour avoir fait briller le nom et l'honneur anglais au combat.

D: Le passage, "ils lui perceront la vésicule biliaire", c'est ce qu'il voulait dire par "le contourner" ?

B: Oui. Ils le prendront à revers, feront une percée dans ses forces par le flanc et vont ainsi le vaincre.

D: Les traducteurs ont interprété cela très littéralement comme un vrai duel et ils ont dit que les duels n'ont plus lieu aujourd'hui.

SIÈCLE II -39

Un an devant le conflict Italique,
Germains, Gaulois, Hespaignols pour le fort:
Cherra l'escolle maison de republique,
Où, hors mis peu, seront soffoque mors.

Un an avant la guerre en Italie,
Allemands, Français et Espagnols seront pour le fort ;
L'école de la république tombera,
où, à l'exception de quelques-uns, ils mourront étouffés.

B: Il y aura des gens en Allemagne, en France, en Espagne et en Italie qui travailleront secrètement pour l'Antéchrist, l'aidant à prendre possession de l'Europe. Le fait qu'il s'empare de l'Europe et qu'il en détruise les centres culturels et autres, affectera l'Europe d'une telle manière que, étant en état de guerre, il sera difficile de continuer à éduquer les enfants à cause des raids aériens et autres. Et donc les enfants ne seront pas éduqués jusqu'à ce que les troubles soient terminés. Certains d'entre eux, ceux dont on dit qu'ils vont suffoquer à mort, sont ceux qui sont curieux qui ont besoin de lire et d'apprendre parce qu'ils ont une intelligence supérieure à la moyenne. Ils auront l'impression d'étouffer par manque d'exposition à la littérature à laquelle ils étaient habitués. L'expression "l'école tombera" fait référence à l'incapacité d'éduquer les enfants, en raison des conditions de guerre.

La datation des quatrains astrologiques représentait beaucoup de travail pour John. J'ai fait remarquer une fois à Nostradamus qu'il serait probablement dans l'obligation de revenir et de poser plus de questions. Il était difficile pour lui de travailler aussi rapidement.

B: Il dit qu'il comprend. Il faut garder son encrier de pupitre à portée de main et l'empêcher qu'il ne sèche. Mais parfois on doit s'arrêter pour le remplir. Ceci demande du temps. Il s'est rendu compte que le terme "encrier" est celui qui est utilisé de nos jours mais il m'a montré une photo d'une corne utilisée pour tenir l'encre.

D: (Rire) Eh bien, à notre époque, nous avons d'autres dispositifs d'écriture. Ceci sont beaucoup plus faciles pour maintenir les niveaux d'encre.

B: Il dit que cela ne l'intéresse pas. Il peut voir dans l'esprit du véhicule, qu'elle se plaint de manquer d'encre trop souvent. Il dit qu'il a une plainte similaire, car la plume s'épuise toujours trop vite pour lui.

Je n'ai pas compris ce qu'il voulait dire à l'époque parce que de nos jours nous n'avons pas à nous soucier de nos outils d'écriture. On pourrait croire qu'il s'agît d'une remarque humoristique à l'ancienne, ou une contradiction. Mais plus tard, Brenda expliquera qu'elle fait de la calligraphie, et qu'elle s'est parfois plainte de plumes qui manquent d'encre trop vite. Étrangement, il a apparemment retenu ce détail de son esprit car il correspondait à ses propres expériences. Il semble qu'il s'associe à ce qui lui est familier quand il le peut.

SIÈCLE I -77

Entre deux mers dressera promontaire,
Que puis mourra par le modrs du cheval:
Le sien Neptune pliera voile noire,
Par Calpre & classe aupres de Rocheval.

Un promontoire se dresse entre deux mers :
Un homme qui mourra plus tard par le mors d'un cheval :
Neptune déploie une voile noire pour son homme ;
La flotte près de Gibraltar et de Rocheval.

B: Il dit que cela fait référence au rôle essentiel que Gibraltar va jouer pour la Méditerranée, dans la bataille contre l'Antéchrist. Il dit que l'homme clé principal qui a sauvé Gibraltar des forces de l'Antéchrist et qui, par conséquent, a sauvé la péninsule ibérique, décèdera plus tard. Il aura un accident de voiture. Il dit qu'il a utilisé l'expression, "mors du cheval", car il ne connaissait pas le concept de l'automobile. Il dit que cet homme est un officier de marine mais qu'il mourra assez jeune. C'est la raison pour laquelle il a dit que Neptune avait déployé une voile noire pour lui.

D: La mention de Neptune ferait également référence au fait qu'il est un officier de marine. Ainsi, le promontoire est le rocher de Gibraltar.

B: Oui. Et il dit que "la flotte près de Gibraltar et Rocheval" fait référence à l'un des endroits stratégiques clés où la flotte devra être dans le processus événementiel des batailles maritimes.

D: Ils ne savaient pas ce que signifiait Rocheval. Ils pensaient que c'était unanagramme de "roche".

B: Il dit que Rocheval est une anagramme pour un petit port obscur qui n'est pas trop éloigné du rocher de Gibraltar.

SIÈCLE II -68

De l'aquilon les efforts seront grands:
Sus l'Occean sera la porte ouverte:
Le regne en l'isle sera reintegrand,
Tremblera Londres par voille descouverte.

Dans le Nord, de grands efforts seront faits,
De l'autre côté des mers, la voie sera ouverte :
Le règne sur l'île sera rétabli,
Londres craint la flotte lorsqu'elle est aperçue.

B: Il dit que cela fait référence à deux événements. D'une part, cela se réfère à la façon dont les choses se passaient entre les États-Unis et l'Angleterre pendant la Seconde Guerre mondiale, et comment ils ont réussi à garder les voies de navigation ouvertes entre leurs deux pays. Et il dit que cela fait également référence à l'époque de l'Antéchrist, au cours de sa campagne européenne. où il tentera également de s'emparer de la Grande-Bretagne. La Grande-Bretagne, étant une puissance maritime de premier ordre, pourrait très bien faire avancer ses efforts. Il tentera de s'emparer de l'Angleterre mais ne réussira pas entièrement. Ainsi, l'Angleterre sera capable de se réaffirmer. Une partie des raisons en sera le soutien des États-Unis pour l'Angleterre, une fois de plus.

D: Voit-il que l'Angleterre sera prise par l'Antéchrist ?

B: Il dit qu'il est difficile d'exprimer clairement ce qui va se passer parce qu'il s'agit d'une époque de confusion. L'Antéchrist va tenter de prendre le pouvoir une fois et certainement échouera la première fois. Mais il dit que d'après ce qu'il sait, l'Antéchrist réussira à prendre le contrôle de l'Angleterre. Et les plus têtus partisans de la clandestinité fuiront en Irlande et en Écosse. Il ne réussira pas à s'emparer de l'île entière. Ce ne sera juste qu'une partie de l'Angleterre, et il dit que vous aurez une sorte de "croupion" du Royaume-Uni.

D: (Je n'ai pas compris cette phrase.) Un quoi ?

B: Il dit que vous comprendrez si vous vous rappelez votre histoire de la seconde guerre mondiale, quand les Allemands ont pris une partie de la Tchécoslovaquie. Les deux tiers de la Tchécoslovaquie faisaient partie de l'Allemagne nazie et le reste de la Tchécoslovaquie a mis en place un gouvernement croupion. On l'appelle Tchécoslovaquie "croupion" parce que c'était juste un reste du pays qui était encore libre.

D: Je n'ai jamais entendu ce terme.

B: Il dit que vous le trouverez dans les livres d'histoire. Ainsi, ils auront un "croupion" Britannique. La majorité de l'Angleterre sera sous le pouvoir de l'Antéchrist. Mais le nord de l'Angleterre, l'Ecosse et l'Irlande ne le seront pas. Espérons que cet événement s'il se déroule aura la possibilité d'unir l'Irlande. Parce que si l'Angleterre sera prise, elle ne pourra rien faire pour l'Irlande du Nord, donc l'Irlande pourra se réunifier comme elle l'a souhaité pendant des siècles.

D: Je peux envisager que l'Irlande arrêterait probablement de se battre avec tout ce qui se passe.

B: Il dit que la principale raison pour laquelle l'Irlande se bat est que ... les Anglais peuvent être dynamiques quand ils le souhaitent, mais le plus souvent, à la place, ils choisissent d'être des personnes pompeuses. Et il dit que les Anglais de votre époque sont des baudruches en ce qui concerne l'Irlande. Quand l'Angleterre sera prise par l'Antéchrist, ils ne seront pas en position d'exprimer quoique ce soit sur ce qui se passe en Irlande. Et donc l'Irlande sera capable d'appliquer ses propres remèdes à ses problèmes, et tourner son énergie dynamique vers d'autres, comme l'Antéchrist. Et l'esprit irlandais, dit-il, aussi fort et vaillant qu'il soit, et l'entêtement écossais joueront un rôle important pour aider le mouvement clandestin à survivre aux pires des pires jours et finalement conquérir l'Antéchrist. Quand tout cela sera terminé, les Écossais et les Irlandais seront fiers de leur appartenance au mouvement clandestin, en raison du rôle que l'Irlande et l'Écosse y auront joué.

SIÈCLE I -89

Tous ceux de Ilerde seront dans la Moselle,
Mettant à mort tous ceux de Loire & Seine:
Le cours marin viendra pres d'haute velle,
Quand Espagnols ouvrira toute veine.

Ceux de Lerida seront dans la Moselle,
Tuant tous ceux de la Loire et de la Seine :
La voie du bord de mer se rapprochera de la haute vallée,
Quand les Espagnols ouvriront toutes les routes.

B: Il dit que cela fait référence à une partie du rôle que les Espagnols joueront dans les événements durant la période de l'Antéchrist. Ils seront un lien clé dans l'organisation de la resistance souterraine qui aidera à relier la partie centrale de l'Europe au monde extérieur après que les forces de l'Antéchrist aient pris le pouvoir. Il affirme que les Espagnols seront très enclins à aider le mouvement clandestin. Et les Pyrénées, les montagnes entre la France et l'Espagne, joueront un rôle important pour aider les gens à se soustraire aux griffes de l'Antéchrist.

D: Il est dit, "tuer tous ceux de la Loire et de la Seine." Je sais que ce sont deux rivières en France.

B: Oui. Il y aura beaucoup de carnage. Il dit que les rivières vont être rouges de sang. Il dit qu'une fois que vous savez la direction que le quatrain est censé prendre, la plupart du temps, il s'agit simplement d'appliquer une progression logique aux événements. Ainsi, ils devraient être faciles pour un esprit logique de les comprendre.

Je n'étais pas d'accord. Je pense que son symbolisme est bien trop complexe.

Dans SIÈCLE II -83 il dit que lorsque l'Antéchrist fait des raids en Europe, les resistants clandestins se défendront. Ils sont désignés par le terme "brouillard" dans le quatrain. Il les appelle ainsi parce qu'ils vont se retirer dans les montagnes. pour se protéger et en sortir très silencieusement, comme du brouillard ou de la fumée, quand ils sortent pour combattre l'ennemi. Ils peuvent aussi disparaître de la même manière. Ce quatrain fait également référence aux principaux centres commerciaux de l'Europe qui seront amenés à la ruine, soit par une destruction directe, soit par la rupture des échanges commerciaux.

SIÈCLE I -98

Le chef qu'aura conduit peuple infiny
Loing de son ciel, de meurs & langue estrange:
Cinq mil en Crete & Thessalie fini,
Le chef fuyant sauvé en marine grange.

Le leader qui conduira un grand nombre de personnes
Loin de leurs cieux, vers des coutumes et une langue étrangères,
Cinq mille personnes mourront en Crète et en Thessalie,
Le chef s'enfuit dans un navire de ravitaillement en mer.

B: Il dit que, d'une part, cela fait référence à certains événements de la Première Guerre mondiale. Mais cela se réfère aussi à des événements qui ont lieu pendant le temps de l'Antéchrist. Il imagine un grand groupe de navires avec beaucoup de combattants à bord, des hommes qui peuvent se battre sur terre comme sur mer. Il appelle cela une "armée navale". Je crois qu'il fait référence aux marines. Il dit qu'il y aura une grande force de marines qui essaiera de parer une attaque. Beaucoup seront tués dans les environs de la Crète et de la Thessalie. Mais il dit qu'ils ne gagneront pas. Ils devront se replier, probablement sur Gibraltar. C'est à prévoir car l'Antéchrist ne pourra pas simplement entrer en Europe. Il y aura une lutte. Les Européens se défendront.

D: Les interprètes ont dit que le quatrain se traduit littéralement par le dirigeant fuyant dans une "grange" sur l'eau, et ils ont interprété cela comme étant un "navire de ravitaillement".

B: Oui. Il dit que son navire de combat sera coulé et qu'il devra transférer ses couleurs sur un navire de ravitaillement parce que ce sera le navire le plus proche qui soit encore en état de naviguer et assez grand pour transporter ses hommes. Ce sera une bataille acharnée.

D: Je suppose qu'il l'a décrite comme une "grange" parce que c'est ainsi qu'il la voyait.

B: Oui. Il dit qu'il parlait au sens figuré. Une grange étant un endroit où vous stockez votre nourriture pour vos chevaux ainsi que vos chevaux. Ce navire aura des vaisseaux amphibies dedans ainsi que de l'essence et autres.

SIÈCLE I -55

Soubs l'opposite climat Babylonique,
Grand sera de sang effusion,
Que terre & mer, air, ciel sera inique,
Sectes, faim, regnes pestes, confusion.

Dans un pays au climat opposé à celui de Babylone,
Il y aura une grande effusion de sang,
Le ciel semblera injuste sur terre, sur mer et dans les airs.
Sectes, famines, royaumes, fléaux, confusion.

B: Il dit que les effets sociologiques et politiques de l'Antéchrist seront particulièrement ressentis dans les pays développés qui se trouvent être aussi les pays nordiques au climat plus frais. Il sera particulièrement dévastateur dans les principaux pays de l'hémisphère nord qui ont un climat froid. Babylone avait un climat chaud. Il dit que c'était un pays agraire au Moyen Orient, quand tout était encore fertile et qu'il y avait de la pluie. Il faisait très chaud et agréable. En raison du bouleversement politique et sociologique les choses seront désorganisées et dans une grande confusion, ainsi les gens ne sauront pas où aller ni qui suivre. Ce sera une période où de nombreux prophètes, prétendront avoir des révélations et le savoir sur le salut pour les populations. Les gouvernements émergeront et s'effondreront. Il dit que ce sera une période très confuse.

SIÈCLE I -34

L'oiseau de proie volant à la semestre,
Avant conflict faict aux François pareure:
L'un bon prendra, l'un ambique sinistre,
La partie foible tiendra par son augure.

L'oiseau de proie volant vers la gauche,
Avant de rejoindre la bataille avec les Français, il fait des préparatifs.
Certains le considéreront comme bon, d'autres mauvais ou incertains.
Les plus faibles le considéreront comme un bon présage.

B: Il dit que cela fait encore une fois référence à certaines des tactiques que l'Antéchrist va utiliser. Il attisera la rébellion au sein des pays qu'il va conquérir. Il permet aux différents groupes politiques dissidents de croire qu'il soutient leur cause et leur point de vue. Il leur laisse croire qu'il va les aider à reprendre le pouvoir, alors qu'il ne le fait pas, évidemment.

D: Oui, vous avez dit qu'il serait très bon pour utiliser sa langue d'or pour leur faire croire des choses qui ne sont pas vraies.

B: En faisant cela, il aide à exciter le pays contre lui-même de l'intérieur, pour l'affaiblir contre les forces extérieures.

D: Ils font le lien avec Hitler.

B: Il dit qu'il peut voir où ils veulent en venir, mais il parlait ici surtout de l'Antéchrist. Il suivra Hitler de très près. Il utilisera la ruse avec tout le monde. Il dit, rappelez-vous vos livres d'histoire. De votre point de vue, c'est le passé, bien que ce soit l'avenir pour lui. Rappelez-vous comment Hitler a réussi à obtenir beaucoup de concessions que personne d'autre n'aurait rêvé de demander.

SIÈCLE I -71

La tour marine trois fois prise & reprise,
Par Hespagnols, Barbares, Ligurins:
Marseille & Aix, Arles par ceux de Pise,
Vast, feu, fer pillé Avignon des Thurins.

La tour marine sera prise et reprise trois fois
Par les Espagnols, les barbares et les Ligures :
Marseille et Aix, Arles par les hommes de Pise,
Dévastation, feu, épée, pillage à Avignon par les Turinois.

B: Il dit que cela se réfère à des événements à la fois regardant la guerre civile espagnole et pendant la Première Guerre mondiale et aussi aux événements qui viendront dans le futur avec l'Antéchrist. Il dit que la tour marine fait référence au rocher de Gibraltar.

D: Les traducteurs ne savaient pas ce que cela signifiait.

B: Il dit que le Rocher de Gibraltar est un endroit très stratégique, et donc une tour de resistance en raison de son emplacement stratégique. Il appartient également à un pays qui est fondamentalement une puissance maritime ou de la marine, c'est-à-dire la Grande-Bretagne et sa flotte.

Chapter 19

Expérimentation

NOSTRADAMUS VIT que pendant la période de troubles, les nations seraient au désespoir pour trouver toute solution pour arrêter le monstre. Ainsi, cela devint aussi une période d'expérimentation. Les scientifiques cherchaient de nouvelles et plus radicalese méthodes de guerre qui défiraient toute connaissance. Certaines d'entre elles semblent avoir poussé l'imagination de l'homme jusqu'à ses limites.

La première d'entre elles a ses racines dans notre époque.

SIÈCLE IX -83

Sol vingt de Taurus si fort terre trembler,
Le grand theatre rempli ruinera:
L'air, ciel & terre obscurcir & troubler,
Lors l'infidelle Dieu & sainctz voguera.

Le soleil dans les vingt degrés du Taureau, il y aura un grand tremblement de terre,
Le grand théâtre en place sera ruiné :
Ténèbres et troubles dans l'air, le ciel et la terre,
Quand l'infidèle invoquera Dieu et les Saints.

B: Il dit que celui-ci a un sens multiple. De telles choses sont assez faciles à interpréter avec plusieurs significations à cause des désastres qui se produisent de temps à autre dans l'histoire de la terre. Il dit que l'une des implications mineures de ce quatrain s'est produite dans ce que vous considéreriez comme un passé récent, c'est le tremblement de terre de Mexico (septembre 1985). Mais il dit que ce n'est pas la motivation majeure du quatrain. Ce sera un tremblement de terre qui sera déclenché par une arme qui est actuellement en cours de développement dans des laboratoires souterrains secrets. Il ne peut pas présenter les images du fonctionnement de cette arme, car les concepts ne sont pas présents dans son vocabulaire et ils ne sont pas non plus présents dans le vocabulaire de ce véhicules. Apparemment, elle fonctionnera sur un principe scientifique récemment découvert qui n'a pas vraiment encore été développé. Il n'est donc pas encore possible d'en apprendre le concept de manière générale.

D: A-t-il des images mentales qui pourraient nous aider ?

B: La seule chose qu'il exprime clairement est la partie opérationnelle de cette arme, la partie qui déclenche réellement le tremblement de terre. Il n'est pas sûr, ou plutôt les concepts ne sont pas clairs quant à savoir si c'est quelque chose qui est projeté comme un rayon laser, mais quel que soit le point de fonctionnement réel de la lance, pour ainsi dire, il est aérien. Une certaine extension de l'appareil est transportée dans un avion et l'avion doit survoler la zone où le tremblement de terre doit être déclenché, indépendamment de la zone que le tremblement de terre finit par toucher. Mais ce ne sera pas l'ensemble du dispositif. Ce sera simplement comme la pointe de la lance, juste la partie opérationnelle de l'arme. La puissance de l'arme et la science qui la sous-entend seront basée dans un laboratoire secret souterrain ailleurs. D'une manière ou d'une autre, l'énergie du laboratoire souterrain sera reliée au dispositif aéroporté aérien de manière à pouvoir le canaliser vers l'effet désiré d'un tremblement de terre déclenché.

Est-ce que cela pourrait être fait d'une manière sophistiquée en dirigeant des ondes sonores vers la cible ?

B: Le pays qui développe ce dispositif sera en mesure de le présenter comme une menace grave pesant sur la tête de toutes les nations majeures. N'importe quelle nation qui ait des failles géologiques dans leur pays les rendant vulnérable aux tremblements de terre, peut être intimidée. Il dit que ce sera très similaire à la situation immédiatement après la Première Guerre mondiale, les États-Unis étant le seul pays avec l'énergie nucléaire. Il s'agira d'une avancée similaire dans l'armement, et le pays qui le développera l'aura pour rester en tête des autres pays. Il dit que le concept sera si impressionnant et effrayant, un peu comme l'énergie nucléaire l'était au début pour tout le monde, qu'il poussera tout le monde, y compris les infidèles, à demander la protection des saints.

D: "Le grand théâtre plein à craquer sera ruiné."

B: Il dit qu'en raison du développement de cette arme et de la désintégration des relations diplomatiques qui en résulte, les Nations Unies seront dissoutes. Car cette nation ne voudra pas s'asseoir et partager ce pouvoir avec les autres nations, comme les États-Unis l'ont fait avec l'énergie nucléaire. Bien que les États-Unis l'aient fait à contrecœur, cette nation ne considérera même pas l'idée. D'après les concepts qu'il expose on a le sentiment que ça pourrait être une nation comme la Russie, ou une nation ayant la puissance nécessaire pour mener des recherches militaires secrètes. de manière importante, à grande échelle. L'attitude de cette nation sera la suivante , "L'arme est à moi. Je vais la garder pour moi." C'est une nation paranoïaque qui l'aura et cela provoquera la désintégration des Nations Unies.

D: "Le soleil à 20 degrés du Taureau", c'est à ce moment-là que cela est censé se produire ?

B: Il dit que cela fait référence au moment où l'arme devient généralement connue. Elle est déjà en cours de développement mais c'est extrêmement secret. Quand elle sera plus connue, ce sera cette date.

D: Les traducteurs pensent que c'est le moment où le tremblement de terre aura lieu.

B: Il y aura un tremblement de terre associé. C'est comme ça que les gens réaliseront qu'il y a quelque chose de louche qui se passe. Car il commencera à avoir beaucoup de tremblements de terre sans la précédente accumulation de pression qui leur soit associée. Il dit qu'un effet secondaire de cette arme est qu'elle créera une instabilité suffisante pour déclencher d'autres tremblements de terre qui sont susceptibles de se produire à tout moment de toute façon. Il imagine les deux principales failles des États-Unis. L'un est particulièrement instable. L'autre reste stable mais est ensuite explosif. Les failles de San Andreas et de New Madrid. Il dit que les tremblements de terre déclenchés par cette arme vont faire gronder la faille de San Andreas tout le temps. La faille de New Madrid a toujours été mauvaise pour accumuler la pression et ensuite déclancher des tremblements. Donc avec la faille de San Andreas qui gronde et vibre en permanence, cela va provoquer la faille de New Madrid et créer un séisme majeur. Quand ces tremblements de terre commencent à se produire, les géologues penseront qu'il s'agit de causes naturelles, mais ensuite, certaines informations leur feront commencer à suspecter quelque chose. Comme plus de tremblements de terre se produiseront, à travers leur science ils rassembleront plus d'informations et confronteront le monde scientifique avec leurs preuves qu'il ne s'agit pas de séismes naturels.

Pendant une autre session, j'ai voulu en savoir plus sur cette machine. et si elle était liée à l'Antéchrist et au temps des troubles.

D: Je voulais poser une question sur le quatrain qui parlait d'un pays qui allait développer une machine qui provoque des tremblements de terre. Dans le même quatrain, il est dit que les Nations Unies allaient être dissoutes à cause de tout cela.

B: Il dit qu'il se souvient de l'avoir interprété.

D: Cela se passe-t-il avant ou pendant l'époque de l'Antéchrist ?

B: Il dit que ce dispositif de tremblement de terre, que ce pays possède pour concentrer un certain type d'ondes énergétiques sur certaines parties de la croûte terrestre pour déclencher des tremblements de terre, est déjà en phase de développement. Il sera utilisé pendant la période des changements terrestres pour créer beaucoup de séismes. Ce sera essentiellement avant que l'Antéchrist n'arrive au pouvoir. Il contribuera à l'effondrement des Nations Unies, et cela facilitera les choses pour l'Antéchrist. Il dit que la nation qui développe cette machine le fera indépendamment de la montée en puissance de l'Antéchrist, mais plus tard, quand il prendra un certain pouvoir, il pourra commencer à se procurer des armes comme celles-ci. Ensuite, l'Antéchrist prendra le contrôle de cette machine et commencera à l'utiliser à ses propres fins.

D: C'est ce qui était déroutant. Je pensais que si quelqu'un avait une machine aussi puissante, comment l'Antéchrist pourrait-il s'emparer de ce pays ?

B: L'Antéchrist va acquérir cette machine par la ruse et l'astuce, en espionnant, en corrompant et par tous les autres moyens infâmes connus de l'homme.

L'œil de Ravenne sera destitué,
Quand à ses pieds les ailles failliront,
Les deux de Bresse auront constitué,
Turin, Derseil, que Gaulois fouleront.

L'oeil de Ravenna sera abandonné,
Quand ses ailes se briseront à ses pieds.
Les deux Bressans auront fait une constitution,
pour Turin et Vercelli, que les Français fouleront aux pieds.

B: Il dit que cela fait référence à certains événements de la Première Guerre mondiale, mais aussi à des événements à venir. Il y aura des recherches effectuées sur une sorte de radar plus sophistiqué pour en faire un appareil de détection qui fournira des informations plus détaillées à l'opérateur. Ils essaieront de développer ce dispositif pour qu'il puisse être utilisé dans les avions. Mais les premières expériences avec ce dispositif seront un échec. D'une manière ou d'une autre, l'appareil déclenchera le type de vibrations en sympathie qui seront la cause de l'affaiblissement de la structure de l'avion et la rendant dangereuse, en raison de la dissolution des liens entre certaines molécules du métal.

D: C'est ce qu'on entend par "l'oeil de Ravenne" ? Serait-ce une anagramme de "radar" ?

B: Il dit que c'est une anagramme pour un personnage mythologique qui avait de grands, pouvoirs de connaissance et d'observation de type psychique.

Dans mes recherches, j'ai pu trouver une figure mythologique qui, selon moi, pourrait être celui dont il est question ici dans le symbolisme. Dans les traditions indiennes, il y a une histoire sur Visnu et le grand démon, Ravana. Cité dans "Mythologie de toutes les races", Volume VI : "A l'époque, les dieux avaient peur du démon Ravana, à qui Brahma avait accordé le don de l'invulnérabilité, et ils cherchaient un moyen de le tuer.... Parmi les différents Raksasas (démons) le plus grand, et de loin, est Ravana. ... Aussi mauvais qu'ils soient, les démons sont de formidables combattants. Non seulement ils sont innombrables, mais ils sont compétents en matière de sorcellerie et dans tous les arts magiques, se transformant en toutes sortes de formes, comme celles utilisées par Ravana pour l'enlèvement de Sita, et répandent une terreur universelle par leurs rugissements effroyables." Cela pourrait certainement correspondre aux qualifications de Nostradamus en tant que figure symbolique de la mythologie, et Ravenna pourrait être une anagramme de Ravana.

D: " Quand ses pieds les aisles failliront " a un rapport avec l'avion ?

B: Oui. Il dit qu'à ce moment-là, les scientifiques finiront par abandonner temporairement la recherche dans ce projet en raison de ruptures diplomatiques et la menace de guerre, etc.

D: Cela se produira-t-il avant, pendant ou après le temps de l'Antéchrist ?

B: Il dit que cela se produira à l'époque de l'Antéchrist, mais avant que l'Antéchrist n'atteigne sa pleine puissance. Cela se produira en Europe au moment où l'Antéchrist gagne en puissance au Moyen-Orient, donc les deux événements ne seront donc pas vraiment liés. Mais ce sera l'un des événements en Europe qui conduiront à faciliter la prise de l'Europe par l'Antéchrist.

D: Savez-vous, s'ils font des expérimentations sur ce type de radar à l'heure actuelle ?

B: Il dit qu'il est en cours de développement mais qu'ils n'ont pas encore fait d'expérimentations.

D: Ce serait bien s'ils savaient qu'il peut être dangereux.

B: Il dit qu'il n'y a aucun moyen de les prévenir car c'est un secret militaire. Ils découvriront bien assez tôt que c'est dangereux.

Ravenna est également mentionnée dans le quatrain suivant. Est-ce que l'anagramme pourrait faire référence à un endroit où les laboratoires sont cachés et où les les expérimentations sont effectuées, ainsi qu'au démon Ravana?

Vers la fin de la vie de l'inventeur Nicola Tesla, il prétendait être capable de créer un bouclier dans la haute atmosphère qui détruirait tout avion. Les Russes ont développé une machine (appelée "gyrotron"), basée sur l'invention de Tesla, conçue pour "balayer le ciel des avions de guerre" en utilisant des ondes micro-ondes à haute énergie. Ces armes à micro-ondes de haute puissance donneraient à l'opérateur la même capacité pour désarmer les circuits électroniques qu'une explosion nucléaire. La principale différence est que cette nouvelle technologie est contrôlable, et peut être utilisée sans violer les traités sur les armes nucléaires. Tesla a décrit son système de vitesse de la lumière comme étant capable de faire fondre des avions à des centaines de kilomètres. Un autre quatrain qui ressemble au "gyrotron" est SIECLE II-91. Nostradamus y décrit des recherches sur les armes secrètes faites par les Soviétiques. Ils développent des champs d'énergie qui protègeraient leurs couloirs d'approche par le nord.

SIÈCLE II -32

Laict, sant grenoilles escoudre en Dalmatie.
Conflict donné, preste pres de Balennes:
Cry sera grand par toute Esclavonie,
Lors naistra monstre pres & dedans Ravenne.

Du lait, du sang, des grenouilles seront préparés en Dalmatie,
Bataille engagée, peste près des Balennes :
Un grand cri s'élèvera dans toute la Slavonie,
Puis un monstre naîtra près de Ravenne.

B: Il dit que ce quatrain a un rapport avec l'utilisation de dispositifs nucléaires pendant l'époque de l'Antéchrist. Le lait, le sang et les grenouilles qui sont préparés se réfère à la fois aux instruments de la mort elle-même - c'est-à-dire les diverses armes atomiques - et aux laboratoires voisins où de nouvelles armes sont développées. Il dit que la dernière ligne "alors le monstre sera né", concerne le moment où ils vont développer cette monstruosité ultime dans les armes près de Ravenne. Cette recherche est déjà en cours dans notre présent. Elle portera ses fruits pendant la période des troubles.

D: Est-ce qu'il sait quel type d'arme ce sera ?

B: Il peut voir ce que c'est, mais c'est si horrible et fantastique qu'il ne veut vraiment pas le décrire. Et il a des difficultés à connecter les concepts dans l'esprit de ce véhicule parce que ce véhicule n'est fondamentalement pas en faveur de la guerre non plus.

D: Alors ce n'est pas une arme atomique ?

B: Oui, c'en est une, mais elle est totalement différente de toute arme atomique jamais inventées auparavant.

D: Je ne lui demanderai pas de décrire davantage s'il n'est pas à l'aise avec cela. Mais la partie à propos de la préparation des grenouilles, quel en est le rapport? Je peux comprendre le lait et le sang, mais quel est la signification ici du mot "grenouille" ?

B: Cela indique qu'en raison des horreurs de la guerre, l'écologie est bouleversée, au point qu'il y a des fléaux de créatures et d'animaux divers à travers la terre, parce que tout est en déséquilibre.

D: Peut-il dire quel côté dans la guerre utilisera ces armes ?

B: Il dit que tous les côtés dans ce conflit à venir auront leur part d'armes horribles.

SIÈCLE II -6

Aupres des portes & dedans deux cités
Seront deux fléaux, & oncques n'apperceu un tel,
Faim, dedans peste, de fer hors gens boutés,
Crier secours au grand Dieu immortel.

Près du port et dans deux villes
Seront deux fléaux, comme on n'en a jamais vu,
La faim, la peste à l'intérieur, le peuple déféré jeté par l'épée va
Imploreront le secours du grand Dieu immortel.

B: Il dit que ce quatrain a une signification multiple. De plus, il suppose que la traduction en est un peu fausse. Pour lui, le mot "port" ne signifie pas nécessairement un port au sens strict du mot, mais simplement une étendue d'eau séparant deux grandes villes. L'une de ces villes est Londres et l'autre ville ... Je pense qu'il essaie de me donner une image de New York. Il dit qu'il se référerait à de l'argot de la Première Guerre mondiale désignant l'Atlantique comme "l'étang". Et donc ces deux villes sont séparées par cet étang. même si on ne parle pas vraiment d'un port ou d'un étang, mais nous parlons ici d'un océan. Les fléaux qui frappent ces deux villes seront le résultat d'une recherche secrète sous forme de guerre bactériologique. Un insecte très mortel. Il voulait que j'utilise le mot "insecte" parce qu'il n'est pas sûr si ce sera des bactéries ou des virus, mais il s'agira d'une sorte d'organisme causant des maladies pathogènes. Il sera finalement libéré dans l'atmosphère de manière à affecter la population de New York et de Londres. Mais il y aura quelques mutations dans ces organismes, qui affecteront les deux populations, de façon différente par l'implication des différents reservoirs génétiques. Parce que les organismes sont séparés les uns des autres, ils auront quelques mutations spontanées et se développeront dans deux directions différentes. Il s'agira de deux maladies différentes, même si elles sont causées par le même organisme. Il dit qu'à cause de cette peste, les systèmes de services dans ces grandes métropoles s'effondreront. Les habitants des campagnes environnantes paniqueront et s'éloigneront volontairement de la ville, se mettant ainsi en quarantaine. Ils refuseront de livrer quoi que ce soit aux villes, de sorte que les gens dans les villes mourront de faim par manque de nourriture. Pas parce qu'il n'y a pas de nourriture à trouver, mais parce que personne ne la livrera, ne désirant pas courrir le risque d'être exposé à la peste. Donc les services que la ville fournit aux populations citadines vont tous se désintégrer et s'effondrer. Les gens mourront empilés, dit-il. Les gens pilleront et saccageront les magasins et autres dans la ville pour essayer de trouver de la nourriture à manger, et il y aura des soldats les poignardant à la pointe de la baïonnette.

D: Ça explique la référence à la baïonnette. Ils les combattent à la pointe de la baïonnette pour les éloigner des magasins de nourriture ?

B: Pour qu'ils puissent être distribués. Les réserves de nourriture qui restent dans la ville. le gouvernement voudrait essayer de les distribuer équitablement à la population, mais les membres de la population paniquent et font des émeutes pour essayer de tout avoir pour eux-mêmes. Ils sont donc repoussés à la pointe des baïonnettes. Et toute la population des deux villes demande à leur Dieu de les soulager de leur misère.

D: Dites-vous que ce quatrain a aussi un double sens ? Parce qu'ils ont une autre interprétation.

B: Il dit que c'est le sens principal qui doit nous préoccuper puisque cela n'a pas encore eu lieu. Mais par curiosité, il aimerait entendre leur interprétation.

D: Ils pensent qu'il s'agit des bombardements d'Hiroshilma et de Nagasaki. parce que c'étaient aussi deux villes portuaires. Ils pensent que les deux fléaux étaient les deux bombes et le fléau qui n'avait jamais été vu auparavant était la radioactivité. Parce que les radiations ont rendu les gens noirs, ils ont pensé que c'était similaire à la peste noire de l'époque de Nostradamus.

B: Il dit que c'est une bonne interprétation, mais ce qu'il imaginait était le résultat dévastateur causé par des virus échappés de laboratoires de guerre bactériologique.

SIÈCLE I -46

Tout aupres d'Aux de Lestoure & Mirande
Grand feu du ciel en trois nuicts tumbera:
Cause adviendra bien stupende & mirande,
Bien peu aupres la terre tremblera.

Tout près d'Auch, Lectoure et Mirande
Un grand feu tombera du ciel pendant trois nuits.
La cause apparaîtra à la fois stupéfiante et merveilleuse ;
Peu après, il y aura un tremblement de terre.

B: Il dit que ce quatrain concerne un événement qui sera initialement déclenché par la main de l'homme mais qui sera en fait une catastrophe naturelle. Il utilise le mot "docteurs", mais je lui ai demandé et il fait référence à des scientifiques, à ceux qui cherchent la connaissance, des chercheurs scientifiques. Et il s'empresse d'expliquer qu'à son époque les médecins faisaient les deux ainsi que toutes sortes d'autres choses.

D: A notre époque, ils sont spécialisés.

B: Oui, il dit qu'ils ne sont pas des hommes de la Renaissance. Il y aura un groupe de médecins qui font des recherches sur les forces des différents champs énergétiques de la terre. Ils vont essayer d'exploiter ces pouvoirs et de les utiliser pour diverses objectifs, y compris la guerre. Au moment où ils commencent enfin à faire des expériences directes sur le monde physique, ils vont accidentellement rompre l'un des champs terrestres de telle sorte qu'un faisceau d'énergie sera projeté dans l'espace et ainsi attirera un flot de météorites vers la terre. Cela se produira autour de la mer du Nord. Les météorites seront attirées vers la terre à cause de l'altération des champs d'énergie autour d'elle. Et comme celles-ci sont partout, elles continueront à venir jusqu'à ce que les scientifiques soient capables de réparer les dégâts. Cette rupture dans le champ déséquilibre tout. Puisque leur instrumentation est encore expérimentale, elle n'est pas assez précise pour pouvoir remettre les choses en bon équilibre. Donc, pendant le processus pour essayer de réparer les dégâts, un tremblement de terre se produira peu après, causé par l'accumulation de la tension.

D: Pourquoi utilise-t-il ces trois noms ?

B: Il dit que ces trois mots étaient en partie des rappels pour lui-même concernant le lieu dont il parlait et en partie pour qu'il y ait quelques mots clés prenant du sens au fil du temps. Puisque ce projet sera très dangereux, ce sera un projet secret du gouvernement. Il y a des implications de mots de code et il utilise des anagrammes sur les noms de code du projet. Un des noms de code qu'il a anagrammé (mis sous forme d'anagramme)... C'est un mot que je viens d'inventer. Pour créer des anagrammes de mots, c'est les anagrammer, n'est ce pas ? L'un des mots de code qu'il a anagrammé dans Mirande était un mot de code en rapport avec l'emplacement de l'installation principale de cette expérience. Il dit que les gens en général ne sauront jamais le lien entre ces mots et l'événement, simplement parce que le gouvernement va essayer de garder l'événement complet "sub rosa". Ils ne seront pas en mesure de cacher les météorites entrant à plusieurs reprises dans l'atmosphère de la terre à ce moment-là, mais il dit que ce sera toujours suffisamment déconcernant pour les gens en général de savoir la raison pour laquelle cela continue à se passer.

D: Alors il y aurait des gens quelque part qui reconnaîtront ces mots de code.

B: Absolument. Il dit qu'il y a une possibilité que certains d'entre eux soient déjà identifiables dans divers cercles gouvernementaux. Ces mots de code ne seront pas nécessairement traduisibles en anglais parce que ce ne seront pas nécessairement les gouvernements anglophones qui seront impliqués dans cette affaire.

D: Ils ont traduit cela comme signifiant quelque chose de lier à des météorites mais ils pensent à un phénomène naturel.

B: Il dit que pour le monde en général, cela apparaîtra comme un phénomène naturel. Il sera enregistré comme tel dans les futurs textes d'histoire parce que le rôle joué par les scientifiques est un secret tellement important pour les gouvernements impliqués qu'ils ne laisseront pas sortir cette information.

MISE À JOUR : Voir l'addendum pour plus d'informations sur le programme secret HAARP et ses liens avec ce quatrain.

SIÈCLE X -72

L'an mil neuf cens nonante neuf sept mois,
Du ciel viendra un grand Roi deffraieur:
Resusciter le grand Roi d'Angolmois,
Avant que Mars regner par bonheur.

En l'an 1999, et sept mois
Du ciel viendra le grand Roi de la Terreur.
Il ramènera à la vie le grand roi des Mongols.
Avant et après la guerre règne avec bonheur.

Il s'agit de l'un des rares quatrains où Nostradamus donne réellement une date.

B: Il dit que la date est correcte. Pendant cette période de guerre, beaucoup expériences seront faites et des recherches menées sur des choses qui sont normalement bien trop horribles pour être étudiées en temps de paix. Il dit que ces expériences ont à voir avec l'eugénisme.

C'était un mot inconnu pour moi. J'ai supposé que c'était quelque chose qui avait trait à la génétique. Je lui ai demandé ce que cela signifiait.

B: Il dit qu'il s'agit de l'élevage d'individus comme on élève des animaux pour obtenir chez eux des caractéristiques particulières.

D: C'est son mot ou le vôtre ?

B: C'est le mot qu'il a utilisé. Il dit que c'est un programme de type longue portée qui se déroule secrètement depuis plusieurs décennies ou couvrant la majorité de ce siècle. Pendant cette guerre, ils ont décidé d'essayer certains des produits de ce programme, pour voir ce qui se produirait. Une expérience qu'ils ont faite était d'essayer de faire renaître certains des premiers types d'êtres humains, moins civilisés, plus féroces, toujours intelligents mais très rusés et forts. Il dit que cela est mis en évidence en temps de guerre et que ces malheureux sont utilisés dans les combats pour voir à quel point ils sont meilleurs que les soldats ordinaires. Ils tiennent des compilations sur tout cela. A cette époque là, dans le monde, il y aura des guerres partout et ce sera une période de grande agitation. Il dit que ce 20ème siècle est l'un des siècles les plus tourmentés qu'il y ait.

D: Je le crois. Qui sont ceux qui font cette expérience ?

B: (Pause) Il ne peut pas voir avec certitude. Apparemment c'est une sorte d'effort commun, particulièrement entre les grandes puissances. Les grandes puissances auraient l'argent à mettre dans un tel projet. En fait, il a dit, qui aurait de l'or pour mettre dans un projet comme celui-ci.

D: Pense-t-il que l'Amérique est impliquée dans cette affaire ?

B: Oui, il le pense. Il pense que c'est l'Amérique, la Russie, le Japon, et quelques pays européens.

D: Nous n'avons jamais entendu parler d'une telle chose.

B: Il dit que c'est un projet très secret. C'est basé uniquement sur le besoin d'être au courant.

D: Qu'est-ce qu'il entend par le Roi de la Terreur ?

B: Il dit que la personne qui est en charge de ce projet est tellement puissante qu'elle est capable d'affecter et d'influencer les décisions politiques prises dans différents pays. Il est un peu comme le pouvoir derrière le trône et tout le monde a peur de lui. Il est donc le vrai roi plutôt que les dirigeants. Il dit qu'il y a une possibilité que vous ayez entendu son nom dans une autre connexion, mais très peu probable. Cette personne est très secrète et personne n'est au courant du pouvoir qu'il exerce.

Par eugénisme, je me demande si Nostradamus ne pourrait pas voir la possibilité de manipulation génétique ou de clonage. Cela a été fait avec succès avec des animaux. Les scientifiques ont toujours nié que c'était pratiqué avec les êtres humains. Est-il possible que cela se passe en secret ? La reproduction d'un certain type d'humain qui serait programmé pour la guerre. Nostradamus semble insinuer que ces personnes pourraient être utilisées dans la bataille au lieu des jeunes dans le monde. Est-ce qu'un tel humain pourrait être créé en manipulant les gènes, puis en le clonant pour produire une armée toute faite dont la seule pensée et le seul désir seraient de tuer ? De telles créatures seraient-elles considérées comme humaines ? J'ai pu comprendre ce qu'il voulait dire par de telles expérimentations uniquement en temps de guerre. Il serait considéré comme terriblement immoral en temps de paix de songer à créer de tels êtres dans un laboratoire.

Cela pourrait aussi faire référence à ce qu'Hitler faisait pendant la Seconde Guerre mondiale quand il essayait de créer une super race par la reproduction sélective. Peut-être s'agit-il d'un autre cas où un quatrain fait référence à deux différentes périodes mais cependant similaires.

Lorsque Brenda a lu mes explications, elle n'était pas d'accord avec le fait qu'elles faisaient référence au clonage. Elle s'est souvenue de certaines des scènes qu'il lui montrait et elle pense qu'il était très clair et positif sur le fait qu'il s'agissait d'une reproduction humaine sélective. Elle pensait qu'il faisait référence à un projet qui s'étend sur plusieurs générations, commencé en mai 1993 et poursuivi depuis dans le plus grand secret, de sorte qu'à travers des générations courtes (parents adolescents) et la reproduction sélective, beaucoup de "progrès" auraient pu être faits sur 70 années. Elle pourrait avoir raison. Après tout, elle était celle qui regardait les scènes. L'élevage sélectif des individus comme des animaux de race est assez horrible en soi, mais je continue de penser qu'il y a eu de telles avancées dans la manipulation génétique que ça pourrait aussi avoir un rôle à jouer dans tout ceci. Cela aurait pu être si compliqué à comprendre que Nostradamus n'a pas pu en donner une image plus proche à transmettre à Brenda.

D: *Le quatrain suivant est étrange car il utilise certaines lettres de l'alphabet grec. J'espère que je pourrai les prononcer ; je ne suis pas familière avec les lettres grecques.*

B: Il dit de ne pas s'en inquiéter. Faites du mieux que vous pouvez et ne vous interrompez pas pour vous excuser. De même, ne soyez pas offensé s'il s'il vous interrompt avec des corrections.

SIÈCLE I-8I

D'humain troupeau neuf seront mis à part,

De jugement & conseil separez:
Leur sort sera divisé en depart,
Kappa, Theta, Lambda mors bannis esgarez.

Neuf seront mis à part du troupeau humain,
séparés du jugement et des conseils:
Leur sort sera partagé au moment de leur départ,
K. Th. L. morts, bannis et dispersés.

B: Il dit que ce quatrain ne s'est pas encore réalisé et qu'il a une application de sens multiples. D'une part, il se réfère au destin de l'Eglise catholique et d'autre part, à un événement qui aura lieu dans un avenir proche de la période de la fin du temps des troubles.

J'omettrai ici toute référence à l'église car je pense qu'elle n'est pas pertinente pour notre histoire à ce stade, et c'est aussi répétitif d'autres quatrains similaires qui traitent de sa vision de l'avenir pour l'église.

B: Une autre application de ce quatrain dit que, vers la fin de la période de troubles, il y aura un tribunal de scientifiques très - il insiste pour dire très - intelligents, très développés dans leurs disciplines particulières. Ils seront réunis en tant que stratèges, pour ainsi dire, pour développer des super-armes en cette période de troubles. C'est un peu comme le groupe de scientifiques qui avait développé des armes nucléaires pendant la Seconde Guerre mondiale, mais il dit que ces armes seront encore pires. Les scientifiques seront isolés, travaillant seuls pour eux-mêmes et donc ils ne seront pas conscients de l'évolution des guerres ou de quoi que ce soit de ce genre. Ils vont développer ces armes mais au moment où elles seront prêtes, le vent de la guerre aura tourné et ils ne seront plus du côté des vainqueurs mais du côté des perdants. En conséquence, leur côté perd et le côté gagnant découvrira qui ils sont. Leur destin sera déterminé en fonction du rôle qu'ils auront joué dans cette histoire. Certains d'entre eux connaîtront une mort horribles. Il dit que chacune des lettres grecques mentionnées ici représente pour une initiale, représentant trois de ces chercheurs dont les destins seront particulièrement dramatiques.

D: Dans d'autres quatrains, il parle de scientifiques expérimentant sur les champs d'énergie, travaillant même sur le temps et de telles choses qui pourraient être utilisées en temps de guerre. Et il y avait aussi celui sur l'eugénisme.

B: Oui, c'est à ceux-là qu'il faisait référence. Ces scientifiques seront principalement concernés par l'aspect eugéniste, ce qui explique pourquoi les la réaction des gens à ce qu'ils ont fait sera si extrême. Bien qu'il y ait beaucoup de chercheurs impliqués, il y en a neuf à la tête du projet. Ce projet a été initialement lancé dans les années 30, et a été poursuivi en secret dans différents pays au fil des décennies. Il atteindra son apogée pendant la période des troubles.

Cette date (1930) coïncide avec le programme d'Hitler traitant de la reproduction contrôlée d'une super race. Il n'a peut-être pas pris fin après la Seconde Guerre mondiale mais a continué et s'est étendu en secret à l'insu du reste du monde.

D: Dans un autre quatrain, je crois que la date qui nous a été donnée était juillet 1999.

B: Il dit que c'est à vous d'assembler les quatrains en fonction de ce qu'il vous a dit. Il vous dit simplement les informations qu'il voit dans ce quatrain.

D: Alors ces personnes sont celles qui travaillent dans les coulisses à l'insu de tous.

B: Il dit qu'il pense que vous faites une connexion incorrecte ici. Ces personnes, ces neuf scientifiques, seront connus du monde entier parce qu'ils seront les responsables. Pendant ce temps, oui, les autres dans les coulisses ont un refuge donné par des groupes sympathisants dispersés à travers le monde. Des soutiens sympathisants, des hommes de grande fortune et de pouvoir.

D: Alors ce seront des scientifiques que nous pouvons reconnaître par ces initiales (K, T, L)?

B: Oui. Il dit que le moment venu, les initiales seront appliquées aux scientifiques impliqués.

Dans de nombreux quatrains, Nostradamus fait référence à l'Antéchrist comme étant le monde, car à l'apogée de son pouvoir, il avait conquis une si grande partie du monde que personne n'osait le défier. Je pense que la phrase "Le monde est proche de sa période finale" dans SIÈCLE III -92 signifie que les événements mentionnés dans ce quatrain se produiront lorsque l'Antéchrist commencera à décliner.

MISE À JOUR : Voir l'addendum pour plus d'informations sur la science de la nanotechnologie et son lien avec SIÈCLE II -92. de la nanotechnologie et son lien avec SIÈCLE X -72 et le quatrain ci-dessus.

Chapter 20

Le Temps des Troubles

IL Y A UN GRAND NOMBRE DE QUATRAINS que nous avons traduits qui étaient si généraux qu'ils s'appliquaient à de nombreuses guerres dans le passé et pouvaient également faire référence aux temps des troubles. Nostradamus a expliqué que les guerres suivent généralement un modèle prévisible. J'ai inclus les plus pertinents ici et omis celles qui n'étaient pas spécifiques.

SIÈCLE I -92

Souz un la paix par tout sera clamee,
Mais non long temps pillé, & rebellion,
Par refus ville, terre & mer entamee,
Mors & captifs le tiers d'un million.

Sous un seul homme, la paix sera proclamée partout,
mais peu de temps après, ce sera le pillage et la rébellion.
A cause d'une ville refusée, terre et mer seront abordées.
Environ un tiers de million de morts ou de prisonniers.

B: Il dit que cela fait référence à certaines des conditions qui seront présentes pendant l'époque de l'Antéchrist. A l'intérieur de son royaume, il n'y aura pas de combat, tout simplement parce qu'il aura tout le monde sous son contrôle. Mais cela ne durera pas, car les gens qui ont goûté à la liberté ne supporteront qu'une certaine dose d'oppression.

D: Un tiers de million ; cela fait beaucoup de personnes qui vont être mortes ou capturées.

B: Il dit qu'il y aura beaucoup de morts. Il y aura beaucoup de combats et beaucoup de gens mourront pour la cause, quel que soit le côté où ils appartiennent. Il dit que les descriptions du livre de l'Apocalypse correspondront très bien, à propos du sang jusqu'aux harnais des chevaux et les rivières qui coulent avec du sang et et autres. Il y aura beaucoup de sang versé. Ce sera très violent et très traumatisant.

SIÈCLE VI -97

Cinq & quarante degrés ciel bruslera
Feu approcher de la grand cité neufve,
Instant grand flamme esparse sautera,
Quand on voudra des Normans faire preuve.

Le ciel brûlera à quarante-cinq degrés
Le feu s'approche de la grande ville nouvelle
Immédiatement, une énorme flamme scatulée s'élève
Quand ils veulent avoir la preuve des Normands.

B: C'est un événement qui aura lieu dans la guerre à venir. Il dit que dans cette guerre, les différents liens diplomatiques qui sont actuellement en vigueur n'existeront pas à ce moment-là. Il y aura un ensemble différent de liens diplomatiques, mais un qui restera vrai sera l'amitié entre le peuple de France et le peuple d'Amérique.

D: Ce sont les Normands ?

B: Oui. Il dit que dans cet événement en particulier, un pays de l'autre côté du conflit enverra une bombe vers la ville de New York. Elle sera repérée dans le ciel et on la verra arriver. Je crois qu'il veut dire qu'elle sera suivie par un radar, mais il dit que des observateurs la surveilleront. Le système de défense américain se concentrera pour essayer de la détourner ou ou de la désactiver afin qu'ils n'aient pas à riposter contre le pays (qui a tiré la bombe). Comme preuve de leur amitié, les Français demanderont de riposter en faveur de l'Amérique, ce qu'ils feront avec plusieurs bombes et armes.

D: Que signifie cette phrase : "Instant grand flamme esparse sautera"?

B: Ce sont les différentes bombes et armes des Français qui surgissent et volent vers le territoire ennemi parce que la réponse sera immédiate. Lorsque le leader américain utilise la ligne directe en décrivant la situation et le problème, le maréchal français contactera immédiatement ses bases armées d'où les avions et les bombes automotrices seront lancées comme des langues de feu et voleront vers l'auteur de l'événement.

D: Vous avez dit que la bombe s'approchait et qu'ils la surveillaient. Est-ce qu'elle va frapper New York ?

B: (Pause) Il essaie d'en être sûr. Il dit que dans cette guerre particulière, certaines bombes toucheront New York et d'autres seront détournées. Il est parfois difficile de démêler ce qui va arriver pour chaque bombe. Cette bombe en particulier, dit-il, explosera prématurément en cours de route pour qu'elle ne détruise pas la ville. Mais elle prendra beaucoup de vies humaines en détruisant les avions qui volent autour d'elle pour essayer de la détourner ou de la neutraliser.

Apparemment, ils seront détruits par l'explosion lorsque la bombe explosera.

D: Est-ce que "45 degrés" fait référence à l'emplacement ?

B : Il dit que cela fait référence à l'angle par rapport à l'horizon où elle sera d'abord repérée pour que les avions puissent être lancés à sa poursuite.

SIÈCLE V -98

A quarante huict degré climaterique,
A fin de Cancer si grande seicheresse:
Poisson en mer, fleuve: lac cuit hectique,
Bearn, Bigorre par feu ciel en detresse.

Au quarante-huitième degré du climacteric,
à la fin du Cancer, il y a une très grande sécheresse.
Les poissons de la mer, de la rivière et du lac bouillonnent.
Le Béarn et la Bigorre en détresse à cause du feu dans le ciel.

J'ai eu du mal avec la prononciation des noms de lieux et aussi le mot "climactérique". Il m'a corrigé au fur et à mesure que je le lisais.

B: Il dit que cet événement fait référence à quelque chose que l'Antéchrist fera. Ce n'est pas le même événement qui s'est produit au Point Noir. (SIÈCLE II -3, expliqué dans le chapitre 14). C'est un événement plus éloigné dans le temps, mais connecté par une série d'événements entre les deux.

D: Et à propos de Bearn et Bigorre, est-ce que ce sont des noms de pays ?

B: Oui, ce sont des noms de lieux. Il dit qu'il est difficile de dire quels pays parce que la carte aura beaucoup changé à ce moment-là. Les pays tels que nous les connaissons aujourd'hui ne correspondront plus à ceux là. Cela se passera sur le continent européen.

D: Que veut-il dire par le 48ème degré du climatère ?

B: Il dit que le cercle des constellations peut être divisé en degrés. Chacun de ces degrés correspond à certaines périodes de temps ainsi qu'à certains endroits sur la terre.

D: Le traducteur l'a interprété comme signifiant un endroit sur la Terre.

B: Oui, il dit que cela s'applique aux deux. Il a mentionné le 48ème degré du climatére pour indiquer un lieu et, en rapport avec la référence au Cancer, pour indiquer un temps.

C'est l'un des premiers quatrains que j'ai demandé à John d'interpréter, également mystifié par le mot "climactérique". Ce n'est pas un terme utilisé dans l'astrologie moderne et il n'a pu le trouver dans aucun dictionnaire astrologique. Il semblait se souvenir de l'avoir vu dans certains de ses livres d'astrologie classique, et c'est là qu'il l'a trouvé. Il est défini comme un terme ancien, signifiant l'aboutissement d'un aspect majeur. C'est un autre des points étonnants qui ont continué à surgir au cours de cette expérience. Ça ajoute une incroyable validité aux traductions si un terme comme celui-ci est utilisé. Il n'aurait pas pu naitre d'aucun de nos esprits modernes mais seulement de l'esprit d'un astrologue familier de la terminologie ancienne. Même les traducteurs n'ont pas pu associer ce terme à l'astrologie, mais seulement à la latitude.

B: Tous les pays seront impliqués dans cette affaire mais l'Europe supportera le plus gros des combats. Il dit que l'Europe est le champ de bataille éternel. Les premiers événements qui y conduisent auront lieu de votre vivant. Les événements dont il est question dans le premier quatrain (SIÈCLE II-3), qui fait référence à la cuisson des poissons dans la mer autour de Nègrepont, auront lieu de votre vivant. Il dit que ce sera une période très compliquée.

SIÈCLE II -40

Un peu apres non point longue intervalle,
Par mer & terre sera faict grand tumulte:
Beaucoup plus grande sera pugne navalle,
Feux, animaux, qui feront plus d'insulte.

Peu de temps après, l'intervalle n'est pas très long,
un grand tumulte posé grand sera soulevé par terre et par mer.
Les batailles navales seront plus grandes que jamais.
Des incendies, des créatures qui feront plus de tumulte.

B : Il dit que ce quatrain décrit les conditions pendant le temps des troubles. Il y aura de grandes et fantastiques batailles navales, ainsi que des batailles sur terre et dans l'air. Il dit que la partie faisant référence aux batailles navales fait également référence aux batailles aériennes, car une chose qu'il a trouvée déroutante est que les termes de navigation sont utilisés à la fois pour la navigation sur mer et la navigation dans les airs. Ainsi, lorsqu'il voit ces choses symboliquement dans le futur, il obtient parfois des images contradictoires parce qu'elles font référence aux deux, bien qu'une phraséologie commune soit utilisée.

D : Que veut-il dire par "le feu, les créatures, feront plus de tumulte"?

B : Ce sera certaines des armes fantastiques qui sont ultra-secrètes voire ultra-restrictives en ce moment. Quand elles nous seront présentées lors de guerres, tout le monde en sera stupéfait.

SIÈCLE II -60

La foy Punicque en Orient rompue.
Grand Jud, & Rosne Loire & Tag changeront:
Quand du mulet la faim sera repue,

Classe espargie, sang & corps nageront.

La foi avec l'Afrique brisée à l'Est,
le Grand Jourdain, la Rosne, la Loire et le Tage changeront.
Quand la faim de la mule sera assouvie,
la flotte est dispersée et les corps nagent dans le sang.

B: Cela fait référence à certains des horribles combats qui se dérouleront. " La foy Punicque en Orient rompue" fait référence au Moyen-Orient et à une partie du monde. Il y aura une confrontation nucléaire là-bas. C'est ainsi que la foi sera brisée parce qu'ils auront dit d'un commun accord qu'ils n'allaient pas utiliser ces armes dans les combats. Mais ils se raviseront et le feront quand même. Il dit qu'il peut voir très clairement que les grandes puissances de notre époque maintiennent des flottes navales dans cette zone parce que c'est une zone agitée du monde. Les flottes seront dispersées dans les ruines de la violence de l'explosion. En raison de la combinaison entre les retombées radioactives et les effets qu'elles ont sur les gens, les animaux et la météo, ainsi que l'effet des volcans qui pourraient s'éteindre, cela va transformer l'eau de cette partie de l'océan en une couleur rouge boueuse. Donc les corps de ceux qui ont été tués flotteront dans ce qui ressemble à du sang.

D: Que veut-il dire par " Quand du mulet la faim sera repue " ?

B: Il veut dire que vous allez rire en entendant sa réponse. Cela aura lieu quand les États-Unis auront un président démocrate. Il a vu le même schéma que celui observé dans votre pays, à savoir que les présidents républicains mettent le pays en dépression. et les présidents démocrates le sortent en l'impliquant dans une guerre. Il sait qu'en ce moment les États-Unis auront un président démocrate et qu'ils s'engageront dans ce conflit pour essayer de stimuler l'économie.

D: Je ne ris pas parce que cela aurait du sens avec la mule qui est un symbole pour les démocrates.

B: Il se réfère aux noms de toutes les rivières parce que, en raison de la violence de l'explosion nucléaire et de tous les changements de la terre, et autres, ces rivières vont changer leur cours. Et les pays qui utilisent certaines de ces rivières comme lignes de démarcation devront redessiner leurs frontières sur les cartes. Il dit que dans cette partie du monde, les systèmes d'eau seront très perturbés.

SIÈCLE II -74 décrit les vastes migrations de personnes à travers le continent européen. La plupart fuiront les endroits qui ont été détruits par l'agression militaire. Il y aura aussi de longues colonnes de soldats se dirigeant vers le lieu de la bataille.

SIÈCLE III -18

Apres la pluie laict assez longuette,
En plusieurs lieux de Reims le ciel touché:
O quel conflict de sang pres d'eux s'apprester,
Peres & fils Rois n'oseront approcher.

Après une pluie laiteuse assez longue,
plusieurs endroits de Reims seront touchés par la foudre :
Oh quelle bataille sanglante s'approche d'eux,
les rois des pères et des fils n'oseront pas s'approcher.

B: Il dit que cela se réfère à un événement pendant la période où l'Antéchrist s'empare de l'Europe. La longue pluie laiteuse et le fait d'être touché par la foudre sont des effets de l'utilisation d'armes nucléaires dans cette guerre. D'autres armes fantastiques seront utilisées, sur la base de concepts en cours de développement, dont vous et ce véhicule n'avez actuellement aucune idée, et elles auront des résultats dévastateurs. Il y aura des cadavres partout. Les temps seront très difficiles. C'est pourquoi la terre elle-même criera sa douleur. Cela a tellement influencé la ligne temporelle que les prophètes ont pu le voir des milliers d'années à l'avance.

D: Puis il dit: "Les pères, les fils, les rois n'oseront pas s'approcher."

B: Il dit que cet homme sera si terrible, si horrible et si puissant que les gens qui sont les dirigeants légitimes des pays seront vaincus par leur peur et n'oseront pas faire quoi que ce soit pour aider à enrayer les ravages de cet homme. Des dynasties entières seront anéanties.

Cela pourrait-il se produire en même temps que ou après les assassinats des leaders mondiaux ? Si c'est le cas, cela expliquerait la réticence des dirigeants à le défier.

D: Les traducteurs peuvent comprendre une pluie de sang et de telles choses, mais ils ne comprennent pas ce qu'il entend par pluie de lait.

B: Il dit qu'il utilise la pluie de lait pour représenter les effets néfastes que ces fantastiques armes nucléaires auront sur le temps, y compris de telles choses comme les pluies de radiations. Ces armes utiliseront une combinaison des pires aspects de l'armement nucléaire et certains des armements laser, lorsqu'il sera tiré sur les gens, cela ressemblera à une substance blanche qui descend sur eux.

Le quatrain suivant traite également d'une pluie de lait.

SIÈCLE III -19

En Luques sang & laict viendra plouvoir,
Un peu devant changement de preteur:
Grand peste & guerre, faim & soif fera voir
Loing où mourra leur Prince & recteur.

A Lucca, il pleuvra du sang et du lait,
peu avant un changement de gouverneur.
On verra la peste et la guerre, la famine et la sécheresse,
loin du lieu où meurt le prince et le souverain.

D: Les experts pensent que cela est lié au quatrain précédent.

B: Il dit que cela fait effectivement référence à la même guerre. Avant que l'Antéchrist ne s'empare d'un endroit, et non pas seulement l'endroit qui est ici mentioné, il fait d'abord pleuvoir sur eux la mort et la destruction pour que ce soit plus facile pour lui de prendre le pouvoir. Pour ce faire, il voyagera loin de son lieu de repos final. Certains des événements qui se dérouleront feront en sorte que des événements odieux du passé soit vu comme un jeu d'enfant en comparaison. Un autre aspect de l'histoire qui se déplace en spirale est qu'une partie de cela a été partiellement fait par l'homme appelé Hitler quand il a pris l'Europe. Sauf qu'il a utilisé une pluie de sang plutôt qu'une pluie de sang et de lait, car il ne disposait pas de l'armement décrit dans ces quatrains. Mais lui aussi faisait pleuvoir la destruction avant de s'emparer d'un lieu. L'une des choses que l'Antéchrist fera est de comprendre pourquoi Hitler a échoué. C'est pourquoi il prévoit de réussir grace à ce qu'il apprendra par les erreurs d'Hitler.

Une pensée effrayante, parce que Hitler a presque réussi dans son règne de terreur.

B: Il aura accès à des livres qui ne sont pas généralement disponibles ou connus du grand public. Il sera possible pour lui d'obtenir des documents secrets nazis sur Hitler. Il apprendra bien ses leçons.

SIÈCLE I -64

De nuict soleil penseront avoir veu,
Quand le pourceau demi-homme on verra:
Bruict, chant, bataille, au ciel battre aperceu:
Et bestes brutes à parler lon orra.

La nuit, ils penseront avoir vu le soleil,
quand ils verront le demi-homme cochon :
Bruits, cris, batailles vues dans les cieux.
On entendra les brutes bêtes parler.

B: Il dit que cela se réfère à certains événements futurs ainsi que partiellement certains dans le présent. Chaque ligne a presque une signification différente. Il vous donnera les significations mais pas nécessairement dans l'ordre dans lequel les lignes sont écrites. "On verra la bête brute parler." Les animaux, en fait, parleront à l'humanité et lui donneront des connaissances par le biais de recherches effectuées pour l'avancement des connaissances médicales. Il dit que cela continuera à être vrai. "Ils penseront qu'ils ont vu le soleil dans la nuit", fait référence à la détonation d'une bombe atomique ou d'une arme laser à la nuit tombée. Il n'est pas très clair sur la description mais l'arme produit une énorme explosion de lumière. Cela sera associé avec la guerre et les résultats de cette arme, en plus de provoquer des changements climatiques, produira également des défauts de naissance monstrueux résultant des enfants aux apparences modifiées, y compris certains qui auront l'air presque porcins. Les scientifiques vont faire des recherches frénétiques pour essayer de trouver un moyen de modifier les effets de cette arme, en ce qui concerne les nouveau-nés concernés. Et quand une percée sera faite, elle viendra d'une source inattendue dans le royaume animal.

D: Cela fait encore référence à la dernière ligne.

B: Oui, il a une signification multiple. "Bruit, cris, batailles vues combattues dans les cieux." Il a vu qu'une extension logique de voyager dans le ciel est de pouvoir s'y battre. Les armes elles-mêmes feront un bruit semblable à un cri lorsqu'elles passent à toute vitesse. Ce sera très effrayant pour les gens en dessous et très meurtier.

D: L'interprète pense que cela fait référence à la Seconde Guerre mondiale.

B: Non. Bien que beaucoup de combats aient été menés dans les airs pendant cette guerre, c'était essentiellement une guerre terrestre. Et cette guerre, bien qu'il y aura quelques combats au sol pour le maintien des positions, les principales batailles décisives seront dans l'air.

D: L'interprétation la plus proche qu'ils ont pu trouver pour l'homme cochon était les pilotes portant les casques et les masques à oxygène pendant la seconde guerre mondiale. Ils ont pensé que ça pouvait ressembler à un cochon pour Nostradamus.

B: Il dit que c'était une interprétation logique, mais ils oublient continuellement de conserver à l'esprit qu'il essaie de mettre plus d'un sens à chaque ligne quand il le peut.

Cela pourrait signifier que ces lignes pourraient aussi faire référence à la seconde guerre mondiale comme le pensaient les interprètes, mais Nostradamus a estimé que la traduction pour l'avenir était la plus importante à nous communiquer en ce moment.

SIÈCLE I -80

De la sixieme claire splendeur celeste,
Viendra tonner si fort en la Bourgongne,

Puis naistra monstre de treshideuse beste:
Mars, Avril, Mai, Juin, grand charpin & rongne.

A partir de la sixième lumière céleste,
il viendra un tonnerre très fort en Bourgogne,
Un monstre naîtra alors d'une bête très hideuse :
En mars, avril, mai et juin, de grandes blessures et inquiétudes.

B: Il dit que la sixième lumière céleste fait référence à Jupiter.

C'était une surprise car le livre mentionnait Saturne comme la sixième planète.

B: Il dit qu'il accentue la référence à Jupiter en ajoutant la notion de tonnerre car le jour de Thor, qui est le jeudi, sera le jour de l'Antéchrist. Et Thor est l'équivalent nordique du Jupiter romain. Il dit que durant ces mois de l'année (mars, avril, mai et juin), ou plutôt les signes astrologiques qui représentent ces mois de l'année, quand Jupiter traverse ces signes vus de la Bourgogne, il y aura des périodes de grands troubles. Il y aura beaucoup de sang et de guerre et, en raison de la nature horrible des armes, beaucoup de choses terribles se produiront. Ce qu'il me montre ressemble aux effets des radiations puissantes.

D: Des brûlures dues aux radiations?

B: Non. Des déformations grossières causées par l'exposition des parents aux radiations. De terribles mutations dans la nature, chez les plantes et les animaux, ainsi que les cicatrices sur le sein de la Terre Mère causées par ces armes. Il dit que l'Antéchrist sera la cause de tout cela. Il est le monstre derrière ces monstruosités qui sortent.

D: Alors "le monstre naîtra d'une bête très hideuse" a une double sens.

J: (Il avait regardé dans son éphéméride.) Jupiter sera dans ces signes pendant les années 1997 à 2000?

B: A ce moment-là, Michel de Notredame a fait un geste très grandiose et a dit, "Précisément!"

D: Ah-ha ! N'est-ce pas agréable d'avoir un ami de ce côté qui peut aider avec ça ? Les traducteurs disent que Saturne est la sixième planète.

B: Il dit que c'est une erreur très naturelle à faire. Il a des sources d'anciens documents qui se sont très probablement perdus entre son époque et ce que vous considérez comme le présent. Il dit que l'une des plus grandes lumières, à cause d'une guerre dans les cieux, a été détruite. Celle qui était entre Mars et Jupiter n'existe plus. Il comptait celle-là en comptant les grands luminaires du ciel pour faire perdre la piste à l'Inquisition.

D: Ne serait-ce pas celle qui est la ceinture d'astéroïdes maintenant ?

B: Il dit que c'est correct.

D : C'est très intelligent. Je ne pense pas que l'Inquisition ou qui que ce soit d'autre aurait pu être capable de comprendre ça.

B: Il dit qu'il doit parfois être sournois.

D: Ils pensaient que c'était Saturne et qu'ainsi ils se trompaient complètement dans leur prédiction.

B: Il dit qu'il est curieux. Quelles sont les dates qu'ils ont trouvées ?

D: Ils ont dit le printemps 1918.

B: Il dit avoir eu d'autres visions concernant les guerres mondiales, mais celle-ci n'en fait pas partie.

Pour moi, le quatrain suivant est un exemple très remarquable du fonctionnement de l'esprit de Nostradamus et illustre les méthodes qu'il a utilisées pour fournir une description symbolique de quelque chose qu'il ne pouvait pas comprendre.

D: Ce quatrain a donné beaucoup de fil à retordre aux traducteurs. Ils sont tous en désaccord sur la traduction d'une ligne du français à l'anglais. Ils disent que la traduction littérale n'a aucun sens.

B: Il dit que la traduction littérale conviendra puisque le véhicule comprend l'anglais et que cela l'aidera à se rappeler ce qu'il a écrit en français.

D: Dois-je d'abord le lire tel qu'ils l'ont traduit ?

B: Il dit, par curiosité, oui.

SIÈCLE II -75

La voix ouie de l'insolite oiseau,
Sur le carron du respiral estage:
Si haut viendra du froment le boisseau

Que l'homme de l'homme fera Antropophage.

Le cri de l'oiseau indésirable se fait entendre,
Sur la cheminée :
Les buissons de blé s'élèveront si haut
Que l'homme dévorera son prochain.

La première ligne est celle qui a posé problème. Elle a été traduite différemment dans d'autres livres. L'un d'eux dit : "Le son d'un oiseau rare sera entendu sur le tuyau du plus haut étage", ce qui n'a pas plus de sens que l'oiseau indésirable sur la cheminée. Il m'a demandé de lire le quatrain à nouveau, cette fois en substituant la traduction littérale pour cette ligne.

D: "Le cri de l'oiseau indésirable se fait entendre sur le tuyau de l'étage de la respiration. Les boisseaux de blé monteront si haut que l'homme dévorera son camarade".

B: Il dit qu'il va utiliser la traduction littérale parce que la traduction interprétative ne tient pas compte de la chose merveilleuse qu'il a vu dans un futur lointain. Il dit que la formulation "le tuyau de l'étage de la respiration", même si elle est maladroite, est celle qui se rapproche le plus de ce qu'il voyait concernant un dispositif futur.

D: Alors le "tuyau de la cheminée" est faux.

B: Effectivement. Il dit qu'il s'agit d'une interprétation raisonnable compte tenu des perspectives limitées des gens. Cet événement aura lieu pendant une période de guerre et de grands troubles. L'appel de l'oiseau indésirable sera un événement où un avion viendra se poser sur le pont d'un porte-avions étant l'étage de la respiration.

Comme c'est brillant ! Une excellente analogie comparative. Un porte-avions naturellement comme un étage s'il n'avait pas de mot pour le désigner.

B: Il l'a appelé comme ça parce qu'il y aura le mouvement de celui-ci se déplaçant avec les vagues, similaire au mouvement de la respiration, et qu'il y aura également des âmes vivantes en dessous. C'est aussi une autre signification de l'"étage de respiration". Il dit qu'un avion arrivera pour atterrir mais cet avion n'appartiendra pas à ce porte-avions. C'est une situation très complexe parce que dans cette guerre l'équilibre des pouvoirs politiques de chaque côté est très complexe et délicat. Et cet avion vient d'une puissance qui est légèrement plus prochement alignée avec l'autre camp, bien qu'elle soit toujours fondamentalement neutre. Mais le fait d'être en contact avec cette nation particulière aurait des répercussions politiques étendues regardant ce qui concerne cette guerre. Donc les gens sur ce porte-avions ne veulent pas vraiment être en contact avec cet avion. "La requête indésirable sur le tuyau de l'étage respiratoire," c'est l'avion communiquant avec eux à travers les ondes radio. Il a utilisé le terme "canon" parce que ce serait quelque chose qui transporterait le son et la communication, et c'était le concept le plus proche qu'il pouvait trouver dans sa langue à l'époque. L'avion voudra atterrir sur ce porte-avions parce qu'il y a un leader important, un général ou quelque chose de cette nature, sur le navire. Et l'avion transporte un émissaire important, quelqu'un qui est proche du leader de ce pays, qui a besoin de livrer des documents et des messages importants. Ce sera une situation très complexe.

D: Cet émissaire sera-t-il autorisé à atterrir ?

B. Il dit que c'est difficile à voir parce que la ligne temporelle se divise ici et cela pourrait aller dans deux directions. Et l'une ou l'autre aura des répercussions. A ce point, il n'est pas capable de voir quelle ligne temporelle est susceptible de prédominer. C'est un événement particulier pendant cette période. Les conditions du blé sont une condition générale qui dure pendant une grande partie de cette guerre. En raison de celle-ci, le commerce normal sera perturbé entre tous les pays. Certains auront des excédents de nourriture, comme des boisseaux de blé, mais leur prix sera si disproportionné que personne ne pourra en acheter. Dans les pays où ils ne pourront pas obtenir le blé, ils auront recours au cannibalisme juste pour rester en vie. Et le blé, pendant ce temps, sera stocké dans des silos et pourrira simplement parce qu'ils ne pourront pas s'en débarrasser. Le prix du blé est aussi élevé en vies humaines, car ils essaient de le faire passer dans les autres pays. Ce sera très dangereux car le transport maritime sera totalement perturbé, donc non seulement le prix sera hors de proportion, mais le danger d'essayer de livrer le blé sera également disproportionné.

Ainsi, il ne pourra pas arriver là où il est nécessaire pour que les gens aient à manger.

D: Ils ont interprété l'ensemble du quatrain comme signifiant la famine qui rendra les hommes cannibales.

B: Il dit que s'ils l'ont interprété de cette façon, cela implique une famine naturelle due à des causes naturelles. Mais ce n'est pas ce qu'il voyait. Il voyait une famine forcée causée par les obstacles de la guerre, et non pas à cause du manque de pluie ou de quoi que ce soit d'autre.

D: On dit que l'oiseau indésirable sur la cheminée est un hibou ou un autre oiseau de mauvais augure et qu'il prévient que la famine et les prix élevés vont arriver.

B: Il dit que c'est une interprétation raisonnable puisque les interprètes ne sont pas au courant des images détaillées qu'il voit. Il dit que parfois il voit une vision qui ne montre qu'un petit incident dans un événement plus vaste. Il voit tout jusqu'au moindre détail et il l'écrit. Mais il est difficile pour une personne extérieure d'être capable de faire le lien avec l'image dans sa totalité.

C'était l'exemple parfait d'un quatrain obscur et compliqué, qui aurait été impossible à déchiffrer sans son aide. Encore une fois, il est tout à fait étonnant de voir comment cela devient clair quand il en explique chaque point. Pour moi, c'est la preuve que nous sommes vraiment en contact avec Nostradamus. parce que dans de tels cas, seul l'auteur connaîtrait le vrai sens qu'il essayait de faire passer.

SIÈCLE I -67

La grande famine que je sens approcher,
Souvent tourner, puis estre universelle,
Si grand & long qu'un viendra arracher
Du bois racine, & l'enfant de mammelle.

La grande famine que je sens approcher,
va souvent se transformer (en diverses régions) puis devenir mondiale,
Elle sera si vaste et durable qu'elle arrachera
les racines des arbres et les enfants des seins.

B: Il dit que cela a à voir avec les changements climatiques qui auront lieu après la décharge de ce terrible dispositif qu'il a déjà mentionné. Il dit la phrase "les champs arrosés rétrécissent" (en référence au SIÈCLE X -70 qui a été couvert au chapitre 15) signifie que la famine commencera dans des zones éparses. Ensuite, les conditions vont continuer à se dégrader et non s'améliorer. La famine dans les différentes zones continuera de croître jusqu'à ce que les zones se touchent et couvrent de plus grandes surfaces des terres émergées sur le globe, alors la majorité du monde souffrira. Elle affectera tous les habitants de la planète, car les denrées alimentaires de première nécessité seront très difficiles à trouver. Les gens deviendront si désespérés pour la nourriture qu'ils essaieront de manger n'importe quoi, n'importe quel tissu vivant, y compris, comme il l'a écrit, les racines d'arbres que l'on ne mange pas habituellement. Et dans certaines parties du monde, particulièrement les endroits surpeuplés comme l'Inde, ils s'emparent aussi des nouveau-nés.

D: Cela semble terrible. C'est révoltant !

B: Ce sera une période très sombre.

MISE À JOUR : Il a été annoncé en 1992 que l'Afrique australe était en proie à la pire sécheresse de ce siècle. Les météorologues ont averti qu'elle s'étendait vers le nord pour engloutir toute la partie orientale du continent. Alors que la sécheresse est monnaie courante dans certaines régions d'Afrique, les météorologues et experts de la météo et de l'alimentation ont déclaré que la vague de sécheresse de cette année est extraordinaire pour son balayage dans les pays exportateurs de nourriture, qui échappent normalement aux sécheresses graves. Les experts déclarent qu'il s'agit d'une sécheresse majeure du Cap au Caire, et que tous ces pays devront importer des céréales cette année. L'absence de pluies, accompagnée de températures anormalement élevées pour la saison des semis, a obligé l'Afrique du Sud et le Zimbabwe à importer de grandes quantités de céréales pour la première fois de mémoire d'homme. Où la nourriture viendrait-elle, maintenant que l'ancienne Union soviétique demandait également beaucoup de l'approvisionnement alimentaire gratuit de l'Occident ? Est-ce le début de l'accomplissement de cet horrible quatrain?

D: C'est assez déprimant pour beaucoup de gens que beaucoup de ses quatrains traitent de tragédies.

B: Il dit que ces événements doivent être vécus si nous voulons atteindre la phase ultime vers laquelle nous travaillons. Si nous survivons à tous ces mauvais événements, alors après seulement, nous serons vraiment un peuple pacifiste, un peuple pacifique. Et notre philosophie de vie aura suffisamment changé pour que cette partie de notre cheminement soit différent et que nous suivions un chemin holistique plutôt qu'une voie technologique.

D: Les gens disent qu'ils n'aiment pas lire ses quatrains parce qu'ils sont très dérangeants.

B: Il me lance un regard noir et dit : "Ils sont censés être perturbants. J'essaie de leur montrer le pire de ce qui peut arriver pour qu'ils puissent peut-être parvenir à l'éviter".

D: Mais je suppose que les gens n'aiment pas penser que l'homme soit capable de telles choses.

B: Il dit, regardez le nombre de morts de la seconde guerre mondiale et dites-moi que l'homme n'est capable de rien du tout.

D: Ils n'aiment pas penser que notre avenir réserve de telles horreurs.

B: Il secoue la tête et marmonne sur la stupidité et la myopie de l'humanité en général.

D: C'est une des raisons pour lesquelles ils hésitent à lire ses quatrains. Ils disent qu'ils préfèrent ne pas penser à de telles choses. Vous savez, l'attitude de "l'autruche avec sa tête dans le sable".

B: J'ai imaginé l'analogie pour lui et il a dit que c'en était une bonne. Il dit qu'il n'a jamais entendu parler d'autruches de toute sa vie, mais je l'ai imaginé.

D: Cela signifie se cacher de quelque chose qui est...

B: Sans avoir de perspective, oui. J'ai imaginé l'analogie pour lui en tant que communicateur. Il voit l'image et la trouve amusante mais très vraie.

D: Les gens pensent que s'ils ne sont pas au courant de quelque chose, cela ne leur fera pas de mal, cela disparaîtra.

B: Il commente qu'il y a un dicton que vous semblez avoir, "Ce que vous ne savez pas ne peut pas vous blesser". Il dit que malheureusement ce n'est pas vrai.

D: Il semble que beaucoup de ces quatrains traitent de l'Antéchrist. Nostradamus a dû voir beaucoup de choses sur lui.

B: Il dit que cet homme provoque certains des événements les plus terribles dans l'histoire de l'humanité. Vous remarquerez qu'il a aussi beaucoup vu sur la Révolution française parce que c'était une autre période cruciale et instable en ce qui concernait son pays. Ces événements à venir concernent le monde entier et pas seulement son pays, il est donc naturel qu'il ait de nombreuses visions à ce sujet.

D: Je voudrais lui demander quelque chose. Il me semble que beaucoup de ces prédictions se rapportent à de nombreux événements différents. Je me demandais si peut-être il voyait plusieurs possibilités qui pourraient se produire et qu'elles ne pourraient pas nécessairement toutes se réaliser.

B: Il dit que la raison principale pour laquelle il voulait cette communication était pour éviter le pire dans ce qu'il a vu. Certains des soi-disant "pires" pourraient très facilement se produire, mais avec beaucoup de détermination et une grande volonté, ils pourraient être modifiés pour le meilleur. Malheureusement, à l'heure actuelle les pires choses qu'il a vues, seraient les événements les plus faciles à réaliser. Et il sait qu'il doit faire de son mieux pour aider à réduire cette destruction.

D: Ile a dit une fois que parfois il voyait un noeud dans le temps et qu'il pourrait représenté de nombreux chemins différents et donc de nombreuses possibilités.

B: C'est exact. Il dit qu'à ce stade, puisque c'est un lien si important, peu importe le chemin que nous choisissons, il semblerait toujours contenir la plupart de ces visions. Mais il y a d'autres chemins où des quantités variées de celles-ci pourraient être évitées. Il dit que le temps des troubles sera un temps éprouvant et très difficile. Les esprits sur la terre en ce moment sont ici parce qu' ils ont choisi d'être ici, parce qu'ils savaient que tout esprit sur la terre en ce moment devra travailler à travers de grandes quantités de leur karma principal. Il me montre une image. Il ne me donne pas de mots. C'est une grande roue karmique divisée en grandes sections au lieu de petites sections, et il y a des gens qui travaillent sur ces grandes sections comme si elles étaient des petites sections. C'est comme travailler sur du karma concentré. Il dit que la quantité de karma que les esprits qui vivent à cette époque seront en mesure d'éliminer, serait l'équivalent de dix vies à n'importe quel autre moment de l'histoire de la Terre.

D: Est-ce pour cela qu'il pense qu'ils se sont tous portés volontaires pour revenir à ce moment précis ?

B: Il dit que beaucoup d'entre eux se sont portés volontaires, comme vos esprits les plus ancients et les plus avancés, car ils sont nécessaires ici pour aider tout le monde à s'en sortir. Il y a aussi quelques esprits plus jeunes qui sont ici en ce moment et qui se sentaient simplement aventureux. Cependant, il y a des esprits qui ne sont pas nécessairement ici parce qu'ils le voulaient dans leur coeur, mais parce qu'ils savaient qu'ils devaient le faire, sinon ce serait la fin de la route pour eux, regardant leur développement spirituel. Donc ils ne sont pas entièrement volontaires mais juste des volontaires forcés, pour ainsi dire, parce qu'ils savaient qu'ils n'avaient pas d'autre choix.

D: Je pense que ce genre de personnes seraient malheureuses ici.

B: Il dit qu'elles le sont, mais certaines d'entre elles parviennent à tirer le meilleur parti de la situation et d'autres non, et c'est leur choix.

SIÈCLE IV -28

Lors que Venus du Sol sera couvert,
Soubs l'esplendeur sera forme occulte:
Mercure au feu les aura descouvert,
Par bruit bellique sera mis à l'insulte.

Quand Vénus sera recouverte par le Soleil,
Sous la splendeur sera une forme cachée.
Mercure les aura exposés au feu,
Par une rumeur de guerre, ils seront affrontés.

L'une des significations de ce quatrain a été traitée dans le chapitre 11.

B: Il dit que cette autre interprétation se réfère à un événement traitant du type de troubles qui vont arriver vers la fin de ce millénaire. Dans cette période là, il y aura beaucoup de choses déconcertantes qui prendront place. Il dit que dans cette interprétation, le quatrain contient un certain nombre de références astrologiques. Il se plaint de mon ignorance personnelle à ce stade, il a des difficultés à transmettre les concepts d'une manière où je puisse les comprendre et vous les communiquer.

D: Dites-lui de faire de son mieux.

B: Il dit qu'il fait un excellent travail, c'est ma lourdeur qui fait obstacle. Malheureusement, les connotations astrologiques qu'il utilise ici ne permettent pas de dater cela, mais il va essayer d'y revenir dans un petit moment. Pendant la période des troubles, à un moment où le soleil se trouve entre la Terre et Vénus (et donc du point de vue de la Terre, Vénus semblera être cachée par le soleil), il y aura une visite des Gardiens, ceux qui ont gardé un œil sur le développement de l'humanité. Ils s'approcheront en direction de Vénus, de sorte qu'ils seront eux aussi temporairement cachés par le soleil, mais ils seront découverts grâce aux pouvoirs de Mercure, c'est-à-dire grâce aux pouvoirs d'observation et de communication. Les scientifiques qui s'occupent de radiotélescopie et de ses disciplines similaires trouveront une anomalie qui attirera leur attention. En l'étudiant, ils se rendront compte qu'il existe une forte indication de présence de ce qu'ils appelleraient un OVNI. Il s'agit en fait de l'instrument utilisé par les Gardiens pour observer l'humanité. Comme cet instrument s'approche de la terre pour plus d'observations, les scientifiques exposent l'instrument au "feu". En d'autres termes, ils l'exposent à la lumière de la connaissance. Ils en sauront plus sur ce qu'il représente, et sur l'identité des Gardiens lorsque cet événement aura lieu. Cependant, comme ce sera durant la période de troubles, cette preuve définitive qu'il y ait d'autres êtres dans l'univers causera une grande agitation sociale et une panique dans certains pays qui sont particulièrement impliqués dans des guerres ou autres. Et il y aura des dissensions internes créées par des fondamentalistes dont la vision du monde ne peut pas inclure d'autres êtres dans l'univers sans ébranler profondément leurs croyances. Il réalise que le fait que Vénus soit de l'autre côté du soleil par rapport à la Terre n'est pas très utile pour la datation, car cela arrive assez souvent, mais il dit que de son point de vue, il pense que cela aura lieu soit en 1997, soit en 1998.

J: Le soleil étant couvert par Vénus. J'ai toujours considéré le soleil comme un symbole du Grand Esprit et Vénus comme un sentiment d'amour, mais d'amour individuel. Pensez-vous que cela pourrait aussi signifier la transformation vers un amour plus spirituel parmi les gens à cette époque ?

B: J'ai le sentiment de beaucoup de plaisir chez Michel de Notredame. Il dit qu'il est très heureux que vous ayez saisi cet aspect de la question. Il dit que les influences planétaires sur la Terre vont agir pour essayer d'apporter, comme vous le dites, plus d'amour spirituel au sein de l'humanité. Il dit que c'est une autre raison pour laquelle les Gardiens ont choisi de reprendre contact avec l'humanité en ce moment, car ils essaient d'assister à la croissance spirituelle de l'humanité en général, grâce à leur encouragement, pour ainsi dire. Et il dit que vous avez raison de penser aux aspects supérieurs des influences des corps planétaires impliqués dans cette situation.

D: Puis-je demander si les Gardiens et les Autres sont le même groupe d'êtres?

B: Oui, il dit que c'est la même chose. Il se réfère à eux comme les Autres parce qu'ils sont d'autres êtres indépendants de nous. Ils ne sont pas nous. Ils sont en dehors. Ils sont autres. Mais il les appelle aussi les Gardiens parce qu'ils ont toujours conservé un œil sur nous et ont observé notre croissance et notre développement. Ils attendent avec impatience que nous atteignions le moment où nous pourrons rejoindre leur communauté et contribuer à leur grand projet d'une manière qui nous soit unique.

Il était intéressant pour moi de constater que c'était presque la même formulation utilisée
pour décrire ces personnes et leur but que mon sujet, Phil, a utilisé dans mon livre "Les gardiens du jardin".

Dans de nombreuses autres instances, j'ai rencontré les termes "Les Autres", "Les Observateurs", "Les Veilleurs", et ils font généralement référence à des extraterrestres.

Chapitre 21

La Cabale

SIÈCLE II -58

Sans pied ne main dend aigue & forte,
Par Globe au forte de port & lainé nay:
Pres du portail desloyal transporte,
Silene luit, petit, grand emmené.

Sans pied ni main, avec des dents fortes et pointues,
A travers la foule vers le port fortifié et l'aîné né :
Près des portes, traître, il traverse,
La lune ne brille que peu, grand pillage.

B: Il dit que c'est pendant les temps de l'Antéchrist. "La lune qui brille mais peu" se réfère au fait que les personnes impliquées dans cette particulière situation ne sont pas en contact avec leur moi psychique et intuitif, donc la lune brille très peu dans leur vie. La lune représente le corps céleste qui est en charge des choses psychiques, pour ainsi dire. "Près du portail, la trahison, ils traverseront", fait référence au fait que ce groupe sera un peu comme une junte militaire, mais pas exactement. (Je n'ai pas compris ce qu'elle voulait dire). Il dit qu'il y a un groupe de marionnettistes ou de marionnettistes-maîtres dans les coulisses qui tirent les ficelles des personnages sur scène et qui changent le décor selon les besoins. Les personnages sur scène sont les personnages politiques des principales capitales mondiales. Le décor change en passant d'une capitale à l'autre au fur et à mesure, mais la situation reste la même. Il dit que ces marionnettistes qui sont dans les coulisses sont organisés ensemble dans une seule organisation, et ils travaillent pour leurs propres intérêts. Mais ils sont très habiles pour tout dissimuler. Ils occupent des postes qui semblent être relativement mineurs, comme des conseillers et des sous-secrétaires, etc. mais qui sont des postes clés pour leur pouvoir. Et tandis que dans la capitale elle-même, près de leur emploi, ils semblent être de bons, loyaux, citoyens modèles travaillant pour les mêmes objectifs que ceux pour lesquels leur gouvernement est censé travailler. Mais à la minute où ils franchissent les portes du monde extérieur, tout change, et ils utilisent les informations qu'ils ont obtenues et les mettent en commun pour leur organisation pour travailler à leurs propres fins, plutôt que d'être fidèle à un gouvernement particulier. "Sans pied ni main, avec des dents fortes et pointues" décrit encore mieux ces personnes, car elles semblent ne pas avoir de pouvoir de manœuvre politique. Ils n'ont ni pied, ni main pour pousser les gens. Mais ils ont des dents fortes et pointues qu'ils ont enfoncées dans tout. Et ils ont une prise ferme sur tout. Ce sont eux qui contrôlent vraiment tout. Cette organisation existe depuis plusieurs générations. Il dit qu'un indice de leur existence est de retracer les histoires de famille des banques et des puissances financières dans le monde. Ils sont très secrets et personne ne les connaît à part les familles impliquées. Cette cabale de dirigeants a construit très lentement mais sûrement un réseau mondial de control parce qu'ils veulent prendre le pouvoir mais en restant dans les coulisses. Au début, quand l'Antéchrist arrive, ils pensent que c'est juste un nouveau, dynamique, jeune dirigeant du Moyen-Orient qu'ils peuvent utiliser pour aider à unir cette partie du monde et la mettre sous leur autorité. Mais l'Antéchrist finit par retourner la situation contre eux.

(Ceci fait référence au quatrain SIÈCLE I -48 où l'Antéchrist les fait assassiner, sans se rendre compte qu' en fait, ils l'aidaient).

Je pense qu'il est approprié de se référer au scandale qui s'est produit pendant les mois de janvier, février et mars 1987, concernant la vente d'armes aux Contras au Nicaragua. Les insinuations étaient que le gouvernement américain aurait été impliqué. Mais les Contras ont affirmé que le financement était surtout le fait d'un groupe privé de personnes dont on n'a pas pu retrouver la trace. Aussi à cette époque, il a été dit que d'énormes sommes d'argent, des millions de dollars, qui avaient été détournés à cette fin, avaient tout simplement disparu. Ces fonds ont été tracés jusqu'à ce qu'ils soient déposés sur certains comptes bancaires dans de nombreuses banques différentes dans le monde entier, puis ont tout simplement disparu. Les enquêteurs n'ont pu trouver aucune trace ou indice sur ceux qui étaient impliqué. Cela semble confirmer les affirmations de Nostradamus concernant une cabale secrète qui contrôle les affaires du monde et qui maintient les guerres à leurs propres fins en fournissant des armes, etc.

Dans SIÈCLE II -89, qui a été traduit dans le chapitre 10, un groupe secret de personnes sont mentionnées comme étant toujours impliquées au Vietnam. Une organisation qui a fait en sorte que la guerre se poursuive tranquillement pendant toutes ces années sans que le grand public américain ne le sache. Cela pourrait-il faire référence à la même cabale?

SIÈCLE II -88

Le circuit du grand faict ruineux,
Le nom septiesme du cinquiesme sera:
D'un tiers plus grand l'estrange belliqueur:
Mouton, Lutece, Aix ne garantira.

L'achèvement de la grande action désastreuse,
Le nom du septième sera celui du cinquième.
Du troisième (nom) un plus grand, étranger belliqueux,
Paris et Aix ne seront pas maintenus en Bélier.

B: Il dit que cela fait référence à l'époque de l'Antéchrist. Le grand événement désastreux étant celui de la prise totale de contrôle de l'Europe par l'Antéchrist, ou de presque toute l'Europe. Les noms mentionnés ici sont des indices sur ce qu'on appelle son "cabinet". C'est ainsi que les gens vont l'interpréter en surface. Mais c'est en réalité un indice interne sur les financiers et banquiers internationaux qui sont dans les coulisses et décident de ce qui va se passer, quand, et où - les marionnettistes.

D: La cabale dont nous avons déjà parlé ?

B: Oui. Il dit que la référence à la France et à Aix qui ne sont pas maintenues en Bélier signifie qu'ils ne resteront pas en guerre active avec l'Antéchrist, mais que les choses vont se calmer de telle sorte que l'attention de l'Antéchrist se tournera ailleurs. Et c'est là, en France, que la resistance commencera à s'épanouir.

D: Alors ces noms feront référence aux personnes de cette organisation secrète.

B: Oui. Il dit que lorsqu'ils seront connus, la façon dont ils sont énumérés ici dans le quatrain se rapportera aux diverses relations familiales entre eux.

D: Vous m'avez dit avant que ce groupe aurait quelque chose à voir avec les générations des familles de banquiers.

B: Oui, et d'autres familles liées aux marchandises, telles que les familles dans les mines d'or et de diamants, le cuir, les boîtes de conserve, etc. Les barons coloniaux de la base associés aux empires mondiaux européens qui ont commencé la fortune de leurs familles en exploitant les matières premières des nations du tiers monde. Il se rend compte qu'essayer de retracer tout cela est une lourde tâche, mais il dit que cela deviendra clair avec le temps quis' y trouvent impliqué.

D: Il est dit que "le nom du septième sera celui du cinquième". Tout cela deviendra plus clair ?

B: Oui. Il dit que le septième et le cinquième de la lignée n'auront pas seulement les mêmes prénoms, mais leurs noms de famille seront liés de telle sorte que le septième sera considéré comme faisant partie de la famille du cinquième ; par conséquent, son nom sera celui du cinquième. Il dit que c'est difficile d'expliquer, mais que cela deviendra clair lorsque les informations seront connues.

D: Nous avons eu plusieurs quatrains sur cette organisation secrète.

B: Mais pas assez. Il dit que malheureusement il n'a pas été en mesure de pénétrer aussi profondément qu'il le souhaiterait dans cet aspect du futur. Il dit qu'ils ont déjà causé des problèmes à tout le monde. Ils manipulent l'économie pour faire monter ou descendre le taux de chômage selon leurs caprices. Ils manipulent l'économie pour que l'inflation augmente ou diminue selon leur bon vouloir. Il dit que chaque fois que vous allez au magasin et devez payer un prix plus élevé pour une miche de pain, c'est à cause d'eux. Donc ils ont déjà affecté votre vie.

C'était une idée intéressante. Vous ne penseriez pas qu'il y ait quelqu'un dans les coulisses assez puissant pour faire de telles choses, et aussi pour maintenir des guerres dans leur propre intérêt.

Novelle & pluie subite, impeteuse,
Empechera subit deux exercites.
Pierre ciel, feux faire la mere pierreuse,
La mort de sept terre & marin subites.

Une nouvelle inattendue et une forte pluie vont soudainement
Empêcher deux armées.
Des pierres et du feu venant des cieux feront une mer de pierres.
La mort des sept soudainement par terre et par mer.

B: Il dit que cela fait référence à des événements qui se produiront à l'époque de l'Antéchrist. Encore une fois, avec les changements terrestres qui auront lieu, météorologiquement il y aura des conditions extrêmes. Il dit que deux armées seront alignées, prêtes à se battre, et qu'un changement de temps extrême, de pluie et de grêle, les prendra par surprise. Cela les empêchera d'établir le contact de la façon qu'ils avaient prévu, ils se tourneront donc vers un plan alternatif et feront voler des avions au-dessus du phénomène pour essayer de larguer des bombes sur les forces adverses. C'est ce qu'il entend par "feu et pierres tombant du ciel".

D: Que veut-il dire par "la mort des sept" ?

B: Il dit qu'il y aura une cabale de dirigeants. Ils ne seront pas militaires dans le sens strict, mais plus comme des financiers et des banquiers, les puissances derrière les militaires qui tirent les ficelles. D'une manière ou d'une autre, grâce aux pouvoirs d'espionnage de l'Antéchrist, ils seront découverts et détruits, ce qui d'un côté aiderait l'Antéchrist parce que ça jettera les organisations auxquelles il s'oppose dans un désordre temporaire et il pourra profiter de ce chaos. Mais d'un autre côté, c'est un peu clairvoyant de sa part, car c'est cette cabale qui a été l'instigatrice des guerres qui ont eu lieu au cours des décennies et des siècles. En les détruisant, il va écrire le début de la fin pour lui-même, car ce sont les activités de cette cabale qui ont soutenu ce qu'il essaie de faire. Mais maintenant qu'ils ont été éliminés, l'agitation pour une guerre mondiale n'existe plus et le penchant naturel pour la paix mondiale va commencer à s'affirmer, éliminant ainsi l'Antéchrist.

D: N'était-il pas au courant de cela ?

B: Non, s'il l'avait su, il les aurait utilisés à la place. Tout ce qu'il savait à l'époque, c'est qu'ils finançaient ces forces européennes pour qu'elles puissent continuer à se battre contre lui.

À plusieurs autres endroits dans les quatrains, il y a des personnes secrètes et obscures qui sont mentionnées. Ont-ils aussi quelque chose à voir avec cette mystérieuse cabale ?

Dans le SIÈCLE V -75 qui est traduit dans le chapitre 11, un homme aux États-Unis est mentionné.

Dans SIÈCLE X -72 traduit dans le chapitre I9, le Roi de la Terreur est mentionné en relation avec l'expérience génétique.

Dans ce même chapitre, un autre groupe au pouvoir mystérieux est mentionné dans le SIÈCLE I -8I. Celui-ci fait également référence aux expériences génétiques.

Pourrait-il s'agir de références indépendantes à la même cabale mystérieuse qui contrôle réellement les affaires du monde ?

Chapitre 22

Le ressac de la marée

SIÈCLE VI -33

Sa main derniere par Alus sanguinaire,
Ne se pourra par la mer guarentir:
Entre deux fleuves craindre main militaire,
Le noir l'ireux le fera repentir.

Sa main traverse enfin le sanglant Alus,
Il sera incapable de se protéger par la mer :
Parce que de deux rivières il craindra la main militaire,
La noire et furieuse lui en fera repentir.

B: Il dit que cela fait référence à la chute du commandant suprême de l'Antéchrist. Il fera une erreur de jugement majeure sur le terrain, de sorte que la majeure partie de ses forces sera capturée ou tuée. La bataille concernée sera extrêmement stratégique. L'homme noir et en colère fait référence à l'Antéchrist et à sa réaction face à la situation.

D: On dit que le mot "Alus" est un mystère non résolu. Est-ce un anagramme ?

B: Il dit que cela fait référence à l'utilisation abusive d'une technologie qui n'a pas encore été développée. Quand ce commandant suprême fait cette erreur majeure de jugement, une partie de cette erreur sera la mauvaise utilisation de cette technologie de manière à causer sa perte.

D: Ils ont pensé qu'il aurait pu essayer de nous donner le nom du troisième Antéchrist dans un anagramme.

B: Non, ce n'est pas le cas. Il dit que c'est en quelque sorte lié à l'autre quatrain sur le choix de ce commandant suprême.

SIÈCLE VI -21

Quant ceux du polle arctiq unis ensemble,
Et Orient grand effrayeur & crainte:
Esleu nouveau, soustenu le grand tremble,
Rhodes, Bisance de sang Barbare taincte.

Quand ceux du pôle Nord seront réunis
A l'Est, la peur et l'effroi seront grands :
Un nouvel homme déc ted, soutenu par le grand qui tremble,
Rhodes et Byzance seront souillées de sang barbare.

B: Tant que les choses semblent totalement désespérées, l'Antéchrist semblera tout puissant et conquérant. Mais c'est à ce moment-là que son étoile décroit et que son pouvoir commence à vasciller à certains endroits cruciaux. Cela concerne le moment où ceux du pôle nord - c'est-à-dire les États-Unis, le Canada et la Russie en particulier, et plus tard, l'Europe du Nord, parviennent à s'unir. Même si l'Antéchrist s'est emparé de toute l'Asie, après un certain temps, il n'est pas capable de contrôler la Russie. La Russie se libère et s'unit avec les pays qui n'ont pas encore été conquis. Cette union, en particulier celle des États-Unis, du Canada et de la Russie, fait naître la peur dans le cœur de l'Antéchrist car il peut voir le début de la fin où il pourrait échouer à ce moment là. Aussi, il choisit un autre commandant de terrain pour continuer la campagne, mais cet effort échouera. Rhodes et Byzance, étant des sièges régionaux majeurs, verront certains des combats les plus sanglants. L'alliance du pôle nord dans leur effort pour briser sa chaîne de commandement, communication et autres, afin d'aider à l'effondrement de son pouvoir, essaiera d'arracher le reste du monde de son emprise.

D: Ils interprètent ce quatrain comme une alliance avec les États-Unis et la Russie, mais ils pensent que c'est le début d'une guerre.

B: Il dit que ce sera le tournant de ce grand conflit où il semblera, pour la première fois, que les bons individus sortiront vainqueurs, après tout.

SIÈCLE VIII -17

Les bien aisez subit seront desmis
Par les trois freres le monde mis en trouble,
Cité marine saisiront ennemis,
Faim, feu, sang, peste & de tous maux le double.

Ceux qui sont à l'aise seront soudainement renversés,
Le monde mis en difficulté par trois frères ;
Leurs ennemis s'empareront de la cité marine,
La faim, le feu, le sang, la peste, tous les maux redoublés.

B: A un moment donné, les victoires se succèdent si souvent et si rapidement qu'ils deviennent complaisants. Ils commencent à prendre leurs victoires pour acquises et deviennent trop confiants. En conséquence, ils commencent à perdre leurs batailles et ils commencent à voir que leur pouvoir n'est pas éternel. Il dit que la faim, le feu et les fléaux et tout cela fait doublement référence au fait que l'Antéchrist n'hésitera pas à utiliser à la fois la guerre bactériologique et la guerre conventionnelle. L'effet normal de ces choses sera bien pire que l'ordinaire puisque les organismes responsables auront été développés pour être beaucoup plus mortels. Il dit qu'à ce moment-là, l'Antéchrist sera à l'apogée de sa puissance et aura pris le contrôle d'une bonne partie du monde, il devient donc complaisant. Les trois frères qui feront trembler le monde font référence à l'alliance entre l'Amérique du Nord, l'Europe du Nord et la Russie. ("L'alliance du pôle" dont il est question dans SIÈCLE Vl -21.) Il a utilisé le terme "ils ferait trembler le monde car cette alliance troublera l'Antéchrist. Et à ce stade, en effet, il est le monde parce qu'il a pris le contrôle d'une grande partie de celui-ci.

D: Ils interprètent ces trois frères comme les frères Kennedy.

B: Il dit que les frères Kennedy, même s'ils étaient impliqués dans la politique, n'ont rien fait pour déstabiliser le monde. Ils ont juste fait un bon travail en se faisant tuer. Juste parce qu'il y a trois frères qui sont politiquement célèbres ne signifie pas que le quatrain se réfère à eux.

D: Je suppose qu'ils le prennent très littéralement quand il dit "frères". A un autre moment fois vous avez mentionné deux frères et ils ont pensé que vous parliez des frères Kennedy à ce moment-là aussi. Mais dans ce cas, c'était l'Amérique et l'Angleterre. Donc, maintenant je vois que lorsqu'il dit "frères" il veut parfois dire une alliance.

B: De nombreuses fois, oui.

Trois frères ont également été mentionnés dans le SIÈCLE VIII - 46 qui a été interprété dans le chapitre I5. "Quand Mars reprendra son horrible trône, le coq et l'aigle, la France et les trois frères."

B: Une fois de plus, il fait référence à l'espoir du monde, comme il l'appelle, l'alliance entre l'Amérique du Nord, l'Europe du Nord et la Russie. Et c'est là que son patriotisme éclate au grand jour. Il dit que la France sera également alliée avec eux par l'esprit, si ce n'est par une alliance physique réelle. La France sera affaiblie par les dégradations de l'Antéchrist au point où elle ne sera pas nécessairement d'une grande aide, mais elle sera alliée avec eux dans ses pensées et son cœur.

Il semblait inévitable qu'une autre figure majeure surgisse dans le monde pendant cette période de terreur pour affronter l'Antéchrist. Jusqu'à présent, personne n'avait été prophétisé jusqu'à ce que nous arrivions à ce quatrain et que l'on nous présente un homme qui allait devenir un personnage principal de notre étrange scénario.

D: Ce quatrain a un nom très étrange au début. Il pourrait être difficile à prononcer pour moi. C'est "Ogmios" en anglais et "Logmion" en français. Connaît-il ce mot?

SIÈCLE V -80

Logmion grande Bisance approchera.
Chasse sera la barbarique ligue:
Des deux loix l'une l'estinique lachera,
Barbare & franche en perpetuelle brigue.

Ogmios s'approchera de la grande Byzance,
La ligue barbare sera chassée.
Des deux lois, la païenne échouera,

Le barbare et l'homme libre en lutte perpétuelle.

B: Il dit qu'il connaît le nom que vous essayez de dire. Il dit que ce quatrain en particulier a un sens multiple, en partie allégorique ou figuratif, et en partie en préparation ou en avertissement. Il se réfère principalement à l'issue du temps des troubles, la chute éventuelle de l'Antéchrist. Il dit que le point crucial de la lutte sera dans cette zone grise du continent où l'on ne sait pas vraiment si c'est l'Asie ou l'Europe. Cela semblera très douteux en ce qui concerne le résultat pendant un certain temps. Puisque pendant tout le temps où l'Antéchrist sera au pouvoir, il essaiera d'en obtenir encore plus et il y aura une lutte constante entre ses forces, que Michel de Notredame qualifie de barbares, et le peuple qui est encore libre de sa domination tyrannique. Il qualifie sa loi comme étant païenne puisqu'elle est contre la source centrale du pouvoir spirituel, quel que soit le nom que vous souhaitez appliquer à cette source. C'est principalement une question de sémantique de toute façon. Il dit que ceux qui luttent contre la force spirituelle centrale sont automatiquement condamnés à échouer tôt ou tard parce qu'ils travaillent contre le tissu de l'univers entier. Il s'agit de la question de savoir jusqu'où ils vont avant d'échouer et quels effets ils ont sur les vies qui les entourent.

D: Est-ce le fait de vouloir toujours plus de pouvoir qui causera cet échec ?

B: Il dit que c'est généralement la chute finale de nombreux tyrans. comme il a faim de pouvoir, ses subordonnés auront également faim de pouvoir, et son empire se fragmentera autour de lui. En conséquence, la carte politique du monde va changer. Il dit que la carte géographique sera la même et que les continents auront toujours la même forme, mais que les lignes que vous tracerez pour les diviser en pays seront différentes par la suite, à cause de cette période de troubles.

D: Que veut-il dire par le mot "Ogmios" ?

B: Il fait référence aux classiques. Il dit, retournez et relisez vos classiques si vous voulez la réponse à cette question. L'éducation à votre époque est généralement négligente dans ce domaine et il essaie de vous faire élargir votre esprit.

D: Je suis prête à faire mes recherches.

J: Pour moi, Ogmios signifie un grand chef ou un grand héros.

B: C'est exact.

J: Cela signifie-t-il qu'il y aura un grand chef pour combattre l'Antéchrist ?

B: Il dit, oui, il y en aura un. A chaque fois qu'un grand tyran se lève, c'est une question d'équilibre cosmique car un grand héros s'élève pour l'équilibrer. Ceci aidera à faire tomber le tyran et à rétablir l'équilibre de l'univers d'une manière qui est harmonieuse avec la source centrale de spiritualité.

D: Est-ce que ce sera un dirigeant d'un autre pays ?

B: Non, pas d'un autre pays. Un meneur se lèvera qui sera généralement acclamé et reconnu par de nombreux pays qui ne sont pas sous la coupe de l'Antéchrist, mais qui luttent contre lui. Ce responsable sera probablement issu d'un mouvement clandestin. Il y a toujours un ou plusieurs mouvements clandestins pour aider les gens à combattre les tyrans de l'intérieur. Dans l'un des pays qu'il conquiert, ils auront un mouvement clandestin très bien organisé. Et ce chef surgira de cette organisation. Il dit que lorsque le conflit arrive à sa fin et qu'"Ogmios", le grand meneur des forces du bien, affronte l'Antéchrist, ce sera dans cette région d'Eurasie près de Constantinople. Comme il l'a dit, dans cette zone où vous êtes en quelque sorte en Europe mais aussi en Asie. Il dit que ce leader viendra à l'origine de quelque part en Europe centrale. Cet homme est très bien préparé spirituellement à assumer cette tâche, car son adversaire sera très puissant avec des forces spirituelles négatives autour de lui. Et Ogmios devra être bien armé pour la bataille, sur tous les plans.

J: Sera-t-il de tendance religieuse ou scientifique ?

B: Il sera du peuple. C'est un homme qui aura travaillé pour monter dans les rangs, pour ainsi dire. Il est parti d'un milieu simple et ce qu'il a atteint, il l'a obtenu en travaillant honnêtement. Il a une certaine formation technique. La principale compétence sur laquelle il s'appuie est son sens pratique. Il est capable d'aller à la racine des choses. C'est une vieille âme et ses priorités sont claires. Il sait ce qui est important et ce qui ne l'est pas pour le résultat final. Et il est l'un de ceux qui aideront à ouvrir la voie au grand génie qui viendra après l'Antéchrist. Car cet homme réalise qu'il n'est pas celui qui mènera le monde vers une ultime paix. Mais il est celui qui aidera à faire tomber celui qui veut détruire le monde afin de laisser la place à celui qui guidera le monde vers la paix ultime.

Des recherches ont révélé qu'Ogmios est l'équivalent celtique d'Hercule. Cité dans "Mythologie de toutes les races", volume 3 : "Un dieu gaulois, Ogmios est représenté comme un vieil homme, au crâne chauve, à la peau ridée et brûlée par le soleil, mais possédant les attributs d'Hercule. Il attire une multitude par de magnifiques chaînes d'or et d'ambre attachées à leurs oreilles, et elles le suivent avec joie. L'autre extrémité des chaînes est fixée à sa langue, et il tourne vers ses captifs un visage souriant. Ce dieu indigène de l'éloquence était regardé comme Hercule, parce qu'il avait accompli ses exploits par l'éloquence ; il était vieux, car c'est dans la vieillesse que la parole se manifeste le mieux ; les chaînes indiquaient le lien entre la langue de l'orateur et les oreilles des auditeurs enchantés.". Les Celtes croyaient que l'éloquence était plus puissante que la force physique.

Cette description pourrait convenir. Si l'Antéchrist a une telle langue d'or qu'il est capable de conquérir des pays sans combat, alors son adversaire doit être aussi doué. L'éloquence serait une condition principale. Comment Ogmios pourrait-il gagner des adeptes autrement ?

Quand Brenda a posé les cartes de Tarot pour trois des personnages encapuchonnés assis autour de la table en forme de perle, il en restait un à interpréter. C'était la main d'Ogmios, la Némésis de l'Antéchrist.

B: (Elle étale les cartes.) En commençant par le Fou droit qui cache partiellement un As de Bâton droit, la carte suivante est un Chevalier de Coupes droit qui est partiellement obscurci par Le Jugement droit. Puis la Roue de la Fortune verticale entièrement exposée et enfin le Soleil droit également entièrement exposé.

D: (Rire) Je viens d'avoir une inspiration quand vous avez dit le Fou. Il faudrait qu'il soit fou pour aller contre l'Antéchrist.

B: (Rire) L'éternel optimiste.

J: Je ne voyais pas le fou de cette façon. (La carte montre un homme prêt à sauter du bord d'une falaise.) Ici nous voyons deux chemins, et c'est à nous de nous assurer que nous prenons le bon. Parce que si nous prenons le mauvais chemin, le rideau tombe.

D : Vous pourriez tomber de cette falaise.

J : Oui, et nous devons avoir la foi et faire confiance à notre être spirituel intérieur. L'As de Bâtons représente la naissance de nouvelles entreprises. Il y a un bâton avec des boutures, et je vois toujours les bâtons et les baguettes comme des boutures fleuries, comme issus d'une plante.Vous les mettez dans un bon milieu et ils fleurissent. Ici, cela montre que si vous mettez cette personne dans un bon environnement, elle va vraiment s'épanouir et devenir un chêne d'une grande force.

D : Alors il prendra le bon chemin si l'As des Bâtons se trouve au-dessus du Fou.

J : Le Chevalier de Coupes est une carte qui représente un romantique ou un idéaliste. Quelqu'un qui essaie toujours de voir le meilleur chez les autres. C'est une bonne carte. J'aime le Chevalier de Coupes. La seule chose qu'ils doivent faire est de vraiment se surpasser. Ils doivent être poussés. La carte suivante est celle du Jugement droite. Elle représente un réveil, un changement de conscience, un nouveau sentiment spirituel. Il devra se sentir comme ça s'il doit affronter l'Antéchrist.

B : Il cache partiellement le Chevalier de Coupes.

J : Eh bien, le Chevalier de Coupes représente le fait qu'en faisant confiance à ses valeurs et objectifs spirituels. on peut atteindre tout ce que l'on veut. Et le Soleil bénit tout cela. Le Soleil est une carte merveilleuse à avoir dans une lecture parce que car il représente le fait de laisser le passé derrière soi, de se souvenir des bonnes choses du passé, mais être vraiment excité par la nouvelle vie magnifique que l'on mènera dans le futur. Et puis la Roue de la Fortune droite représente que c'est le destin. Je considère toujours la Roue de Fortune comme le destin. Quand je vois des cartes de l'Arcane majeur dans une lecture, je dis toujours que ces travaux ne sont pas tellement causées par l'individu lui-même, mais par le destin ou le karma. Sa lecture semble bonne. Il va devoir se surpasser. Ce ne sera pas facile. Il est probablement au stade du Chevalier des Coupes dans sa vie maintenant.

B : Je trouve intéressant que de toutes les cartes que j'ai étalées ce soir, celle-ci est la seule main où les cartes sont toutes droites. Les autres avaient beaucoup de cartes inversées.

Encore une fois, tout cela est assez étonnant. Il n'y a aucune chance que quelqu'un ait pu assembler tout ça sans réfléchir et que ça s'agence aussi parfaitement.

SIÈCLE V -24

Le regne & lois souz Venus eslevé,
Saturne aura sus Jupiter empire
La loi & regne par le Soleil levé,
Par Saturnins endurera le pire.

Le royaume et la loi élevés sous Vénus,
Saturne dominera Jupiter.
La loi et l'empire élevés par le Soleil,
Subiront le pire à travers ceux de Saturne.

B: Il dit que cela fait référence à l'organisation dirigée par celui qu'il a appelé "Ogmios". Cette organisation survivra aux pires des périodes troublées et servira de base aux futurs gouvernements après que l'Antéchrist ait été terrassé. Il dit que la gloire et la nature positive du soleil seront derrière Ogmios et l'aideront à traverser le pire. Ogmios est un homme de grande stature. Il sera une sorte de bourru, une personne très directe. Cet homme fait un bon ami mais il dit que vous ne le voudriez pas comme ennemi. Voilà pourquoi il fait un si bon adversaire pour l'Antéchrist. Ce sera un homme droit, aux principes et à la morale solides. Ces principes sont les siens et ne sont pas influencés par la religion. C'est pourquoi c'est lui qui provoquera la chute de l'Antéchrist, car cet homme est un leader et aura une organisation sous ses ordres pour l'aider dans sa quête. Mais il dit qu'il ne voudra pas avoir un anneau dans son nez.

SIÈCLE II -85

Le vieux plain barbe soubs le statut severe,
A Lyon faict dessus l'Aigle Celtique,
Le petit grand trop autre persevere,
Bruit d'arme au ciel: mer rouge Ligustique.

Sous l'autorité sévère du vieil homme à la barbe flottante,
A Lyon, il est placé au-dessus de l'aigle celtique.
Le petit grand persévère trop loin ;
Bruit d'armes dans le ciel, la mer ligurienne est rouge.

B: Il sauve le petit grand fait référence à Ogmios parce qu'il est petit, en ce sens que ses forces seront petites et ses ressources seront petites. Il fera partie de la clandestinité et se débrouillera avec ce qu'il pourra. Mais il est grand parce qu'il ira jusqu'à la victoire et finira par vaincre l'Antéchrist.

D: Qu'est-ce que " le vieil homme à la barbe naissante " ?

B: Il dit que le vieil homme à la barbe flottante placé au-dessus de l'aigle celtique représente la distorsion des valeurs qui atteindra son paroxysme à cette époque. Le vieil homme à la barbe flottante est un symbole représentant la religion déformée. Une religion qui est fondamentalement, comme vous le dites, fondamentaliste. C'est comme un vieil homme sévère qui tient un épais bâton en bois de chêne au-dessus de ses adeptes, pour s'assurer qu'ils ne dépassent pas les bornes. Et l'aigle celtique représente l'honneur, le courage, et la loyauté envers son pays, des choses de cette nature. L'un des problèmes majeurs de cette époque sera ceux causés par des personnes ayant une vision déformée du monde, les adeptes des diverses religions fondamentalistes, pas seulement chrétiennes, mais également musulmanes.

D: J'espère que nous arriverons finalement à un quatrain qui raconte ce qui se passe entre Ogmios et l'Antéchrist.

B: Il dit que ce sera une chose longue, graduelle et difficile.

D: Vous voulez dire la bataille ou autre ?

B: La guerre.

D: Mais quelque part dans ces quatrains se trouve le point culminant de ce qui se passe réellement entre eux deux ?

B: Il dit, pourquoi pensez-vous que les deux ne se rencontreront jamais personnellement ?

D: Je supposais.

B: Il dit que les suppositions sont dangereuses.

D: Nous appelons Ogmios la Némésis de l'Antéchrist. Est-ce que c'est correct?

B: Assez proche.

SIÈCLE IX -73

Dans Foix entrez Roi ceiulee Turban:
Et regnera moins revolu Saturne,
Roi Turban blanc Bisance cœur ban,
Sol, Mars, Mercure pres de la hurne.

Le roi entre dans Foix en portant un turban bleu :
Il règnera pendant moins d'une révolution de Saturne,
Le roi au turban blanc : il sera banni à Byzance.
Soleil, Mars et Mercure près du Verseau.

B: Il dit que l'Antéchrist prendra le contrôle de l'Europe et ensuite commencera à prendre le contrôle du monde avec l'idée d'établir une sorte de dynastie. Cette personne, en raison de son origine culturelle, est très consciente de l'influence que peut posséder des familles plutôt qu'une influence par certains individus. Lorsqu'une famille est puissamment placée, elle peut avoir un effet majeur sur le cours de l'histoire. Comme il aime le jeu du pouvoir et qu'il est obsédé par ça, l'un des jeux de pouvoir ultime est pour lui d'être capable de le manipuler à travers une longue période de temps grâce à l'influence de sa lignée familiale. Cependant, cela ne se produira pas, car il sera renversé par Ogmios et alors le grand génie viendra pour équilibrer les forces, les énergies, et pour guérir la Terre.

D: "Qui est l'Antéchrist, le turban bleu ou le turban blanc ?

B: Le bleu. Le turban blanc fait référence au grand génie.

D: Il est dit que celui qui a le turban bleu régnera pendant moins d'une révolution de Saturne.

B: Il dit que c'est très clair, pourquoi êtes-vous perplexe ? Il vient juste de terminer d'expliquer que l'Antéchrist veut établir un règne de pouvoir pour une longue période de temps, mais il ne durera pas aussi longtemps que ce qu'il l'aurait souhaité. Ce sera très temporaire. Il dit que c'est comme de faire un feu avec de l'herbe - il se consume très rapidement.

D: Eh bien, ils disent que 29,5 années seraient la révolution de Saturne.

B: C'est vrai.

D: Je pense que dans un autre quatrain il a mentionné que la guerre de l'Antéchrist durerait 27 ans. (SIÈCLE VIII -77, chapitre 14.)

B: Il dit que cet homme aura un effet sur l'histoire de la terre et qu'il sera sous les feux de la rampe, pour ainsi dire, pendant une période plus réduite de temps. Et pas pour la longue période de temps qu'il vise.

D: Alors ces signes astrologiques seront capables de nous donner des dates?

B: Il dit que si l'on a les cartes pour le millénaire suivant, cela vous donnera une idée du moment où le conflit prendra fin et où l'établissement d'un nouvel ordre mondial commencera, alors le grand génie pourra venir au premier plan.

Une autre indication de la durée du règne de l'Antéchrist, pour ainsi dire, a été donnée dans SIÈCLE II -10.

B: "Le siècle très senestre" (mentionné dans le quatrain) est le temps à venir, et inclut le temps qui le précède, aussi. Tout le 20e siècle en particulier, mais surtout depuis la Première Guerre mondiale, n'a pas été particulièrement pacifique. Il s'y réfère donc comme à une malfaisance. Et la période depuis la sconde Guerre Mondiale jusqu'à la fin de la période des troubles englobera elle-même presque un siècle.

Je crois que cela signifie que, puisque la Première Guerre mondiale a eu lieu à la fin des années 1930 et au début des années 40, la fin du temps des troubles se produira dans les années 2030 ou 2040, plus ou moins.

B: Il souligne à nouveau l'importance d'obtenir ces quatrains traduits. Il dit qu'ils doivent être traduits. L'information doit être présentes dans cette ligne temporelle, même si elles ne sont présentes que sous forme de manuscrit. Tant que c'est présent sous une forme ou une autre, c'est très important. Il ne peut pas être plus clair à ce sujet pour le moment.

Chapitre 23

Au Lendemain de la Troisième Guerre

SIÈCLE II -44

L'aigle pousée entour de pavillons,
Par autres oiseaux d'entour sera chassée:
Quand bruit des cymbees tube & sonaillons
Rendront le sens de la dame insensée.

L'aigle refoulé autour des tentes,
sera poursuivi par d'autres oiseaux autour de lui :
Quand le son des cymbales, trompettes et cloches
redonneront un sens à la femme insensée.

B: Il sait que cela fait référence à certaines des défaites que les États-Unis subiront en combattant l'Antéchrist. Il dit que cela fait également référence à la détérioration de la situation politique à l'intérieur des États-Unis, avant et pendant la période des troubles. Mais après la fin de celle-ci, les gens célèbrent leur victoire et leur liberté. Cette célébration réveillera en eux aux États-Unis le concept qui est incarné par la Statue de la Liberté. Le concept de liberté, de droits et autres qui sont morts à cause de la situation de guerre et de l'Antéchrist. Ils reviendront à la vie, les gens auront à nouveau leurs droits. et les choses seront bien meilleures qu'elles ne l'étaient avant.

SIÈCLE VI -24

Mars & le sceptre se trouvera conjoinct,
Dessoubz Cancer calamiteuse guerre:
Un peu apres sera nouveau Roi oingt,

Qui par long temps pacifiera la terre.

Mars et le sceptre seront en conjonction,
Une guerre calamiteuse sous le règne du Canccr :
Peu de temps après, un nouveau roi sera oint,
qui apportera la paix sur la terre pour une longue période.

B: Il dit qu'il utilise certains de ces signes astrologiques ici comme allégorie plutôt que comme des indications spécifiques sur des périodes dans le temps. Mars et le sceptre en conjonction font référence à un dirigeant - il pense à un président américain - qui est particulièrement avide de guerre. Le signe du Cancer s'applique de plusieurs façons à la manière dont les événements se succèdent pour qu'une guerre soit propice. Il dit que quelqu'un sous une forte influence du Cancer sera le pivot de la mise en place de ces événements pour la guerre. L'un des dirigeants aura une forte influence du Cancer dans son horoscope.

D: Le leader américain ?

B: Non, pas nécessairement. Certains des événements majeurs de cette guerre se dérouleront pendant que le soleil régnera dans la maison du Cancer. Il dit qu' après que cette guerre ait eu lieu, les gens seront fatigués de la guerre et éliront un autre président. Un nouveau roi sera oint qui veut la paix et qui travaillera pour elle. Et il y aura la paix pour une certaine période de temps après. Il y a une façon de relier les planètes aux autres constellations qui ne sont pas nécessairement des constellations du zodiaque. Il dit que si vous voulez réduire une période de temps, recherchez une conjonction de Mars en relation favorable avec Cassiopée et avec Mercure en aspect favorable aux Gémeaux et au Cancer. Il dit que cela peut aider l'astrologue ou le déconcerter. Mais il doit garder un esprit ouvert et flexible et être prêt à expérimenter. Il doit suivre sa voix intérieure et si une idée lui vient qui semble absurde, il doit quand même y prêter attention.

Cassiopée n'est pas une des constellations zodiacales. Elle est située près de Polaris, l'étoile polaire. On aurait dit que Nostradamus faisait passer à John un test pour voir s'il serait capable d'utiliser son intuition pour déchiffrer les significations étranges des symboles dans les quatrains. Peut-être qu'il pensait que si John était capable de comprendre ça, alors il serait la personne avec laquelle je travaillerais. Bien sûr, tout cela n'avait aucun sens pour moi.

D: Ils ont traduit le sceptre comme signifiant Jupiter et ont dit que Mars et Jupiter seraient en conjonction et ils ont trouvé une date à partir de ça.

B: Quelle date ont-ils trouvée ?

D: Ils ont dit que ce serait au début du Cancer, c'est à dire le 21 juin 2002.

B: (Pause) Il dit que cela pourrait être proche. Ce sera toujours pendant la période où l'union américaine est puissante. La force de l'union américaine diminuera dans le futur, mais ce sera avant cette date.

Plus tard, quand j'ai demandé à John de déchiffrer ce quatrain, il a dit qu'il avait compris la référence à Cassiopée. Voici son interprétation :

Cassiopée est une constellation circumpolaire proéminente vue depuis des latitudes moyennes de la Terre. "Pour les anciens, Cassiopée représentait une reine sur son trône. En termes astrologiques, elle se trouve près des premiers degrés du signe du Taureau. Ses significations sont les suivantes : chagrins d'amour, sérieuse en apparence mais aimant s'amuser, préférences mystiques, négativité positive, célébrité à travers l'aide des supérieurs, et enfin (mais peut-être important pour le quatrain) des pouvoirs démoniaques. Lorsqu'elle est en conjonction avec Mars, elle représente une capacité innée de s'élever en influence. Des adversaires déterminés mais imprévisibles pourraient déloger cette ascension. Des difficultés juridiques et une possibité d'autodestruction sont indiquées puisque Cassiopée se trouve à l'opposé du pôle Nord céleste de la Grande Ourse, qui pourrait également figurer dans la prédiction de Nostradamus. L'étoile principale de la Grande Ourse, Alioth, influence comme un esprit vif, ingénieux, conservateur, studieux et craintif. Peut-être que ceux-ci décrivent les natures des participants du quatrain. Mars est en conjonction avec Cassiopée au moins une fois tous les 2 à 3 ans. Pour être en bon aspect avec les Gémeaux et le Cancer, il faudrait qu'elle soit dans les 3 premiers degrés du Taureau. Cela formerait un semi-sextile par rapport aux planètes en Gémeaux et un sextile avec les planètes en Cancer. Mars et Jupiter ne doivent pas nécessairement être en conjonction avec le Cancer. Au lieu de cela, Mars et Jupiter pourraient être dans le premier degré du Taureau, en conjonction avec Cassiopée et créant des sextiles ou des échanges bénéfiques avec les planètes du Cancer et des Gémeaux. Mars et Jupiter seront en conjonction en Taureau du 24 mars 2000 au 16 avril 2000. Serait-ce l'époque à laquelle Nostradamus faisait référence ?

SIÈCLE IV -29

Le Sol caché eclipse par Mercure,
Ne sera mis que pour le ciel second:
De Vulcan Hermes sera faicte pasture,
Sol sera veu pur, rutiland & blond.

Le Soleil caché, éclipsé par Mercure,
ne sera placé qu'en second dans les cieux :
Hermès deviendra la nourriture de Vulcain,
Le Soleil sera vu pur, brillant et doré.

B: Il dit que dans ce quatrain il utilisait le soleil et Mercure/Hermès et Vulcain en tant que symboles d'aspects supérieurs pour essayer d'illustrer le grand dessein qui émane du centre de la roue pendant la période de troubles et le temps de cicatrisation qui s'en suivra. J'ai utilisé le terme "le centre de la roue" à cause de l'illustration qu'il essaie de me montrer, que je vais expliquer dans une minute. Il utilise le soleil pour représenter la puissance globale de l'univers d'où tout provient. Il utilise Mercure pour représenter les aspects matérialistes de la technologie. Il utilise Hermès, en relation avec Mercure, pour représenter aussi la technologie moderne appliquée à la communication. Et il utilise Vulcain, signifiant celui qui s'occupe du feu, pour représenter la guerre dans ce contexte, ou ceux qui ont affaire avec les armes de guerre et donc traitent avec le feu. Il a utilisé cette phrase, "le soleil caché", pour représenter le fait que le monde s'est déconnecté de sa source. Les gens ne sont pas conscients de la source d'où ils ont jailli et donc ils recherchent l'épanouissement et le bonheur dans d'autres domaines et n'y parviennent pas. Ils pensent qu'il se trouve dans la technologie moderne. Il a ainsi déclaré que le "soleil étant éclipsé par Mercure." Il dit qu'il est maintenu seulement une seconde, ce qui signifie que ce qu'ils obtiennent en premier serait le plaisir et le bonheur personnels. Et ils essaient de trouver le bonheur à travers la technologie, se séparant ainsi eux-mêmes de la source centrale de l'univers. Mais pendant la période des troubles, les horreurs de la guerre et des effusions de sang - les pouvoirs de Vulcain, dans d'autres mondes - les amèneront à réaliser que la technologie ne contient pas la réponse au bonheur, qu'il a énoncé par Mercure en étant consumé par Vulcain. A la fin de cette période de troubles, quand le temps de la renaissance viendra, les gens seront ramenés vers la source. Ils réaliseront d'où ils viennent et où ils vont. C'est à ce moment-là que le temps de la guérison aura lieu. Les gens deviendront plus matures spirituellement et seront capables de se guérir eux-mêmes et de guérir le monde, et se prépareront à rejoindre la communauté des Gardiens.

D: Quelle est la symbologie de l'image de la roue ?

B: Dans l'image qu'il m'a montrée, c'est comme une roue avec un moyeu central et les rayons qui rayonnent vers l'extérieur. Je ne suis pas sûre mais il semble que le moyeu de la roue représente la source d'où tout vient, et les rayons qui rayonnent vers l'extérieur indiquent les canaux du pouvoir. Chaque espace entre les rayons semble différent. Vous savez que sur le plan physique, quand on regarde entre les rayons d'une roue, on voit l'arrière-plan qui se trouve derrière la roue, mais sur cette roue, l'arrière-plan est différent entre chaque paire de rayons. Il semble représenter les différentes influences que les différents aspects ont sur la situation et les diverses issues possibles résultant des influences plus ou moins fortes de ces différents pouvoirs.

D: Je peux voir la difficulté que vous auriez à traduire un concept comme celui-là. Cela semble très compliqué.

B: C'est déroutant pour moi. Et je ne suis pas sûre de ce que le pourtour de la roue représente dans ce symbolisme.

J: Cela ressemble presque à l'image d'une roue d'horoscope. Le soleil pourrait représenter, comme vous l'avez dit, la source. Mais, avec chacune des maisons qui représente un département ou un domaine différent dans la vie. Peut-être que c'est une réflexion de quelque chose de similaire dans le spirituel ou les niveaux supérieurs.

B: Je sens que vous pourriez avoir raison. Ce que vous dites me semble juste. Michel de Notredame acquiesce. Il dit que ce concept est correct. Il s'agit d'appliquer le concept de la roue de l'horoscope, ou quel que soit son nom aux plans supérieurs, le côté spirituel de la situation qui se présente.

SIÈCLE II -87

Apres viendra des extremes contreés,
Prince Germain, dessus de throsne doré:
La servitude & eaux rencontrées,
La dame serve, son temps plus n'adoré.

Ensuite, il viendra d'un pays lointain,
un prince allemand sur le trône d'or :
La servitude rencontrée par-delà les mers,
La dame subordonnée, dans le temps plus adorée.

B: Il sait que cela fait référence à deux événements différents. L'un est un événement qui a déjà eu lieu il y a environ 350 ou 400 ans. L'autre interprétation de ce quatrain est une déclaration sur la société en général, incluant son époque et votre époque. Il dit "la dame n'est plus adorée", ce qui fait référence au fait que l'aspect féminin de la divinité a été négligé, méprisé et ignoré. Et quand le temps de la paix viendra après l'Antéchrist, ce manque sera comblé. Car dans les premiers temps, l'aspect féminin de la divinité était vénéré. L'aspect masculin était également adoré, mais comme étant subordonné à l'aspect féminin de la divinité. Puis, l'ère patriarcale est apparue, et l'aspect masculin de la divinité a été vénéré, l'aspect féminin de la déité étant totalement ignoré, méprisé et rabaissé. Ce que la société devra accepter et être capable de gérer, c'est que la déité est à la fois masculine et féminine, ni masculine ni féminine. Ils doivent être en mesure de traiter tous ces aspects de la déité de manière équilibrée, afin de développer une vision universelle plus harmonieuse.

D: Je pensais qu'à son époque c'était une déité masculine avec la domination de l'église catholique. Mais il fait référence à la façon dont tout a commencé ?

B: Il dit de déboucher vos oreilles. Si vous écoutez ce qu'il dit, il dit qu'en son temps et également en votre temps, c'est une divinité masculine. Mais il dit qu'au début, dans l'histoire ancienne, c'était une divinité féminine. Il dit qu'il est consterné par votre manque d'éducation, mais peut-être que les recherches que vous êtes en train de faire en relation avec ce livre aideront à compenser ce manque. Il est surpris que les classiques ne soient pas couverts par le système éducatif. Il considère cela une grande perte.

D: *Eh bien, cela fait 1500 ans ... Je suis désolée, 400 ans depuis son époque.*

B: Il dit que, oui, il y a eu 1500 ans ou plus depuis les temps anciens jusqu'à votre époque, mais juste une génération avant la votre, les classiques ont été couverts dans l'éducation, puis ont été négligés après la Première Guerre mondiale. Il dit que c'est une grande perte pour la civilisation occidentale dans son ensemble.

Cela semblait être une pomme de discorde constante entre Nostradamus et moi, et cela a continué tout au long de mon travail avec lui. Il ne pouvait pas comprendre la négligence de nos écoles à ne pas enseigner ces choses, car à son époque, c'était considéré comme la marque d'une éducation supérieure. Il n'avait aucun moyen de savoir à quel point l'attention s'est détournée de ce qui est l'histoire vraiment "ancienne".

Cela peut également expliquer les problèmes des traducteurs dans la compréhension de ses quatrains. Nous les regardons tous avec notre cadre d'esprit et notre éducation modernes ; ainsi, nous ne pouvons pas voir les subtilités de son éducation qui bien évidemment colorent le symbolisme qu'il a incorporé dans ses énigmes.

SIÈCLE I -29

Quand la poisson terrestre & aquatique
Par forte vague au gravier sera mis,
Sa forme estrange suave & horrifique,
Par mes aux mure bien tost les ennemis.

Quand le poisson qui voyage à la fois sur terre et sur mer
est rejeté sur le rivage par une grande vague,
sa forme est étrangère, lisse et effrayante.
De la mer, les ennemis atteignent bientôt les murs.

B: Il dit que l'interprétation de ce quatrain peut ne pas être prise au sérieux par ceux qui la lisent. Le poisson qui vole au-dessus de la terre et de la mer - il dit que ce qu'il trouve dans l'esprit de ce véhicule qui correspond à ce qu'il voyait est ce concept connu sous le nom d'OVNI. Après la période de conflit, il y aura un contact beaucoup plus étroit avec les puissances derrière ces vaisseaux. L'un d'eux se dirigera vers une base sous-marine qu'ils ont établie, dysfonctionnera et sera rejeté sur le rivage.

D: Ont-ils des bases sous la mer ?

B: C'est ce qu'il a dit. Sur le fond de la mer.

D: "De la mer, les ennemis atteignent bientôt les murs." Fait-il référence aux personnes dans les OVNIs comme étant l'ennemi ?

B: Oui, les gens les perçoivent ainsi parce qu'ils sont effrayés.

D: Mais ils ne sont pas vraiment des ennemis, n'est-ce pas ?

B : Certains le sont et d'autres non.

D: Vous m'avez déjà parlé des Autres et des Gardiens. Est-ce que c'est un autre type ?

B: Il dit qu'il y a plus d'un groupe de Gardiens où ils se trouvent. Certains veulent le bien de l'humanité et d'autres ont des motifs plus égoïstes en tête.

SIÈCLE II -19

Nouveau venus lieu basti sans defence,
Occuper la place par lors inhabitable:
Prez, maisons, champs, villes, predre à plaisance,
Faim Peste, guerre, arpen long labourable.

Les nouveaux arrivants construiront un lieu sans défenses,
occupant un lieu jusqu'alors inhabitable.
Les prés, les maisons, les champs, les villes seront pris avec plaisir.
Famine, peste, guerre, vastes terres arables.

B: Cela fait référence à un événement qu'il appelle une révolution "verte". Il dit qu'après l'Antéchrist, les gens voudront se tourner vers la paix. Ils voudront retourner à la terre, reprendre contact avec les bases de la vie, et il y aura de nouveaux styles de vie développés et explorés. Il dit qu'il y avait un soupçon de cela dans la révolution sociale américaine du début des années 70. Les gens vont développer des systèmes de familles élargies pour se soutenir parce qu'il faudra un certain nombre d'années pour qu'ils puissent développer un groupe de personnes plus large que la famille nucléaire pour construire de nouvelles communautés, en de nouveaux lieux. Et ils en construiront pour que tout le monde puisse être en contact avec la terre. Ils seront très conscients de l'écologie. Ils feront tout ce qu'ils peuvent pour aider à guérir la terre et à introduire ce nouvel âge qui viendra après l'Antéchrist. Ils vont récupérer des terres et les rendront aptes aux cultures. Des terres qui ont été soit gaspillée, mal utilisée, ou incapable d'être utilisée pendant toutes ces années. Et puisque tout le monde se tourne vers la paix, la construction de défenses ne sera plus nécessaire.

D: *Une chose qui me perturbe. La dernière ligne dit, "Famine, peste, guerre, terres arables étendues." Est-ce que cela fait référence à la guerre qui est déjà arrivée ?*

B: Oui. Et "vastes terres arables" fait référence à la reconstruction qu'ils vont faire. Ils vont démolir les villes pour faire plus de place à l'agriculture. Il dit que ce sera l'inverse de la tendance du 20ème siècle qui consistait à bétonner les terres agricoles pour faire place aux villes. Au 21ème siècle, la tendance sera dans l'autre direction, le démantèlement des villes pour exposer plus de terres cultivables à la lumière du soleil.

D: *Je pensais que cela signifiait peut-être qu'ils se battraient entre eux pour le territoire.*

B: Non, parce que tant de gens auront été tués pendant le temps de l'Antéchrist, il n'y aura plus autant de population sur la Terre. Il y aura assez de terres pour tout le monde. Les gens seront si fatigués de la guerre qu'en arrivant dans un endroit où ils manquent de terres, au lieu de se battre pour celles qui s'y trouvent, ils créeront plus de terre pour que tous puissent avoir l'abondance.

Le premier vers du quatrain semblait contredire cette interprétation. "Les nouveaux arrivants construiront un lieu sans défenses, occupant un lieu habitable jusqu'alors." Mais je crois qu'il s'agit d'une innocente erreur de traduction ou peut-être une erreur d'impression. J'ai consulté un dictionnaire français et j'ai trouvé que "inhabitable" dans l'original se traduit par "inhabitable" en anglais. Ce qui est intéressant, c'est ce que j'ai lu dans la traduction anglaise à

Brenda. Nostradamus a ignoré l'erreur car il connaissait la signification correcte de ce qu'il voyait. Un autre exemple que nous sommes réellement en contact avec l'auteur de ces prophéties.

Chapitre 24

Le Grand Génie

SIÈCLE IV -31

La Lune au plain de nuict sur le haut mont,
Le nouveau sophe d'un seul cerveau l'a veu:
Par ses disciples estre immortel semond,
Yeux au midi, en seins mains corps au feu.

La lune, au milieu de la nuit, au-dessus de la haute montagne,
Le jeune sage, seul avec son cerveau, l'a vue.
Invité par ses disciples à devenir immortel,
Ses yeux vers le sud, ses mains sur sa poitrine, son corps dans le feu.

B: Il va expliquer cela en prose ce qui signifie que les explications des lignes ne seront pas nécessairement dans l'ordre où elles ont été écrites. Il dit que dans le futur, il y aura cet homme, qui sera l'un des plus grands, des plus développés génies jamais apparus dans notre actuelle histoire de l'homme. Il dit que cet homme bon a pris la décision d'utiliser son génie pour aider plutôt que de faire du mal à l'humanité, donc il est toujours en train d'inventer et d'imaginer des choses qui aideront l'homme. Comme c'est un tel génie, il y a beaucoup de gens qui étudient avec lui pour essayer de comprendre la grande source d'idées qui sortent de lui. Une des choses qu'il envisage pour aider à soulager les misères de l'humanité sur terre sont des station spatiales autonomes, et autosuffisantes. Elles seront comme des colonies spatiales et seront assez grandes pour être vues depuis la Terre comme des petites lunes. Il envisage cela pour aider à soulager la pauvreté, la surpopulation et autres choses de cette nature qui pourraient être atténuées s'il y avait plus d'espace et des ressources énergétiques bon marché disponibles pour l'humanité en général. Ces stations qu'il visualise seront pratiques à construire. Il les envisage d'une manière telle que la technologie de l'époque serait facilement en mesure de les construire. Et la façon dont il présente les idées est attrayantes pour les politiciens ainsi que pour les scientifiques, et il réussit donc à faire avancer les choses. En corollaire à ce développement, une autre chose qu'il envisage est un moyen de transplanter une partie de son génie et de ses connaissances dans une sorte d'ordinateur organique qui serait toujours là pour servir l'humanité après que son corps ait vieilli et soit mort. Il le développe à un point le plus haut possible pour transférer son génie, ou plutôt dupliquer son génie et son savoir, donc il les a toujours mais ils sont aussi dans cet ordinateur organique. C'est le sens des lignes "ses yeux pointant vers le sud, ses mains sur le haut de la poitrine, son corps dans le feu." Pour une partie de ce processus, il doit être englouti par une pièce particulière de la machine médicale qui envoie de l'énergie le long de tous ses nerfs pour stimuler le cerveau de manière à ce qu'il puisse projeter les parties essentielles de la psyché qui sont nécessaires pour cet ordinateur organique. Et la sensation en est comme le corps étant en feu.

D: C'est une traduction très étrange. Vous a-t-il montré des images mentales de ce à quoi ressemblerait cet ordinateur organique ?

B: Je ne vois rien. Je ne pense pas que nous ayons déjà ces concepts. La seule idée claire qui se dégage est que cet ordinateur organique sera essentiel dans le fonctionnement des colonies spatiales. D'une certaine manière, il les aidera à fonctionner à leur plus haut degré, mais je ne peux pas obtenir d'images de ce à quoi il ressemble.

D: Je suppose que je pense automatiquement que si quelque chose est organique, il doit être nourri et entretenu et...

B: Oui, les blocs de construction de cet ordinateur doivent être cultivés et développés en laboratoire. Vous connaissez l'expérience pour enfant où l'on fait pousser des cristaux en filaments à l'intérieur d'un verre scellé. C'est quelque chose de similaire mais en utilisant certains types de liquides avec certains composants chimiques, ce qui fait que cet ordinateur va grandir et se développer le long de certaines formations biologiques. Presque comme des chaînes de protéines, mais faites de telle manière qu'elles puissent être intégrées dans certains circuits informatiques.

D: Je pensais que si quelque chose était organique, cela pourrait mourir, pour ainsi dire.

B: C'est vrai. Cependant, la façon dont cela a été développé grâce au génie de cet homme, c'est auto-renouvelable comme les cellules de votre corps. Certaines des parties organiques vont éventuellement s'user et vieillir. Mais entre-temps, elles se seront répliquées, donc il y aura des parties organiques qui se détacheront de cet appareil mais il n'y aura pas de perte de connaissance parce qu'il s'auto-renouvellera continuellement. Il dit que les applications de cet ordinateur seront utilsées de plus en plus largement, au point de modifier totalement la technologie de l'humanité.

MISE A JOUR : Lorsque ce quatrain a été traduit en 1986, l'idée d'un ordinateur organique dépassait totalement mon entendement. Cependant, une découverte en 1991 a mis le concept dans le domaine de la plausibilité. Le problème avec les puces électroniques traditionnelles, les dispositifs microscopiques qui font fonctionner les ordinateurs, c'est qu'il y a une limite de leur fabrication concernant la taille de leur miniaturisation. Un groupe de chercheurs de l'université de Syracuse a déclaré qu'ils étaient désormais capables de stocker et de récupérer des informations à partir d'un minuscule bloc composé de la protéine "bacteriorhydapsin". Il s'agit d'une substance dérivée d'une bactérie que l'on trouve dans les marais salants. Ils affirment que six petits cubes de ce matériau, mesurant chacun à peine un centimètre de côté, pourraient stocker la totalité de la bibliothèque du Congrès. Il faudra probablement de nombreuses années avant que l'industrie informatique puisse mettre cette découverte en pratique, mais il est certain que c'est organique si c'est dérivé d'une bactérie. Cela pourrait être la substance, ou quelque chose de similaire et tout aussi fantastique, utilisée dans les ordinateurs à l'époque du Grand Génie.

D: Ce sera apparemment quelque chose qui se produira dans un futur lointain.

B: Il envisage le 21ème siècle, peut-être le 22ème. Il dit que même si cela nous semble vraiment fantastique, ce ne sera pas aussi loin dans le futur que l'on pourrait le penser. En raison du génie de cet homme, il va accélérer le processus immensément dans le développement de choses qui nous semblent absolument fantastiques maintenant. C'était facile pour lui de repérer cet homme le long des chemins temporels, parce qu'il crée un effet final tellement important. Il est au carrefour des lignes temporelles. mais tout ce qu'il fait affectera les différents futurs le long desquels la Terre pourrait voyager. Donc, il était une lumière proéminente, c'est la façon dont il le décrit, il était une lumière vraiment proéminente dans le paysage du temps. Il dit qu'il est une personne avec de très grandes connaissances, et il a décidé d'appliquer sa remarquabilité à travers la science plutôt qu'à travers la philosophie, pour pouvoir aider l'humanité matériellement plutôt que mentalement. Il dit que cet homme est l'une des forces majeures qui aidera la Terre à se remettre de ses cicatrices causées par la guerre qu'elle aura traversée. Il aidera à guérir la Terre afin que l'humanité en général puisse être dans sa totalité, heureuse et vivre bien à nouveau. Il apparaîtra après l'Antéchrist. Cet homme sera capable de voir à quel point la Terre est meurtrie et comment pourrait-elle être guérie, et il décide d'y consacrer sa vie. Il est le principal antidote à l'Antéchrist.

D: C'est bien parce que l'Antéchrist semblait si définitif. Cela montre que nous avons de l'espoir pour le futur.

B: Il dit, oui, l'univers doit garder les choses en équilibre. Vous ne pouvez pas faire pencher la balance dans un sens sans qu'elle se rééquilibre dans l'autre. Et cet homme, en raison de la nature de son génie, fait en sorte que le plateau bascule pour qu'un bon phénomène se produise. Il va s'y appliquer de telle sorte que les choses s'équilibrent, s'égalisent, et soient meilleures dans tous les sens du terme.

D: La balance a penché dans un sens vers l'homme très mauvais et peut maintenant revenir vers le très bon. Je suis heureuse d'entendre cela. C'était vraiment déprimant.

B: Il dit que si elles allaient vers l'homme très mauvais et restaient là, elles seraient en déséquilibre et cela déchirerait cette partie du tissu de l'univers. Donc c'est impossible. Il pouffe à ce moment-là. Il dit : "Vous voyez, je ne suis pas toujours un prophète de malheur."

D: Oui, je l'ai accusé de ça, n'est-ce pas ? (Rires) Eh bien, cela me donne un peu d'espoir que peut-être tous ses quatrains ne seront pas moroses et pessimistes.

B: Il a tellement parlé du pessimisme et du malheur parce qu'il ne s'inquiète pas que l'humanité survive dans les bons moments. C'est une question de savoir si oui ou non, elle va survivre au pessimisme et à l'apocalypse. Et il essaie d'avertir les gens afin qu'ils soient préparés à y survivre. Alors ils seront là pour profiter des bons moments par la suite.

SIÈCLE I -56

Vous verrez tost & tard taire grand change,
Horreurs extremes & vindications:
Que si la lune conduicte par son ange,
Le ciel s'approche des inclinations.

Des trois signes d'eau va naître,
un homme qui célébrera le jeudi comme sa fête :
Sa renommée, ses louanges, son règne et son pouvoir grandiront,
sur terre et sur mer, apportant le trouble à l'Est.

B: Il dit que cela se rapporte au quatrain précédent sur l'homme qui est un génie. Il a déjà mentionné qu'après les horreurs de l'Antéchrist et autres, la balance devra pencher dans l'autre sens pour rééquilibrer les choses. La "lune qui s'approche, conduite par son ange", ce sont les colonies spatiales développées par ce génie. La façon dont ses ordinateurs sont organisés et développés en ordinateurs organiques sont guidés par lui et dirigés par lui, l'inventeur et le responsable de la recherche dans ce domaine. Grâce à ses efforts, les choses seront rééquilibrées et ramenées à la normale.

D: Alors souvent, quand il fait référence à une lune, il se réfère à ces colonies spatiales.

B: Il dit qu'avec les concepts qu'il avait dans son esprit et les mots qu'il connaissait, c'était le seul mot qu'il pouvait trouver. En communiquant avec vous comme ça à travers l'esprit de ce véhicule avec ses concepts technologiques plus avancés, il peut voir que c'était des colonies spatiales et des stations spatiales qu'il voyait.

D: Dans la première partie, il est dit "de grands changements, d'effroyables horreurs et vengeances." Ceux-ci viendront avant ?

B: Oui, il dit que les grands changements, les horreurs, et vengeances seront des créations de l'Antéchrist ainsi que la venue et la chute des gouvernements, des sectes et autres.

Quand je travaillais avec Elena, Nostradamus m'avait dit qu'un moyen de m'assurer que j'étais vraiment en communication avec lui à nouveau serait de faire un test, pour ainsi dire. Pour qu'il interprète un quatrain à travers quelqu'un d'autre qu'il avait déjà interprété avec Elena. Il a dit que si il l'interprétait avec des mots similaires, ça ne devait pas être mot pour mot, mais assez proche pour avoir le même sens, alors je saurais que j'étais à nouveau vraiment en contact avec lui.

Je n'avais vraiment pas besoin de preuves. Il m'avait déjà fourni suffisamment d'informations et de similitudes pour que je sache que ce ne pouvait pas être une coïncidence. Mais je savais que, pour le bien de mes lecteurs et des sceptiques. je devais probablement faire le test. J'avais délibérément hésité jusqu'à ce que nous ayons travaillé sur ce matériel pendant plusieurs semaines et traduit plus de 60 quatrains. Je suppose que le côté humain de ma personne ne cessait de repousser l'échéance. Et si les interprétations ne correspondaient pas ? Peut-être que ma foi dans ce projet serait ébranlée. Les preuves étaient, à mes yeux, accablantes. Mais que se passerait-il s'il ne pouvait pas passer le test ? Cela jetterait-il une ombre sur l'ensemble de l'expérience? Je savais que je devais prendre le risque. J'ai finalement décidé qu'il était temps de marcher sur la glace et de demander l'interprétation d'un quatrain qu'Elena avait précédemment interprété à travers Dyonisos. J'ai choisi le premier qu'elle avait trouvé toute seule, celui sur les découvertes bibliques cachées. Bien sûr, Brenda ne savait rien de ce que j'avais l'intention de faire. Quand elle était en transe, j'ai humblement expliqué la situation à Nostradamus.

D: J'espère que ça ne lui déplaira pas. Je vais faire un test. Est-il au courant du moment où je travaillais avec l'autre femme avant qu'elle ne déménage ?

B: Oui. Il dit qu'il y a eu une communication des plus étranges et merveilleuses par l'intermédiaire d'un de ses étudiants étrangers, le Grec.

D: Oui. Et c'était difficile parce que l'étudiant ne semblait pas comprendre une grande partie de ce qu'il me communiquait.

B: Il secoue la tête à ce moment-là et dit, "Ces Grecs peuvent être têtus et parfois ils se mettent en travers du chemin."

D: (Rire) Avant que l'autre femme ne parte, Nostradamus m'a donné quelques instructions et c'était l'une d'entre elles. Il m'a dit de faire un test, pour ainsi dire, si je trouvais un autre véhicule. Donc je ne veux pas qu'il se sente insulté.

B: Il dit, non, il est nécessaire de présenter ces vérités pour prouver que c'est une communication vraie et claire et non un canular. Il est important que cette information soit transmise, et qu'elle soit acceptée comme authentique. Si ce n'est pas le cas, tout cela n'aura servi à rien.

D: C'est vrai. Pour moi, il y a eu trop de soi-disant "coïncidences". La façon dont l'ensemble s'est si bien assemblé entre les deux différents véhicules, je ne peux pas y voir un canular. Mais cela m'inquiète aussi. J'y crois tellement que j'ai peur que l'on me prouve que c'est faux si je fais un test.

B: Il dit que ce serait une grande perturbation pour votre système de croyance.

D: Il y avait un quatrain qu'Elena a interprété à travers Dyonisos et là Nostradamus a dit qu'il me donnerait plus d'informations à ce sujet plus tard. Ile m'a dit que si j'évoquais à nouveau ce quatrain et qu'il disait les mêmes choses - similaires, mais pas dans les mêmes mots - je saurais que je suis en contact avec lui.

B: Il dit, oui, c'est vrai. Les mots seront similaires mais il sera capable de s'étendre davantage en utilisant le large vocabulaire disponible grâce à ce véhicule. Il dit, continuez s'il vous plaît.

D: Pendant ce temps, on lui a dit de méditer et d'essayer de comprendre les traductions, puis il les corrigeait. Les instructions ont changé depuis lors.

B: Il a donné des instructions différentes pour s'adapter aux différents véhicules.

D: Oui. Maintenant, je le fais à sa place. Je me demande si je dois lire son interprétation. A l'époque, il a dit qu'elle n'était pas totalement exacte et il l'a développée sur un point.

B: Il dit que pour le but de ce test, il serait mieux que vous lisiez simplement la traduction dans le livre et qu'il l'explique ensuite comme il l'a fait avec les autres. De cette façon, les gens ne pourront pas dire que le véhicule a entendu ce que l'autre personne avait à dire à ce sujet et pour que vous puissiez voir les parallèles, donc si en effet ils vont ensemble, cela prouvera que c'est une vraie communication.

D: Très bien. Alors je suis prête à faire le test aussi, si vous voyez ce que je veux dire. Ce quatrain était formulé différemment dans le livre qu'elle avait.

SIÈCLE VII - 14

Faux esposer viendra topographie,
Seront les cruches des monuments ouvertes:
Pulluler secte saincte philosophie,
Pour blanches, noirs, & pour antiques verts.

Il viendra exposer la fausse topographie,
Les urnes des tombes seront ouvertes.
La secte et la sainte philosophie prospéreront,
Le noir pour le blanc et le nouveau pour l'ancien.

J'ai pris une profonde inspiration et croisé les doigts, en espérant qu'il réussisse le test qu'il s'était imposé.

B: Il dit que c'est un autre quatrain qui a plus d'une interprétation. puisqu'il fait référence à plus d'un événement. Une interprétation fait référence à l'homme qui s'élèvera comme antidote à l'Antéchrist. Ce génie qui a été mentionné auparavant. La phrase "il exposera la fausse topographie" signifie qu'il montrera que par la façon dont les choses sont perçues, elles ont une fausse apparence. "Si les philosophies et les sciences ont été construites sur des prémisses erronées, elles construisent ainsi une image erronée de l'univers. Ce qu'il découvre et ce qu'il développe va aider les gens à se rapprocher de la véritable apparence de l'univers, de ce qu'il est réellement, comment il est réellement, en relation avec la force vitale qui imprègne tout. Il dit qu'une grande partie de cette connaissance affectera les philosophies religieuses, mais elles aideront aussi à expliquer les découvertes d'anciens documents qui avaient été mis de côté à cause de la façon dont les gens voyaient les choses. Il explique divers documents, tels que ceux trouvés dans certaines tombes d'Égypte et à Qumran, et divers autres documents qui seront trouvés seront également des exemples de cela. Ils seront reliés entre eux de manière cohérente pour expliquer les versions antérieures des grandes religions qui sembleront totalement à l'envers dans la façon dont elles ont été interprétées au fil des ans, apparaissant ainsi comme du noir pour du blanc. Il dit que les nouvelles interprétations basées sur la nouvelle compréhension d'anciens écrits qui étaient auparavant obscurs. auront tellement plus de sens pour les gens, qu'elles remplaceront l'ancienne façon, étroite d'esprit, de voir toutes choses. Il dit que cela provoquera un changement radical dans le monde, en particulier en ce qui concerne les questions de religion et de philosophie. Tout simplement parce que cette découverte qui est initialement imaginée comme une découverte scientifique sera plus métaphysique que ce que l'on aurait pu le croire au départ. Et elle mettra en évidence les liens entre l'univers physique et l'univers métaphysique tel que traité par les religions. Il dit aussi qu'un événement mineur auquel ce quatrain fait référence, est un événement qui a déjà eu lieu. Au début du 19ème siècle, un homme est entré en possession de documents égyptiens, datant de l'Antiquité et découverts dans des tombes. Et cet homme avait une forme de capacité psychique. Grâce à cela, il a donné une interprétation de ces documents qui était partiellement correcte et partiellement incorrecte. Mais il a utilisé cette interprétation de ces documents dans la fondation d'une nouvelle secte chrétienne. Certaines des croyances de cette secte étaient en désaccord avec les croyances dominantes de l'époque et rendaient les adeptes de cette secte très suspects. Car ils semblaient voir certaines choses à l'envers de ce que les théologiens de l'époque supposaient qu'elles devaient être sur la base de la Bible, puisque ces adeptes se basaient également sur les informations obtenues à partir de ces documents égyptiens. Il a simplement mentionné cela comme un événement mineur que ce quatrain décrivait également. L'histoire évolue en spirale.

Des semaines plus tard, je me suis rendu compte de qui il avait pu parler. Je crois qu'il voyait Joseph Smith et les débuts de l'église mormone dans les années 1800. Cette secte est supposée être basée sur la découverte d'anciennes écritures.

B : Mais l'événement majeur qu'il pensait plus important pour le bien-être de l'humanité était celui sur lequel il s'est le plus étendu - le premier événement qui n'a pas encore eu lieu de votre point de vue temporel, ce génie, l'antidote à l'Antéchrist. Les développements qu'il va faire et les effets qu'il aura sur le monde et sur la population en général seront ceux prédits par les personnes qui visualisent l'ère du Verseau. Il dit en conséquence, la paix mondiale sera imminente. Les gens seront en mesure de libérer leur moi intérieur et de s'ouvrir aux pouvoirs et niveaux supérieurs de l'univers. En effet, cela fera de chaque personne un philosophe car ils seront ouverts à toutes ces choses, alors qu'auparavant seuls les philosophes l'étaient. En conséquence, les sectes et religions qui embrassent ces vrais principes nouvellement découverts seront très répandues car les gens voudront se réunir et partager leurs expériences en explorant ces régions supérieures.

Il dit qu'il voulait s'assurer que c'était clair qu'il ne voulait pas dire que le génie allait découvrir les documents lui-même. Les documents auront été découverts par d'autres. Mais à travers les découvertes que cet homme fait concernant la structure de base de l'univers et la nature de Dieu, il est capable de donner un sens à beaucoup de choses qui n'avaient pas de sens auparavant. Et les élements vont s'assembler comme un tout.

Je pense que le plus remarquable est que de tous les quatrains du livre, il a aussi associé celui-ci à la découverte de documents anciens. Même si la formulation en était différente, je pense que le sujet était si proche, que je pouvais dire qu'il avait réussi le test.

B: Il dit que vous devez être celle en position de juger si l'interprétation est suffisamment proche pour être considérée comme une véritable communication. Lorsque vous utilisez deux véhicules différents, chaque véhicule contient ses propres perceptions du monde et ses propres concepts en matière de communication et de philosophie. Ainsi, certains des concepts peuvent être formulés différemment ou peuvent paraitre seulement similaires au lieu d'être semblables. Mais il dit qu'une partie du test consistait à cette détermination de l'existence d'une véritable communication, et qu'il accepterait ce que vous déciderez.

D: Nous avons également eu une troisième partie associée avec Dyonisos. A travers l'autre dame, il a dit que le quatrain traitait d'une découverte de quelque chose similaire aux manuscrits de la Mer Morte. Ils ont été découverts il y a environ 40 ans et ont révolutionné la pensée des gens en raison de la philosophie qu'ils contenaient. Dyonisos a dit qu'il s'agirait d'une découverte de quelque chose de nouveau touchant à la Bible ou dans cet ordre d'idée.

B: Il dit que si vous réécoutez dans votre appareil, vous verrez qu'il a effectivement mentionné des documents égyptiens et des documents à Qumran et d'autres n'ayant pas encore été découverts, ainsi que des documents similaires au Moyen-Orient.

D: Dyonisos a dit qu'il pensait particulièrement à ceux qui seraient découverts prochainement. Il allait me dire où ils seraient découverts et dessiner une carte de la région, mais il a ensuite décidé que d'autres personnes pourraient l'utiliser à des fins lucratives.

B: Oui, il dit que cela doit être évité. Même s'il utilise cette communication pour clarifier les quatrains, parfois certains secrets sont encore nécessaire dans certains domaines critiques.

D: Dyonisos n'a pas donné autant de détails ou une communication aussi claire à cause de l'époque durant laquelle il nous parlait. Ce furent nos débuts difficiles. Grâce à ce véhicule actuel nous obtenons une communication beaucoup plus claire et beaucoup plus détaillée qu'avant.

B: Il a dit qu'il en était satisfait.

D: Mais les deux interprétations traitent de la découverte de documents anciens. Donc en ce qui concerne le test, je pense que c'est assez proche.

B: Il dit qu'il s'en remet à vous. Il dit qu'il est sûr d'être vraiment qui il est, et il sait que la ligne de communication a été établie. Mais le test était principalement mis en place pour vous rassurer, et aussi pour tous les opposants et les critiques que vous pourriez rencontrer au cours de votre travail.

D: Et il y en aura beaucoup.

B: Il dit, effectivement, il y en aura.

Le divin verbe donrra à la substance,
Comprins ciel, terre, or occult au laict mystique:
Corps, ame esprit ayant toute puissance,
Tant soubs ses pieds comme au siege Celique.

La parole divine donnera à la substance (ce qui)
Contient le ciel, et la terre, l'or occulte dans l'acte mystique.
Le corps, l'âme et l'esprit sont tous puissants.
Tout est sous ses pieds, comme au siège du ciel.

D: Celui-ci a été répertorié comme un quatrain "alchimique".

B: Il est familier avec ce mot. Il dit que l'expression quatrain "alchimique" est exacte parce que ce quatrain fait référence une fois de plus au Génie qui sera le sauveur de l'humanité après que l'Antéchrist ait tout ravagé et soit parti. Ce qui semble être des prétentions fantastiques de l'alchimie deviendront réalistes et possibles à cause des découvertes que ce génie fera et des concepts qu'il percevra. La nouvelle philosophie engendrée par les découvertes de cet homme encouragera le développement des pouvoirs mentaux et tout semblera possible car il y aura plus que jamais auparavant une grande unité entre l'esprit, l'âme, le corps et les émotions. Ainsi les gens seront capables de manipuler les forces fondamentales de l'univers d'une manière qui semblera complètement fantastique à ceux qui ne sont pas impliqués dans l'occultisme. Il dit que jusqu'à ce moment-là, de telles manipulations n'étaient effectuées que par des personnes étroitement impliquées dans des activités occultes et psychiques, et qui traitent avec ces forces d'une façon ou d'une autre, même s'ils ne comprennent pas entièrement ce à quoi ils ont affaire. Mais dans ce temps futur, la compréhension sera là aussi, ce qui rendra les manipulations beaucoup plus efficaces. Ainsi, beaucoup de choses étonnantes et merveilleuses seront faites d'une manière quasi-quotidienne.

D: Je pense que lorsque je lirai l'interprétation des traducteurs, il risque de se fâcher à nouveau.

B: Je l'ai prévenu. Il dit qu'il est prêt.

D: *Elle dit : "Quatrain alchimique". Bien que de nombreux commentateurs rejettent ce verset, je pense qu'il s'agit d'une description rare et importante de la croyance et des expériences de Nostradamus. La "parole divine qui prend de la substance" est soit Nostradamus qui appelle littéralement l'esprit qui l'inspire pour prophétiser, ou une incantation qui lui donne des pouvoirs divins. "L'or occulte et l'acte mystique". Il sent que son corps possède de grands pouvoirs, et peut-être que la dernière ligne indique que pendant ses séances de prophétie, il se sentait désincarné. Que son âme était hors de son corps, se regardant d'en haut, au pied du siège céleste. C'est une expérience courante de transe. Alternativement, Nostradamus pourrait vouloir dire que l'esprit d'inspiration est descendu jusqu'à lui, est autant présent sous ses pieds et donc sous son contrôle, comme il se trouve à sa source céleste."*

B: Il dit que cette personne est une personne très confuse. Certains aspects de ce qu'elle dit sont totalement ridicules, mais une ou deux phrases sont viables. Il commente , par exemple, qu'en ce moment même, alors qu'il parle, son esprit est séparé de son corps mais il ne se regarde pas de haut. Même si c'est une interprétation ridicule, il peut voir comment elle peut comprendre ça. Mais c'est ainsi que ça se passe parfois. Ce sont de telles interprétations qui ont rendu ce projet nécessaire.

SIÈCLE III -94

De cinq cens ans plus compte l'on tiendra,
Celui qu'estoit l'adornement de son temps:
Puis à un coup grand clarté donra,
Que par ce siecle les rendra tres contens.

Pendant cinq cents ans encore, ils prendront note de celui
Qui était l'ornement de son époque.
Puis, soudain, une grande révélation sera faite
Qui réjouira les gens de ce même siècle.

B: Il dit que cela a un double sens. Le sens principal qu'il voulait donner pour que les gens sachent que l'homme auquel il est fait référence ici est le génie qui a été mentionné précédemment. Ce qu'il découvre et ce qu'il établit apportera des changements positifs et radicaux pour l'humanité en général, et cela restera. Au cours des siècles suivants, les gens grandiront et vivront à la lumière de ses découvertes et continueront à se développer. Puis, après que le temps imparti se soit écoulé, une autre découverte sera faite qui sera tout aussi impressionnante et radicale que celle du génie. Elle s'imbriquera si bien que les gens seront capables de se libérer de toutes les limites physiques et il n'y aura aucune limite à leur développement positif. Il dit que c'est la principale interprétation de ce quatrain. Une fois de plus, montrant comment l'histoire évolue en spirale, il y avait un autre homme dans le passé, Leonard de Vinci, qui était considéré comme une lumière brillante de son temps et bien estimé dans les siècles qui ont suivi. Certaines des choses que ce génie découvrira mettra encore plus en lumière la grandeur qu'était Léonard de Vinci. Il dit que c'est très intéressant de voir comment tout cela s'imbrique de cette manière.

D: On dit que Léonard de Vinci a inventé beaucoup de choses qui étaient en avance sur son temps.

B: Il dit que toutes les découvertes et inventions les plus intéressantes et les plus étonnantes de Leonard de Vinci ont dû être cachées ou détruites à cause de l'Inquisition et de l'ignorance des gens qui l'entouraient.

D: Oh, il avait le même problème. Nous avons beaucoup de ses papiers et ses notes qui nous sont parvenus.

B: Il dit qu'il y en a beaucoup qui ont été enfermés dans la Bibliothèque du Vatican.

D: Sait-il pourquoi ils étaient considérés comme controversés ?

B: Il dit qu'ils n'étaient pas seulement controversés, ils étaient carrément hérétiques.

D: Quels sont les sujets qu'il a traités ?

B: Tous les sujets imaginables. Il dit que Leonard de Vinci était comme ça. Il pouvait tout concevoir. Due aux écrits de Leonard De Vinci sur ses propres découvertes, et en faisant des extrapolations logiques basées sur ses inventions et ses découvertes, il a été en mesure d'expliquer certains des événements de la Bible comme étant dus à la technologie de l'homme et non à des miracles de Dieu. Et cela était considéré comme très hérétique. Par ceci, la gloire de Dieu était diminuée.

Ils se moquaient de son interprétation de divers prophètes de l'Ancien Testament tels qu'Elie et Ezéchiel et de certaines choses écrites par Isaïe. Les leurs étaient les plus fantastiques que les gens avaient été incapables d'interpréter. Ils ont tout amalgamé dans une catégorie générale comme étant la gloire de Dieu. Leonard expliquait et montrait les raisons pour lesquelles cela faisait référence à des choses que l'homme pourrait faire, plutôt que d'être simplement la gloire de Dieu.

C'est peut-être encore une autre raison pour laquelle Nostradamus était si obscur dans ses écrits. Il avait déjà vu ce qui se passe quand quelqu'un a écrit sur de telles choses et n'était pas discret à leur propos. Il avait déjà un exemple des conséquences d'écrire les choses en langage clair.

D: Ont-ils pris ces papiers après la mort de De Vinci ou "de son vivant"?

B: Les deux.

D: Nous en avons beaucoup qui décrivent plusieurs de ses inventions et différents livres d'anatomie qu'il a écrit et des choses de cette sorte. Il semblerait qu'il était aussi un grand philosophe.

B: Oh, oui.

D: Mais cela fait tellement d'années que l'on pourrait penser que le Vatican pourrait publier certains de ces documents.

B: Le Vatican ne veut toujours pas en publier beaucoup. Mais la majorité d'entre eux sont rangés et prennent la poussière et pour la plupart ont été oubliés.

D: C'est probablement ce qui est arrivé à beaucoup de choses à travers l'histoire. J'aime lire ses traductions , et aussi les traductions de l'interprète de temps en temps. parce que j'aime aussi voir ce qu'elle dit.

B: En plus de sauter de haut en bas et de tirer sur sa barbe.

D: (Rire) Ils ont interprété ce quatrain comme faisant référence à Nostradamus, ont utilisé celui-ci comme une garantie de la nature inspirée de leurs travaux." Ils prétendent que cela leur donne l'autorité, pour ainsi dire, d'interpréter.

B: Il dit que c'est une mauvaise utilisation de ce quatrain. Si vous voulez ainsi le considerer, alors il serait particulièrement applicable à ce cas puisque ce véhicule est un canal de communication jamais utilisé auparavant avec lui. Ce devrait plaire aux autres chercheurs contemporains de Nostradamus. Mais il dit que ce n'est pas ce qu'il avait à l'esprit.

D: Je me suis posé des questions à ce sujet. Il n'a jamais parlé comme ça à quelqu'un d'autre ? Alors peut-être que ça va faire comprendre aux gens l'importance de nos traductions de ces quatrains si cela n'a jamais été fait auparavant.

SIÈCLE IX-65

Dedans le coing de luna viendra rendre
Ou sera prins & mis en terre estrange.
Les fruitz immeurs seront à la grand esclandre,
Grand vitupere à l'un grande louange.

Il viendra se placer au coin de la Lune,
où il sera pris et mis en place sur une terre étrangère.
Le fruit non mûr fera l'objet d'un grand scandale,
d'un grand blâme, à l'autre d'un grand éloge.

B: Il dit que cela regarde le moment, à la fin de la période de troubles, où le programme spatial sera repris et l'exploration spatiale sérieusement envisagée. Cela a également à voir avec l'établissement des stations spatiales de colonies L-cinq. (Je n'ai pas compris.) L-cinq, L tiret numéral cinq (L-5). Des stations spatiales pour tenter de construire des choses dans l'espace pour la viabilité et en particulier pour l'établissement éventuel d'une base scientifique, peut-être sur Mars. Il dit qu'à ce moment-là, une base de communication et de science aura déjà été établie sur la lune. C'est un peu dans le futur, quand un financement décent aura été créé pour une telle entreprise. Il dit que le commandant de la base lunaire sera en quelque sorte le superviseur en charge du projet puisqu'il est là-bas et dans cette partie du monde. (Nous avons tous ri à cette remarque, il avait manifestement voulu faire une blague). Il est là sur le site pour garder un oeil sur les choses et deviendra trop anxieux à propos des horaires et des délais, et commencera à faire pression sur les ouvriers de construction pour que cette station de générateur d'énergie solaire particulière soit terminée à temps pour une inspection par une personne importante de la Terre. Ils parviennent à la terminer à temps, mais seulement au détriment de la qualité de la construction, ce qui la rend dangereuse. Une personne sera assez courageuse pour risquer sa carrière et s'avancer pour exposer ce qui se passe. On lui donnera raison et elle sera félicitée parce qu'elle a eu le courage de le faire. Cependant, ce directeur lunaire, surintendant lunaire sera grandement blâmé parce que ce fruit non mûr qu'est la station qui n'a pas été achevée correctement. Ce sera sa faute et il y aura un grand scandale et beaucoup de changements politiques se produiront parce que diverses personnes seront priées de démissionner de leur poste, etc.

D: *Ensuite, là où il est dit, "il sera pris et placé sur une terre étrangère," cela signifie-t-il la base de Mars. (Quelqu'un m'a remis une note.) Vous parliez de la station d'énergie solaire. Vont-ils utiliser des cristaux ou une énergie cristalline d'une certaine façon, avec celle-ci ?*

B: L'énergie solaire est d'abord envoyée vers les stations spatiales. Leur principale raison d'exister sera de collecter l'énergie solaire et de la transmettre à la Terre comme une forme d'énergie propre, pratiquement gratuite que les gens peuvent utiliser pour vivre et se développer sans faire de choses atroces à la Terre dans le processus. Il dit que cette technologie sera très avancée. Il y a peut-être des cristaux, mais les cellules solaires que vous connaissez déjà today seront considérés comme obsolètes à ce moment-là. Il y aura de nouvelles manières pour collecter l'énergie solaire et la transmettre là où elle sera nécessaire.

D: *Est-ce que cela se produira pendant les temps du Génie ?*

B: Oui, le génie aura un tel impact sur le développement de l'humanité qu'il sera presque déifé. Il recevra un grand respect et des honneurs.

D: *John questionnait une date potentielle pour le génie. Je pensais que vous aviez dit le 21eme ou peut-être le 22eme siècle. C'est bien ça?*

B: Non. C'est incorrect de votre part. Il dit que le génie viendra la deuxième génération après l'Antéchrist, au milieu du 22ème siècle. Si vous observez votre histoire, le développement de notre civilisation et le développement de la technologie a augmenté et s'est produit à un rythme de plus en plus rapide. Comme si on montait une pyramide. Le plus haut de la pyramide tu montes, plus les choses et les nouvelles inventions arrivent rapidement. Et cette tendance va continuer. Les choses changeront tellement que la technologie sera dans un état constant de flux. Il dit que vous semblez penser que tout ceci est loin dans le futur, et que vous oubliez que vous êtes à la fin du 20ème siècle, maintenant. Vous vivrez dans le "21 éme siècle". Ce n'est pas si loin. Il dit que parmi les personnes dans cette salle en âge de procréer, le temps du génie viendra à l'époque de leurs petits-enfants.

D: Cela nous donne une idée approximative de séquence temporelle.

Ils ont interprété cela comme ayant quelque chose à voir avec l'espace, à cause de la mention de la Lune, mais ils pensaient à une course pour l'espace entre l'Amérique et la Russie.

B: Ils sont de nouveau égocentriques, dit-il. Il n'aime pas leurs tentatives pour mettre des limites à ce qu'il voit. La principale chose qui le contrarie est qu'il lui semble qu'ils supposent qu'il ne voit que pour la France et pas pour le monde entier. Il dit : "Ne pensez-vous pas que je m'inquiète pour le monde entier ? La France n'est pas le seul endroit sur Terre avec des populations." Il a effectué un geste grossier et produit un bruit grossier à ce moment-là. Il dit. "Ce sont des abrutis. Nous devons essayer de comprendre."

MISE A JOUR - Référez-vous à l'addendum pour plus d'informations sur la science de la nanotechnologie et son lien possible avec le Grand Génie et son ordinateur organique.

Chapitre 25

Le Futur Lointain

SIÈCLE II -13

Le corps sans ame plus n'estre en sacrifice,
Jour de la mort mis en nativité:
L'esprit divin fera l'ame felice,
Voyant le verbe en son eternité.

Le corps sans âme n'est plus au sacrifice.
Au jour de la mort, il est amené à renaître.
L'esprit divin fera en sorte que l'âme se réjouisse
En voyant l'éternité de la parole.

B: Il dit que cela se réfère à un ensemble de circonstances très éloignées dans le futur. Le 20ème siècle travaille dans ce sens, et cela se rapproche, mais il y a encore du chemin à parcourir. Une chose qu'il prévoyait était de grands progrès en médecine. Il dit qu'à votre époque, les premiers signes peuvent être constatés par la façon dont le chirurgien dans la salle d'opération peut raviver des gens qui sont cliniquement morts. Ils les ont ramenés à la vie au point qu'ils peuvent vivre pendant de nombreuses années après. Il dit que la médecine continuera à se développer pour que l'homme semble vivre éternellement, car il dit que le corps est trop merveilleusement fait pour mourir si rapidement. Il fait référence à l'espérance de vie moyenne à son époque. Et il a vu un temps dans le futur où les gens qui étaient morts pourraient être ramenés à la vie de plusieurs manières merveilleuses, soit en insufflant l'esprit à nouveau dans le corps avant qu'il ne commence à se corrompre, soit en fabriquant un nouveau corps comme l'ancien. et en y insufflant l'esprit. Il dit qu'il y a beaucoup de choses merveilleuses qu'il a vues en ce qui concerne cette technologie.

Avant que cela ne soit développé, il y aura une percée dans la science qui bouleversera toutes les phases théoriques de toutes les sciences, et l'homme touchera enfin Dieu, pour ainsi dire. Le noyau spirituel de l'univers qui relie toutes les choses par la force de vie, sera enfin découvert, et la source centrale de cette source centrale en est l'esprit divin. Il dit que lorsque cette source sera découverte, il sera possible de redonner vie aux corps en utilisant un peu de cet esprit de vie qui imprègne tout.

D: Cela risque d'être longtemps dans le futur.

B: Oui. Mais il dit qu'il serait plus facile pour une personne moyenne de votre époque de concevoir cela, qu'il ne le serait pour une personne de la sienne.

D: Je peux voir que ce serait totalement impossible à comprendre pour les gens de son époque. Nous avons fait de nombreux progrés qui donnent l'impression que ça pourrait être possible pour nous. Quand j'ai lu ce quatrain pour la première fois, j'ai pensé que ça concernait quelque chose touchant la mort du monde.

B: Il répond négativement dans ce cas. Cependant, la découverte de cet esprit central, cette force vitale, sera un tel changement pour tout le monde que cela ressemblera presque à une renaissance du monde. Il dit que tout ce qui a trait à la façon dont l'homme pense, sa philosophie, sa médecine, sa science, tout sera totalement changé et mis sens dessus dessous. Ce qui était autrefois considéré comme impossible sera possible. Et il dit que beaucoup de choses merveilleuses se produiront. Il est impossible de tout décrire.

D: Le traducteur pense que ce quatrain fait référence aux croyances religieuses de Nostradamus.

B: Il dit que ce n'est pas une mauvaise supposition pour quelqu'un qui ne sait pas ce qu'il fait avec. Cette découverte affectera aussi la philosophie et il y aura un changement radical. Donc, d'une certaine manière, les résultats de cette découverte vont affecter les croyances religieuses de chacun et il peut voir pourquoi l'interprète y ressentirai de la religiosité.

D: Elle écrit, "S'il y a un sens occulte dans ce quatrain, il est très délibérément caché."

B: Il dit, "Bien sûr ! Que veut dire 'occulte' ? !"

D: (Rire) Ils n'auraient pas pu commencer à en tirer cette interprétation.

SIÈCLE I -69

La grand montaigne ronde de sept stades,
Apres paix, guerre, faim, innondation,
Roulera loin abismant grands contrades,
Mesmes antiques, & grand fondation.

La grande montagne, ronde de sept stades,
Après la paix, la guerre, la famine, les inondations.
Elle s'étendra loin, noyant de grands pays,
Même les antiquités et leurs puissantes fondations

B: Il dit qu'il parlait ici de manière allégorique et très symbolique. La montagne dont il parle sera le développement d'une nouvelle philosophie qui sera bien plus compatible avec la réalité des plans supérieurs et également de la vie ici sur Terre. Cette montagne et cette philosophie auront sept concepts de base qui semblent simples en surface mais qui sont en réalité très profonds. Les "sept stades" sont symboliques les sept principes de base de cette philosophie, à partir desquels tous les autres principes seront élaborés. La façon dont la Terre sera prête pour cette philosophie sera par une période de paix, les gens deviennent laxistes et ne se soucient plus des aspects les plus élevés des choses parce qu'ils ont tout facilement. Après avoir traversé une période de guerre, de famine et de difficultés. et autres - qui tournent les esprits vers des choses plus élevées, comme la pensée qu'il doit y avoir quelque chose de mieux que ce qui est ici - ils seront prêts à accepter cette philosophie. Elle absoudra les contradictions que les gens doivent gérer maintenant dans leur philosophie. Cette nouvelle façon de penser se répandra sur la Terre et les gens la trouveront acceptable. Donc, en conséquence, cela va bouleverser les anciennes religions établies. Et ainsi, elle aura des effets sociologiques et affectera les lois des pays aussi, puisque les lois sont basées sur des principes religieux et sociaux. Il dit que cette philosophie aura ses racines dans les modèles de pensée de l'ère du Verseau.

D: Les traducteurs ont dit "il s'étendra loin, noyant de grands pays". J'ai remarqué que plusieurs de ses quatrains font référence à des religions, des philosophies et autres choses de ce genre.

B: Il dit que la façon dont les religions et les philosophies se développent affecte l'humanité en général, ainsi cela apparaît chaque fois qu'il regarde vers l'avenir. C'est une partie très importante de la vie et du monde.

D: Ce quatrain suivant contient un anagramme qu'ils ont interprété. Je vais peut-être devoir vous lire le mot original en français parce qu'ils en ont changé les lettres.

B: Il dit qu'il faut d'abord essayer avec l'interprétation et ensuite il va probablement demander le mot original en français. Mais il dit de continuer.

SIÈCLE II -22

Le camp Ascap d'Europe partira,
S'adjoignant proche de l'isle submergée:
D'Arton classe phalange pliera,
Nombril du monde plus grand voix subrogée.

L'armée sans but quittera l'Europe,
Et se rejoindra près de l'île submergée.
La flotte de l'OTAN replie son étendard,
Le nombril du monde à la place d'une plus grande voix.

D: Le mot OTAN est ce qu'ils ont fait de son anagramme.

B: Il dit : "Et quel est cet anagramme ?"

D: En français, c'est ARTON, et ils l'ont changé en NATO.

B: Il dit de le relire et de remplacer NATO par ARTON. (Je l'ai fait.) Il dit que c'est une combinaison de plusieurs choses, comme d'habitude. Dans le futur, après les événements calamiteux de la fin du 20ème siècle, l'organisation et les alliances actuelles entre les différents pays, en particulier les pays occidentaux, se dissoudront et de nouvelles alliances se formeront. Après la dissolution des anciennes alliances et pendant que les nouvelles sont en train de se former, les personnes qui ont été impliquées dans le processus de maintien de la paix sous le système des anciennes alliances seront les extrémités perdantes, pour ainsi dire. Il dit qu'il y a une base navale secrète, ou une base de renseignement, qui a été construite sur le plateau continental américain, sous l'océan, pour qu'elle soit secrète. Les chefs d'état-major se réuniront là-bas pour décider des actions à prendre en ce qui concerne les nouvelles alliances qui se forment. L'idée d'avoir cette base de renseignement sous la mer proviendra des légendes sur l'Atlantide. Il dit, en quelque sorte comme entre parenthèses, il a aussi ajouté cette partie sur l'île immergée comme une allusion au fait qu'un jour dans le futur, il y aura des découvertes des vestiges immergés de cette grande civilisation qui a donné naissance à la légende de l'Atlantide.

D: C'est à ça que je pensais qu'il faisait allusion, donc nous sommes sur la bonne piste.

B: Oui. Il dit qu'il y avait des significations multiples dans ce quatrain. C'est pourquoi cette ligne fait référence à l'Atlantide d'une manière indirecte. Il dit que l'interprétation d'ARTON à l'OTAN est essentiellement correcte dans le sens général mais pas dans les détails. Au moment où cela se produira, l'OTAN ne sera plus connue sous ce nom, mais sera une organisation similaire qui s'est développée à partir de l'OTAN. Lorsque celle-ci se dissoudra et que de nouvelles alliances se formeront, ce sera en réaction et à la suite du stress de la guerre que ces pays auront traversé. Il affirme que la ligne "le nombril du monde à la place d'une voix plus grande" signifie qu'au moment où cela se passe, les scientifiques militaires - et par cette phrase il ne veut pas dire ceux qui étudient l'art de faire la guerre, mais ceux qui font des recherches pour l'armée, découvriront une nouvelle ... force. Par exemple, il y a le magnétisme, la gravité et l'électricité, des forces comme celles-la. Il dit qu'ils vont découvrir une nouvelle force, et cela donnera des preuves à l'appui de certaines des philosophies orientales sur la nature de l'univers. En conséquence, ces pays de cette partie du monde, en particulier l'Inde, se tourneront vers l'intérieur pour contempler cette découverte afin qu'ils puissent s'élever dans une plus grande gloire plutôt que de se tourner vers l'extérieur et rester en communication avec l'ensemble du réseau des nations. Il dit que ce n'est pas vraiment une découverte mais une prise de conscience. L'évidence de cette force est devant nous et a toujours été là, mais les faits ont été mal interprétés et ont été associés à tort.

D: Je suppose qu'ils en trouvent d'autres utilisations ?

B: Oui, pour les données qui s'y trouvent. L'élément numéro un est lié à quelque chose de totalement différent. Le numéro deux est lié à quelque chose d'autre. Et le troisième est considéré, par exemple, comme une aberration statistique. Puis, soudainement, un génie aura une idée et reliera ces trois faits soi-disant sans rapport entre eux, travaillant à travers tout cela pour découvrir qu'une autre force est impliquée dans le fonctionnement de l'univers. Cette force expliquera beaucoup de choses concernant les traditions de type oriental, comme la téléportation et divers événements merveilleux de cette sorte.

D: Pourrait-il m'en dire plus sur la découverte de preuves de l'existence de l'Atlantide ?

B: Il dit que l'Atlantide a vraiment existé, mais pas sous la forme que l'on croit. Beaucoup l'imaginent comme une sorte de civilisation grecque avec des temples à colonnades et autres. Il dit qu'en vérité, ce n'était pas du tout comme cela. Une chose à propos de l'Atlantide que les scientifiques devront réaliser est qu'ils utilisaient la pierre comme nous utilisons le métal au 20ème siècle. Ils avaient des moyens de travailler la pierre, de la rendre malléable comme de l'argile et ensuite de la laisser se réendurcir en pierre. Ils travaillaient avec des forces et des énergies qui pouvaient être conduites à travers la pierre comme l'électricité est conduite à travers le métal. Il dit que c'était une civilisation basée sur une conception totalement différente du monde. Par conséquent, lorsque les archéologues la trouveront, il sera difficile pour eux de comprendre ce qu'ils trouvent.

D: Savez-vous où ils trouveront ces preuves ou ces vestiges ?

B: Je vais le lui demander. -Il dit qu'on trouvera des restes dans différentes parties du monde parce que la civilisation de l'Atlantide était une civilisation mondiale. Il y a déjà eu quelques petites miettes de preuves trouvées, mais les scientifiques n'ont pas encore fait le rapprochement, pour ainsi dire. Il y a une ville majeure de cette civilisation sur la partie est du continent américain. Et il y en a une là où se trouve actuellement la mer du Japon. Il y a un autre centre majeur sous la glace de l'Antarctique. Il y a des preuves de cette civilisation en Amérique centrale et du Sud. Et il dit qu'il y en a d'autres dans divers endroits. Certaines de ces preuves ont été trouvées, et d'autres, non. Il dit que certaines des structures mégalithiques à travers le monde sont liées à cette civilisation, en particulier des structures avec une précision mathématique, telles que celles en Grande-Bretagne. Il dit que c'était une civilisation des plus merveilleuses et que quand les scientifiques auront enfin compris, quand ils auront commencé à découvrir ces ruines et tout le reste, ils réviseront leur image de la préhistoire.

D: *Nous avions l'idée qu'elle se trouvait sur une île immergée quelque part au milieu de l'Atlantique.*

B: Il dit qu'à un moment donné, une partie se trouvait sur une île simplement à cause des niveaux de l'eau de l'océan. Elle fait maintenant partie d'un plateau continental parce que les eaux de l'océan ont suffisamment monté pour recouvrir cette île. Mais ce n'était pas le centre de la civilisation ni le seul endroit où cette civilisation a existé. Il y avait tout ces autres endroits, et ils étaient en communication les uns avec les autres car ils formaient une seule et même civilisation.

D: *A-t-il obtenu ces informations sur l'Atlantide à partir de lectures ou de ses visions ?*

B: Il dit qu'il l'a vu à travers le miroir et à travers un autre appareil qu'il possède. Il m'en montre une image. C'est comme une pièce incurvée de métal, comme un bol métallique très peu profond avec un trépied en équilibre au-dessus. Et au trépied est suspendu un cristal. Mais je ne sais pas comment ça marche ni comment ça fonctionne.

Peut-être que cela aurait un rapport avec la concentration de la flamme à travers les cristaux dont elle a parlé avant. Peut-être que d'une manière ou d'une autre la lumière a été reflétée à la surface du bol. Toute surface réfléchissante peut être utilisée comme un point focal pour le regard et la concentration.

D: *On nous a dit que l'Atlantide a péri dans une grande catastrophe. Est-ce qu'il saurait ce qui s'est passé ?*

B: Il dit qu'il peut décrire certains des événements mais il n'est pas sûr de leur cause. Il peut nous donner ses soupçons si nous souhaitons entendre des faits non fondés.

D: *Ce n'est pas grave, parce que ça a toujours été un mystère et les gens font des théories sur le sujet de toute façon.*

B: Il dit que l'humanité était devenue très avancée. Leur civilisation était avancée dans la direction où elle s'était développée. Elle n'avait pas les merveilleuses machines que votre civilisation a, simplement parce que celle-ci s'était développée dans une direction différente. L'homme s'appuyait plus sur la partie psychique des capacités de l'esprit pour accomplir des choses plutôt que de s'appuyer sur l'agilité des doigts pour le faire. Par conséquent, la civilisation avait un modèle totalement différent, et avec cette utilisation de leurs capacités est devenu assez commune. Lorsque la civilisation semblait être sur le point de vraiment s'épanouir et de s'accomplir - il n'est pas sûr qu'une certaine civilisation extraterrestre est intervenue ou si un accident naturel est tout simplement arrivé. Il dit que si un accident naturel s'est produit, il semblerait que la Terre et le système solaire ont en quelque sorte traversé un amas d'astéroïdes et autres. Mais si ce n'était pas un accident mais un dessein, alors une certaine civilisation extraterrestre a rassemblé ces astéroïdes et autres, et la Terre les a traversés. Et ces énormes morceaux de roche traversant l'atmosphère et touchant le sol ont perturbé le climat et ont causé des ondes de choc. Un certain nombre d'entre eux ont atterri sur certaines des villes et les ont totalement détruites. Cela s'est passé d'une telle manière que l'humanité a perdu tous les vestiges de la civilisation qu'elle avait et a dû recommencer à zéro. Il dit que certaines preuves de ces énormes morceaux de roche qui ont frappé la Terre peuvent être vus. Ces roches, même si certains d'entre elles étaient de forme irrégulière, ont laissée derrière elles des points d'impact. Il dit que vous pouvez facilement voir cela en obtenant une bonne carte dessinée par un cartographe à la main sûre. Vous remarquerez qu'il y a certaines étendues d'eau qui sont essentiellement rondes. Il dit que la mer du Japon, la mer des Caraïbes, le golfe du Mexique et d'autres dans le monde entier marquent certains des endroits où ces énormes rochers ont frappé la Terre et les eaux de l'océan ont déferlé, détruisant les survivants.

D: C'est une théorie très intéressante. Une des théories que les gens ont à notre époque est qu'ils avaient une sorte de pouvoir mystérieux et qu'ils en ont abusé.

B: Il dit qu'ils n'en ont pas abusé. Ils avaient bien un pouvoir mystérieux mais ils étaient devenus si avancés avec ça qu'il a ces sentiments forts qu'ils étaient une menace pour quelqu'un d'autre, pas par la belligérance, mais juste par le fait d'être avancé.

D: C'est l'une des théories que, étant des hommes, ils sont allés trop loin et ont mal utilisé le pouvoir pour de mauvaises raisons, créant une sorte d'accident. Mais il y a beaucoup de théories. C'est vraiment tout ce que nous avons.

B: Oui. Il sait qu'un jour certains secrets seront découverts, mais ça prendra du temps. Ce qui rend l'humanité perplexe garde son attention le plus longtemps. A ce moment-là, il glousse un peu. Il dit, "Deux exemples sont l'Atlantide et moi-même."

D: (rires) Très vrai. Je crois vraiment que ses quatrains n'auraient pas survécu jusqu'à notre époque s'il les avait rendus simples.

B: Il est d'accord avec vous.

D: Il a fait en sorte que l'humanité se demande toutes ces années ce qu'il essayait de dire. Je crois vraiment que s'il les avait écrits en anglais simple, ils auraient été détruits.

B: (feignant l'aggravation) Il dit : "En français, s'il vous plaît".

D: (Rire) Très bien. S'il les avait écrites en langage clair, je crois qu'ils auraient été détruits depuis longtemps. Ils n'auraient pas survécu en tant que puzzle.

B: Il dit qu'ils auraient été détruits à sa mort. Il dit qu'il soit mort naturellement ou tué par l'Inquisition, tous ses écrits auraient été brûlés sur place s'ils avaient été capables de les comprendre.

SIÈCLE IV -25

Corps sublimes sans fin à l'œil visibles,
Ob nubiler viendront par ces raisons:
Corps, front comprins, sens chefs & invisibles,
Diminuant les sacrees oraisons.

Les corps célestes infiniment visibles à l'œil,
viennent troubler... (l'intellect) pour leurs propres raisons:
Le corps, ainsi que le front, les sens et la tête, tous invisibles,
Au fur et à mesure que les prières sacrées diminuent.

D: Ils n'ont pas d'explication pour celui-là. Ils ne le comprennent pas du tout. Ils le considèrent comme un quatrain occulte. Occulte signifie généralement ...

B: (Interrompu) Caché. Il dit que cela a une signification multiple. Il a une sens métaphysique ainsi qu'un sens physique. La signification métaphysique en est que l'humanité en général va commencer à se développer spirituellement. La connaissance dont ils ont besoin pour ce développement est devant eux depuis le début mais ils ne l'ont pas vue. Et quand ils commenceront à réaliser ce qui est là, cela les confondra. Il dit que l'autre interprétation pour ceci est qu'à un moment dans un futur lointain il y aura des voyages interstellaires. "Les corps célestes infiniment visibles" fait référence aux étoiles qui ne cessent d'avancer. Et ces vaisseaux dans lesquels ils voyageront seront contrôlés par des émanations de l'esprit et le pouvoir psychique, plutôt que par des manipulations mécaniques.

D: Ça expliquerait aussi la dernière partie, "Les sens et la tête sont invisibles." Il pourrait être intéressé par ce que les traducteurs disent dans leur interprétation. "Les prières de la dernière ligne sont les invocations aux esprits faites par Nostradamus. Quand elles se terminent, il est possédé."

B: Il a reniflé avec dégoût à cette remarque et a dit, "Déchirez-le et jetez-le."

D: Ils pensent qu'il s'agit de la description de la "sensation d'absence de corps qu'il éprouve lorsqu'il est en transe prédictive, quand son esprit et son intellect sont utilisés par les êtres célestes à leurs propres fins."

B: Je découvre qu'il a le sens de l'humour, car à ce moment il a momentanément imité les réactions physiques d'un épileptique pendant une crise.

(Elle a commencé à secouer ses bras et ses jambes en imitation de ce qu'elle voyait).

D: Il veut dire les coups de pied ?

B: Les tremblements. Il fait de l'humour. Et quand il a arrêté ça, il a remarque: "Cela n'arrive jamais quand je fais ça. Je ne suis pas possédé."

D: Oh, il pense que c'est à ça que ressemblent les gens quand ils sont possédés ?

B: Eh bien, il dit que les gens qui sont épileptiques sont des gens possédés, pour autant qu'ils le sachent à son époque. Il secoue sa tête et dit qu'il est temps pour lui de partir si l'on doit supporter un tel ridicule. Il dit qu'il n'a jamais été possédé. Il sait exactement ce qu'il fait à tout moment. Il dit que c'est une bonne chose qu'il ait pu prendre contact avec nous pour mettre les choses au clair.

Donc Nostradamus n'était pas totalement éclairé. Il y avait encore des choses qu'il ne connaissait pas. Il a apparemment accepté cette explication de l'église ou de la médecine de son temps que lorsque quelqu'un avait des crises, il était possédé par de mauvais esprits.

SIÈCLE I - 17

Par quarante ans l'Iris n'apparoistra,
Par quarante ans tous les jours sera veu:
La terre aride en siccité croistra,
Et grands deluges quand sera aperceu.

Pendant quarante ans, on ne verra pas l'arc-en-ciel,
Pendant quarante ans, on le verra tous les jours:
La terre sèche augmentera et il y aura des dessèchements,
De grandes inondations quand on le verra.

B: Il sait que cela a à voir avec certains des problèmes que la Terre devra traverser. Cela n'a rien à voir avec l'Antéchrist, mais avec le futur dans un avenir lointain. Il dit que, oui, il y aura de nombreuses inondations et sécheresses à l'époque de l'Antéchrist, mais ce quatrain particulier est un autre exemple de la balance qui oscille d'un côté puis de l'autre. C'est à ce moment-là que la Terre connaîtra à nouveau des problèmes, lorsque l'arc-en-ciel n'apparaît pas pendant 40 ans. Il dit que cela provoquera une sécheresse de 40 ans. Le seul moyen pour les gens de survivre sera de faire fondre la glace des pôles ou en extrayant de l'eau pure de la mer. C'est la seule façon qu'ils auront de l'eau pour faire pousser les cultures et autres. Ensuite, dans une tentative d'équilibrer tout ça, la balance penchera dans l'autre sens et il y aura un arc-en-ciel chaque jour, provoquant des pluies abondantes et de nombreuses inondations. La durée de temps n'est pas nécessairement de 40 ans, cependant. Il utilisait cela comme un concept pour 40 cycles. Il dit qu'il parlait de cycles plus importants. La principale chose que cela indique est que, d'une manière ou d'une autre, l'humanité fera quelque chose pour déséquilibrer l'environnement de la Terre, pour déclencher une ère glaciaire. Le genre où l'eau est étant capturé dans la glace aux pôles, il n'y a pas d'eau de pluie pendant un certain temps. Puis ça basculera dans l'autre sens quand la période glaciaire se terminera et qu'il y aura trop d'eau partout. Parce que les pôles vont fondre à un rythme effréné et il y aura beaucoup de pluie et d'inondations, et le niveau des mers augmentera à nouveau. Il dit que c'est une partie naturelle de l'histoire de la Terre. C'est arrivé dans le passé et ça arrivera encore dans l'avenir. Et encore une fois, comme la dernière fois, cette ère glaciaire va causer la chute de cette civilisation. Elle en effacera toutes les traces de sorte qu'une autre civilisation devra s'élever par la suite, comme elle l'a fait cette fois-ci. Il dit que cela semble être un cycle naturel dans l'âge de la Terre.

D: Ces cycles pourraient-ils être plus longs ou plus courts que 40 ans?

B: Il dit définitivement plus longtemps. Quand il regarde au loin dans le temps, il est parfois difficile de déterminer le nombre exact d'années, mais vous pouvez voir les cycles généraux. Par exemple, dans ce cas, il dit que cela sera probablement 4000 ans dans un sens et 4000 ans dans l'autre. Ce sont des cycles de millénaires.

D: Quand j'ai lu cela, j'ai pensé qu'il faisait peut-être référence à une inclinaison ou un déplacement de l'axe de la Terre.

B: Il dit que cela est également impliqué. Vous avez raison. L'humanité aura marché au bord de cette falaise, parce que certains aspects de leur technologie mettait en danger l'équilibre délicat de l'écosystème. Et le déplacement de l'axe détruira suffisamment cet équilibre pour déclencher cette ère glaciaire.

D: Ce quatrain est définitivement sombre et funeste mais il faudra beaucoup de temps avant qu'il ne s'accomplisse.

B: Il dit que c'est un cycle naturel. Ne vous en alarmez pas, car l'humanité a déjà survécu à de tels cycles.

D: Mais le problème est que l'humanité doit toujours recommencer.

B: Il dit qu'ils n'auraient pas nécessairement à recommencer s'il y avait un moyen de préserver les connaissances. Mais généralement les préoccupations des gens se réduisent à survivre. Ils ne s'inquiètent pas de préserver le savoir.

D: Eh bien, peut-être que ce grand génie dont il a parlé aura quelque chose à voir avec ça.

B: Il dit que c'est une possibilité, bien que les deux événements soient très éloignés dans le temps. Il dit que nous devons juste attendre et voir.

SIÈCLE II -95

Les lieux peuplez seront inhabitables:
Pour champs avoir grand division:
Regnes livrez à prudens incapables,
Lors les grands freres mort & dissention.

Les terres peuplées deviendront inhabitables:
Grand désaccord pour l'obtention des terres.
Des royaumes donnés à des hommes incapables de prudence,
Puis pour les grands frères, mort et dissension.

B: Il s'agit d'un de ces événements qui n'a pas besoin d'avoir lieu. Il peut être empêché. Il dit que dans les quatrains précédents que nous avons traduits, il fait référence à un événement où l'homme surmonte l'équilibre de la Terre et provoque de grands changements dans le climat et les saisons, causant beaucoup de difficultés et de famine. En conséquence, de nombreuses terres qui sont actuellement de grandes terres agricoles produisant beaucoup de céréales et de nourriture pour une grande partie du monde seront gelées et ne pourront plus produire de nourriture. Et les personnes qui y vivent, qui y ont cultivé de la nourriture quitteront ces terres comme des rats quittant un bateau qui coule. Ils courront vers des terres où l'on peut encore vivre et où la nourriture peut encore pousser. Il y aura beaucoup de dissensions et de combats alors que les terres deviendront plus surpeuplées et que chacun essaiera de repousser l'autre. Il dit qu'à cause de la panique, il y aura plusieurs décisions stupides prises. Les "royaumes" font référence à des zones de pouvoir plutôt qu'à des zones de terre. Et les personnes à qui l'on donne des responsabilités dans certains zones prendront de mauvaises décisions qui se transformeront en désastres majeurs, parce qu'ils ne penseront pas clairement sous la pression causée par cet horrible changement de climat. Les deux frères qui connaîtront dissension et destruction font référence aux États-Unis et au Royaume-Uni.

Les États-Unis et l'Angleterre ont été désignés comme des frères dans plusieurs autres quatrains.

D: Ils ont traduit cela comme faisant référence aux frères Kennedy.

B: Il dit qu'il y a d'autres quatrains qui font référence aux frères Kennedy. Ce n'en est pas un.

SIÈCLE X -74

Au revolu du grand nombre septiesme,
Apparoistra au temps Jeux d'Hecatombe:
Non esloigné du grand eage milliesme,
Que les entres sortiront de leur tombe.

L'année du grand septième nombre est accomplie,
Il apparaîtra au moment des jeux de massacre:
Pas loin de l'âge du grand millénaire,
Quand les morts sortiront de leurs tombes.

B: Il dit qu'il fait référence au moment où la fin du monde approche. Il dit que l'âge du monde entier peut être divisé en sept grandes sections. Les six premières ont été vécues et accomplies, et nous sommes maintenant dans la septième portion. Il dit que la septième partie de ces âges a trait à l'homme et à ses actes. À la fin de cet âge, il y aura la fin de l'ère de l'humanité, après que ce septième âge soit accompli. Bien que la Terre continue d'exister pendant quelques âges supplémentaires, l'homme aura rempli sa mission et accompli ce qu'il devait faire ici. Il sera ailleurs à la place, et la roue du karma n'enverra plus les hommes sur Terre mais dans d'autres lieux.

Cela ressemble beaucoup à ce que Phil a dit qui arriverait dans le futur de l'homme dans mon livre "Les gardiens du jardin".

D: Mais ce n'est pas près d'arriver, n'est-ce pas ?

B: Il dit, non. Lorsque l'on écrit des quatrains sur des questions karmiques, on doit prendre en considération la grande roue de l'univers et la lenteur avec laquelle elle se déplace. Dans la mesure où l'univers est concerné, il pourrait sembler que ça va arriver bientôt. Mais c'est seulement en relation avec le grand âge de l'univers. Quand il s'agit de la brève durée de vie des hommes, cela semblera être loin dans le futur.

D: C'est un soulagement. Qu'est-ce qu'il veut dire par, "Il apparaîtra au moment des jeux de massacre" ?

B: Il dit que d'ici là, la civilisation se sera écroulée et aura été reconstruite plusieurs fois. Certaines des traditions et des conventions des anciennes civilisations survivront et seront transmises, mais à chaque fois, elles se seront perverties un peu plus. Il dit que les jeux de massacre de cette époque découlent directement des jeux olympiques de votre époque. Cette réunion régulière tous les quatre ans de toutes les nations pour réaliser ces événements sportifs va progressivement, à travers la succession de civilisations avec des périodes intermédiaires de sauvagerie - être pervertie en quelque chose ressemblant aux jeux de gladiateurs de la Rome antique. Il dit que c'est simplement un autre exemple naturel du cercle du temps. Les jeux ont commencé sous forme athlétique dans la Grèce antique, puis se sont pervertis vers la violence à Rome, et puis quand les jeux ont été rétablis, ils étaient d'orientation sportive à nouveau. Mais une fois de plus, dans un futur lointain, ils seront pervertis en violence et en effusion de sang.

D: Peut-être que je commence à penser un peu comme lui parce que j'ai remarqué le lien avec les jeux de gladiateurs. Et par "les morts sortiront de leurs tombes", il fait référence au transfert de leurs âmes ailleurs que sur cette planète.

SIÈCLE I -48

Vingt ans du regne de la lune passez,
Sept mil and autre tiendra sa monarchie:
Quand le soleil prendra ses jours lassez:
Lors accomplit & mine ma prophetie.

Quand vingt ans du règne de la Lune seront passés,

Un autre se placera à son tour pour sept mille ans :
Quand le Soleil épuisé placera son cycle,
Alors ma prophétie et mes menaces s'accompliront

B: Il dit avoir écrit ce quatrain en réponse à une question qui lui a été posée une fois. Il avait été vu que ses prophéties se réalisaient et quelqu'un a remarqué, "Vous en avez écrit tellement et vous en écrivez toujours plus. et vous en écrivez encore. Combien de temps faudra-t-il pour que toutes se réalisent ?" Il a donc écrit ce quatrain en réponse, en leur faisant remarquer que le nombre d'années dans le futur qu'il voyait n'avait pas de limite. Il pouvait voir, dit-il, non pas jusqu'à la fin du temps mais jusqu'à la fin de la Terre.

D: Est-ce ce qu'il voulait dire par le soleil épuisé ? Cela signifierait que chaque fois que le soleil s'éteint ?

B: Il dit que lorsque cela arrivera, la Terre sera morte depuis longtemps. Mais il a vu le soleil donner un dernier coup d'énergie dans une grande explosion et puis s'éteindre jusqu'au néant. Cette partie du quatrain est liée à sa vision de la fin du temps de la Terre lorsque le soleil explosera et incinèrera totalement la planète. Il dit, cependant, que c'est extrêmement loin dans le futur et n'a aucun rapport avec votre époque.

D: Mais veut-il dire que tout cela se produira dans sept mille ans, ou cela signifit autre chose?

B: Il commente sur les lignes sur les "vingt ans de règne de la lune et ensuite une autre reprendra le règne pendant sept mille ans". Il a mis ce quatrain à cause de l'Inquisition. Cela montre que si nous sommes capables de survivre à ces guerres qu'il a vues... En fait, Il essaie de conjurer ces guerres parce qu'il a eu de nombreuses visions de ce qui pourrait se passer si nous ne nous tuons pas en faisant la guerre d'abord. Une des choses qu'il a vue était un programme étendu et pacifique d'expansion et d'exploration de l'espace, des gens se développant et vivant dans des environnements étranges, étant en croissance et prospères. Il dit qu'il y aura une base établie sur la lune. Ce sera un centre majeur de communication et de recherche scientifique. Pendant ce temps, le but principal de cette base sera de développer... il les appelle des "stations spatiales autonomes", c'est-à-dire indépendantes de tout et de toutes les autres. Je pense qu'il veut dire autosuffisantes, donc je substitue ce terme plus moderne.

D: Il les a appelés stations spatiales ou c'est votre interprétation ?

B: Eh bien, il ne les a pas appelées, il les a visualisées. Elles ont différentes formes : certaines sont cylindriques, d'autres coniques et d'autres encore sphériques. Elles ont toutes de grandes voiles solaires attachées pour les fournir en énergie ce dont elles ont besoin. Il dit que la base lunaire sera pour le développement et la construction de ces stations spatiales. Après une période de temps à faire tout cela, l'impulsion majeure de la croissance se déplacera vers les stations spatiales. C'est là où le travail central principal pour le commerce et les industries sera positionné, donc la lune n'aura plus une place aussi importante dans le schéma des choses. Elle restera le noeud des communications mais la recherche scientifique, l'industrie et autres se déplaceront vers les stations spatiales. Et la Terre entrera dans une période majeure de prospérité et de croissance car il y aura de la place pour se développer et suffisamment pour tout le monde. Les choses seront essentiellement pacifiques si la Terre parvient à éviter certaines mauvaises décisions qui pourraient mener à des guerres, et si elle met à jour ses lois civiles pour qu'il n'y ait pas autant d'agitation populaire. Il dit que cette période d'exploration spatiale et de la vie ... il glousse et dit que cela ressemble beaucoup à la littérature spéculative que ce véhicule aime lire (science-fiction). Cette période durera très longtemps, très facilement sept mille ans, si ce n'est plus. Il dit qu'une fois de plus il a dû combiner deux prophéties en un seul quatrain.

D: Ils ont interprété cela comme ayant un rapport avec la date de la publication de ses quatrains et l'achèvement de ses prophéties. Ils pensaient qu'il voulait dire qu'il y aurait sept mille ans jusqu'à la fin du monde. Le traducteur dit . "C'était une théorie communément admise au Moyen-âge que la fin du monde aurait lieu au début du septième millénaire. Cette information provenait du Livre d'Enoch qui était une lecture générale au premier et au deuxième siècle, mais a été retiré par l'église des Saintes Écritures." A-t-il un commentaire à ce sujet ?

B: Il fronce un peu les sourcils à ce moment-là et dit que c'est une hypothèse raisonnable. Mais il dit aussi, "L'outil que j'utilise n'est pas toujours raisonnable". Et à ce moment-là, il me donne une photo de ce miroir.

Chapitre 26

La Fin et le Commencement

OCCASIONNELLEMENT, il y a eu des moments où Nostradamus a arrêté les séances s'il sentait que le véhicule (Brenda) ne se sentait pas à la hauteur. Il était très protecteur envers elle et, en tant que médecin, il lui donnait souvent des conseils pour s'aider elle-même. A plusieurs reprises, il a interrompu la séance pour essayer de la guérir en dirigeant de l'énergie vers diverses parties de son corps. Il a dit que c'était difficile à faire à cause de la distance de temps impliquée, mais il a souvent réussi à soulager l'inconfort suffisamment longtemps pour que nous puissions terminer la séance. Parce qu'elle ne montrait aucun symptôme physique pendant que je la surveillais, je n'avais aucun moyen de savoir que quelque chose n'allait pas jusqu'à ce qu'elle se réveille et décrive ce qui la dérangeait.

Nostradamus a dit plusieurs fois que le projet était urgent et qu'il était très inquiet de nous faire parvenir les informations à temps, car pour lui, il semblait que les événements étaient dangereusement proches. Nous en sommes arrivés au point où il parcourait 30 quatrains à une vitesse folle pendant une session d'une heure. Nous avions la nette impression qu'il essayait de faire passer le plus de choses possible et qu'il ne s'arrêtait que lorsqu'il devait absolument le faire. Il a dit qu'il était possible de faire passer toutes les informations en même temps, mais qu'il ne voulait pas épuiser le véhicule. Il savait que les bons véhicules étaient difficiles à trouver et il ne considérait pas le projet assez urgent pour lui nuire. Il voulait prendre soin d'elle, alors il s'est assuré que les informations soit transmise, même si cela prenait plus de temps qu'il ne l'avait prévu. Bien sûr, Brenda était contente qu'il se préoccupe de son bien-être. Il se sentait à l'aise de travailler avec elle parce que son éducation lui fournissait une bonne structure de vocabulaire et une large base pour appréhender les concepts, mais il nous a prévenus que des circonstances indépendantes de notre volonté pourraient interrompre le projet. Je ne pouvais pas prévoir les raisons d'un retard probable mais je n'avais rien prévu qui ait un rapport avec ce projet.

Lorsque Nostradamus écrivait ses quatrains, ils pouvaient facilement tenir dans un grand livre, d'autant plus qu'ils ne comportaient pas d'interprétations. J'ai pris conscience que la quantité d'informations qui me parvenaient ne pouvait pas être contenue dans un seul livre. Il a reconnu que les explications en prose qu'il donnait allongeaient considérablement les quatrains. Mais il a dit que c'était à moi de prendre les décisions sur la façon de les assembler, tant que les parties importantes traitant de notre présent et de notre avenir immédiat ne soient pas laissées de côté. Il était heureux que le domaine de la communication soit plus clair à notre époque, avec beaucoup plus de matériel étant imprimé et distribué en raison de la littérature, mais il était troublé par le fait que le processus d'impression d'un livre était plus compliqué. Il n'avait pas pris ces choses en considération quand il m'a ordonné de le faire imprimer le plus vite possible. À son époque, c'était beaucoup plus facile parce qu'il n'y avait pas beaucoup de livres ou de personnes qui avaient la capacité d'en écrire. Cependant, il était convaincu que les livres seraient imprimés à temps parce qu'il pouvait le prévoir. J'avais grandement besoin de son réconfort dans mes moments de doute.

D: Je me suis demandée pourquoi il m'a choisi pour faire ça. Est-ce que j'ai une sorte d'association avec lui dans une vie antérieure ?

B: Il dit que la raison pour laquelle il vous a choisi n'est pas due à des associations karmiques. Parmi les différentes personnes qu'il a pu voir dans le futur, qui avaient cette sorte de connexion avec ce plan en ce qui concerne les différentes lignes temporelles, les différentes dimensions du temps et la façon dont elles interagissent, vous étiez la plus stratégiquement située. D'autres sont également bien situés mais il savait qu'il devait condenser sa communication à une seule personne, si possible, voire à travers une personne. Ainsi, il pouvait concentrer son énergie à faire passer l'information, plutôt que d'avoir à disperser son énergie en essayant d'établir la communication. Il dit que de la façon dont vous êtes situé, vous êtes impliqueé dans ce travail et que vous êtes en contact avec des âmes qui ont le type de mentalité qui peuvent traiter l'information et la communiquer clairement pour qu'elle soit exposées au monde pour que d'autres puissent apprendre.

D: *Au début, il m'a vraiment surpris lorsque je parlais à son étudiant, Dyonisos, et il a réussi.*

B: Oui. Il dit qu'en raison de la nature de votre travail, cela était nécessaire d'établir un premier contact avec vous. Il savait que vous n'auriez jamais su que ce véhicule pouvait être utilisé pour ce genre de communication à moins qu'il n'ait eu un contact avec vous par les voies établies auxquelles vous vous étiez déjà habituées.

D: *Cela semblait être une façon si étrange de le faire que les probabilités semblaient être contre sa réussite.*

B: Il dit seulement si vous êtes rationnelle à ce sujet. Si vous pouvez vous fier à votre intuition et voir les lignes temporelles comme il peut les voir, il dit que cela fonctionne parfaitement, exactement comme il l'avait vu.

D: *A-t-il déjà essayé de contacter des personnes d'autres époques et de leur faire passer ces messages? L'idée m'est venue que peut-être il avait contacté quelqu'un dans chaque période de temps où il a vu quelque chose se produire.*

B: Il dit que ceci est le contact principal pour cette planète. Il a contacté d'autres personnes dans des périodes temporelles futures, non pas parce que cela a échoué, mais parce que ces autres personnes dans ces autres périodes sont sur d'autres des planètes. Il voulait essayer de disperser l'information à ces personnes qui ont aussi connaissance de ses écrits, pour aider à clarifier l'information là aussi. Il dit qu'il a été en contact avec les Autres. et qu'ils étaient intéressés par ses écrits et ses visions, parce qu'il pouvait faire des choses pour eux aussi. Et il leur envoyait des quatrains que nous ne connaissons pas ici, car ils n'ont pas de rapport avec ce monde mais avec leur planète à la place.

D: *Alors, il n'était pas uniquement concerné par notre monde.*

Je sais que lorsque cette information sortira, il y aura de nombreux imitateurs et des personnes qui diront qu'ils sont en contact avec Nostradamus aussi. Mais il a dit qu'il n'était pas en contact avec quelqu'un d'autre ?

B: C'est exact. Il dit que contacter à travers plusieurs canaux disperserait ses énergies et que la communication ne serait pas aussi claire et il y aurait des résultats contradictoires. Il ne souhaite qu'un seul canal clair pour communiquer. Au début, il a essayé dans des directions similaires d'établir un canal. Mais une fois que ce canal ci était établi, il a abandonné les autres efforts car ils sont devenus superflus.

D: Connaissant la nature humaine, d'autres personnes se présenteront et diront qu'elles sont aussi en contact avec lui.

B: Il y en aura d'autres qui viendront et diront, "Oh, mais c'est ce que Nostradamus m'a révélé." Et il dit que ces gens agissent sur leurs propres illusions, et la plupart d'entre eux seront des fanatiques religieux de diverses sortes.

D: Je crois que nous avons déjà plus qu'assez de preuves que nous sommes vraiment en contact avec lui.

B: Il dit qu'il n'y a rien de tel qu'une preuve suffisante quand on a affaire avec un vrai sceptique. Il dit que les livres seront publiés. Il ne se soucie pas de savoir si les sceptiques croient ou non car son principal désir est d'amener ceux qui ont l'esprit ouvert à penser aux événements qui se produisent et à les regarder d'une manière différente. Il dit qu'un ou plusieurs de ces penseurs sera en mesure de faire quelque chose à ce sujet. Et certaines des décisions qu'ils prendront seront colorées par ce qu'ils auront lu dans votre livre. Il dit que cela sera suffisant pour modifier les événements vers des résultats favorables.

C'était facilement le cas le plus étonnant que j'aie jamais mené. S'il n'y avait pas eu les enregistrements et les témoins, il aurait été difficile même pour moi d'y croire. En apparence, pour toute personne rationnelle, tous les aspects de cette affaire était absolument impossibles. Je m'attends pleinement à ce que moi et mes sujets soyons accusés d'avoir perpétré un gigantesque canular. Mais même si c'était possible, cela ne pourrait jamais expliquer les informations qui nous ont été révélées. Je laisse le soin aux sceptiques d'argumenter à ce sujet. Pour moi, il semble toujours incroyable que tout cela soit arrivé en seulement quelques mois. Lorsque j'ai commencé à travailler avec Elena, je ne savais même pas ce qu'était un quatrain. Bien que je sois un écrivain je ne suis pas un poète et je n'ai aucune expérience dans ce domaine. Et la seule définition que je connaissais pour le mot "siècle" était la définition traditionnelle. Comment alors, la logique commune peut-elle expliquer la manière par laquelle nous sommes devenus, en quelques mois. des experts apparents des écrits de

Nostradamus ? Comment avons-nous pu démêler et expliquer logiquement les énigmes qui ont rendu perplexes l'humanité depuis 400 ans ? Non, il est évident que cela ne s'est pas produit à cause d'une intelligence supérieure de la part de Brenda, Elena, ou moi-même. Quelque chose d'autre était à l'œuvre ici, un agent extérieur. C'est la seule explication qui ait un sens. D'une manière ou d'une autre, par des méthodes connues seulement du grand maître lui-même, Nostradamus a pu voir qu'il avait déguisé ses quatrièmes si parfaitement pour les protéger des feux de l'inquisition qu'il les avait aussi rendu complètement indéchiffrables pour les générations futures, ces mêmes générations qu'il espérait prévenir. Il a apparemment décidé d'essayer d'atteindre quelqu'un vivant à l'époque où il a vu le plus de tumultes, quelqu'un vivant dans une période où les gens seraient plus éclairés et prêts à accepter ses prédictions. Il espérait que s'il pouvait nous transmettre les vraies visions, il ne serait peut-être pas trop tard pour les empêcher de se produire. Il a dû avoir un grand de voir que les gens du futur ne pouvaient pas comprendre ce qu'il essayait si désespérément de leur dire. Il a risqué sa vie pour les écrire pour la postérité, et il a passé des années à travailler dessus. Il aurait pu simplement hausser les épaules et dire : "Au moins, j'ai essayé. J'ai fait de mon mieux. S'ils ne comprennent pas, alors c'est leur faute. Qu'ils en subissent les conséquences."

Maintenant que j'en suis venu à montrer la personnalité de Nostradamus, je sais que son amour pour l'humanité ne lui permettrait certainement pas de faire ça. Voir simplement l'avenir n'était plus suffisant. Il sentait qu'il devait parler à l'avenir. Je me demande combien de temps il est resté assis à se plonger dans son miroir magique, tâtonnant pour trouver un moyen d'établir le contact ? Je me demande combien de plans et de possibilités ont traversé son esprit jusqu'à ce qu'il tombe sur celui qui a réussi ? Je sais que je n'aurais pas été choisie et que je n'aurais jamais été contactée si je n'avais pas déjà travaillé avec le temps et l'espace en utilisant la regression sous hypnose. Je vois maintenant qu'Elena était le pont. Les probabilités étaient énormes contre le fait que je trouve quelqu'un qui avait été l'un de ses étudiants dans une vie antérieure. Pouvait-il voir cette connexion future de son étudiant, Dyonisos, à travers son miroir ? A-t-il été capable, par une méthode quelconque, de contacter le guide d'Elena, Andy, pour nous aider à mettre tout cela en place ? Espérait-il que ma curiosité serait éveillée et que je me sentirais obligée de continuer et de recherche jusqu'à ce que je trouve une autre connexion?

Beaucoup de questions, dont les réponses ne seront probablement jamais connues. Je sais que je n'ai été qu'un instrument dans cette remarquable aventure. Je crois sans aucun doute que Nostradamus lui-même a initié ce projet. De juillet 1986 à février 1987, nous avons traduit plus de 300 quatrains. Il est presque impossible de croire que tant de choses ont été accomplies en si peu de temps.. Je n'ai inclus que quelques-uns des quatrains dans ce livre en raison de leur longueur. J'ai délibérément choisi ceux dont les experts ont dit que sont inexplicables et ceux qu'ils pensent pas être liés au futur. Il est étonnant de voir la sagesse contenue dans ce petit échantillon. Je crois qu'il a beaucoup, beaucoup plus à dire à l'homme dans ces quatrains restants. Ainsi j'ai l'intention de poursuivre ce projet jusqu'à ce qu'ils soient tous traduits et que la
la merveille de Nostradamus soit enfin révélée au monde.

Je recommande le livre d'Erika Cheetham comme référence croisée en raison de sa traduction et de son explication des mots obscurs et étrangers (par ex, latin, grec et ancien français) qui sont intercalés dans les quatrains.

Comme Brenda l'a dit un jour, "Il a fait sa révérence et il est parti". Mais il n'est pas parti pour toujours. Dans les suites de ce livre, il continuera à nous éblouir par sa remarquable clairvoyance. Parviendra-t-il à nous mettre en garde ? Est-il encore le temps de changer notre avenir ? Pouvons-nous nous permettre de prendre le risque qu'il se trompe ? L'humanité écoutera-t-elle ? Je prie pour que nous le fassions. Car les choses que Nostradamus a prédit pour notre monde sont trop horribles pour être ignorées. Et, après tout, c'est le seul monde que nous avons.

FIN DU PREMIER VOLUME

ADDENDA

(Ajouté en 1996 pour couvrir les trois volumes).

ADDENDA

LE PREMIER VOLUME des Conversations avec Nostradamus a été imprimé pour la première fois en 1989, et le Volume II a suivi en 1996. Lorsque les livres ont été réimprimés en 1992, il a été constaté que certaines des prophéties s'étaient déjà réalisées. Il a alors été décidé de réviser les deux livres en ajoutant des mises à jour des événements ; C'est ainsi que sont nées les éditions révisées. Le volume HII a été imprimé pour la première fois en 1992. Les livres sont devenus une entité vivante et évolutive nécessitant une mise à jour chaque fois que les livres étaient réédités. chaque fois que les livres ont été réimprimés. Il devient presque impossible de maintenir la mise à jour des livres. Je reçois des appels téléphoniques et des lettres de mes lecteurs qui disent qu'ils lisent les livres et regardent en même temps les événements décrits à la télévision. Les informations sont actuelles pour notre époque.

Ceci est la quatrième impression du Volume I en I996, et il y a eu tellement de nouvelles informations qui sont apparues, qu'il a été décidé d'ajouter cet addendum plutôt que de réviser toute la trilogie. J'espère que cela ne prêtera pas à confusion pour ceux qui n'ont lu que le volume I, car je ferai référence aux nouvelles informations concernant les trois volumes. Avec l'explosion des communications sur Internet, beaucoup de mes lecteurs ont rassemblé des détails, ce qui m'auraient été impossible si je m'étais appuyé sur mes propres recherches. Je leur suis reconnaissante pour leur aide et pour les nombreux articles de magazines et de journaux qui m'ont été transmis. Leur diligence rend le travail de recherche beaucoup plus facile pour moi.

SIÈCLE II-60 (Vol. I) semble s'être réalisée avec l'élection du président Bill Clinton en 1992. Le quatrain prédisait que les États-Unis auraient un président démocrate pendant la période des Troubles. Lorsque cette explication a été donnée à la fin des années 80, je pensais qu'elle était douteuse parce que le président George Bush semblait être fermement ancré à Washington. Mais à la surprise générale, Clinton a été élu. Pendant tout son premier mandat, j'ai attendu que la suite de la prophétie se réalise - qu'il entraîne les États-Unis dans un conflit pour stimuler l'économie. Dans un autre quatrain, Nostradamus disait que l'année 1995 serait un tournant, une année de décision. Il a dit qu'au cours de cette année, le monde décidera s'il s'engagera sur la voie qui mène à la troisième guerre mondiale ou s'il continuera sur la voie que nous empruntons actuellement (la moins dangereuse). Cela m'a dérangé que vers la fin de 1995, le président Clinton a engagé nos troupes dans le conflit en Bosnie. C'était un accomplissement du quatrain et allait également contre d'autres avertissements de Nostradamus. Il nous avait donné le scénario des événements qui mèneraient à la troisième guerre mondiale. L'un d'eux était que nous entrerions en guerre dans la zone grise de l'Europe après une succession de petites guerres au Moyen-Orient. Il l'appelait la zone "grise" parce qu'il disait que l'on ne sait pas si on est en Europe ou en Asie, et il a mentionné la Macédoine, et l'Albanie parce qu'il n'avait pas de nom pour la Yougoslavie à son époque. Dans le volume III, il a dit que nous ne devrions pas nous impliquer dans cette région, parce que si les secteurs se séparaient, cela rendrait le pays plus vulnérable à de potentielles prises de contrôle. J'ai l'impression, d'après les prophéties, que notre implication dans cette région du monde va s'intensifier et nous aurons de grandes difficultés à en retirer nos troupes.

NOSTRADAMUS A INSISTE sur le fait que nous devons arrêter les explosions souterraines d'armes nucléaires (Volume I). On espérait que son avertissement avait été nécessaire lorsque les États-Unis ont arrêté leurs essais. Un moratoire national temporaire sur les essais nucléaires a pris effet en 1992. En 1993, le président Clinton a envisagé de reprendre les essais nucléaires souterrains dans le Nevada. parce que certains experts voulaient améliorer la sécurité et la fiabilité des armes existantes. Les États-Unis ont sagement décidé d'interrompre ces essais, mais d'autres pays (comme la Chine, la Corée du Nord, et la France) n'étaient pas aussi coopératifs.

La menace s'est réveillée lorsque la France a insisté pour effectuer huit essais près d'une île du Pacifique en 1995 et au début de 1996. Le monde entier a été horrifié et il y a eu beaucoup de protestations, même en France. Les objections ont été totalement ignorées alors que la France a effectué test sur test, en insistant sur le fait qu'il n'y aurait aucun dommage. Bien sûr, ils avaient tort, et il est devenu clair peu à peu que Nostradamus savait de quoi il parlait quand il a dit que les ondes de choc des explosions se répercuteraient à travers les plaques tectoniques de la Terre. Quelques jours après chaque test, de graves tremblements de terre et des éruptions volcaniques se sont produits. Il aurait dû être évident pour quiconque que ce n'était pas une coïncidence. Ils étaient directement liés aux explosions. Moins de deux jours après un test en Octobre 1995, un tremblement de terre a frappé le Japon, puis l'Indonésie, puis un volcan en Nouvelle-Zélande est entré en éruption. Tout cela s'est produit en un jour et semblait suivre un modèle de progression autour du Pacifique. Après un autre test, un tremblement de terre au Mexique et une éruption volcanique au Nicaragua ont eu lieu le même jour. Après un test effectué pendant les vacances de Thanksgiving en novembre 1995, un tremblement de terre a eu lieu en Égypte suffisamment fort pour produire des fissures dans le Chephren, la deuxième plus grande des trois grandes pyramides.

Il semblerait que le président français ait réalisé à contrecœur la vérité au début 1996. Il a rencontré le président Clinton à Washington et ils ont convenu de ne plus effectuer d'essais. La France a arrêté après six des huit détonations proposées. Ont-ils arrêté à temps, ou des dommages irréparables ont-ils déjà été faits ?

Au cours de l'été 1996, l'Amérique était à la tête d'un consensus mondial croissant pour un traité d'interdiction des essais d'armes nucléaires. Mais ils avaient des difficultés à obtenir la coopération de deux des autres puissances : la Chine et l'Inde (qui ont un potentiel nucléaire mais ne disposent pas encore de leurs arsenaux). L'Inde a carrément refusé de participer, se plaignant que le traité favorise les cinq puissances nucléaires déclarées : la Grande-Bretagne, la France, la Russie, la Chine et les États-Unis. La Chine aide le Pakistan, adversaire de l'Inde, à acquérir des capacités nucléaires et des usines de missiles. On pense que le Pakistan aura ces capacités d'ici deux ans. Pas étonnant que l'Inde soit inquiète. Le traité interdit seulement les explosions expérimentales d'armes nucléaires, ce qui rend difficile pour les nations moins avancées (comme l'Inde) de développer la technologie nucléaire. Les puissances nucléaires existantes sont autorisées à continuer à perfectionner leurs propres armes à l'aide d'ordinateurs et d'autres technologies. Les États-Unis ont récemment annoncé des plans pour un superordinateur capable de simuler des explosions nucléaires. Le traité, tel qu'il est rédigé, obligerait l'Inde à renoncer à une importante option de défense. L'Inde veut que les puissances nucléaires s'engagent à se débarrasser de leurs arsenaux nucléaires au fil du temps. Le 22 août 1996, l'Inde a opposé son veto à la proposition d'interdiction des essais à Genève, en Suisse. Toutefois, les États-Unis et d'autres pays restent attachés à l'interdiction des essais nucléaires et les années de travail qu'ils ont accomplies. Malgré les objections, les Nations unies ont approuvé à une écrasante majorité le traité mondial en septembre 1996. Les États-Unis ont déclaré que l'Iran, dans moins de 10 ans, risque de devenir également une puissance nucléaire. L'aide russe à l'Iran pour le développement de réacteurs nucléaires civils aidera finalement l'Iran à développer ses propres armes nucléaires.

En juillet 1996, 11 heures seulement avant que les négociateurs internationaux ne s'assoient pour faire passer l'interdiction mondiale des essais d'armes nucléaires, la Chine a fait exploser ce qu'elle a déclaré être sa dernière explosion d'essai nucléaire, qui serait la 45ème de la Chine. La Chine s'est opposée au traité parce qu'elle veut qu'il soit plus difficile d'ordonner des inspections si une nation est soupçonnée d'avoir effectué un essai.

De même, au cours de l'été 1996, deux accidents survenus dans une centrale nucléaire ukrainienne ont tué un travailleur et libéré des radiations. Pendant 16 semaines, en 1996, chacune des cinq centrales nucléaires ukrainiennes a subi un accident avec des fuites de radiations ou l'arrêt d'un réacteur. Ces accidents ont mis en évidence les craintes internationales sur la sécurité des centrales nucléaires ukrainiennes, de construction soviétique et à court d'argent. Les centrales nucléaires ukrainiennes sont tellement à court d'argent qu'elles peuvent à peine acheter du combustible. La maintenance de routine et les mises à niveau de sécurité sont reportées à des dates ultérieures. Même les petits incidents dans les centrales nucléaires sont politiquement sensibles, en raison des efforts soviétiques officiels, il y a 10 ans, pour dissimuler l'explosion d'un réacteur à Tchernobyl qui a entraîné la pire catastrophe nucléaire du monde. (C'est la Suède qui a informé le monde de l'accident).

Les pays occidentaux ont pressé l'Ukraine de fermer la centrale de Tchernobyl. Deux nouveaux réacteurs doivent être terminés dans les deux ans pour en compenser la fermeture. Les États-Unis et leurs alliés les plus proches ont promis plus de 3 milliards de dollars pour achever les centrales et rationaliser le secteur énergétique ukrainien, mais les officiels ukrainiens se sont plaints que l'argent vient trop lentement.

En 1995, il a été annoncé que la nouvelle centrale nucléaire au Japon serait construite directement sur une faille sismique active [comme celle qui se trouve au nord de San Diego]. Le Japon a dit qu'il était conscient du danger, mais a déclaré qu'il n'y avait pas d'autre endroit pour la construire.

Dans un article de juillet 1996, le journaliste d'investigation Dale Van Atta. a ajouté un autre aspect au cauchemar nucléaire qui se poursuit. Il a déclaré lors d'une conférence que la menace d'une attaque nucléaire sur le sol américain est plus réelle que jamais. Il la considère comme inévitable, et a dit qu'elle pourrait se produire dans les 10 prochaines années, voire cinq, avec New York comme cible possible. Ses informations étaient basées sur des sources de renseignement américaines. Il a dit que la menace numéro un est toujours la Russie en raison des milliers de bombes nucléaires restantes dans ce vaste pays, dont beaucoup ne sont pas sécurisées. Il a dit que les Russes sont si pauvres qu'ils seront prêts à vendre les armes et l'uranium de haute qualité pour garantir des devises fortes pour l'avenir.

* * *

UN GRAND VOLUME des nouvelles informations que j'ai reçues concernaient la découverte de deux nouvelles comètes : Hvakutake et Hale-Bopp. Dans de nombreux quatrains, Nostradamus a mentionné des comètes dans divers symbolismes, et celles-ci étaient directement liés à des événements qui se produiraient pendant la période des troubles.

SIÈCLE II -46 (Vol. I) : "Dans le ciel, on verra un feu traînant une traînée d'étincelles. (Le quatrain fait référence à la famine en Afrique).

SIÈCLE II -62 (Vol. I): ;... quand la comète passera." (Concernant le temps de troubles, se référant particulièrement à Mabus [Sadam Hussein]). A l'automne 1996, il est revenu à la charge, donc cette prophétie est toujours en train de se réaliser.

SIÈCLE IV-67 (Vol. I) : "... un long météore." (De grands troubles géologiques. Les tremblements de terre et les volcans affectent le temps. Une comète très brillante, facile à voir, inconnue jusqu'alors).

SIÈCLE II-15 (Vol. I) : "Une étoile barbue". (Une comète majeure bien visible dans le ciel de l'hémisphère nord. Des signes menant à l'assassinat du pape actuel).

SIÈCLE II-96 (Vol. I) : "Une torche enflammée sera vue dans le ciel la nuit". (Événements précédant l'arrivée au pouvoir de l'Antéchrist.)

SIÈCLE VI-65 (Vol. III) : "Une étoile barbue." (Événements associés à la succession des derniers papes. Fait également référence à la montée de l'Antéchrist.

Au moment de l' originale écriture du livre, la comète principale qui était attendue dans notre ciel à cette époque était la comète de Haley. Pourtant, dans certains quatrains de Nostradamus, nous trouvons la description d'une nouvelle comète que les scientifiques ne connaissaient pas. Cela correspond tout à fait aux qualifications des comètes Hyakutake et Hale-Bopp. Elles étaient inconnues jusqu'à leur récente découvertes en 1995 et 1996, et correspondent à d'autres signes astrologiques mentionnés dans les quatrains.

Certaines informations de Goro Adachi provenant de l'Internet :
SIÈCLE VI-97 (Vol. I) : "A 45°, le ciel brûlera."

Au moment du périhélie (au plus près du soleil - avril 1997), la comète Hale-Bopp sera à une distance angulaire (élongation) du Soleil dans le ciel d'environ 45°. Et elle sera située dans le ciel du nord à une inclinaison de +45°(ce qui signifie que la comète sera juste au-dessus de la latitude géographique de 45°). Elle fera son approche au plus proche de la Terre le 23 mars 1997.

Quelques-uns des endroits situés sur la latitude 45° : Lyon, France; Belgrade, Serbie (et toute la région de l'ex-Yougoslavie) ; Tuzla, Bosnie. Sur la longitude 45°: Bagdad, Irak. Les essais nucléaires de la France ont commencé avec la découverte de Hale-Bopp. L'OTAN et les États-Unis entrent dans la 3ème Guerre civile bosniaque avec le quartier général américain dans la ville de Tuzla. Le lien avec l'Irak et Saddam Hussein est évident.

La comète Hale-Bopp a une orbite de plus de 3000 ans. L'orbite est une ellipse très longue et étirée. Ce commentaire sur l'orbite elliptique ressemblait beaucoup à la référence de Nostradamus à une nouvelle étoile qui serait découverte. Dans le deuxième volume, il a révélé que : "Nous allons découvrir deux autres planètes, et elles provoqueront une énorme excitation. Ces deux planètes font partie d'un autre système solaire qui possédait une étoile binane (deux étoiles, ou deux soleils). Il y avait deux étoiles qui ont explosé, et ces planètes ont été projetées dans notre orbite. Notre système et ce système solaire se chevauchent maintenant. Uranus, Neptune, Pluton et ces deux nouvelles planètes faisaient auparavant partie de cet autre système solaire. Elles ne sont pas dans une orbite exacte mais sont attirées par notre soleil, comme Pluton. Elles ont un plus grand degré d'arc. Cette binaire était un vieux système et a explosée et s'est consumée d'elle-même."

Egalement, dans mon livre "Jésus et les Esséniens", les Esséniens savaient qu'il y avait une autre étoile. Ils avaient un modèle du système solaire qui était en perpétuel mouvement. Le modèle contenait dix planètes. et celle qui nous est inconnue avait une orbite elliptique étirée.

Ces deux références distinctes dans mes livres font probablement référence à de vraies planètes plutôt qu'à des comètes, mais il est intéressant de constater que dans les deux cas, une orbite est mentionnée.

Goro Adachi a trouvé des informations supplémentaires étonnantes dans SIÈCLE IV-67 (Vol. I) qui ont considérablement enrichi le travail de ce livre.

"Dans l'année où Saturne et Mars sont également ardents, l'air est très sec, un long météore. Des feux cachés, une grande place brûle de chaleur, peu de pluie, un vent chaud, des guerres et des raids."

"L'année où Saturne et Mars sont tout aussi ardents." Goro pense que cette ligne pouvait signifier que Saturne et Mars seraient tous deux dans un même signe de feu. Il a trouvé que durant la période 1996-98, Saturne restait en Bélier pendant toute la période, et Mars serait en Bélier deux fois, ce qui nous présenterait deux fenêtres : Mars en Bélier : du 7 avril au 3 mars 1996 et du 5 mars au 15 avril 1998.

Dans la transcription, Brenda nous dit : "Lorsque Saturne est dans un signe de feu et au moment où le Soleil se déplace dans un signe de feu, il y aura une comète. Cette comète sera très brillante et facile à voir. Mais elle sera peut-être encore inconnue. Cela coïncide avec l'époque des grands troubles géologiques."

Il est intéressant de noter que Brenda ne mentionne pas Mars mais se réfère plutôt à la position du Soleil. Incroyablement, la mention du Soleil (dont on ne parle pas dans le quatrain) indique clairement que la comète est Hale-Bopp a été découverte le 23 juillet 1995 et le Soleil était dans le Lion (un signe de feu) du 24 juillet au 24 août 1995. Aussi le périhélie de Hale-Bopp est autour du 30 mars 1997, alors que le Soleil est en Bélier (signe de feu) du 2 mars au 21 avril 1997.

Lorsque Goro a mis cette information sur Internet, un lecteur lui a dit que "Saturne & Mars esgaux combuste" est un ancien terme astrologique qui signifie en fait "brûlant" ou "conjoint avec le soleil". Il devient de plus en plus évident que cette information ne pouvait pas provenir de Brenda puisqu'elle n'avait aucune connaissance en astrologie. La référence à la position du Soleil devait venir directement de Nostradamus. Nous pouvons voir que les informations étaient en fait cohérentes avec le quatrain français original.

Plus tard, quand la comète Hyakutake a été découverte, on a demandé à Goro comment cela affecterait les prophéties. Il conclut que cela ne les réfute pas mais plutôt met un accent sur la validité de l'information. Les quatrains mentionnant des comètes pendant la période des troubles pourraient faire référence aux deux, puisque Nostradamus considérait les comètes comme des "présages de malheur". En janvier 1996, Hyakutake a été découverte et s'est approchée très près de la Terre le 25 mars 1996. Elle était brillante dans le ciel de mars jusqu'au maximum de son périhélie (le plus proche du soleil) étant au 1er mai. La déclinaison de Hyakutake était de +45° le 6 avril (Bélier, signe de feu), et son élongation était de 45° le 7 avril. Coïncidence ? Goro a trouvé que les deux comètes (Hyakutake et Hale-Bopp) correspondent parfaitement à SIÈCLE IV -67, et il pourrait bien avoir raison, compte tenu de la profondeur de sens mise par Nostradamus dans ses quatrains. Ils font souvent référence à plus d'un événement, et il était un génie absolu pour condenser une quantité incroyable d'informations dans les quatre lignes trompeuses d'un quatrain. Goro pense que la signification de toutes ces confirmations astrologiques et astronomiques, et ce qu'elles essaient de nous dire : IL EST TEMPS ! 1996 est le début "officiel" de l'accomplissement de la plupart des prophéties prédites pour la période des Troubles.

Goro avait également des informations supplémentaires intéressantes concernant SIÈCLE V -92: "Après que le siège a été tenue I7 ans, cinq vont changer dans la même période de temps. Et un autre sera élu en même temps, qui ne sera pas trop agréable pour les Romains."

Pendant mon travail avec Nostradamus, nous avons interprété tous les quatrains connus, mais il y en avait beaucoup trop pour être inclus dans les livres (même s'il y avait trois volumes). On m'a dit de me concentrer sur les événements se produisant au cours des 20 prochaines années (à partir de 1989). Au cours du processus d'élimination seule la moitié environ de nos interprétations ont été incluses dans les livres. Beaucoup de celles qui ont été exclues portaient sur le passé, et beaucoup étaient répétitives ou n'apportaient pas de nouvelles informations au scénario que je cherchais à démontrer. On me demande souvent s'il y aura un quatrième livre contenant ces quatrains exclus. Je ne le pense pas, parce que je n'ai pas considéré qu'ils contenaient beaucoup d'informations supplémentaires. Je crois qu'un tel quatrième volume serait décevant.

SIÈCLE V -92 était l'un de ceux qui n'ont pas été retenus dans les éditions. Je me suis souvenue du quatrain et après avoir vu la référence de Goro sur Internet, j'ai cherché dans les centaines de pages de transcription pour le retrouver. Il a été interprété par Brenda en juillet 1989, selon mes archives. Cette partie de la transcription était courte, je vais donc l'inclure ici pour qu'elle puisse être comparée à celle de Goro Adachi. Il est intéressant de noter la similitude, parce que personne d'autre n'a vu notre interprétation jusqu'à présent.

B: Il dit que ce quatrain est en train de se réaliser. Il fait référence aux élections des papes à la tête de l'église catholique romaine. Il dit que nous sommes sur le point de passer par les cinq qui seront élus dans le même laps de temps - la partie centrale du quatrain.

D: Vous voulez dire que les autres étaient dans le passé ?

B: Oui. Il dit que la première ligne fait référence à un pape qui a été pape pendant 17 ans, une période de temps assez longue. Puis la ligne suivante dit que cinq seront élus dans une même période de temps. Il dit que cela signifie que dans les 17 années suivantes, il y aura cinq papes. Puis un sera élu qui ne sera pas agréable aux Romains. Il dit que cela fait référence au pape qui viendra après ces cinq-là. Il sera très impopulaire.

D: Ce sera le dernier pape ? (Oui.) Ce sera l'une des raisons pour lesquelles il sera impopulaire, je suppose. Il sera le dernier pape de l'Église catholique.

Une des raisons pour lesquelles je n'ai pas inclus ce quatrain dans les livres était parce que je pensais que la même information avait déjà été couverte. Une autre en était que je n'arrivais pas à faire apparaître la séquence de chiffres correctement dans mes recherches. Goro Adachi semble avoir été capable de faire ce que je n'ai pas pu, même s'il n'a jamais vu notre interprétation.

Les découvertes de Goro sur l'Internet : Le Pape Jean Paul II a occupé le Saint-Siège pendant 17 ans à compter du 1er octobre 1995. Si le quatrain ci-dessus se référait à JPII, il ne devrait pas être encore en vie. Il ne semble pas s'appliquer à lui, si l'on considère que la deuxième ligne "cinq papes se succéderont", parce que Nostradamus a indiqué dans plusieurs quatrains qu'il n'y aurait que deux papes après l'actuel. Ceci est également vérifié par les prédictions de Saint Malachie (voir Vol. II). Goro a découvert qu'il y avait un pape qui serait à la tête du Saint Siège pendant exactement 17 ans : Pie XI (février 1922-février 1939). Les cinq papes qui l'ont suivi sont : Pie XII, Jean XII, Paul VI, Jean-Paul I, et le pape actuel, Jean-Paul II.

Goro ne fait qu'une seule petite erreur concernant la dernière ligne, et c'est discutable, car son interprétation conviendrait également. Il veut changer la formulation de, "Alors un sera élu pour un même temps..." à "Alors un sera élu pour la même durée ". Selon mon dictionnaire français, "temps" peut être traduit par "temps" ou "durée", donc cela aurait un sens. Il voulait dire par là que les deux papes (Pie XI et JPII) serviraient pour la même durée. et qu'ils seraient différents des autres papes. "Celui qui ne sera pas trop conforme aux Romains," ce qui signifie que JPII était le premier pape non-italien depuis Adrien VI (1522-1523).

Dans notre interprétation, Nostradamus faisait référence au dernier pape, le pape de l'Antéchrist. qui serait désagréable pour l'Italie en raison des dommages qu'il causera à l'Église catholique. Je pense qu'il est possible que l'interprétation de Goro soit également acceptable. J'ai travaillé avec Nostradamus depuis si longtemps que j'ai appris sa façon de penser. Goro semble être la première personne à correspondre avec moi qui soit capable de pénétrer dans l'esprit de Nostradamus d'une manière similaire, et à apprécier le génie de ce grand homme.

Grâce à ses déductions, Goro a trouvé deux endroits (Lyon, France et Belgrade, Yougoslavie) comme lieux d'assassinat potentiels pour le pape actuel. J'ai reçu des informations de l'un de mes lecteurs concernant l'astro-cartographie. Il s'agit d'un processus astrologique compliqué où l'horoscope est placé sur une carte du monde, et de nombreuses déterminations peuvent ainsi être faites, y compris le lieu de la mort. Le graphique résultant ressemble beaucoup à un diagramme de biorythme. Le lecteur a démontré comment un tel diagramme indiquait correctement que le président John F. Kennedy mourrait à Dallas et que Martin Luther King, Jr. mourrait à Memphis. Selon la carte astrocartographique du pape actuel, il mourra à Belgrade. Cette information m'a été donnée en 1991, et depuis cette époque le pape n'a pas été autorisé à entrer en Yougoslavie. C'est peut-être pour cela que l'assassinat ne s'est pas produit. Peut-être que l'histoire peut être changée et que cette prédiction peut être évitée s'il reste en dehors de ce pays".

SIÈCLE V-15 (Vol. III) : "Le pape actuel fait des allers-retours en divers endroits de la Terre pour rendre visite aux sections de l'Église catholique. Cela le met en danger car il ne peut pas être protégé aussi bien, mais ils ne peuvent rien y faire, car le pape insiste. Nostradamus dit qu'il voit que quelqu'un va assassiner le pape dans un endroit où il y a des problèmes." Est-ce que cela fait également référence à Belgrade, parce qu'il n'y a pas eu de troubles comparables en France ?

Au moment où j'ai écrit ces livres, je ne pouvais pas comprendre quel objectif l'assassinat d'un chef religieux pouvait atteindre. Mais maintenant, à la fin des années 1990, il est évident que cela s'inscrit dans le cadre du terrorisme. Nostradamus a dit qu'il y aurait une augmentation du terrorisme pendant la période des troubles parce qu'une façon de faire la guerre est de démoraliser l'ennemi. La logique serait de frapper ce à quoi le pays tient le plus, son patrimoine culturel et religieux. Les terroristes tentent de créer la peur en combattant dans l'ombre. Nostradamus a aussi dit que pendant la période de troubles, les assassinats des leaders mondiaux augmenteraient. Cela deviendrait si commun que personne n'y penserait. Cette prédiction s'est certainement matérialisée.

SIÈCLE IV-67 continue : Ce quatrain mentionne des sécheresses. Nostradamus l'appelait son "quatrain sec". En 1996, les grandes plaines/la ceinture de blé (la partie centrale des USA), où la majorité du blé du pays est plantée, a été frappée par une sécheresse MAJEURE. C'était probablement la pire depuis un demi-siècle. Certains experts ont dit que les conditions étaient les pires depuis le "dust bowl" (Bol de poussière) des années 30. Les réserves de blé ont chuté à leur niveau le plus bas depuis un demi-siècle, et les réserves de maïs étaient les plus basses depuis 20 ans. La sécheresse a même affecté l'industrie du bétail (y compris le bétail laitier). Les pâturages étaient trop secs pour que le bétail puisse y brouter et les prix élevés des céréales ont fait que de nombreux éleveurs n'ont pas pu se permettre d'acheter des aliments pour nourrir leur bétail. Du Kansas au sud du Texas, l'une des pires sécheresses jamais enregistrées a poussé des milliers d'agriculteurs des Grandes Plaines au bord de la ruine et a provoqué la vente panique de bétail dans certaines régions. On a dit que c'était la première fois que les agriculteurs vendaient des bêtes gestantes (bétail en gestation) pour l'abattage. On s'attendait à ce que cela ait des effets sur les produits laitiers ainsi que sur la viande.

SIÈCLE III -42 (Vol. III) semble faire référence au même "quatrain sec". "Cela représente la famine mondiale. Je vois beaucoup de fermes, de vignobles, et des vergers, mais tout est blanchi à sec. Les champs semblent être brûlés par le soleil." Quand on lui a demandé quand cela se produirait, Nostradamus a répondu : "Assez tôt dans votre vie." Et il a indiqué que ce serait avant que l'Antéchrist n'arrive au pouvoir, et qu'il utilisera ce phénomène comme l'un de ses outils.

Pour des informations plus détaillées sur les découvertes de Goro Adachi, contactez-le à l'adresse suivante:
https://www.goroadachi.com/etemenanki/contact-info.htm
Son site internet:
https://www.goroadachi.com/etemenanki/

* * *

J'ai eu d'étranges surprises quand j'ai commencé à donner des conférences sur les textes de Nostradamus au début des années 1990. Quand j'ai écrit les deux premiers livres, je n'avais fait aucune recherche sur les concepts scientifiques complexes. J'étais comme un nouveau né, sans idées préconçues. Il m'a également été dit de ne pas censurer le matériel, mais de le présenter exactement comme il m'a été donné. C'était difficile à faire en raison de la nature extrêmement sérieuse de certains documents. Il y a eu de nombreux cas où j'ai voulu le changer ou l'atténuer, de peur d'avoir des problèmes avec les autorités ou les experts. Au lieu de cela, j'ai obéi et présenté le matériel de la manière dont il m'a été donné, n'agissant qu'en tant que reporter objectif et ne prenant aucun crédit pour son contenu.

Lors de mes premières conférences, des personnes de l'auditoire ont commencé à m'éduquer sur les similarités entre certains documents et d'autres sources écrites. Ce ne m'a pas troublé, mais m'a plutôt rempli d'un sentiment de crainte que les visions de Nostradmus pouvaient en effet être basées sur des faits si d'autres reconnaissaient leurs implications. De plus, j'étais rempli de l'horrible possibilité que les prédictions pouvaient être proches de la réalité si mes lecteurs et auditeurs pouvaient reconnaître et identifier des éléments qui étaient étranges et inconnus pour moi.

Après avoir discuté (chapitre I9, Vol. I) sur les armes expérimentales lors d'une conférence, j'ai été abordé par un homme dans le couloir qui m'a dit : "Vos informations sur les armes secrètes ne relèvent pas de la science-fiction. Je le sais parce que je travaille dessus." Cette annonce m'a donné des frissons. Nostradamus avait-il raison quand il disait que la plupart des armes étaient déjà inventée et on y travaillait dans des laboratoires secrets ? Avait-il raison quand il a dit que la plupart de ce qu'il a vu était déjà terminé et était caché par notre gouvernement ? Pendant la seconde guerre mondiale, l'expérience sur la bombe atomique était le secret le mieux gardé au monde. Si un projet avec de telles propriétés mortelles a pu être gardé secret, combien d'autres concepts futuristes avec des possibilités de destruction encore plus grandes sont également en cours d'élaboration?

Dans le premier volume, nous avons discuté des machines à tremblement de terre, et des expériences de modification de la météo. Mes lecteurs et auditeurs m'ont demandé si j'étais familière avec le travail de Nikola Tesla. A l'époque, je savais qu'il était un scientifique célèbre qui était en avance sur son temps dans les années 1920 et 30. Ses inventions miraculeuses ont été considérées comme des abérations mentales et n'ont pas été poursuivies. Il a été dit que la Russie a montré plus d'intérêt dans ses concepts que les États-Unis, et qu'ils ont poursuivi ses expériences. (Voir SIÈCLE I -6, Vol. I et SIÈCLE II -91, Vol. I pour des quatrains traitant des inventions russes qui ressemblent à la technologie de Tesla). Il a également été dit que lorsque Tesla est mort en 1943, le FBI a fouillé son appartement, et ses plus importants documents de recherche ont disparu. En conservant cette idée à l'esprit, il serait possible que les machines que

Nostradamus a vues aient pu être une extension du concept original de Tesla. Tesla a inventé le courant alternatif (AC) qui est utilisé dans les systèmes électriques. Ce sont ses idées plus radicales qui ont dérangé les investisseurs de son époque. Il prétendait avoir découvert un moyen de fournir gratuitement de l'électricité au monde entier sans l'utilisation de câbles. Bien sûr, les affairistes avides d'argent n'accepteraient jamais de sponsoriser une telle invention, et l'idée a été enterrée. Tesla a également fait la démonstration d'une machine à tremblement de terre utilisant les vibrations. Tout ceci ressemble trop à ce que Nostradamus a vu pour être une coïncidence.

Des informations ont commencé à être révélées en 1996 sur le projet HAARP en Alaska qui semblait pousser les technologies originales de Tesla à leur paroxysme ultime et de plus désastreux. Cette "technologie scalaire de la guerre des étoiles" est directement de la technologie de Tesla. Les brevets disent que le travail de Nikola Tesla au début des années 1990 ont servi de base aux recherches de HAARP.

HAARP: High-frequency Active Auroral Research Program

Le système HAARP est un outil, un émetteur de radiofréquences et un système de diffusion d'une immense puissance. Une fois terminé, il devrait produire des faisceaux d'au moins 10 milliards de watts, et plus tard 100 milliards de watts de puissance générée. Les militaires ont décrit leur excitation face à la possibilité de "s'emparer" du contrôle de l'ionosphère et de lui donner la forme qui sert leurs objectifs. Leur première cible est l'électro-jet, rivière d'électricité qui s'écoule sur des milliers de kilomètres à travers le ciel et s'écoule dans la calotte glaciaire. Grâce à ce projet, l'électro-jet deviendra une antenne artificielle vibrante pour envoyer des radiations électromagnétiques en pluie sur la Terre. La machine pourrait aussi permettre la tomographie à travers la Terre ("radiographie" de la Terre) sur la plupart de l'hémisphère nord. Une telle capacité permettrait la détection et la localisation précise des tunnels et autres abris souterrains.

La manipulation d'électrons et d'ions piégés au-dessus de la terre peut interférer ou provoquer une perturbation complète des systèmes de guidage employés par même les avions et les missiles les plus sophistiqués. La capacité de transmettre des ondes électromagnétiques de fréquences variables sur de très larges zones peut interférer avec tous les modes de communication, terrestres, maritimes et aériens, en même temps.

Les écologistes s'inquiètent de l'effet que cela aurait sur les animaux et les humains dans la zone de sondage. Cela pourrait interférer avec les modèles de migration de la faune, parce qu'ils dépendent d'un champ d'énergie non perturbé pour trouver leur chemin. La fréquence utilisée dans cette expérience est la même que celle avec laquelle le cerveau humain fonctionne. L'impact sur les gens, en tant qu'arme non létale n'a pas échappé à l'attention, et a déjà été expérimentée. Les technologies non létales sont maintenant appelées "systèmes de neutralisation" ou "systèmes d'invalidation". En tant qu'arme non létale, elle pourrait semer la confusion chez les troupes ennemies ou simplement les endormir.

Les experts disent qu'une des tâches de l'armée serait de reformer les valeurs américaines
pour qu'ils acceptent les nouvelles armes. L'idée est d'endoctriner en apprenant à croire, plutôt qu'en donnant tous les faits pour qu'une personne puisse réfléchir aux problèmes et prendre des décisions raisonnées. Cela peut être mieux formulé comme suit : "propagande contre persuasion par la raison".

Les porte-parole de HAARP l'ont décrit comme une pure recherche scientifique sur les aurores boréales et sur la capacité de l'ionosphère à affecter les communications. L'armée a déclaré qu'il n'y aurait pas plus de perturbations magnétiques que ce qui se produit naturellement, par exemple les tempêtes solaires. Bien qu'il ait été financé par l'Air Force et les forces navales américaines, ils ont déclaré qu'il ne s'agissait pas d'un système de défense. Que HAARP pourrait être utilisé pour une meilleure communication sous-marine, remplacerait le système de radar à haute distance, et pourrait anéantir les communications sur une zone extrêmement large. tout en assurant que les systèmes de communication contrôlés par les opérateurs continuent de fonctionner. Grâce à la tomographie par pénétration des sols, il pourrait fournir un outil de sondage géophysique pour trouver des gisements de pétrole, de gaz et de minéraux sur une large zone géographique. Il pourrait également être utilisé pour détecter les avions à basse altitude et les missiles de croisière.

En apparence, il s'agit d'un projet de recherche inoffensif. Dans une perspective plus large cela ressemble au projet secret Manhattan qui a produit la bombe atomique. A cette époque, pendant la Première

Guerre mondiale, c'était le secret le mieux gardé de l'histoire. Le Congrès ne savait même pas ce qu'il finançait, parce que l'argent était acheminé à travers divers moyens qui étaient difficiles de retracer. Cela se passe encore aujourd'hui et est appelé le "budget noir". J'ai fait beaucoup de recherches sur le développement de la bombe atomique. J'en parle plus en détail dans mon livre "Une âme qui se souvient d' Hiroshima" (non traduit en français). En 1940, les secrets étaient plus faciles à garder parce que nos esprits étaient dirigés et concentrés sur la guerre, et on ne nous disait que ce que nous devions savoir à travers les journaux, la radio et les films d'actualités. Maintenant, avec les ordinateurs, la télévision, la radio et l'Internet, le savoir peut être distribué presque instantanément. Pas étonnant que le gouvernement tente de réglementer l'Internet.

Le financement du programme HAARP a été temporairement gelé en 1995 par le Sénat des États-Unis. Pourtant, le projet a avancé, financé par des sources non connues.

Mes informations sur cette formidable expérience proviennent principalement du livre "Angels Don't Play This HAARP" (Les anges ne jouent pas de cette harpe), de Jeanne Manning et du Dr. Nick Begich. Publié en 1995 par Earthpulse Press, P.O. Box 20I39.3,Anchorage. Alaska 99520. Il est extrêmement bien documenté et avec de nombreuses notes de bas de page relatives aux sources.

Aucune de ces informations n'est incluse ici dans le seul but d'effrayer qui que ce soit. Il est dans notre intérêt à tous de connaître les capacités qui peuvent être utilisées contre nous. Cela ne signifie pas qu'elles le seront, mais s'informer est la première ligne de défense.

HAARP est une série d'antennes array situées à Gakona, en Alaska, où il y a moins de deux personnes par kilomètre carré. C'est un endroit parfait pour des expériences secrètes. Des ondes électromagnétiques VLF (très basse fréquence) et ELF (extrêmement basse fréquence) sont générées et envoyées vers le réseau d'antennes. Les ELF peuvent avoir des effets positifs ou négatifs, en fonction de l'intention de l'opérateur. Elles peuvent guérir ou détruire.

Le projet HAARP s'étendra sur 13 ha et à terme, il est prévu 360 antennes d'aprx. 23m de haut. Il devrait être achevé et en pleine activité d'ici 2002. L'objectif est de commencer à expérimenter au début de 1997 en chauffant ou en excitant des trous de 5 km de large directement au-dessus de l'expérience, un peu comme un four à micro-ondes géant. Le grand réseau d'antennes d'un milliard de watts de puissance électromagnétique - à des fréquences radio - à travers l'atmosphère. Ce serait le plus grand "zapper" du monde'. Ils perceront un trou et mesureront les résultats, puis perceront un autre trou, etc. Ils s'attendent à ce qu'il faille environ trois mois pour que chaque trou se referme, et les données leur indiqueront comment focaliser l'éventuel miroir virtuel. HAARP déversera d'énormes quantités d'énergie dans la haute atmosphère, et ils ne savent pas ce qui va se passer. Avec des expériences à cette échelle, des dommages irréparables pourraient être causés en peu de temps.

Une fois terminé, HAARP sera le plus grand "radiateur" du monde, plus puissant que tout ce qui existe actuellement. Les effets en sont inconnus une fois que l'énergie est libérée au-delà de certains seuils. HAARP a été appelé le "Skybuster" ou le "Super Chauffage". Avec ce système, aucun satellite n'est nécessaire pour envoyer l'énergie générée dans le ciel. Les signaux à haute fréquence développés sont conçus pour ioniser l'énergie dans la haute atmosphère, qui se compose principalement d'azote. Ce développement ingénieux contourne le besoin de satellites en utilisant les antennes au sol. A très haute altitude, les effets se multiplieraient si un niveau de puissance suffisamment élevé était utilisé. C'est le principe qu'une petite entrée qui peut créer une grande sortie. Les effets sont créés par résonance au lieu d'un zapping direct.

Les installations de recherche associées à HAARP sont situées à Arecibo, Porto Rico et Fairbanks, en Alaska. D'autres installations se trouvent à Tromso, Norvège ; Moscou, Nizhny Novgorod et Apatity en Russie : Kharkov, Ukraine et Dushanbe, Tadzhikistan. Cependant, aucun de ces systèmes existants n'a la combinaison de capacité de fréquence et d'agilité de direction de faisceau requise pour réaliser les expériences prévues pour HAARP. Mais HAARP fait partie d'un effort de coopération globale qui inclut la Russie, le Canada, le Japon, le Groenland, la Norvège, la Finlande, la Nouvelle-Zélande et d'autres pays. D'autres sites d'émission sont situés au Groenland. Pacifique Sud, au Japon et en Europe. Des expériences peuvent être menées avec tous ces autres émetteurs fonctionnant ensemble; ainsi un effet beaucoup plus grand pourrait être créé.

Les scientifiques ont étudié les sensibilités des cellules vivantes et des systèmes nerveux, et ont dit que des champs magnétiques puissants ne sont pas nécessaires pour faire une différence. Des fluctuations de champs très faibles peuvent affecter dramatiquement le niveau cellulaire de la vie.

La stratosphère et l'ionosphère sont des barrières protectrices autour de la Terre qui empêchent les rayons cosmiques nocifs d'en atteindre la surface. Ils sont déjà dans un état délicat et fragile, en partie à cause des expériences passées. Le Dr. Daniel Winter dit que "Certaines caractéristiques de la grille magnétique permettent à une atmosphère de rester nichée autour d'une planète. Mars a perdu son atmosphère et nous sommes en train de perdre le nôtre. Le pôle orbital de la Terre fait des excursions radicales hors de son inclinaison - avec la déstabilisation de l'orbite lunaire - et, de plus, la capacité à maintenir l'atmosphère et l'ozone s'affaiblit, en particulier aux pôles. La planète est très sensible aux rebonds de cette puissance dans et hors de l'atmosphère. HAARP risque de trancher une énorme déchirure dans la fractale du magnétisme en Alaska. La Terre ressentira ce changement de charge, comme une blessure déchirante qui ne guérirait pas."

Des scientifiques de haut niveau affirment que HAARP ne fera pas de "trous" dans l'ionosphère. C'est une dangereuse sous-estimation de ce que le rayon gigawatt géant de HAARP peut faire. En raison de la rotation axiale de la Terre, une émission de plus de quelques minutes trancherait l'ionosphère comme un couteau à micro-ondes. Cela ne produira pas un "trou", mais une longue déchirure - une incision.

Une des prophéties de Nostradamus ressemble vraiment au projet HAARP. Dans SIÈCLE I -46 (Vol. I): "Ce quatrain concerne un événement qui sera initialement déclenché par la main de l'homme, mais qui sera essentiellement une catastrophe naturelle. Il y aura un groupe de professeurs (scientifiques) faisant des recherches sur les pouvoirs des différents champs d'énergie de la Terre. Ils vont essayer d'exploiter ces pouvoirs et de les utiliser pour diverses choses, y compris la guerre. Au moment où ils commencent enfin à faire des expériences directes sur le monde physique, ils vont accidentellement rompre l'un des champs de la Terre de telle manière qu'un faisceau d'énergie sera projeté dans l'espace et attirera un flux de météorites vers la Terre. Cela se produira autour de la mer du Nord. Les météorites seront attirées vers la Terre à cause de cette altération des champs énergétiques autour d'elle. Et puisqu'elles sont là, elles continueront à venir jusqu'à ce que les scientifiques soient capables de réparer les dommages. Leur rupture dans le champ déséquilibre tout. Comme leur instrumentation est encore expérimentale, elle n'est pas assez bien réglée pour être capable de remettre les choses en bon équilibre. Ainsi, dans le processus de réparer les dommages, il y a un tremblement de terre peu de temps après, quand le stress est augmenté. Puisque ce projet sera très dangereux, ce sera un projet secret du gouvernement. Pour le monde en général, il apparaîtra comme un phénomène naturel. Il sera enregistré dans les futurs textes d'histoire sous cet angle parce que le rôle joué par les scientifiques est un secret si important pour les gouvernements impliqués qu'ils ne veulent pas que cela se sache."

Dans le quatrain, il est dit que la perturbation (déchirure) de l'atmosphère se produit autour de la mer du Nord. Cela pourrait être l'endroit où l'un des émetteurs est situé. Ou encore, ce pourrait être là où il a rebondi vers la Terre, parce que les faisceaux seraient renvoyés en arrière, et l'effet de déchirure pourrait avoir lieu sur une autre zone que celle prévue.

Dans SIÈCLE I -22 (Vol. I): Ce quatrain décrit un système de manipulation similaire au programme HAARP. "L'humanité aura mis au point des dispositifs pour maitriser la météo et pourra gérer le temps qu'il fera. Les machines qui sont en charge de ces calculs deviendront trop intelligentes pour leur propre bien. Par conséquent, par la faute de leur programmation, qui ne sera repérée que trop tard, les machines provoqueront accidentellement un mauvais fonctionnement du temps ayant pour but de causer beaucoup de dégâts grâce à de la glace et de la grêle hors saison. Les hommes qui dirigent ce projet ne réalisent pas qu'en essayant de forcer le temps à faire une chose pendant trop longtemps, le schéma naturel finira par surmonter l'interférence et peut-être causer un peu d' anormalité dans le temps, dans un processus de rééquilibrage des choses à nouveau. En conséquence, ces ordinateurs, tout en essayant de surmonter les forces de la Nature qui essaient de rééquilibrer les choses, vont bloquer un "fusible", pour ainsi dire, et seront endommagés au point de ne plus pouvoir être utilisés."

Encore, dans SIÈCLE X -70 (Vol. I): L'une des multiples significations de ce quatrain fait référence à "un type de dispositif atomique, pas exactement une bombe, qui, une fois déclenché, aura un effet sur le climat planétaire. Il déplacera une masse d'air qui perturbera l'équilibre entre le chaud et le froid de sorte qu'un effet de serre sera déséquilibré et ira à l'extrême et fera des choses drastiques sur le climat, ce qui en affectera l'agriculture."

SIÈCLE X -71 (Vol. I) fait également référence au même dispositif : "La terre et l'air sous congélation est un autre effet du dispositif atomique qui déréglera tout. Toutes sortes de solutions seront essayées pour contrer ce qui s'est passé, mais sans succés, malgré les paroles louables des gouvernements à leurs peuples pour essayer de les empêcher de paniquer."

Des machines telles que HAARP pourraient aussi avoir un effet sur les vents et provoquer une masse atmosphérique telle que celle associée à El Niño. El Niño est un changement périodique dans les courants océaniques qui ont altéré les modèles météorologiques dans le passé. Dans SIÈCLE IV -15 (Vol. I). il est expliqué comment la manipulation d'El Niño peut avoir un effet sur le temps dans le monde.

L'expression "feux secrets" dans SIÈCLE IV -67 (Vol. I) pourrait-elle faire référence à HAARP ou à une autre arme militaire secrète ? Une sorte de dispositif dangereux caché au grand public ?

La Terre et les formes de vie qu'elle abrite vibrent et résonnent en harmonie. L'énergie rayonnante du soleil et les matériaux et vibrations de la Terre soutiennent cette vie. Les sources d'origine humaine perturbent déjà cette harmonie. Les enquêteurs ont remarqué que les technologies les plus récentes ont pour but de protéger l'homme de la nature, à la "conquérir" et à la contrôler, tout en concevant des systèmes d'armement toujours plus dangereux permettant plus efficacement de dépouiller la planète de toute vie. Les auteurs de "Angels Don't Play This HAARP"(Les anges ne jouent pas de cette harpe) disent que les inventeurs du projet HAARP sont suicidaires dans leur mépris pour les conséquences sur notre planète entière.

Des perturbations ionosphériques délibérées pourraient entrer en résonance avec les matériaux dans la Terre et déclencher un tremblement de terre. Nostradamus a décrit une machine à tremblements ayant des propriétés similaires dans SIÈCLE IX-83 (Vol. I). Un article de journal de mars 1993 a révélé la réalité et l'existence d'une telle incroyable machine. Une citation abrégée : "Il y a la présence d'installations militaires stratégiques sur le territoire géorgien (Union soviétique), telles que le laboratoire tectonique d'Eshera, près de la capitale abkhaze de Sukhumi. Le président géorgien Chevardnadze affirme que cet établissement est impliqué dans des expériences visant à déclencher des tremblements de terre de manière dirigée afin de "garder sous contrôle toute la région du Proche-Orient". Cette information a été révélée après que ces régions se soient retirées de l'Union soviétique. Elles craignaient que les Soviétiques ne les laissent pas partir à cause de ces armes stratégiques, et puissent essayer de récupérer ces territoires.

Une autre théorie est que l'on peut littéralement faire de l'ingénierie génétique avec HAARP en utilisant la fréquence pour résonner avec l'ADN et ainsi l'ouvrir et le fermer. L'annihilation des particules (de l'accélérateur de particules) libère un modèle qui contrôle la trajectoire suivie par l'ADN qui va se réassembler. La programmation génétique suggère quelque chose qui va bien au-delà de la perspective de la guerre biologique. Elle inclut aussi la possibilité de brouiller ou réarranger notre ADN. Un scientifique a dit que si ce système était envoyé à toute la population entière, cela détruirait génétiquement la race humaine.

Un autre aspect effrayant de HAARP est sa capacité à brouiller les ondes du cerveau humain en interférant avec son fonctionnement normal. En altérant ces fréquences avec des ondes ELF, la personnalité ou l'humeur des gens peuvent être changés. Ils peuvent également être plongés dans un sommeil profond. On l'appelle le plus grand mécanisme d'entraînement du cerveau jamais conçu. Entre de bonnes mains, il pourrait être d'un grand bénéfice pour l'humanité, s'il était utilisé pour guérir les troubles mentaux et nerveux, et pour guérir les dépendances aux drogues et à l'alcool, entre autres choses. Mais les détracteurs de HAARP s'inquiètent des effets négatifs de la manipulation mentale que ces ondes pourraient avoir sur de larges groupes de personnes (voire des populations entières), d'autant plus que le dispositif peut être activé à grande distance et être virtuellement indétectable. Les militaires pourraient modifier et, en même temps, savoir ce que les gens pensent. Tout cela ressemble à de la science-fiction, mais c'est tout à fait possible et c'est un fait scientifique.

Nostradamus a prévu une arme similaire dans SIÈCLE II -2 (Vol. I). Dans ce quatrain, Nostradamus décrit un nouveau type d'arme qui sera développé. "Un type d'onde radio qui, à certaines fréquences et intensités, peuvent être mortelles. Elle peut provoquer une douleur intense dans les terminaisons nerveuses et détruire certaines parties du cerveau." Cela ressemble à HAARP, des fréquences qui manipulent les fonctions du cerveau.

Paul Schaefer dit : "Si nous ne voulons pas la mort de notre planète, nous devons mettre fin à cette production de particules instables. Une première priorité pour prévenir cette catastrophe serait de fermer toutes les centrales nucléaires et de mettre fin aux essais d'armes atomiques, de guerre électronique et de guerre des étoiles." Ce sont toutes les choses sur lesquelles Nostradamus nous a avertis.

Dans le livre, "Angels Don't Play This HAARP", les scientifiques n'arrêtent pas de parler de la nature du monde et d'essayer de le plier ou de le changer pour qu'il serve leurs besoins. Cela ressemble beaucoup à la prédiction de Nostradamus selon laquelle l'Antéchrist tenterait de contrôler l'esprit même du monde (Volume II). Prend-il le contrôle de cette machinerie ? Il y en a situées dans des zones auxquelles il aurait accès (l'Ukraine, par exemple). La machine provoquant les tremblements de terre est mentionnée dans le volume 1, et il était dit que l'Antéchrist en prendrait le contrôle. S'agit-il de la même machine ?

Le terme "pluie de particules chargées" a été mentionné dans la littérature sur HAARP. Cette pluie électronique de flux de particules pourrait-elle être la pluie blanche vue par Nostradamus (SIÈCLE III - 18, III -19, Vol. I). Ces deux quatrains font référence à la pluie laiteuse : "La longue pluie laiteuse et le fait d'être touché par la foudre sont des effets de l'utilisation d'armes nucléaires dans cette guerre. D'autres armes fantastiques seront utilisées, sur la base des concepts actuellement développés (1986). dont ce véhicule et vous n'avez actuellement aucune idée, et elles auront des résultats dévastateurs. Il utilise la pluie de lait pour représenter les effets néfastes que ces armes nucléaires fantastiques auront sur le temps, y compris des choses telles que des pluies de radiations. Les armes utiliseront une combinaison des pires aspects de l'armement nucléaire et de l'armement laser, et une partie de l'armement laser lorsqu'elles seront lancées sur les gens, ressembleront à une substance blanche descendante."

Ce n'est pas la première fois que des scientifiques font des expériences sans connaître le résultat de leurs actions. Quand ils ont développé la bombe atomique, ils ne savaient pas vraiment les effets qu'elle aurait sur l'atmosphère lors de la détonation. Une théorie présentée était qu'elle aurait pu enflammer tous les atomes d'hydrogène dans une réaction en chaîne, et aurait pu ainsi détruire le monde. Dans le Volume II, Nostradamus dit que cela s'est produit sur une autre ligne temporelle. C'était une situation très dangereuse à cette époque, en 1940, mais la préoccupation principale des scientifiques était surtout de développer une bombe et de découvrir les résultats d'une expérience qui serait allée bien trop loin pour être arrêtée. La même chose se produit à nouveau avec HAARP. Les expérimentateurs admettent qu'ils ne savent pas quel sera le résultat s'ils pompent des niveaux sans précédent de radiofréquences à travers la haute atmosphère pour chauffer des parties de l'imprévisible ionosphère.

[Les informations suivantes sont extraites, en partie, de l'article dans le Magazine American Legion, octobre 1995, article intitulé "St. George Is Expendable"].

Dans le passé, le gouvernement américain a détruit la vie de milliers d'Américains avec ses programmes secrets d'essais atomiques dans le Sud-Ouest et le Pacifique.

Officiellement, la bombe atomique n'a été utilisée que deux fois comme arme contre des êtres humains. Le premier cas était Hiroshima le 6 août 1945, et Nagasaki le 9 août 1945. Mais l'histoire ne prend pas en compte les 250.000 GI's impliqués dans les essais après la seconde guerre mondiale, les dizaines de milliers de civils vivant dans les petites communautés dans les environs du site d'essai du Nevada, qui ont été exposés aux retombées radioactives de près de deux décennies d'essais atomiques en plein air.

Les militaires ont aussi fait des expériences sur des civils dans les hôpitaux sans leur connaissance. Sous couvert d'effectuer des traitements médicaux, les gens étaient exposées à de fortes doses de radiation afin de surveiller les effets que cela avait sur leur corps. Certaines de ces études n'ont été que récemment publiées (ou exposées).

En toute innocence, les militaires n'ont pas réalisé les effets que les radiations en plein air sur les gens parce que rien n'était connu à l'époque des effets mortels à long terme de tels tests. Mais eux, en tant que scientifiques, étaient déterminés à le découvrir. Ainsi, beaucoup de leurs expériences ont été faites en secret pour éviter les protestations du public.

En 1946, le gouvernement fédéral a déplacé l'ensemble de la population de Bikini en Micronésie (167 natifs) sur une autre île pour que les militaires puissent effectuer des tests atomiques. Au total, 23 bombes ont explosé à Bikini, et 43 autres sur l'île voisine d'Eniwetok. La contamination qui en a résulté a rendu l'atoll inhabitable à tout jamais. Les indigènes n'ont jamais été autorisés à revenir. Plus de 42.000 militaires et scientifiques y ont participé, et ils n'étaient pas conscients du danger auquel ils s'exposaient. Ensuite, pour ajouter aux retombées des radiations, la Russie a commencé ses propres essais atomiques en 1949.

Pendant ce temps, les militaires ont décidé de commencer les tests sur le sol américain en 1951 et a insisté pour dire aux résidents des environs qu'il n'y avait aucun danger. Sur une période de douze ans, 126 bombes atomiques ont été détonnées au-dessus du site d'essai du Nevada, malgré les avertissements des plus grands scientifiques. En mars 1953, les essais ont donné lieu à une détonation atomique par semaine pendant trois mois. (Voir "American Ground Zero. The Secret Nuclear War" de Carole Gallagher, et "The Myths of August" de Stewart Udall, tout deux non traduits). Les habitants des villes voisines n'ont reçu aucun avertissement, ou ont été assurés qu'il n'y avait aucun danger. Dès le début du programme du site d'essai du Nevada, les GIs ont été enrôlés dans les essais nucléaires pour servir d'observateurs et de participants - ou, comme certains le diront plus tard, de cobayes.

La petite ville de St. George, dans l'Utah, est l'un des endroits qui a été affecté, sans le savoir, pendant une douzaine d'années d'essais atomiques en surface qui ont commencé en 1951. La ville se trouve à 800 km à l'est du site d'essai du Nevada et était souvent dans la trajectoire directe des nuages de poussière crachés dans le ciel par les explosions. Dans une étude présentée en 1979, il a été constaté que le taux de cancer à St. George est 43 % plus élevé que la norme de l'État. Pour la leucémie infantile le taux de mortalité dans le sud de l'Utah était 250% plus élevé que la moyenne de l'État, et l'on pense que ces chiffres sont peut-être conservateurs.

Un test en particulier démontre la négligence qui a marqué le programme d'essais. Le 1er mars 1954, une bombe à hydrogène de 15 mégatonnes, nom de code Bravo, a explosé sur Nam, une île de Bikini. Sept cent cinquante fois plus puissante que la bombe larguée sur Hiroshima, l'explosion a vaporisé une grande partie de Nam et deux petites îles. Les retombées se sont répandues sur 1 126 541km2 du Pacifique et sont tombées sur des îles aussi éloignées que 483km2.

En 1958, Dr. Edward Teller, connu comme le "père de la bombe H", s'est rendu en Alaska avec la proposition de faire disparaître une partie de la côte de la carte. Il voulait prouver que les explosions nucléaires pouvaient être un outil d'ingénierie géographique (Projet Chariot). Leur plan était de faire exploser six bombes thermonucléaires sous terre au Cap Thompson, en Alaska. pour creuser un port. La philosophie était que si cela réussissait, la procédure pourrait être utilisé pour créer un nouveau canal de Panama ou de Suez. Dans ce cas, ils ont rencontrés l'extrême opposition des Eskimos vivant à moins de 48km de Ground Zero. Trois courageux scientifiques qui se sont élevés contre l'expérience ont perdu leurs emplois et ont été blacklistés. Mais au moins entre l'opposition des Esquimaux et des scientifiques, l'expérience n'a pas eu lieu. Les scientifiques ont alors pu déplacer leurs expériences au Nevada où les objections n'ont pas été présentées par la population, et les dommages n'ont été révélés par le gouvernement que des décennies plus tard.

En 1958, la même année de la découverte des ceintures de radiation de Van Allen, la marine américaine a fait exploser trois bombes nucléaires dans cette ceinture (Projet Argus). Le conseiller de la Maison Blanche a déclaré que le ministère de la Défense étudiait les moyens de manipuler les changements "de la terre et du ciel. et ainsi affecter le temps" en utilisant "un faisceau électronique pour ioniser ou déioniser l'atmosphère sur une zone donnée". Les ceintures de Van Allen sont des zones de particules chargées piégées dans le champ magnétique de la Terre à plus de 3219 km au-dessus de celle-ci. L'ionosphère s'étend jusqu'à 998 Km.

Une série de changements météorologiques a commencé en 1960 avec laquelle de nombreux scientifiques ont établi un lien direct avec les essais nucléaires dans l'atmosphère. En envoyant ces engins avant qu'ils n' aient eu assez d'informations pour savoir qu'ils créeraient des problèmes, ils ont changé la configuration des vents pendant des années. Pendant 196I-62 les Soviétiques et les USA ont lancé de nombreux explosifs dans l'atmosphère. Trois cents mégatonnes d'engins nucléaires ont appauvri la couche d'ozone d'environ 4 %. C'était le début de l'appauvrissement. Les lancements ultérieurs de vaisseaux spatiaux ont également affecté la couche d'ozone et l'ionosphère. Les climatologues ne pouvaient pas anticiper et voir que les sécheresses, les inondations et les températures anormales allaient se poursuivre au cours de cette décennie. À cette époque, les gouvernements nationaux étaient déjà en mesure de manipuler la météo à des fins militaires, et cela a continué dans les années 1990.

Pendant la guerre du Vietnam, le ministère de la Défense des États-Unis a utilisé des méthodes de manipulation de la pluie, des éclairs et des ouragans dans le cadre des projets Skyfire et Stormfury. Les militaires ont étudié des lasers et des produits chimiques qui pourraient endommager la couche d'ozone au-dessus d'un ennemi. Ils ont cherché des moyens de provoquer des tremblements de terre, ainsi que de les détecter, dans le projet Prime Argus. Comme Nostradamus a dit, beaucoup de choses sont faites en temps de guerre qui ne seraient jamais permises en temps de paix, car elles horrifieraient les populations.

En 1966, Gordon MacDonald, scientifique de renommée mondiale, a décrit l'utilisation de la manipulation de la météo, de la modification du climat, de la fonte ou de la déstabilisation de la calotte polaire, des techniques d'appauvrissement de la couche d'ozone, du génie sismique, du contrôle des ondes océaniques et de la manipulation des ondes cérébrales à l'aide des champs énergétiques de la planète. Il a également déclaré que ces types d'armes seraient développés et que, lorsqu'elles seraient utilisées, elles seraient pratiquement indétectables par leurs victimes. (Source : A moins que la paix ne vienne, chapitre : "Comment détruire l'environnement").

Dans les années 70s, l'Union soviétique voulait changer le climat pour que la Russie devienne un endroit plus agréable à vivre. Les propositions comprenaient l'élimination de la banquise arctique, la construction de barrages dans le détroit de Béring et le détournement des rivières en Sibérie. Les pays du monde entier pensaient qu'avec la puissance atomique à leur disposition, ils pourraient enfin recréer les conditions de vie du monde à leur convenance, sans penser aux conséquences à long terme.

Après les audiences du Congrès à la fin de 1967, les essais à l'air libre ont été arrêtés, mais les tests souterrains ont continué.

Les recherches de l'Institut d'Etudes Avancées à but non lucratif ont révélé (grâce à une surveillance de la terre avec des instruments sensibles) un lien entre les essais nucléaires souterrains et les tremblements de terre. Nostradamus nous a prévenus dans le tome I et a insisté sur le fait que les essais nucléaires devaient être arrêtés car nous n'étions pas conscients des conséquences sur la planète entière. Les ondes de choc se sont répercutées à travers les plaques tectoniques et ont affecté des régions du monde très éloignées des sites d'essai originaux.

L'effet de surchauffe par HAARP des ondes à basse fréquence (EBF) sur un miroir qui serait créé au-dessus de la Terre pourrait être la cause d'une accélération de la fonte des calottes glaciaires. Le niveau des mers pourrait facilement augmenter d'aprx. 46 mètres, et pourrait dévaster l'ensemble du monde civilisé. Une telle invention pourrait facilement causer les effets que Nostradamus décrit dans notre tomes II, où nous avons produit des cartes montrant la maigre quantité de terre qui resterait après une telle catastrophe. Un tel dispositif pourrait-il aussi provoquer un changement significatif dans le circuit électrique ou le champ électrique d'une planète ? Les scientifiques pourraient-ils involontairement court-circuiter la Terre, causant une secousse qui pourrait faire fondre les calottes glaciaires et créer le scénario de la carte dans le volume II ? Beaucoup d'experts ont supposé qu'il faudrait un déplacement de l'axe pour produire une telle fonte majeure, mais si cette expérience était réussie, HAARP pourrait produire les mêmes effets dévastateurs.

Avant que les hommes ne fassent exploser des tests nucléaires souterrains ou n'importe quoi d'autre, action massivement invasive pour l'état de l'équilibre des systèmes de la Terre, nous étions déjà sur une planète instable. A en juger par l'augmentation du "bruit" géomagnétique (perturbations dans le champ magnétique terrestre) entendue sur Terre, certains scientifiques spéculent que le soleil pourrait également être proche d'une période de changement. Que le soleil passe ou non par une telle période de spectaculaires bouffées de chaleur, ou flashs dans un futur proche et qu'il projette encore plus de particules sur la Terre, le fait est, qu' en ce moment même, la Terre en est affectée. Le réchauffement de la Terre a été rapporté dans le New York Times en 1990. L'article disait que la glace arctique avait diminué de 2% en seulement neuf ans.

Il a été récemment découvert qu'il y a des volcans actifs sous la couverture de glace de l'Antarctique. et que la température de l'eau sous le continent est maintenant la même que celle de la Méditerranée.

Cette information a été obtenue d'un lecteur qui l'a trouvée sur Prodigy service personnel interactif (un service internet) et daté du 2 mars I993. L'article est intitulé "Fire in Antarctic's Belly"(Feu dans le ventre de l'Antartique).

Plus d'un volcans dormants ou actifs ont été découverts en groupe sur le fond de l'océan près de l'île de Pâques dans le Pacifique. Et maintenant, une activité volcanique a été signalée - avec des connotations inquiétantes - en Antarctique. Les marques dans la couche de glace de l'Antarctique Ouest suggèrent que des volcans se trouvent dessous en profondeur. Les scientifiques ont conclu qu'une montagne avec des caractéristiques minérales de roches volcaniques s'élève à 650 mètres au-dessus de la couche rocheuse de l'Antarctique, qui elle même est enterrée sous quelques 2000 kilomètres de glace. Les données indiquent que le pic ressemble beaucoup à la forme conique du Mont Fuji au Japon. On pense qu'il s'agit d'un volcan récemment actif. S'il redevient actif, les implications sont inquiétantes et potentiellement désastreuses. Il est peu probable que le volcan entre en éruption et fasse exploser la couche de glace au-dessus de l'hémisphère sud. La vraie préoccupation est que le volcan et d'autres comme lui, qui sont supposés avoir produit des dépressions circulaires dans la couche de glace, fournissent assez de fonte à la base de la calotte pour lubrifier le glissement de celle-ci vers la mer. L'effondrement de la calotte glaciaire de l'Antarctique Ouest et son déplacement dans l'océan environnant générerait une élévation du niveau de la mer de près de 6 mètres, estiment les géophysiciens. Cela aurait d'énormes conséquences sur les côtes basses du monde entier.

J'ai aussi reçu du courrier m'informant que les glaciers de Suède fondent à une vitesse sans précédent. Il semble que la planète soit déjà en réchauffement. Nous n'avons pas besoin d'expérimentations téméraires sur le temps pour l'accélérer.

HAARP a été décrit comme l'un des systèmes d'armes les plus dangereux depuis le développement des armes thermonucléaires. C'est peut-être la raison pour laquelle Nostradamus a dit que les États-Unis et la Russie élimineraient progressivement les armes nucléaires. Il disait que ça n'avait pas d'importance, ils avaient inventé quelque chose de bien plus mortel. Les puissances n'avaient plus besoin d'armes nucléaires ; elles sont dépassées.

* * *

En 1995, nous avons connu un nombre record d'ouragans.A un tel point qu'il nous a manqué des noms dans l'ordre alphabétique. Les scientifiques l'ont justifié en disant que les eaux océaniques étaient anormalement chaudes, ce qui a favorisé le développement d'ouragans plus nombreux et plus puissants. Le premier ouragan de 1996 était bien en avance sur le calendrier. La saison commence normalement à la fin août ou en septembre. Cette saison a commencé en juillet.

* * *

Informatique et le World Wide Web

Dans le volume II (chapitre 14): "666, le secret du nombre de la bête," traite de la technologie à venir impliquant des ordinateurs. De tels développements aussi sophistiqués étaient inconnus en 1987 lorsque cette information est arrivée. Nous en étions aux premiers balbutiements. Les ordinateurs commençaient tout juste à devenir populaires sur le marché, et n'avaient pas encore été d'une utilisation répandue développée dans les années 90. J'ai écrit mes cinq premiers livres sur une machine à écrire, j'étais donc exitée par l'achat de mon premier ordinateur en 1986. Je ne l'ai utilisé que pour ses capacités de traitement de texte. Même à son rythme d'escargot, c'était plus facile que d'utiliser une machine à écrire - sauf lorsqu'il décidait de jouer avec moi et de détruire le travail d'une journée en une seule frappe. Dans ces cas-là, j'avais des visions de mes mots flottant quelque part dans les limbes, sans possibilité d'être à jamais récupérés. Les modèles ultérieurs étaient plus fiables, mais je ne les ai jamais envisagé comme plus qu'une machine à écrire glorifiée. Aussi, les prédictions de Nostradamus concernant les ordinateurs ressemblaient à de la science-fiction à la fin des années 80.

A la page 181 "L'Antéchrist aura de grands systèmes de communication à sa disposition parce que je le vois parler dans les ordinateurs, et c'est sa voix qui active l'ordinateur."

A la page 184 : "Grâce à ses réseaux de communication, il aura accès aux dossiers de tous les gens : données de naissance, informations financières, et choses de cette nature. Donc il sera doublement difficile de s'opposer à lui quand il contrôlera l'industrie bancaire mondiale et le crédit économique mondial." J'ai posé une question sur la signification du chiffre 666 dans le livre de l'Apocalypse dans la Bible. "Il me montre des informations qui sont habituellement stockées dans des ordinateurs. Et ce nombre, 666, pourrait être le code personnel de l'Antéchrist qu'il entre dans les différents systèmes mondiaux, car il établit un système mondial de communication et un réseau informatique, avec des colonnes et des colonnes de chiffres et encore des chiffres." Ça ressemble à des informations qui sont habituellement stockées dans des ordinateurs. Et ce nombre, 666, pourrait être le code personnel de l'Antéchrist qu'il entre dans les différents systèmes mondiaux, car il établit un système mondial de communication et un réseau informatique."

Au moment où cette information nous est parvenue, il semblait impossible qu'un système informatique puisse connecter le monde entier. Je pensais que c'était définitivement une idée futuriste, et il me semblait que cela ne pourrait arriver avant une centaine d'années, si cela arriverait un jour. Comme je me suis trompée. Comment quelqu'un à la fin des années I980 pu concevoir l'idée qu'un world wide web qui devienne une réalité en seulement dix ans. Et c'est définitivement une réalité que toutes nos données de naissance, nos dossiers financiers, et autres informations concernant nos vies font maintenant partie d'un vaste réseau informatique. Si nous ne pouvions pas croire à une telle possibilité il y a à peine dix ans, quelles autres prédictions se réalisent à un rythme inconcevable ?

Les prédictions informatiques se poursuivent à la page 186: "Il aura déjà mis en place un réseau informatique qui rendra les pays vulnérables. Il sera capable de détruire leur base économique en ayant accès à l'information. Nostradamus me montre l'image d'un globe terrestre entouré de nombreux fils (World Wide Web). Il dit : "Il aura la clé maîtresse de tout ça et fera tomber les nations en coupant leur communication avec le reste du monde". Il va même inventer un ordinateur qui fonctionnera au niveau du cerveau psychique. Une personne pourra l'allumer en le commandant mentalement, sans même lui parler." Des ordinateurs à commande vocale sont en cours de développement en 1996 et pourraient être bientôt sur le marché. Un ordinateur utilisant la fréquence de notre cerveau est maintenant concevable, et pourrait être la prochaine avancée dans la technologie informatique.

Nostradamus a indiqué dans le Volume II que l'Antéchrist serait considéré comme un sauveur du monde au début. Il serait vu comme faisant bénéficier l'humanité de ses inventions merveilleuses. Mais il voyait le côté obscur émergeant une fois que les réseaux informatiques auraient été établis. "Les pays du monde connaîtront beaucoup de prospérité en utilisant son système. Des considérations financières leur seront accordées s'ils font partie de son système, et s'ils ne 'jouent pas le jeu', ils seront exclus et en souffriront. Lorsque le manteau du mal absolu prendra le dessus, il commencera à exterminer les personnes qu'il juge inutiles à son système. Quand il changera, il essaiera d'exterminer les gens qui n'ont aucun avantage économique pour son plan mondial. Il éliminera des groupes de personnes. Tout comme Hitler a essayé d'exterminer les juifs, il essaiera d'exterminer les gens qui, selon lui, ne méritent pas de vivre sur cette planète : les malades, les pauvres, les handicapés, et les gens qui n'ont aucune valeur à ses yeux. En utilisant son réseau, il sera l'instigateur de l'euthanasie de masse. Il n'y aura pas d'échappatoire car tout sera fiché.

"Par exemple, si le fils d'une personne est retardé, ou si la mère est trop vieille et improductive, ou si sa soeur était mentalement ou émotionnellement déséquilibrée, ils seraient tous voués à l'extermination. Tout est détraqué parce qu'il contrôle le réseau de communication. Par conséquent, il sait ce qui se passe partout. Nous sommes devenus une société informatisée et chaque personne aura un certain nombre d'informations qui seront stockées dans cet ordinateur principal. (En Amérique, notre numéro de sécurité sociale ?) Ce numéro sera tatoué de manière indélébile sur votre main, votre avant-bras ou votre front, selon le niveau de son système auquel vous appartenez. Les personnes qui se trouvent sur l'échelon supérieur de son système auront ce numéro gravé sur leur front afin qu'ils puissent se rendre dans n'importe quel endroit. Le numéro sera lu automatiquement, pour but de les laisser entrer. Pour la plupart d'entre nous, il sera gravé de manière indélébile sur notre main. Cela sera fait avec un laser et sera indolore. Cela ne ressemblera pas à une tache de naissance ou à un défaut, mais sera invisible à moins d'être scanné par un équipement optique. De cette façon, nous pourrons faire des courses, acheter de la nourriture, et entrer dans certains endroits qui sont nécessaires à notre travail ou à notre carrière."

Ce concept de chacun ayant un numéro est également prédit dans le livre de l'Apocalypse dans la Bible (Rev. r3) Cela semble futuriste, mais c'est aussi en train de devenir une réalité dans notre vie actuelle. Dans mes voyages à travers le monde, je constate que des expériences dans ce sens ont déjà commencé. Je reçois également des informations corroborantes de mes lecteurs, sous la forme d'articles de journaux et de magazines. En Amérique, tous nos autres numéros d'identification (carte d'identité militaire, permis de conduire, etc.) sont en train d'être remplacés par notre numéro de sécurité sociale, pour faciliter la tenue des dossiers en n'ayant qu'un seul numéro. Ce phénomène se produit également dans d'autres pays. Certains sont en train d'instituer l'utilisation des cartes dont toutes les données personnelles sont encodées dans une bande informatique (comme les cartes à puce et les nouvelles cartes médicales aux États-Unis).

Dans certains pays européens, une puce électronique est placée sous la peau de la main. Lorsqu'ils achètent quelque chose dans un magasin, il leur suffit de passer la main devant le scanner, et l'argent est automatiquement transféré depuis leur compte bancaire. Il n'y a pas d'échange d'argent liquide, et la nécessité de faire des chèques est éliminée. Dans certains pays (l'Australie par exemple), il a été proposé d'identifier de façon permanente (par des puces informatiques ou une autre méthode) tous les nouveau-nés. Certaines de ces propositions rencontrent une certaine opposition, mais les arguments sont que nous devenons une société mondiale informatisée et que de tels progrès rendront les choses plus faciles et plus rapides. Elles rendront l'identification plus vérifiable, et élimineront le crime.

Singapour est déjà devenu un pays entièrement informatisé. Il est dit qu'ils peuvent savoir où se trouve n'importe quel citoyen à n'importe quel moment. Parce que Singapour est un petit pays (bien que densément peuplé), il aurait été le cobaye, et les résultats pourraient ainsi être facilement suivis et étudiés. Il a été estimé qu'ils pourraient y tenter l'expérience avant d'appliquer le concept ailleurs. Il me semble que l'ère de "Big Brother" arrive, et à une vitesse que nous aurions pensé inconcevable il y a quelques années.

Dans un autre quatrain, Nostradamus fait référence à la Cabale (Vol. I, Chapitre 2I) comme ayant un rôle important dans ce réseau informatique, et ayant en fait assisté l'Antéchrist au début.

Dans SIÈCLE V -23 (Vol. I) : "Ces hommes contrôlent l'ensemble de la situation mondiale en ce moment, à notre époque. Ils sont très, très puissants. Ils sont très bien cachés, mais ils contrôlent la plupart de l'économie à la fois du monde connu et du tiers monde. Ils manipulent différentes agences du gouvernement américain et d'autres pays, parce qu'ils ont le pouvoir de le faire. Ils vont créer des problèmes, pas parce qu'ils veulent plus d'argent - ils ont tout l'argent qu'ils pourraient souhaiter. Il me montre des tonnes d'or. Ils (la Cabale) veulent le pouvoir et le contrôle. Ces hommes sont les dirigeants du monde, mais vous ne les connaissez pas. Vous n'avez même pas la connaissance de leurs noms. Les médias ne les connaissent pas. Ils sont maintenus dans la clandestinité, mais ils ont une grande influence, notamment sur les présidents et les dirigeants des différents gouvernements mondiaux. En fait, ils essaient de manipuler le gouvernement de l'Union Soviétique pour amener un autre dirigeant dans leur filet. Ils contrôlent une partie des médias et peuvent faire tout ce qu'ils veulent. Leur pouvoir est énorme. Il me montre une image du globe terrestre avec des lignes qu'il a tracées, et tout est lié (worldwideweb ?). Ces hommes sont ceux qui font bouger le monde. Il me montre qu'ils secouent le monde."

* * *

Nanotechnologie

LES NANOTECHNOLOGIES : une nouvelle science qui permet aux chercheurs de manipuler

des atomes individuels. La nanotechnologie est aussi basée sur le concept de minuscules, robots auto-réplicateurs.

Le terme "nanotechnologie" a été utilisé pour décrire un certain nombre de sciences qui traitent des dimensions inférieures à 100 nanomètres. Le principe fondamental et sous-jacent de la nanotechnologie est sa capacité prométeuse à réarranger les atomes d'une substance ou d'un objet donné pour créer une nouvelle substance ou un nouvel objet. En réarrangeant les atomes de plomb, par exemple, on obtiendrait en fait de l'or. Cela ressemble à l'ancienne science de l'alchimie, et Nostradamus a dit que l'alchimie était activement pratiquée à son époque et était le précurseur de la chimie moderne. Il a également dit qu'à l'époque du Grand Génie (Vol. I, Chapitre 24) les revendications fantastiques de l'alchimie deviendront réalistes et possibles.

Dans notre interprétation, beaucoup de quatrains décrivent des concepts si compliqués et avancés qu'il n'y avait pas de mots pour les décrire, ni à l'époque de Nostradamus ou la nôtre à la fin des années 98. Maintenant, avec les nombreuses avancées de la technologie informatique, il y a enfin des mots et des terminologies pour décrire l'indescriptible. L'un de ces concepts est la science de la nanotechnologie. On dit maintenant que la réduction de la taille des puces informatiques a atteint ses limites. La seule façon de réduire la taille est d'avoir recours au niveau cellulaire. "Nano" signifie "très petit". Nous sommes donc en présence d'une science qui peut produire des machines ou des robots si petits qu'ils ne peuvent être vus qu'à l'échelle microscopique. Cette science a ouvert un tout nouveau monde de possibilités. Des machines ou des robots "extrêmement petits" pourraient être injectés dans le corps humain et être capables de voyager dans le système sanguin à des fins diverses.

Les ordinateurs ont vérifié qu'il sera également possible de reproduire ou répliquer des parties du corps humain en dupliquant les informations de l'ADN dans les cellules d'une personne. D'un point de vue médical, ce serait une avancée stupéfiante de pouvoir dupliquer et remplacer des membres amputés et les organes malades du corps. Cela pourrait être ce à quoi Nostradamus faisait référence dans SIÈCLE II-13 (Vol. I) quand il parlait de médecins et de scientifiques remplaçant ou créant un corps entièrement nouveau lorsque l'ancien corps était devenu trop malade pour continuer. Il voyait le corps humain être perfectionné au point qu'il ne mourrait jamais. Bien sûr, cela pourrait être une bénédiction ou une malédiction. Dans mon travail avec les extraterrestres, en particulier dans "Legacy from the Stars" ("Héritage des étoiles", non traduit), j'ai découvert qu'ils utilisent des méthodes similaires à celle-ci. Ils ne doivent pas mourir avant d'être prêts à le faire. J'avais entendu parler du clonage, où le corps serait dupliqué en se développant au niveau cellulaire de la même manière qu'un bébé est formé, sauf que ce serait une réplique exacte de l'original. Dans la science de la nanotechnologie, le clonage serait trop lent. Avec l'aide d'ordinateurs, le corps pourrait être rapidement répliqué lorsque le code génétique de l'ADN de la cellule est lu.

Cela semble être un énorme miracle médical, mais connaissant la nature humaine, il est évident que certaines personnes découvriront des moyens d'utiliser cette méthode pour la guerre. Dans ce cas, cela ressemble au quatrain SIÈCLE X -72. Le célèbre quatrain I999 (Vol. I). Nostradamus a dit qu'il voyait le développement des armées par l'eugénisme pour produire des hommes sans moralité, pratiquement des machines à tuer. Cette méthode nanotechnologique X serait en effet plus rapide que le clonage ou la manipulation génétique à laquelle je pensais qu'il faisait référence.

Aussi, avec cette méthode, le développement d'un ordinateur organique, tel celui que Nostradamus a vu le Grand Génie utiliser, serait totalement possible. Il a dit (SIÈCLE IV-31, Vol. I) qu'il serait "auto-renouvelable comme les cellules de votre corps. Certaines des parties organiques vont éventuellement s'user et vieilliront. Mais entre-temps, il se sera répliqué lui-même, donc il y aura des parties organiques qui se détacheront de cet appareil mais il n'y aura aucune perte des connaissances à cause de ce continuel auto-renouvelement. Les applications de cet ordinateur seront étendues de plus en plus largement jusqu'à ce qu'il modifie totalement la technologie de l'humanité." Les scientifiques affirment que les microscopiques cellules robots seraient capables de se dupliquer.

Les experts disent qu'il serait également possible de dupliquer l'intellect d'une personne et de le placer dans l'une de ces machines. Tout cela sera possible puisque tout est énergie, et les processus de pensée peuvent être stockés et dupliqués sous forme d'énergie. Dans le quatrain SIÈCLE IV-31, Nostradamus dit que le Grand Génie perfectionne cette nouvelle technologie, invente l'ordinateur organique, puis, "comme corollaire à cette technologie, il envisage un moyen de transplanter une partie de son génie et de ses connaissances dans cet ordinateur, afin qu'il soit encore au service de l'humanité après que son corps ait vieilli et soit mort. Il le développe au plus haut point possible pour transférer son génie, ou plutôt dupliquer son génie et son savoir. Il est donc toujours en possession de tout, mais il est aussi dans cet ordinateur organique". Le reste de l'explication de ce quatrain décrit le procédé utilisé.

Tous ces concepts ressemblaient à de la science-fiction à la fin des années 80, lorsque nous recevions ces informations. Mais à peine dix ans plus tard ce n'est non pas seulement dans le domaine du possible, des scientifiques du monde entier y travaillent activement. Les possibilités de la nanotechnologie augmentent chaque jour et sont époustouflantes. Il existe plusieurs laboratoires dans le monde entier, dont trois en Californie, travaillant sur ce sujet, c'est donc en passe de devenir notre avenir et notre réalité.

(Extrait du New York Times, 2 avril 1995.- "A Bit of DNA may Become Fast Computer of the future."- Un étirement d'ADN pourrait devenir l'ordinateur rapide du futur)

Les théoriciens espèrent exploiter les vastes pouvoirs de calcul qu'ils voient dans la mémoire et le traitement de la machinerie génétique de la nature. Une nouvelle proposition est une banque de mémoire contenant plus d'un kilo de molécules d'ADN en suspension dans environ 100 litres de liquide, dans un réservoir d'environ un mètre carré. Une telle banque serait plus volumineuse que toutes les mémoires de tous les ordinateurs jamais fabriqués. La raison en est que les réactions chimiques se produisent très rapidement et en parallèle, de sorte que si les molécules d'ADN sont synthétisées avec une structure chimique qui représente une information numérique, une grande quantité de calculs sont effectués au fur et à mesure de la réaction chimique.

Bien que le domaine de l'informatique biologique en soit encore à ses débuts, les scientifiques informaticiens comparent les premiers pas hésitants d'aujourd'hui au développement précoce des ordinateurs électroniques. Les scientifiques ont commenté : "Les vannes ont commencé à s'ouvrir. Je n'ai jamais vu un domaine évoluer aussi rapidement. Une porte s'est ouverte sur un tout nouveau magasin de jouets".

Un système informatique ADN ne ressemblerait en rien à un ordinateur conventionnel, ce qui soulève la question de savoir ce qu'est un ordinateur. Les scientifiques ont déclaré : "C'est assez excitant. C'est une toute nouvelle façon de penser à l'informatique. Nos esprits ont le préjugé de penser à l'informatique en termes d'ordinateurs que nous construisons nous-mêmes. Mais il est important de libérer nos esprits pour penser à la façon dont l'informatique pourrait se produire naturellement." Cela signifie que l'ADN pourrait ne pas être le seul nouveau type d'ordinateur. "Il pourrait y avoir beaucoup d'ordinateurs partout, et je soupçonne qu'il y en a."

Note. Cela nous amène au concept que nos corps entiers sont des ordinateurs, dans la façon dont ils fonctionnent. On pourrait dire que les ordinateurs ne sont jusqu'à présent qu'un reflet de nous. Et notre corps tout entier pourrait être utilisé comme un ordinateur. (branché à des fils ou à des machines?) Cela va également de pair avec l'idée que nous sommes des parties du corps de Dieu et que nous Lui transmettons des informations (expériences, émotions, etc.), comme suggéré dans mes autres livres. Cela ressemble aussi aux communications des OVNI et des extraterrestres selon lesquelles nous transmettons des informations à leurs banques de données. Peut-être n'ont-ils pas vraiment besoin des implants après tout. Peut-être que la plupart des informations sont transmises par notre énergie, surtout si les extraterrestres sont parmi les êtres les plus "avancés". Ils ont dit qu'ils pouvaient s'hamorniser avec nos vibrations spécifiques, et que la vibration ou la fréquence de chacun était différente de celle de tous les autres et rapidement identifiable par eux. Cela va également de pair avec l'idée de Nostradamus s'accordant sur ma fréquence, et la façon dont il a su quand je lui présentais quelqu'un de nouveau. Il n'a pas reconnu leur vibration jusqu'à ce qu'il réalise que j'étais derrière eux. Il ne savait probablement pas comment il y parvenait. Il était juste plus sensible aux vibrations individuelles que toute personne moyenne.

Les avantages des ordinateurs à ADN seraient qu'ils sont un milliard de fois plus efficaces sur le plan énergétique que les ordinateurs conventionnels. Et ils n'utilisent qu'un trillionième de l'espace nécessaire au stockage des informations. En exploitant l'extraordinaire efficacité et la vitesse des réactions biologiques, les ordinateurs moléculaires peuvent réaliser plus d'un trillion d'opérations par seconde, ce qui les rend mille fois plus puissants que l'ordinateur le plus rapide.

Mais, plus important encore, les informaticiens décrivent les ordinateurs ADN comme étant "massivement parallèles", ce qui signifie qu'avec des milliards ou des trillions de molécules d'ADN qui subissent les réactions chimiques, il serait possible d'effectuer plus d'opérations à la fois que ne pourraient jamais accomplir tous les ordinateurs du monde travaillant ensemble. L'une des façons les plus simples d'utiliser l'ADN pourrait être en tant qu'un système de mémoire. Le Dr. Baum a dit, "Vous pouvez stocker de grandes quantités d'informations dans un tube à essai." Une mémoire d'ADN pourrait contenir plus de mots que toutes les mémoires d'ordinateur jamais fabriquées.

Il ne serait pas difficile d'imaginer qu'il s'agit d'un ordinateur qui gère tous les systèmes du monde - un soi-disant "cerveau" du monde. En temps de paix, ce serait merveilleux, mais en temps de guerre, ce serait horrible. Qui contrôlerait l'utilisation du "cerveau", quel gouvernement? Et où serait-il situé pour être à l'abri d'une prise de contrôle par des forces hostiles ? Sur quel continent ? Ou serait-il plus en sécurité sur une station spatiale en orbite autour de la Terre? Celui qui contrôle le "cerveau" contrôle le monde. Heureusement, Nostradamus a vu cette avancée après la période des troubles, alors que nous sommes entrés dans les 100 ans de paix. L'autre scénario serait trop horrible à imaginer. Je me demande si oui ou non les scientifiques ont envisagé ces possibilités alors qu'ils font leurs premiers "pas de bébé" dans le monde du futur.

Un scientifique a prévenu qu'il y aurait des inconvénients. Il a dit, "Au fur et à mesure le temps passe, votre ordinateur ADN peut commencer à se dissoudre. L'ADN s'abîme quand il attend dans des solutions liquides et les manipulations de l'ADN sont sujettes à l'erreur." C'est précisément la question que j'ai posée à Nostradamus. Je pensais que si quelque chose était organique, ou vivant, il y aurait des cellules et des parties qui seraient périssables. Il a indiqué que ce type d'ordinateur organique serait capable de se dupliquer et de se réparer. Ce concept est si nouveau pour les scientifiques qu'ils n'ont pas encore considéré cette possibilité, que les cellules peuvent se dupliquer et ainsi maintenir l'ordinateur en vie indéfiniment, dans de bonnes circonstances. Pas étonnant que Nostradamus n'ait pas pu montrer à Brenda à quoi ressemblerait cette machine. Les concepts n'existaient pas encore dans l'esprit de quiconque en 1986, et étaient donc indescriptibles.

Apparemment, Nostradamus a vu que le Grand Génie serait le facteur décisif pour lier tous les ingrédients ensemble et créer un tel modèle de travail. Au moins Nostradamus a vu ce grand homme utiliser ces concepts pour le bien. J'espère que les applications négatives qu'il a vu avant la fin du Temps des Troubles ne se réaliseront pas, et que nous puissions avancer paisiblement et facilement dans le temps du Grand Génie et les millénaires.

* * *

Nouveau matériel depuis l'achèvement de
Interprétation des quatrains en 1989.

Lors de mes conférences dans le monde entier, on me demande souvent si j'ai communiqué avec Nostradamus depuis l'achèvement du travail sur les quatrains, en 1989. Les gens veulent savoir s'il y a eu de nouvelles prédictions. Quand le travail a été terminé, je suis passé à d'autres projets et j'ai écrit d'autres livres. Je considère Nostradamus comme une personne vivante et on m'a dit de ne pas l'ennuyer avec des occupations futiles. Dans le volume II, on nous a dit que mes visites lui prenaient plus de temps que je ne le pensais. Dans ce qui me semblait être une séance d'une ou deux heures était en fait pour Nostradamus de quatre à six heures, soit la plus grande partie de sa journée. Quand on voyage dans le temps pour le contacter, les lois de la physique sont apparemment différentes. L'espace n'est pas seulement affecté, mais aussi notre concept du temps n'est plus valable. Cela s'est également démontré être vrai dans mon travail avec les extraterrestres. Ils disent à plusieurs reprises que le temps est une illusion. Il a été créé par l'homme, mais en réalité il n'existe pas. Je n'ai donc pas de séances pour contacter Nostradamus, sauf si c'est pour une raison importante, comme demander des informations sur les affaires du monde actuel.

Pendant toutes ces années, depuis que j'ai commencé à travailler avec Nostradamus, j'ai essayé de protéger l'identité et la vie privée de mes sujets. Je l'ai fait à leur demande pour que leur vie ne soit pas perturbée par la notoriété et le scepticisme qui accompagnent souvent un tel projet. J'ai été approchée par certaines émissions de télévision qui voulaient sensationnaliser le contenu de mes livres. Ils voulaient surtout essayer de discréditer l'information avec leur choix de sceptiques. Je ne suis pas intéressée par ce type de programme puisqu'ils pourraient détruire 17 ans de mon travail en une seule émission, et ils ne regarderaient même pas en arrière, mais enchaineraient sur la prochaine victime qui ferait progresser leur popularité. J'ai donc été sélective quant aux programmes dans lesquels je suis apparue. J'ai eu la chance d'être invitée dans de nombreuses émissions qui ont traité le sujet de la bonne manière : "Ancient Prophecies" I et II (prophecies anciennes) de NBC, "Mysteries of the Ancient World" (Les mystères du monde antique) de CBS, "Biographie" de A&E, "Mysteries, Magic and Miracles" (Mystères, Magie et miracles) sur Sci-Fi, et "Showbiz" de CNN, la BBC à Londres, "Current Affair"(Affaire courante) en Australie, TVE en Espagne et CNN en Bulgarie ont également fait preuve de considération pour le matériel. Toute personne dans notre domaine de recherche psychique qui apparaît dans une émission prend un risque parce que vous êtes en fin de compte entre les mains du producteur, du réalisateur et de l'éditeur. Les informations peuvent être déformées pour apparaître de plusieurs façons, dont certaines ne sont pas forcément bénéfiques. Vous ne savez jamais avant la diffusion de l'émission comment vous serez traitée.

En Juin 1994, j'ai accepté une interview par "Encounters" pour un spectacle sur la prophétie diffusée sur le réseau FOX. Ils ont demandé à filmer en direct des régressions où les sujets contactaient

Nostradamus. Normalement, j'aurais refusé, mais ils semblaient être sincères dans leur promesse que les sujets ne seraient pas exploités, et seraient traités avec dignité et respect. J'ai demandé autour de moi des volontaires et Brenda et Phil (Vol. I et "Les gardiens du jardin") ont finalement accepté de faire l'émission en promettant qu'on ne les ferait pas passer pour des "monstres de foire".

Le 8 juin 1994, le directeur, Denny Gordon, s'est rendu à Fayetteville, Arkansas (la ville la plus proche), et a fait venir une équipe de TV de Little Rock. Nous nous sommes retrouvés à l'hôtel Hilton de Fayetteville. Je n'avais pas eu de séances avec Phil ou Brenda depuis plusieurs années, et ils ne s'étaient jamais rencontrés avant cette date. Chacun d'entre eux devait arriver à des heures différentes afin de ne pas entendre la session de l'autre. Je suis arrivée la première et ils ont filmé mon entretien. Au total, l'ensemble de la journée de travail a duré environ cinq heures. Il n'est pas rare de filmer plusieurs heures de matériel et que seulement 10 ou 15 minutes dans une émission soit choisies . Ils aiment avoir beaucoup de matériel où sélectionner.

Phil était le prochain à arriver et ils ont filmé une interview pendant que Denny lui posait des questions sur le contact que nous avions établi avec Nostradamus, et ce qu'il en pensait. Il est devenu émotif à plusieurs reprises parce qu'il se sentait très concerné par la relation que nous avions établie entre Nostradamus et lui-même.

Après son interview, l'équipe a préparé la salle pour la session en faisant préparer un lit de camp dans la pièce. Ils pensaient que ce serait plus facile que d'installer les caméras dans la chambre de cette suite de deux pièces. Pendant que les préparatifs étaient en cours, Denny m'a emmenée dans l'autre pièce, et m'a donnée une liste de questions qu'elle pensait être appropriées. J'étais effrayée par leur simplicité. Elle voulait que je demande à Nostradamus pourquoi il avait décidé de coder les prophéties et d'autres questions simples. Je lui ai dit que j'avais posé toutes ces questions lorsque nous avions commencé à travailler ensemble. J'ai ressenti comme une insulte le fait de les poser à nouveau. J'ai suggéré de poser des questions sur les affaires du monde actuel. Je ne pensais pas que nous devions déranger l'homme à moins que nous voulions savoir quelque chose d'important.

J'ai suggéré à Denny certaines des questions que je pensais que nous devrions poser à chaque sujet. Elle a été surprise. "Oh. tu veux dire, aller droit au but", a-t-elle dit, et j'ai acquiescé. Elle pensait que cela rendrait l'interview plus intéressante. J'étais particulièrement intéressée par la situation actuelle impliquant la Corée du Nord et la possibilité d'une confrontation nucléaire. De plus, une comète devait frapper Jupiter et les gens pensaient que cela aurait un effet négatif sur notre propre planète, peut-être même des conséquences désastreuses. C'était le genre de choses dont je voulais discuter, et j'ai posé les mêmes questions à Brenda quand elle est arrivée pour son entretien dans l'après-midi.

Phil s'est installé sur le lit de camp avec des caméras et des lumières tout autour de lui. Il appréhendait, car nous n'avions pas travaillé depuis plusieurs années et il s'inquiétait que le mot-clé ne soit plus efficace. Je savais que cela ne serait pas le cas. Lorsqu'on lui a donné le mot-clé, il a fonctionné aussi rapidement qu'il l'avait toujours fait par le passé. Il en était de même pour Brenda ; elle fonctionnait à merveille, comme s'il n'y avait eu aucune interruption dans le travail.

Pendant la session, Denny a utilisé une caméra à main et s'est déplacée autour du lit pour obtenir différents angles. Une fois, elle a même grimpé sur une commode pour filmer en le regardant d'en haut. Toute cette agitation autour de moi était distrayante, c'est le moins qu'on puisse dire. Même s'ils étaient silencieux, le mouvement était distrayant. Cela ne dérangeait pas Phil du tout, même si les lumières étaient assez vives. Quand il est entré dans son état de transe profonde, il est devenu inconscient de tout ce qui se passait autour de lui, et s'est concentré entièrement sur son voyage à travers le temps et l'espace pour localiser Nostradamus.

Quand il a établi le contact, il était intéressant que Nostradamus savait que quelque chose était inhabituel dans cette session. Il était conscient qu'il y avait d'autres personnes dans la pièce, et leurs énergies le dérangeaient. Après une certaine concentration, il a été capable d'ignorer ces influences et de communiquer. Pendant qu'ils filmaient, j'ai actionné mon magnétophone. Les parties suivantes des transcriptions seront condensées pour se concentrer sur les éléments importants.

J'ai expliqué à Nostradamus que cette séance était différente car nous utilisions une méthode qui permettrait de diffuser l'information à un public plus large.

P: Il dit que l'effort n'est pas tant destiné aux personnes présentes dans la salle que pour les gens dans le monde. Le message prend racine et se développe. Cela aura sa vie propre au-delà des personnes présentes dans cette salle. Il dit qu'il ne vous a pas vu depuis un certain temps, mais qu'il attendait votre retour. car vous semblez ne jamais être à court de questions.

D: *(J'ai ri.) C'est vrai. Mais je pensais qu'on avait fini notre travail alors Je ne suis pas revenue vers vous depuis un bon moment.*

P: Il sait, pas vraiment. Que votre travail vient à peine de commencer, et que vous vous retrouverez bientôt à sa place, dans le collimateur des inquisiteurs.

D: *(Rire) Est-ce qu'il pense cela ?*

P: Il dit qu'il voit ça. Il ne le pense pas. Il dit qu'il est heureux d'être de ce côté du miroir. Cependant, il dit qu'il a de la pitié un peu pour ceux qui penseraient à se moquer de cet effort. Car ils appellent sur eux la colère du destin de cette planète. Et ils découvriront bientôt que leur impudence et leurs présomptions seront répondues en peu de temps par les événements qu'ils appellent sur eux-même. Il dit que c'est un miroir de l'époque où il se trouve, et c'est simplement une répétition de ce qu'il a lui-même expérimenté. C'est notre travail qui est le miroir de son travail. Et donc vous trouverez, à votre grand dégoût, beaucoup des mêmes éléments à l'œuvre dans votre cadre temporel qui sont à l'œuvre dans le sien. Cependant, aucun effort ne sera couronné de succès, car c'est encore le destin de cette planète pour que le travail réussisse. Il dit que ça n'a pas marché à son époque, et que ça ne fonctionnera pas à la vôtre.

Je me suis alors préparée à lui poser les questions, et il m'a dit avec impatience d'aller de l'avant.

D: *On a beaucoup parlé ces derniers temps du compte~rendu de la Corée du Nord. Est-ce que est-il capable de percevoir où se trouve ce pays ?*

P: Oui. Il se le représente comme un serpent en svmbologie.

D: *Le pays de la Corée du Nord cause beaucoup de problèmes maintenant parce que les gouvernements du monde entier pensent qu'ils ont une puissance nucléaire et qu'ils peuvent être une menace. Que peut-il dire à ce sujet ?*

P: Il dit que la tête du serpent - et là je lis le symbolique - est coupée. C'est à dire que le leader de ce pays sera éliminé, et l'effort semblera être couronné de succès. Mais ce travail continuera dans d'autres secteurs en dehors du pays, cependant, en collaborant avec ce pays. Il dit que le dirigeant sera démis de ses fonctions.

Je me disais que ça ne semblait pas possible parce que le Président avait été en poste depuis toujours. Il était fermement établi comme leader de la Corée du Nord. Je ne voyais pas comment cela pouvait arriver. Plus tard, quand Phil s'est réveillé, il a dit qu'il avait vu le leader mourir, mais que ce n'était pas une mort naturelle. Ce serait un assassinat délibéré pour éliminer un leader qui - devenait une menace pour le plan global.

D: La Corée du Nord est-t-elle une puissance nucléaire ?

P: Il dit que tout est relatif, selon la façon dont vous souhaitez le définir. Ils ont la capacité de l'utiliser, mais il dit que dans le sens où vous l'entendez, ce n'est pas le cas. Du moins pas de la manière dont vous le dites. Il dit que de sa perspective, la capacité de projection n'est pas là. Les têtes nucléaires elles-mêmes sont là, cependant, il n'y a pas pour le moment de véhicule de lancement.

D: Sont-ils une menace pour les États-Unis ou le reste du monde?

P: Il dit qu'il n'y a aucun besoin de poser une telle question, car la réponse est évidente.

D: Pourrait-il envisager la possibilité d'entrer dans une sorte de conflit à propos de cette situation ?

P: Il montre un alignement de Vénus et de Mars. Et il dit que c'est un marqueur du moment où la décision de détruire ces armes sera prise. Il y aura une attaque préventive contre ces installations qui abritent ces armes lorsque les deux planètes seront alignées. C'est à dire, les têtes nucléaires, les matériaux et les machines pour les fabriquer.

D: Je ne suis pas astrologue. Comment le voyez-vous dans le miroir ?

P: Pars une ligne droite entre eux.

D: Alors si nous faisons cette attaque préventive pour détruire les armes, ne mènera-t-elle à quelque chose de plus dangereux, ou est-ce que ce sera la fin?

P: Il dit que ce n'est que la fin d'un petit chapitre d'un tableau général beaucoup plus vaste. Qu'il y a une prolifération, qui serait la coupe de la tête d'un des serpents de l'hydre.

Ma deuxième question portait sur la Yougoslavie, ou la " zone grise " de l'Europe comme l'a appelé Nostradamus. Il l'appelait la "zone grise" parce que vous ne savez pas si vous êtiez en Europe ou en Asie. Dans plusieurs quatrains, il mentionne la Macédoine et l'Albanie, parce qu'il n'existait pas de nom pour la Yougoslavie à son époque. Je voulais savoir si les États-Unis auraient des problèmes avec cette région en 1994.

P: Il y aura un tremblement de terre qui divisera les frontières. Il dit qu'il est difficile de superposer sa vision du monde à la nôtre. Les frontières sont celles du sable et du vent. Cependant, pour délimiter la zone, il y aura un tremblement de terre suivi d'une pluie noire dans cette région à la fin de l'été, en août. Il ne peut pas voir l'époque plus précisement que cela.

D: Mais les États-Unis seront-ils impliqués dans une guerre réelle, un conflit, dans cette région ?

P: Il dit que cela s'est déjà produit. Et se demande comment sariez-vous que ce n'est pas le cas.

D: Vous voulez dire que nos gens ont effectivement combattu dans ces régions en 1994 ?

P: C'est exact.

D: Pour autant que nous le sachions, nous ne nous sommes pas impliqués activement.

P: Il dit que ce n'est pas le cas. Qu'il y a eu de la subversion dans de nombreux domaines depuis ... Je vois une photo de George Bush.

D: Alors vous voulez dire que nous sommes réellement impliqués mais que les gens ne le savent pas ?

P: Oui. Il dit que les frontières vont encore se déplacer, et qu'elles vont continuer à se déplacer encore. Les lignes ne sont pas tracées de façon permanente. Les frontières pourraient être dessinées dans le sable et être aussi permanentes.

D: Y aura-t-il un gagnant ?

P: Non, pas dans ce que vous définiriez comme ayant un gagnant. C'est-à-dire, la paix dans un état de paix. Il y aura la guerre dans cette région pendant de nombreuses années encore.

D: Le public ne saura-t-il jamais que nous sommes activement impliqués ?

P: Oui. Il dit que les preuves ont déjà été présentées, et pourtant beaucoup ne les ont pas reconnues pour ce qu'elles sont.

Cependant, il y aura une prise de conscience progressive que cela se passe depuis un certain temps.

D: Et cela finira par être rendu public ?

P: Cela deviendra public, mais ne sera pas rendu public.

Je l'ai ensuite interrogé sur la situation en Haïti, où nos troupes avaient été envoyées en 1994. Notre engagement dans ce pays avait été prédit dans SIÈCLE II -78 (Vol. II).

P: Il dit qu'il voit cela comme l'enfant bâtard non désiré de la démocratie.

D: C'est une terminologie intéressante. Les États-Unis seront-ils impliqués dans un conflit là-bas?

P: Il dit qu'il suppose que vous vous référez à plus que ce que vous avez déjà. Et donc anticipera que vous voulez dire plus que ce que vous avez dit. Il dit que la réponse serait alors qu'il y aura moins de, plutôt que plus d'implication, à court terme. Il ne voit pas de conflit. Ce qu'il voit, c'est un effort de sauvetage massif. Il dit que l'île n'est pas en position de se battre. Elle est trop brisée, trop pauvre. Les conditions seront mauvaises parce que certains hommes mesquins au pouvoir essaient de garder leur emprise sur leur pouvoir. Ils sont voués à l'échec dès le départ à cause de leurs méthodes. Il me montre qu'ils sont descendus de leur piédestal par le peuple lui-même. Mais cela leur causera beaucoup de douleur et d'effusion de sang. Et ils auront besoin d'aide après la guérison. Ce qui doit se passer, c'est que tout le monde s'unisse pour essayer de les aider, et essayer de remettre les choses à nouveau en place. Parce que les gens ne veulent rien d'autre que de pouvoir vivre en paix. Mais il dit que ce serait un événement insignifiant comparé à ce qui se passera dans d'autres régions.

D: Alors c'est plus ou moins exagéré.

P: Seulement pour dire qu'il y aura des problèmes plus urgents ailleurs qui feront paraître cela insignifiant en comparaison. Par exemple, les régions en Europe, les pays du Marché commun qui vont s'effondrer, financièrement parlant. Il y aura un effondrement du Marché Commun Européen.

D: Pouvez-vous nous donner une idée du calendrier ?

P: Il y a de nombreuses influences sur cet événement qui pourraient soit l'exclure soit l'inclure, ainsi que d'autres événements. Il existe à l'heure actuelle de nombreux problèmes non résolus qui pourraient l'empêcher, ou peut-être l'aggraver. C'est en ce moment une jonction dans la ligne du temps, qui est trop fine pour en distinguer l'issue. Cependant, il y aura des comètes qui tomberont qui indiqueront le début de cet événement. Il s'agira d'un spectacle de beaucoup, beaucoup d'étoiles filantes pendant le Temps des Troubles. Un si grand nombre que le ciel nocturne sera aussi brillant que le jour. Il dit que c'est le signal que les grondements sous la terre vont augmenter. C'est à dire, au sens figuré et au sens propre. Ce serait un présage, pas une cause.

Je lui ai alors demandé si ses prédictions sur la venue de l'Antéchrist et de la troisième guerre mondiale étaient toujours d'actualité, ou si nous avions réussi à les anticiper ou à les ralentir. Il a répondu qu'il n'y avait pour l'instant aucun changement. Les événements étaient toujours en cours de formulation, mais que les efforts concentrés des peuples du monde pouvaient encore en atténuer l'impact des effets de la guerre.

Après cette courte session, Brenda est arrivée et tout a recommencé. Phil ne l'avait jamais rencontrée. Il est resté un moment pour regarder l'interview.

Quelques semaines après cette session, le président de la Corée du Nord est mort d'une d'une crise cardiaque. Cela semblait naturel puisqu'il était d'un grand age. Son fils lui a succédé, mais il n'avait jamais rien appris sur la direction d'un gouvernement. Il semblait être une mauviette inefficace, exactement le type de marionnette que la cabale voudrait avoir au pouvoir dans ce pays. La situation en Corée du Nord avait atteint un point critique, et semblait être sur le point d'exploser. Nous étions à un carrefour et nous étions sur le point de tenter de détruire les armes nucléaires en Corée du Nord, et une dangereuse confrontation semblait inévitable. La mort du Président a évité cela. Plus tard, il a été découvert que les Nord-Coréens avaient des armes nucléaires, mais qu'ils n'avaient pas encore développé les systèmes de livraison, comme Nostradamus l'avait dit. La nouvelle direction s'est avérée si inefficace qu'à l'automne 1996, on disait que la Corée du Nord était au bord de la famine.

Une semaine après cette session, je me trouvais à l'aéroport de Dallas en route pour une autre conférence quand j'ai remarqué la couverture du Time Magazine au kiosque à journaux. On pouvait y lire "Corée du Nord, la bête sans tête", ce qui correspondait exactement à la description de Nostradamus de la perte d'un des serpents de l'hydre.

Je connaissais l'hydre comme un organisme microscopique que nous avons étudié en biologie. Elle avait beaucoup de bras, comme une pieuvre. Mais j'ai découvert que l'hydre est aussi une créature de la mythologie grecque, un serpent à neuf têtes. Chaque fois qu'une tête était coupée, deux nouvelles têtes apparaissaient immédiatement. Le monstre a finalement été détruit par Hercule.

Le symbolisme est clair et complètement en accord avec l'utilisation par Nostradamus de la mythologie grecque pour coder ses prédictions. Les nombreux bras de l'hydre sont joints à un seul corps. symbolisant de nombreuses parties contrôlées par une partie centrale. Ce qui signifie à nouveau que la Corée du Nord n'est qu'une des marionnettes. Une marionnette qui, dans ce cas, a été coupée de la partie centrale, mais qui sera remplacée par une autre : la repousse de la tête. Aussi, je me suis interrogée sur la référence à sa mort par Hercule. Cela pourrait-il faire référence à Ogmnios, l'Hercule celtique, qui finirait par renverser l'Antéchrist ?

Après son entretien avec Denny, Brenda s'est allongée sur le lit et nous avons alors commencé notre séance. Denny voulait que je lui pose quelques questions en plus de celles que j'avais posées à Phil. J'essayais de répéter les mêmes questions pour que nous puissions comparer leurs réponses. C'était aussi la raison pour laquelle ils n'étaient pas présents à l'entretien de l'un l'autre. Brenda n'aurait ainsi pas eu connaissance de ce que Phil avait dit.

J'ai utilisé ma technique d'induction et le mot-clé a fonctionné à merveille même si cela faisait plusieurs années que je n'avais pas travaillé avec Brenda. Elle, comme Phil, a oublié les cameramen et les lumières vives qui l'entouraient alors qu'elle glissait dans l'état de transe profonde qui lui était familier. Elle n'a eu aucun mal à localiser Nostradamus, et il était conscient que du temps avait passé dans notre monde depuis notre dernier contact au travers de Brenda.

B: Je parle avec Michel de Notredame. Il est heureux de me voir. Il dit que dans le cadre de son talent, il a un sens des couches multiples du temps. Et il sait que dans notre flux temporel, un certain temps s'est écoulé depuis que j'ai créé ceci. Et il exprime son plaisir de me voir être ici pour communiquer.

D: Vous pouvez lui dire que depuis que nous avons terminé l'interprétation de tous les quatrains qui sont parvenus jusqu'à nous, ils ont été imprimés dans trois livres, et qu'ils sont maintenant disponibles à notre époque.

B: Il hoche la tête avec satisfaction. Il dit qu'il savait que cela arriverait. Et il dit que c'est très bien que cette information soit publiée. Il fallait qu'elle le soit. Il faisait ça pour nous avertir, et peut-être nous donner une chance d'essayer de changer.

J'ai accepté de poser quelques-unes des questions de base de Denny, et j'ai demandé à Nostradamus s'il voulait bien répéter des informations qui avaient déjà été couvertes.

B: Il dit qu'il comprend. C'est comme enseigner à une classe. Et quand vous avez une nouvelle classe de nouveaux étudiants, vous devez revenir sur le même matériel à nouveau pour qu'ils rattrapent les étudiants qui sont déjà passés par là.

D: C'est vrai. Nous savons que les quatrains qu'il a écrit sont une forme de code. Peut-il expliquer aux gens pourquoi il a fait cela?

B: Oui. Il dit que vous devez comprendre qu'à son époque, en Europe, c'était une période très instable. Beaucoup d'agitation économique à cause de la peste et des gens qui mouraient de maladies contre lesquelles personne ne pouvait rien faire. Et puis il y avait les troubles politiques par tous les différents princes, ducs et royautés qui voulaient le pouvoir pour eux-mêmes. Et il y avait aussi les prêtres, et les représentants de l'église, qui voulaient aussi exercer le pouvoir pour eux-mêmes et, également, pour que le monde entier fasse partie de l'église. Donc par conséquent, avec toute cette agitation, tout le monde devait se conformer à ce qui était jugé acceptable. Et si vous essayiez de faire d'autres choses, les autorités n'aimaient pas ça, parce que ça aurait bouleversé leur "panier de pommes", pour ainsi dire. En particulier les autorités ecclésiastiques. Et il me dit que son talent était là aussi loin qu'il puisse s'en souvenir. Et il sentait que c'était un don de Dieu. Il dit qu'il n'y avait pas vraiment de talents particuliers dans sa famille, à sa connaissance. Il pense que c'est peut-être un don particulier donné à une personne clé à un moment donné, selon ses besoins. Il dit que peut-être ils sont d'accord avant de venir. En tout cas, il était là. Et il sentait qu'il était de son devoir de mettre en avant les informations qu'il obtenait, sans tenir compte de ce que les autorités disaient. Mais en même temps, cela n'aurait servi à rien s'il avait été tué tout de suite, ou emprisonné. Alors il les a codées pour que l'information soit là, mais qu'ils ne pourraient pas l'utiliser comme preuve directe au tribunal parce qu'ils ne pourraient rien prouver s'ils décidaient de le persécuter pour cela. Il dit qu'il a écrit ce qu'il a vu. Il a été très sincère avec ça. Il a dit que ce serait mettre son âme en danger que de mentir sur ce qu'il voit dans ses visions. Et il dit qu'il y a des choses qui vont s'accomplir, et qu'il y a des choses qui ont une forte probabilité de se réaliser, mais le peuple a une chance de changer la situation, s'ils veulent bien essayer. Si les gens disent que certaines de ses prédictions sont fausses, il ne dit pas qu'il est parfait... Il est humain. Mais il dit que du mieux qu'il a pu, il a écrit sur ce qu'il a vu. Si certaines des possibilités qu'il a vues ne se réalisent pas, peut-être que les gens ont été en mesure de changer la situation pour éviter ce qu'il a vu. Rappelez-vous aussi, dit-il, que chacun de ses quatrains a de multiples applications. C'est comme une spirale ; le temps et l'histoire évoluent en spirale. Les choses tournent autour et une situation similaire se représente, mais plus tard, et c'est un peu différemment. Et bien que l'on puisse voir une situation qui semble correspondre à un quatrain, et se dire. "Oh. mais ça ne s'est pas passé. Ça n'a pas marché. Ce quatrain est faux." Il dit que ce n'est pas nécessairement l'application correcte du quatrain. Attendez que la situation se reproduise dans un siècle ou plus, et voyez alors ce qui se passe. Les visions viennent tout le temps, et avoir à mettre ces informations en code ralentit quelque peu le processus. Il ajoute que c'est très frustrant de devoir faire ça. Et donc, chaque fois qu'il a vu une série de visions qui semblaient similaires les unes aux autres, il essayait de les condenser en un seul quatrain, afin d'avoir au moins l'information sous une forme ou une autre. Il sait que si la situation avait été différente à la fin, il aurait développé davantage, et peut-être écrit des quatrains supplémentaires pour couvrir les différentes situations. Mais cela n'a pas été le cas.

D: *Il y a beaucoup d'érudits de notre époque qui pensent qu'il avait un message encodé dans son système de numération des siècles. Qu'est-ce qu'il à dire à ce sujet ?*

Nous en avions parlé dans le premier volume, et il a plaisanté à ce sujet plutôt que de donner une réponse directe. Ceci peut apporter des informations supplémentaires.

B: En ce qui concerne la façon dont il les a organiser au début, il dit qu'il a fini par revenir en arrière et à les réarranger pour les mettre dans un meilleur ordre. Si les chiffres qu'il a utilisé ont été conservés, alors cela fait partie de l'image globale. Il dit qu'il utilise des éléments comme les congruences astrologiques, la numérologie et d'autres dispositifs de codage. Et, qu'il a fait ça avec les nombres. Il dit: 'ce mensonge salue les érudits qui l'ont découvert'. Il a dit que c'était l'une des choses qu'il faisait pour essayer d'échapper à l'Inquisition.

D: Les savants veulent savoir s'ils devraient prêter plus d'attention aux grand nombre d'indices qui sont cachés dans l'arrangement de la numérotation ?

B: Il sait que ça pourrait être très sage. Et il sait que vous pouvez avoir une idée du genre de système qu'il utilise avec la numérotation, en montrant certaines des numérotations utilisées dans les quatrains eux-mêmes. Il dit que c'est la même structure de base. Bien sûr, tout dépend s'ils utilisent la même numérotation que celle qu'il utilisait à son époque. Il espère que la numérotation a été conservée. Il dit qu'il serait sage de retracer l'histoire des différentes éditions de ses quatrains pour s'assurer qu'aucun changement éditorial ne s'y soit glissé.

Dans le dernier volume, nous avons découvert que certains changements s'étaient définitivement introduits dans le texte. Nous avons trouvé plusieurs quatrains qui avaient été modifiés, et certains qu'il disait ne pas avoir écrits. La plupart de ces divergences étaient trouvées dans le dixième Siècle de ses quatrains.

J'ai alors décidé de poser certaines des mêmes questions que j'avais posées à Phil. Je lui ai dit que je lui parlais depuis l'année 1994.

B: Il a un commentaire à faire. Il a un peu tiré sur sa barbe. Il dit : "1994. Je me souviens de certains des quatrains que j'ai écrits sur cette période. Je serais prêt à parier que vous avez eu quelques tremblements de terre." (J'ai convenu.) Il dit qu'il serait judicieux de suivre le modèle des tremblements de terre. Où ils se produisent, quand, et quelle force, parce qu'il y a un modèle global sous-entendu.

D: Peut-il être plus précis ? Qu'est-ce qu'il entend par modèle ?

B: Il dit que c'est quelque chose qui peut être observé dans certains de ses quatrains. Les énergies qui ont été générées par l'industrie, la guerre et autres choses de ce genre ont été disharmonieuses avec l'énergie naturelle de la Terre. et ont causé un déséquilibre. En conséquence, alors que les choses se développent dans les sphères sociales, économiques et politiques, il y aura des échos de cela dans le monde naturel.

Je lui ai demandé s'il connaissait le pays de la Corée du Nord.

B: Il dit qu'en tant qu'homme de son époque, il n'est pas familier avec ce pays. Mais il sait, grâce à son don, que c'est un pays asiatique.

D: En 1994, ils disent qu'ils ont la possibilité d'un armement nucléaire. Peut-il voir quelque chose à ce sujet ?

B: Il peut essayer de regarder. (Pause) Il ne peut pas s'en faire une idée précise. Il dit qu'il y a comme un voile ou un rideau nuageux qui lui fait obstacle. Il sent qu'il y a peut-être des problèmes à venir parce que l'image qu'il me montre, c'est comme regarder la Terre depuis un point de vue élevé à travers un écran de fumée. Et à différents endroits sur la carte, il y a un flash lumineux qui sort. Il dit qu'il me montre des flashs lumineux au Moyen-Orient, mais il ne peut pas dire quelle en est leur source.

D: Ils ont peur qu'il y ait des confrontations militaires ou des guerres entre la Corée du Nord et les Etats-Unis, ou le reste du monde.

B: Il pense que si l'on garde à l'esprit la coutume du pays, et de traiter en conséquence, que le responsable de la Corée du Nord est plus dans les fanfaronnades qu'autre chose. Il pense que le lieu principal oùt il faut être prudent serait le Moyen-Orient, car il continue à se concentrer sur le Moyen-Orient.

Je l'ai ensuite interrogé sur la "zone grise" de l'Europe, la zone qu'il avait appelé Macédoine et Albanie. Je lui ai demandé s'il pouvait voir ce qui se passait là-bas en 1994.

B: Il voit frère contre frère. Ce qu'il voit vous ferait pleurer. Il dit que la Terre pleure. Les enfants de la Terre ne devraient pas s'opposer ainsi les uns aux autres.

D: Les Etats-Unis vont-ils être impliqués dans le conflit ?

B: Il dit que beaucoup de gens vont être impliqués, en particulier l'Europe et les États-Unis, pour essayer d'arranger la situation. Et ce qui est malheureux, c'est que la réparation ressemble plus à un pansement qu'à un remède. Ils essaient de réparer l'extérieur sans aller au cœur des gens. La réparation doit se faire dans le coeur des gens, et pas seulement en gardant les armes loin d'eux.

Denny m'a parlé doucement. Elle voulait savoir s'il y avait quelque chose qu'il aimerait dire au peuple des États-Unis, en particulier sur la condition du monde en général.

B: Il demande : "Quel aspect en particulier ?" Il y a beaucoup de choses qui se passent qu'il a vues. Il y a la politique. Il y a le physique. Il y a l'économique. Et il y a des choses qui ont à voir avec l'église. Quel aspect?

D: Les conditions physiques. Essayons d'abord celui-là.

B: Il dit que les choses sont déséquilibrées. Les énergies ne sont pas en harmonie, et il doit y avoir un équilibrage bientôt. La Terre ne peut pas supporter ce stress plus longtemps. Il dit que, d'une vue générale, la planète entière est en détresse. Elle pleure. Et quelque chose devra céder pour aider les choses à revenir à l'équilibre. Il dit que les choses qui se produiront affecteront la majorité des gens partout, soit directement ou indirectement. Et il dit que la météo continuera d'être étrange. Il y aura des phénomènes étranges dans le ciel. Et le sol tremblera. Et l'océan se soulèvera.

D: Quel genre de phénomènes étranges dans le ciel ?

B: Flashs de lumière. Des traits de lumière. Les étoiles ... il me montre les étoiles qui tourbillonnent, comme si on était sur un manège à regarder les étoiles. Il dit que la Terre va devoir... il utilise la comparaison, "hausser les épaules." pour que tout se remette en place et soit à nouveau.droit.

D: A quoi cela fait-il référence, dans son symbolisme ?

B: Il dit qu'il a vu à travers son don, et il est conscient que vos scientifiques savent que lorsque la Terre tourne sur elle-même, ce n'est pas une rotation régulière, qu'elle oscille un peu en tournant.

Il dit que c'est comme une toupie. Elle tournera presque droit pendant un moment, et puis elle fait deux ou trois sauts périlleux, puis se redresseta et tournera à nouveau de façon régulière après s'être équilibrée. Il dit que c'est comme être à la foire et de regarder les funambules. Ils marchent de façon régulière... et ensuite ils commencent à se déséquilibrer et ils doivent se tortiller pour retrouver leur équilibre.

D: Quel effet cela aura-t-il sur la Terre ?

B: Il dit qu'il y aura des vents violents, des tremblements de terre et des tempêtes. Et il ajoute que les habitants de la Terre hurleront dans leur calamité. Les gens dans les zones instables devront être particulièrement prudents, parce que lorsque cela commencera, il y aura des glissements des terres. Et il dit qu'il va y avoir des changements physiques sur la Terre. Il sait que dans plusieurs de ses quatrains, il a dit que si on essayait, on pourrait éviter certains de ces changements, concernant les politiques et sociaux. Mais en ce qui concerne ceux de la Terre, il n'est pas sûr de ce qu'on puisse faire pour les éviter. Il dit qu'il est peut-être trop tard à cause de la discorde causée par les guerres et ce que les humains font à la Terre.

D: Veut-il dire que celle-ci est une situation plus importante ?

B: C'est plus comme un effet d'accumulation. Une fois que ça atteint un certain point, la quantité d'énergie nécessaire pour défaire ce qui a été fait est tellement plus grande que de laisser les choses aller de l'avant et les laisser s'arranger d'elles-mêmes. Il dit qu'à ce stade, le mieux que l'on puisse faire est de continuer à travailler pour la lumière, et d'émettre autant d'énergie positive que possible. Pour essayer de réduire les effets autant que faire ce peut.

D: Une dernière question que je voudrais vous poser. Est-il conscient de la planète Jupiter?

B: Oui. Une des grandes lumières dans le ciel.

D: Oui. A notre époque, en 1994, ils parlent de la possibilité qu'une grande comète heurtant la planète Jupiter. Et ils se demandent, si ça arrive, est-ce que ça affectera la Terre d'une manière ou d'une autre?

B: Il dit qu'il y aura des effets sur la Terre, parce que tout est connecté à tout. Physiquement, les effets seront très subtils, du moins au début. Il peut y avoir quelques effets à long terme, mais pas d'effets immédiats mettant la vie en danger ou quelque chose de ce genre. Il dit que la principal répercussion qu'il y aura sur la Terre concerne les niveaux supérieurs d'énergie. Il dit que puisque tout est connecté à tout au travers des différents niveaux d'énergie, la collision aura un effet sur le monde entier à travers la vibration supérieure de ces même énergies qui sont émises par Jupiter. Puisque les configurations planétaires affectent les individus de toute façon, les gens seraient sages d'être conscients de la manière par laquelle leurs horoscopes est affecté par Jupiter. Afin qu'ils soient préparés à cette calamité, car cela va engendrer des évenements calamiteux qui vont se produire dans cette section de leur horoscope.

D: Je pense que les gens de notre époque sont inquiets si cela va affecter notre météo d'une manière ou d'une autre, ou les conditions physiques de la Terre.

B: L'effet serait similaire à celui d'avoir quelques mauvaises taches solaires. La Terre a connu des choses bien pires dans le passé concernant le soleil ou ses taches solaires et y a survécu.

D: A-t-il quelque chose à dire sur l'économie des États-Unis ou du monde en général ? Pendant or jusqu'à l'année prochaine ?

B: En ce qui concerne l'économie. Il dit que même si les choses peuvent sembler être bien en surface, elles sont toujours fondamentalement instables en dessous. Les prémisses sur lesquelles l'économie est basée ne sont pas solides. Et il dit que c'est une structure bancale. La chose principale est de prier pour que rien de capital ou de calamiteux n'arrive regardant les événements mondiaux, car cela pourrait avoir possiblement une répercussion importante sur l'économie. Il dit que le monde est devenu trop dépendant de "l'argent imaginaire". Et il dit, que depuis tout est clivé avec des futurs, avec des possibilités - et l'on ne sait jamais ce qui va arriver dans le futur avec certitude, au lieu de traiter avec de l'argent solide, c'est comme construire une maison sur du sable.

J'ai alors posé ma dernière question pour savoir si les prédictions d'un troisième Antéchrist et de la possibilité d'une troisième guerre mondiale étaient toujours d'actualité, ou si nous avions réussi à modifier cette probabilité.

B: Le changement n'est pas encore assez répandu pour pouvoir affecter le monde entier. Bien que les choses se transforment, comme en Europe et aux États-Unis et dans quelques autres pays, les parties du monde qui seraient les plus aptes à déclencher les troubles sont les parties du monde qui ont le moins changé. Mais le reste du monde a besoin de diriger des pensées positives et une énergie positive. De l'énergie pour la croissance, le changement et l'harmonie, en particulier au Moyen-Orient en général, afin d'aider à diffuser les énergies négatives qui s'y accumulent.

J'étais sur le point de clore la séance quand Nostradamus m'a arrêté.

B: Il a dit qu'il avait une dernière chose à dire sur le Moyen-Orient. Il dit qu'il y aura un incident impliquant une sorte de contamination ou de pollution dans l'océan Indien. Et afin de le contenir, ils devront bloquer ou détruire le canal de Suez pour éviter que cela ne se répande en Méditerranée. Il dit que dans cette région du monde, il y aura un problème avec l'eau de l'océan et qu'ils essaieront de le contenir. Ils voudront l'empêcher de se propager. Et il dit qu'ils devront peut-être fermer le canal.

D: Peut-il voir quel genre de contagion ce serait ?

B: L'image qu'il montre est celle de l'eau qui change de couleur. Il dit que c'est dû à une substance dans l'eau, ou peut-être un micro-organisme- il ne l'appelle pas ainsi. Il me montre l'image. Il n'avait pas de nom pour ça. A cause d'un certain déséquilibre dans l'eau, ou peut-être des radiations, ou les deux, cela devient instable et hors de contrôle. Cela commence à se multiplier rapidement, à tuer les poissons et les plantes. Ils doivent essayer de faire quelque chose pour la contenir, et l'empêcher de se propager. Apparemment, là où ça commence, ce sera dans une partie de l'océan n'ayant pas de courants majeurs, juste des mineurs. Et ils pensent qu'ils auront une chance de la contrôler avant qu'elle n'atteigne les grands courants, car ils ont peur que si cela arrive, elle se répandra dans tous les océans de la planète.

D: Cela commence dans l'océan Indien, vous avez dit.

B: C'est à l'angle de l'océan Indien par l'Arabie.

D: Et cela se produira quand ? Dans notre période actuelle ?

B: Il dit que ça arrivera bientôt, dans les trois prochaines années environ.

D: C'est donc un autre type de catastrophe que nous devrons surveiller.

Après ces sessions, Denny est parti immédiatement à l'aéroport pour prendre son avion retour pour Hollyvood, et le reste de l'équipe a rassemblé son équipement et est retourné à Little Rock.

Deux semaines après cette session, le Président de la Corée du Nord est mort d'une crise cardiaque apparente. J'ai appelé le studio de la FOX et j'ai parlé avec le producteur avec qui j'avais travaillé. Je lui ai dit qu'il semblait que la prédiction s'était réalisée, mais que Phil avait eu le sentiment qu'il ne s'agissait pas d'une mort naturelle, mais d'un assassinat. Elle a dit que plusieurs médiums avaient également appelé le studio avec les mêmes impressions. J'ai dit que nos informations étaient certainement validées, car le film qui avait été tourné à Favetteville était daté.

Cette interview était censée être diffusée quelques mois après le tournage dans l'émission "Rencontres" de la FOX. Une partie de celle-ci a été montrée dans une avant-première, mais les interviews ont été omises du show à la dernière minute. On m'a dit que cela allait être utilisé plus tard, mais pour autant que je sache, il n'a jamais été montré sur "Rencontres". Depuis 1994, j'ai été appelé à faire d'autres interviews pour ce réseau, et je leur ai demandé ce qui est arrivé au film. Personne ne semblait savoir, mais cela est compréhensible parce que leur personnel change souvent et une personne affectée à une émission ne peut rien savoir de ce que fait une autre personne ailleurs. Il se peut quand même que ce soit montré un jour, parce qu'elle contient des informations qui valident la capacité de Nostradamus à voir le futur.

IL DEVRAIT ETRE EVIDENT qu'il sera impossible de maintenir une constante mise à jour de ces livres. Ils sont une entité évolutive et continueront à changer au fur et à mesure que des informations vérifiables puissent à être mises en lumière. Il devrait être de plus en plus évident que nous sommes dans le Temps des Troubles, comme vu par Nostradamus, et c'est à nous d'apprécier si le pire des scénarios va continuer à se dérouler. Ceux qui sont familiers avec ce matériel seront en mesure de voir si les subtiles et apparemment petites influences affecteront le tableau général. Je continuerai à recueillir des informations à partir de mes recherches et de mes lecteurs, et plus seront ajoutées à chaque réimpression de la trilogie. Si les lecteurs possèdent déjà les éditions antérieures de ce livre (Volume I), cet addendum peut être acheté séparément. Contactez l'éditeur pour plus de détails.

Updates on the Prophecies – 1999 to 2001

Dans le quatrain III-48 du volume Ill, Nostradamus fait référence au début de la maladie du sida et prédit également le moment de son déclin. "Il dit que 15 ans s'écouleront entre le premier cas et la découverte d'un remède. À ce moment-là, la maladie sera comparable à la peste de son époque. Elle anéantira beaucoup de gens." En 1997, grâce aux progrès des traitements médicaux, le sida est sorti du top 10 des causes de décès. Quinze ans s'étaient écoulés depuis le début de la maladie et, en 1997, le nombre de décès liés au sida a diminué de 47%.

Les changements météorologiques ont fait l'objet d'une attention croissante, notamment l'admission (enfin) du réchauffement de la planète. Neuf des années les plus chaudes de l'histoire ont eu lieu au cours des dernières années. 1998 a été déclarée l'année la plus chaude depuis 500 ans. Les eaux océaniques se réchauffent partout dans le monde. La température de l'océan Pacifique le long de la côte californienne a augmenté de deux degrés. Cela ne semble pas beaucoup, mais cela provoque la mort de nombreuses espèces marines. Des créatures que l'on ne trouve normalement que dans les eaux chaudes du sud sont observées dans les eaux du nord pour la première fois.

Le pergélisol fond en Alaska, ce qui transforme la toundra en marécages où les arbres et les plantes ne peuvent plus pousser. Il a été signalé que sur les 27 glaciers que comptait l'Europe en 1980, seuls 13 existent aujourd'hui, et ils reculent rapidement. Trois miles de glace ont fondu en Antarctique. En conséquence, les pingouins de cette région ne se reproduisent pas et meurent. Leur principale nourriture (le krill) vit dans la glace, et ils doivent nager plus loin pour la trouver. Ces changements démontrent que toutes les espèces sont interconnectées sur toute la planète et que la disparition ou l'affliction d'une espèce affecte toutes les autres.

D'autres changements météorologiques sont devenus plus sévères. En 1999, des tornades ont frappé des grandes villes pour la première fois dans les annales. Une tornade extrêmement rare a frappé Salt Lake City, et une autre a frappé Oklahoma City. Cette dernière avait les vents les plus forts jamais enregistrés. La tornade avait une largeur de 1,5 km et est restée au sol pendant une demi-heure, causant de nombreux dégâts. L'extrême inhabituel dans les phénomènes météorologiques devient la norme.

En septembre 1999, "Floyd", le plus gros ouragan de l'histoire des États-Unis, a frappé toute la côte Est, réalisant la prophétie de Nostradamus dans le volume Ill, quatrain #VIII -16. Les préparatifs pour la tempête à venir ont provoqué la plus grande évacuation en temps de paix de l'histoire des États-Unis. Des vents de plus de 150 mph ont créé des pluies allant jusqu'à 20° qui ont dévasté certaines régions, notamment la Caroline du Nord et la Virginie.

Dans sa prédiction, Nostradamus a dit que la tempête allait frapper et causer des dommages aux installations de la NASA à Cap Canaveral en Floride. "Il dit que peut-être, s'ils le savent suffisamment à l'avance, ils prendront des mesures de protection pour s'y préparer." Étonnamment, il n'a pas causé beaucoup de dégâts lorsqu'il a traversé cette zone. Les autorités ont déclaré que toutes les navettes spatiales avaient été mises sous terre, et que les dégâts étaient moins importants que prévu car, au cours des deux dernières années, les bâtiments avaient été renforcés et des précautions prises contre les ouragans. Peut-être que quelqu'un au pouvoir a finalement écouté son avertissement. L'ouragan était massif et a frappé toute la côte Est. Les vents ont fait moins de dégâts car il s'est déplacé très rapidement le long de la côte. Le pire a été causé par les pluies torrentielles. Il a dit : "Les eaux vont tout inonder. L'ouragan entrera dans les livres d'histoire parce qu'il sera si grand et si féroce. Ce sera le plus grand de ce siècle." C'était une prédiction très juste car la tempête a frappé à la fin du siècle.

Mes lecteurs m'aident beaucoup en me fournissant des informations que je n'ai jamais pu trouver en faisant mes recherches. Une femme d'Estonie a envoyé une corrélation intéressante avec le quatrain #IV-lI du Volume Il. Le quatrain prédisait l'ascension du Tsar et de l'aristocratie russe et sa mise à mal par le parti communiste. L'un des principaux symboles du quatrain était les "douze rouges", en référence aux soldats. Mon correspondant m'a écrit : "Je peux peut-être vous aider avec le quatrain. Il existe un poème russe très célèbre, connu de tous en Russie, DOUZE d'Alexandre Blok. Il s'agit de douze soldats rouges qui symbolisent la tragédie de la révolution russe qui a tué toute l'aristocratie et, avec elle, toute la culture russe. Plus tard, cela a conduit à la mort du pays. Il est plus qu'évident qu'aucun d'entre vous n'a jamais entendu parler du plus grand poète aristocrate russe Alexandre Blok, ni de son poème symbolique DOUZE."

Le développement par l'Inde d'une bombe atomique en 1998 a été prédit dans le volume Ill, page 141. Pourtant, pendant toute l'année 1998, la seule chose qui a occupé l'actualité était la liaison entre le président Bill Clinton et Monica Lewinsky. Il semblait ne rien se passer d'autre dans le monde, tout le monde se concentrant sur les témoignages et le procès. Une prédiction de Nostradamus dans le volume Ill #VIII -14 semblait étonnamment précise. Une partie du quatrain dit : L'offense de l'adultère sera connue, ce qui se produira à son grand déshonneur. D'après l'interprétation : "Cela semble faire référence à un personnage du gouvernement. Ma première impression était que le président des États-Unis était surpris en train de faire quelque chose de contraire à l'éthique."

Les dernières nouvelles menant vers des ordinateurs organiques (tels que vus par Nostradamus dans le volume I). En juillet 1999, on a annoncé des recherches sur des ordinateurs "quantiques" qui pourraient être un milliard de fois plus rapides que le Pentium Ill. Le titre de l'article était le suivant : "Au-delà du PC : Le QC atomique". La taille des micropuces ayant atteint sa limite, les scientifiques ont cherché un moyen de traiter plus d'informations avec des composants plus petits. Cela a conduit au développement de l'ordinateur ADN décrit dans l'addendum. Les nouveaux ordinateurs quantiques utiliseront des atomes au lieu de puces, faisant ainsi entrer la science dans de nouveaux domaines qui défient l'imagination. Ce concept a fait ses preuves et le gouvernement américain met en place un laboratoire à Los Alamos pour le perfectionner. "Le point de départ de l'informatique quantique est apparu lorsque les physiciens ont réalisé que les atomes sont naturellement de minuscules petits calculateurs. La nature sait comment calculer", déclare Neil Gershenfeld du MIT (l'un des inventeurs)." S'inspirant de la science-fiction, l'article déclare : "Vers 2030, l'ordinateur sur votre bureau pourrait être rempli de liquide au lieu de transistors et de puces. Il ferait appel à la mécanique quantique, qui aborde rapidement des sujets tels que la téléportation et les univers alternatifs et qui, de l'avis général, est la chose la plus étrange connue de l'homme. L'informatique quantique semble être une option attrayante, en raison de sa puissance potentielle et parce que l'approvisionnement en matière première est plus inépuisable que le silicium. C'est la plus grande ressource inexploitée de l'univers." Tous ceux qui ont lu mes livres sur les ovnis et les extraterrestres savent que c'est le genre de choses sur lesquelles j'écris depuis vingt ans. Il sort enfin du domaine de la supposée "fiction" pour devenir une réalité exploitable. Les inventions incroyables vues par Nostradamus ne semblent plus impossibles alors que nous entrons dans le millénaire.

La prédiction la plus incroyable de l'an 2000 a été la réalisation de "l'élection avec jury suspendu" (Volume I, #VII -41). Elle est si exacte qu'elle ne nécessite aucune explication supplémentaire.

La plus triste réalisation des prédictions s'est produite le 11 septembre 2001, et je crois qu'elle marque le début des quatrains les plus horribles faisant référence au début de la troisième guerre mondiale. Siècle #X -6, Volume III fait explicitement référence au bombardement du Pentagone. Le Siècle #VI-97, Volume I fait référence au bombardement de New York, et indique également plus d'horreur et de terreur à venir, sous la forme d'explosions biologiques. Un quatrain presque humoristique mérite d'être mentionné (Volume III, #X -41) à propos de l'utilisation des concerts pour collecter des fonds à cette époque. Le plus important à ce jour a été le "Tribute to Heroes"(Tribut aux Héros) diffusé le 21 septembre 2001 sur 27 réseaux.

Je ne sais pas si d'autres mises à jour seront ajoutées, à moins qu'il ne s'agisse de quelque chose d'extraordinaire. Mes lecteurs trouveront une incroyable précision dans les trois volumes. L'avenir est véritablement devant nous et, malheureusement, il semble que nous soyons au milieu de la période des troubles et de l'entrée dans la troisième guerre mondiale. Nous ne pouvons que faire ce que

Nostradamus a suggéré et utiliser le pouvoir de notre esprit pour neutraliser ou en atténuer les effets.

Index des quatrains

Un index complet des quatrains contenus dans les trois volumes des "Conversations avec Nostradamus" apparaîtra à la fin du troisième volume.

À propos de l'auteur

Dolores Cannon, hypnothérapeute de régression de vies antérieures et chercheuse psychique qui enregistre les connaissances" perdues ", est née en 1931 à St. Louis, dans le Missouri. Elle a fait ses études et a vécu dans le Missouri jusqu'à son mariage en 1951 avec un homme dans la marine de carrière. Au cours des 20 années qui ont suivi, elle a voyagé partout dans le monde en tant qu'une épouse typique de la Marine et a élevé sa famille.

En 1968, elle a été exposée pour la première fois à la réincarnation par hypnose régressive lorsque son mari, hypnotiseur amateur, a trébuché sur une vie passée alors qu'il travaillait avec une femme souffrant de problèmes de poids. À cette époque, le sujet des " vies antérieures "était peu orthodoxe et très peu de personnes expérimentaient sur ce terrain. Cela a suscité son intérêt, mais il a dû être écarté pour faire place à des exigences de sa vie familiale.

En 1970, son mari a été libéré en tant que vétéran handicapé et ils se sont retirés dans les collines de l'Arkansas. Elle a ensuite commencé sa carrière d'écrivain et a commencé à vendre ses articles à divers magazines et journaux. Lorsque ses enfants ont commencé leur vie personnelle, son intérêt pour l'hypnose régressive et la réincarnation a été réveillé. Elle a étudié les différentes méthodes d'hypnose et a ainsi développé sa propre technique qui lui a permis de tirer le meilleur parti des informations diffusées par ses sujets. Depuis 1979, elle a régressé et catalogué les informations recueillies auprès de centaines de bénévoles. En 1986, elle élargit ses recherches dans le domaine des ovnis. Elle a effectué des études sur site de suspicions d'atterrissages d'ovnis et a enquêté sur les Crop Circles en Angleterre.

La majeure partie de son travail dans ce domaine a consisté à accumuler des preuves grâce à l'hypnose sur des personnes soupçonnées d'avoir été enlevées.

Ses livres publiés incluent: Conversations avec Nostradamus Volumes IJIJII - Jésus et les Esséniens - Ils ont marché avec Jésus - Entre la mort et la vie - Une âme se souvient d'Hiroshima - Les Gardiens du jardin - Héritage des étoiles - La légende de Starcrash - Les Custodiens, Univers enchevêtré, Livres 1-4 - Cinq vies en mémoire.

Plusieurs de ses livres sont maintenant disponibles dans différentes langues.

Dolores a quatre enfants et de nombreux petits-enfants qui la maintiennent solidement équilibrée entre le monde "réel" de sa famille et le monde "invisible" de son travail.

Si vous souhaitez correspondre avec Ozark Mountain Publishing, Inc. sur différent sujets concernant son travail, vous pouvez lui écrire à l'adresse suivante.

Vous pouvez également correspondre via notre site Web: www.ozarkmt.com

Ozark Mountain Publishing, Inc.
P.O. Box 754
Huntsville, AR 72740

Other Books by Ozark Mountain Publishing, Inc.

Dolores Cannon
A Soul Remembers Hiroshima
Between Death and Life
Conversations with Nostradamus, Volume I, II, III
The Convoluted Universe -Book One, Two, Three, Four, Five
The Custodians
Five Lives Remembered
Jesus and the Essenes
Keepers of the Garden
Legacy from the Stars
The Legend of Starcrash
The Search for Hidden Sacred Knowledge
They Walked with Jesus
The Three Waves of Volunteers and the New Earth
A Very Special Friend
Horns of the Goddess
Aron Abrahamsen
Holiday in Heaven
James Ream Adams
Little Steps
Justine Alessi & M. E. McMillan
Rebirth of the Oracle
Kathryn Andries
Time: The Second Secret
Cat Baldwin
Divine Gifts of Healing
The Forgiveness Workshop
Penny Barron
The Oracle of UR
P.E. Berg & Amanda Hemmingsen
The Birthmark Scar
Dan Bird
Finding Your Way in the Spiritual Age
Waking Up in the Spiritual Age
Julia Cannon
Soul Speak – The Language of Your Body
Ronald Chapman
Seeing True
Jack Churchward
Lifting the Veil on the Lost Continent of Mu
The Stone Tablets of Mu
Patrick De Haan
The Alien Handbook
Paulinne Delcour-Min
Spiritual Gold
Holly Ice
Divine Fire
Joanne DiMaggio
Edgar Cayce and the Unfulfilled Destiny of Thomas Jefferson Reborn
Anthony DeNino
The Power of Giving and Gratitude
Paul Fisher
Like A River To The Sea
Carolyn Greer Daly
Opening to Fullness of Spirit
Anita Holmes
Twidders
Aaron Hoopes
Reconnecting to the Earth
Patricia Irvine
In Light and In Shade
Kevin Killen
Ghosts and Me
Susan Urbanek Linville
Blessing from Agnes
Donna Lynn
From Fear to Love
Curt Melliger
Heaven Here on Earth
Where the Weeds Grow
Henry Michaelson
And Jesus Said – A Conversation
Andy Myers
Not Your Average Angel Book
Holly Nadler
The Hobo Diaries
Guy Needler
Avoiding Karma
Beyond the Source – Book 1, Book 2
The History of God
The Origin Speaks

Other Books by Ozark Mountain Publishing, Inc.

The Anne Dialogues
The Curators
Psycho Spiritual Healing
James Nussbaumer
And Then I Knew My Abundance
The Master of Everything
Mastering Your Own Spiritual Freedom
Living Your Dram, Not Someone Else's
Each of You
Sherry O'Brian
Peaks and Valley's
Gabrielle Orr
Akashic Records: One True Love
Let Miracles Happen
Nikki Pattillo
Children of the Stars
A Golden Compass
Victoria Pendragon
Sleep Magic
The Sleeping Phoenix
Being In A Body
Alexander Quinn
Starseeds What's It All About
Charmian Redwood
A New Earth Rising
Coming Home to Lemuria
Richard Rowe
Imagining the Unimaginable
Exploring the Divine Library
Garnet Schulhauser
Dancing on a Stamp
Dancing Forever with Spirit
Dance of Heavenly Bliss
Dance of Eternal Rapture
Dancing with Angels in Heaven
Manuella Stoerzer
Headless Chicken
Annie Stillwater Gray
Education of a Guardian Angel
The Dawn Book
Work of a Guardian Angel
Joys of a Guardian Angel
Blair Styra
Don't Change the Channel
Who Catharted
Natalie Sudman
Application of Impossible Things
L.R. Sumpter
Judy's Story
The Old is New
We Are the Creators
Artur Tradevosyan
Croton
Croton II
Jim Thomas
Tales from the Trance
Jolene and Jason Tierney
A Quest of Transcendence
Paul Travers
Dancing with the Mountains
Nicholas Vesey
Living the Life-Force
Dennis Wheatley/ Maria Wheatley
The Essential Dowsing Guide
Maria Wheatley
Druidic Soul Star Astrology
Sherry Wilde
The Forgotten Promise
Lyn Willmott
A Small Book of Comfort
Beyond all Boundaries Book 1
Beyond all Boundaries Book 2
Beyond all Boundaries Book 3
Stuart Wilson & Joanna Prentis
Atlantis and the New Consciousness
Beyond Limitations
The Essenes -Children of the Light
The Magdalene Version
Power of the Magdalene
Sally Wolf
Life of a Military Psychologist

For more information about any of the above titles, soon to be released titles, or other items in our catalog, write, phone or visit our website:
PO Box 754, Huntsville, AR 72740|479-738-2348/800-935-0045|www.ozarkmt.com

www.ingramcontent.com/pod-product-compliance
Lightning Source LLC
Chambersburg PA
CBHW071936220426
43662CB00009B/910
* 9 7 8 1 9 5 6 9 4 5 2 6 3 *